SPSS 数据统计与分析应用教程：基础篇

刘江涛　刘立佳　编著

清华大学出版社
北京

内 容 简 介

本书从实用角度出发,以实例的形式详细介绍了SPSS常用的统计分析方法在相关行业领域的具体应用。书中首先从 SPSS 软件开始介绍,详细讲解了 SPSS 软件的基本知识和统计分析前的准备,描述统计分析,均值比较和 T 检验,SPSS 的方差分析,非参数检验,SPSS 的相关分析,SPSS 的回归分析,SPSS 的多元统计分析,SPSS 在时间序列预测中的应用,SPSS 在问卷缺失值、信度处理与多重响应分析中的应用,统计图形,酸奶饮料新产品口味测试研究案例,某汽车企业汽车年销量的预测,中国消费者信心指数影响因素分析,偏态分布的激素水平影响因素分析等内容。

配备资源包括书中实例用到的数据文件,以及讲解实例统计分析过程的语音视频教学文件,可帮助读者快速掌握书中介绍的内容。

本书内容编排科学、实例丰富、可操作性强,适合自然科学和社会科学各领域、各专业的研究人员多层次的需要,是相关专业本科生、研究生、专业统计分析人士及管理人员和决策者等理想的参考书,也可作为大中专院校和培训机构相关专业的教材。

本书封面贴有清华大学出版社防伪标签,无标签者不得销售。
版权所有,侵权必究。举报: 010-62782989,beiqinquan@tup.tsinghua.edu.cn。

图书在版编目(CIP)数据

SPSS 数据统计与分析应用教程:基础篇/刘江涛,刘立佳编著. —北京:清华大学出版社,2017 (2022.1 重印)
ISBN 978-7-302-45092-4

Ⅰ.①S… Ⅱ.①刘… ②刘… Ⅲ.①统计分析—软件包—教材 Ⅳ.①C819

中国版本图书馆 CIP 数据核字(2016)第 225933 号

责任编辑:陈冬梅
装帧设计:杨玉兰
责任校对:吴春华
责任印制:丛怀宇

出版发行:清华大学出版社
网　　址:http://www.tup.com.cn, http://www.wqbook.com
地　　址:北京清华大学学研大厦 A 座　　邮　编:100084
社 总 机:010-62770175　　邮　购:010-62786544
投稿与读者服务:010-62776969,c-service@tup.tsinghua.edu.cn
质量反馈:010-62772015,zhiliang@tup.tsinghua.edu.cn
课件下载:http://www.tup.com.cn, 010-62791865

印 装 者:三河市龙大印装有限公司
经　　销:全国新华书店
开　　本:190mm×260mm　　印　张:24　　字　数:581 千字
版　　次:2017 年 1 月第 1 版　　印　次:2022 年 1 月第 7 次印刷
定　　价:55.00 元

产品编号:066735-01

前　　言

SPSS 是一种集成化的计算机处理和统计分析通用软件，是世界公认的统计分析软件包之一，非常适合进行数据分析。在经济学、医学、教育学、管理学、心理学、广告学、统计学及商业、工业、林业、农业等各个领域都有广泛的应用。

本书从实用角度出发，以实例的形式详细介绍了 SPSS 常用的统计分析方法在相关行业领域的具体应用。书中通过大量的实例，将作者的经验和心得与软件的操作技巧紧密结合。在内容安排上也尽量做到科学合理，把篇幅放在重点内容的讲解上，让读者花最少的时间掌握最关键的技术，可大幅度提高学习效率。

本书内容

本书首先从 SPSS 软件的基本知识和基本操作开始介绍，详细讲解了 SPSS 软件的特点、环境要求及各种常用设置。然后介绍 SPSS 统计分析前的准备工作，包括数据文件的建立、数据文件的属性、数据文件的整理等内容，为后面介绍具体应用打好基础。从第 3 章开始依次介绍了描述统计分析，均值比较和 T 检验，SPSS 的方差分析，非参数检验，SPSS 的相关分析，SPSS 的回归分析，SPSS 的多元统计分析，SPSS 在时间序列预测中的应用，SPSS 在问卷缺失值、信度处理与多重响应分析中的应用，统计图形等内容。最后 4 章，通过酸奶饮料新产品口味测试研究案例、某汽车企业汽车年销量的预测、中国消费者信心指数影响因素分析、偏态分布的激素水平影响因素分析等综合案例，详细深入地讲解 SPSS 在不同行业中的具体应用。

本书特点

本书以"实用、够用、精用"为原则，以熟练掌握 SPSS 应用为目的，以"学中练、练中学"的形式来组织内容，其主要特点如下。

编排科学、易学易用：书中由易到难安排内容，适合初学者循序渐进地学习。书中对每种方法都是先介绍概念、原理、操作方法，然后给出实例讲解具体应用，这样安排内容符合学习规律，方便读者掌握所学知识。

内容全面、讲解细致：书中对所有常见的统计分析方法都图文并茂地进行了深入详细的介绍，读者只要按照书中介绍的步骤进行操作，就可以轻松掌握所学内容。

案例丰富、技术实用：书中对每种分析方法都安排了实例讲解其在行业中的具体应用，在讲解过程中穿插了作者的经验和心得，可帮助读者举一反三，深入掌握所学内容。

视频教学、学习高效：配备书中实例的语音视频教学文件，不仅可帮助读者解决学习中遇到的问题，还可引导读者快速掌握所学内容，并进行技术拓展。

资源配备

本书配备的具体内容如下。

"数据文件"目录：提供了书中实例所用到的数据文件。

"视频文件"目录：书中讲解实例统计分析的语音视频教学文件。

本书配备资源请到清华大学出版社官方网站下载，网址 http://www.tup.com.cn。如在下载过程中遇到问题，可联系我们，联系电话：010-62792097-201，邮箱：2864186118@qq.com。

读者对象

本书内容编排科学，实例丰富，可操作性强，适合自然科学和社会科学各领域、各专业的研究人员多层次的需要，是相关专业本科生、研究生、专业统计分析人士及管理人员和决策者等理想的参考书，也可作为大中专院校和培训机构相关专业的教材。

本书由哈尔滨理工大学的刘江涛和黑龙江职业学院的刘立佳编著，其中刘江涛编写了第 8～16 章，刘立佳编写了第 1～7 章。其他参加编写的人员还有于香芝、杨旺功、江俊浩、王劲、田万勇、赵一飞、韩成斌、周艳山、田君、张博、吴艳臣、徐昱、王永忠、李明玉、武可元、于秀青等。由于作者水平有限，书中难免存在疏漏和错误之处，敬请读者批评指正。

编　者

目 录

第1章 SPSS 23.0 概述 1
1.1 SPSS 23.0 的特点与新功能 1
1.1.1 SPSS 23.0 的特点 1
1.1.2 SPSS 23.0 的新增功能 2
1.2 SPSS 23.0 的环境要求 3
1.2.1 SPSS 23.0 对硬件的要求 3
1.2.2 SPSS 23.0 对软件的要求 3
1.3 SPSS 23.0 的安装、卸载、启动和退出 4
1.3.1 SPSS 23.0 的安装与卸载 4
1.3.2 SPSS 23.0 的启动与退出 7
1.4 SPSS 23.0 相关设置 7
1.4.1 常规功能设置 7
1.4.2 查看器功能设置 8
1.4.3 设置有关数据的参数 9
1.4.4 设置自定义数值型变量的格式 10
1.4.5 设置输出的参数 11
1.4.6 设置图表的参数 12
1.4.7 设置输出表格的参数 13
1.4.8 设置文件位置的参数 14
1.4.9 设置脚本的参数 15
1.4.10 设置多重归因窗口的参数 15
1.4.11 设置语法编辑器窗口的参数 16

第2章 SPSS 统计分析前的准备 17
2.1 SPSS 数据文件的建立 17
2.1.1 新建数据文件 17
2.1.2 直接打开已有数据文件 18
2.1.3 使用数据库导入数据 18
2.1.4 从文本向导导入数据 18
2.1.5 课堂练习：股票指数的导入 19
2.2 SPSS 数据文件的属性 20
2.2.1 变量名：Name 栏 20
2.2.2 类型 21
2.2.3 宽度 22
2.2.4 小数位 22
2.2.5 标签 22
2.2.6 值 22
2.2.7 缺失值 23
2.2.8 列 23
2.2.9 对齐 23
2.2.10 测量 23
2.2.11 角色 23
2.2.12 课堂练习：员工满意度调查表的数据属性设计 23
2.3 SPSS 数据文件的整理 24
2.3.1 观测量排序：各地区粮食产量 24
2.3.2 数据的转置：5 个地区经济指标 26
2.4 思考与练习 27

第3章 描述统计分析 29
3.1 频数分析 29
3.1.1 频数分析概述 29
3.1.2 频数分析的 SPSS 操作详解 30
3.1.3 课堂练习：分析学生身高分布特征 34
3.2 描述统计分析 37
3.2.1 描述统计分析概述 37
3.2.2 描述统计分析的 SPSS 操作详解 39
3.2.3 课堂练习：大学新生的心理健康状况 40
3.3 探索性分析 42
3.3.1 探索性分析概述 42

3.3.2 探索性分析的 SPSS 操作详解.....42
3.3.3 课堂练习：大学新生的心理健康状况.....44
3.4 列联表分析.....49
   3.4.1 列联表分析概述.....49
   3.4.2 列联表分析的 SPSS 操作详解.....50
   3.4.3 课堂练习：大学生出生年代与感恩心理.....51
3.5 比率分析.....53
   3.5.1 比率分析概述.....54
   3.5.2 比率分析的 SPSS 操作详解.....54
   3.5.3 课堂练习：年度销售净利润率差异.....54
3.6 思考与练习.....56

第4章 均值比较和 T 检验.....58

4.1 均值过程.....58
   4.1.1 均值过程简介.....58
   4.1.2 均值过程的 SPSS 操作详解.....58
   4.1.3 课堂练习：比较考试成绩.....59
4.2 单样本 T 检验.....61
   4.2.1 单样本 T 检验的基本原理.....61
   4.2.2 单样本 T 检验的 SPSS 操作详解.....62
   4.2.3 课堂练习：溶剂浓度测量方法准确度分析.....63
4.3 独立样本 T 检验.....64
   4.3.1 独立样本 T 检验的基本原理.....65
   4.3.2 独立样本 T 检验的 SPSS 操作步骤.....65
   4.3.3 课堂练习：教学质量评价.....66
4.4 两配对样本 T 检验.....68
   4.4.1 配对样本 T 检验的基本原理.....68
   4.4.2 两配对样本 T 检验的 SPSS 操作详解.....69
   4.4.3 课堂练习：贫血儿童血红蛋白平均水平.....70
4.5 思考与练习.....71

第5章 方差分析.....74

5.1 概述.....74
   5.1.1 方差分析的概念.....74
   5.1.2 方差分析的基本思想.....74
   5.1.3 方差分析的基本假设.....75
5.2 单因素方差分析.....75
   5.2.1 单因素方差分析的基本原理.....75
   5.2.2 单因素方差分析的 SPSS 操作详解.....76
   5.2.3 课堂练习：化肥种类对粮食产量的影响.....79
5.3 多因素方差分析.....82
   5.3.1 多因素方差分析的基本原理.....83
   5.3.2 多因素方差分析的 SPSS 操作详解.....83
   5.3.3 课堂练习：动物饲料对小鼠体重增加的影响.....87
5.4 协方差分析.....91
   5.4.1 协方差分析的基本原理.....91
   5.4.2 协方差分析的 SPSS 操作详解.....91
   5.4.3 课堂练习：降压药治疗效果分析.....92
5.5 重复测量方差分析.....94
   5.5.1 重复测量方差分析的原理.....94
   5.5.2 重复测量方差分析的 SPSS 操作详解.....95
   5.5.3 课堂练习：锻炼减肥效果分析.....96
5.6 思考与练习.....99

第6章 非参数检验.....101

6.1 卡方检验.....101
   6.1.1 卡方检验的原理.....101
   6.1.2 卡方检验的 SPSS 操作详解.....102
   6.1.3 课堂练习：小白鼠试验数据验证.....104
6.2 二项检验.....107

目　录

6.2.1　二项检验的原理 107
6.2.2　二项检验的 SPSS 操作详解 107
6.2.3　课堂练习：研究糖尿病患病率
　　　　高低 108
6.3　游程检验 110
6.3.1　游程检验的原理 111
6.3.2　游程检验的 SPSS 操作详解 111
6.3.3　课堂练习：运动员状态稳定性
　　　　判断 112
6.4　单样本 K-S 检验 113
6.4.1　单样本 K-S 检验的原理 114
6.4.2　单样本 K-S 检验的 SPSS 操作
　　　　详解 114
6.4.3　课堂练习：考试成绩是否服
　　　　从正态分布 115
6.5　两独立样本的非参数检验 117
6.5.1　两独立样本非参数检验的
　　　　原理 117
6.5.2　两独立样本非参数检验的
　　　　SPSS 操作详解 118
6.5.3　课堂练习：比较病人检查结果
　　　　差别 119
6.6　多独立样本的非参数检验 121
6.6.1　多独立样本非参数检验的
　　　　原理 121
6.6.2　多独立样本非参数检验的
　　　　SPSS 操作详解 121
6.6.3　课堂练习：农药杀虫效果
　　　　比对 122
6.7　思考与练习 124

第 7 章　相关分析 126
7.1　相关分析概述 126
7.1.1　相关的基本概念 126
7.1.2　相关分析 127
7.2　简单相关分析 127
7.2.1　简单相关分析的基本原理 127
7.2.2　简单相关分析的 SPSS 操作
　　　　详解 129

7.2.3　课堂练习：平均温度与日照
　　　　时数的相关性 130
7.3　偏相关分析 132
7.3.1　偏相关分析的基本原理 132
7.3.2　偏相关分析的 SPSS 操作
　　　　详解 133
7.3.3　课堂练习：用偏相关分析研究
　　　　学生学习成绩相关关系 134
7.4　距离分析 136
7.4.1　距离分析的基本原理 136
7.4.2　距离分析的 SPSS 操作详解 137
7.4.3　课堂练习：3 个地区月平均
　　　　气温的相似程度 139
7.5　思考与练习 141

第 8 章　回归分析 143
8.1　一元线性回归分析 143
8.1.1　简单线性回归的基本原理 143
8.1.2　一元线性回归的 SPSS 操作
　　　　详解 144
8.1.3　课堂练习：失业率与通货
　　　　膨胀率关系 147
8.2　多元线性回归分析 149
8.2.1　多元线性回归的基本原理 149
8.2.2　多元线性回归的 SPSS 操作
　　　　详解 149
8.2.3　课堂练习：美国是否存在
　　　　规模经济 149
8.3　曲线回归 152
8.3.1　曲线回归的基本原理 152
8.3.2　曲线回归的 SPSS 操作详解 153
8.3.3　课堂练习：广告支出对
　　　　销售量产生的影响 154
8.4　非线性回归分析 156
8.4.1　非线性回归分析的基本原理 157
8.4.2　非线性回归分析的 SPSS
　　　　操作详解 157
8.4.3　课堂练习：培训效果分析 159

8.5 思考与练习 161

第 9 章 SPSS 的多元统计分析 163

9.1 因子分析 163
    9.1.1 因子分析的基本原理 163
    9.1.2 因子分析的 SPSS 操作详解 165
    9.1.3 课堂练习：国民经济主要指标
          统计 168
9.2 聚类分析 173
    9.2.1 聚类分析的基本原理 173
    9.2.2 快速聚类法的 SPSS 操作
          详解 174
    9.2.3 课堂练习：全国环境污染
          程度分析 176
9.3 判别分析 179
    9.3.1 判别分析的基本原理 179
    9.3.2 判别分析的 SPSS 操作详解 182
    9.3.3 课堂练习：判别分析过去和
          潜在客户的财务以及人口统计
          信息 185
9.4 思考与练习 188

第 10 章 时间序列预测 190

10.1 时间序列的预处理 190
    10.1.1 预处理的基本原理 190
    10.1.2 时间序列预处理的
           操作详解 191
    10.1.3 课堂练习：某国国库券利率与
           基金利率差额数据的
           预处理 192
10.2 时间序列的确定性分析 194
    10.2.1 确定性分析的基本原理 195
    10.2.2 指数平滑法的 SPSS 操作
           详解 195
    10.2.3 课堂练习：进出口贸易总额的
           指数平滑建模 199
    10.2.4 季节分解的 SPSS 操作
           详解 202
    10.2.5 课堂练习：某城市月度平均
           气温的季节性分解分析 202
10.3 时间序列的随机性分析 204
    10.3.1 随机性分析的原理 204
    10.3.2 ARIMA 模型的 SPSS
           操作详解 205
    10.3.3 课堂练习：工业生产值和国库券
           利率与基金利率差额 ARIMA
           模型分析 206
10.4 思考与练习 209

第 11 章 问卷缺失值、信度处理与 多重响应分析 211

11.1 调查问卷缺失值处理方法 211
    11.1.1 缺失值的类型与处理方法 ... 211
    11.1.2 替换缺失值的 SPSS 操作
           详解 212
    11.1.3 缺失值分析的 SPSS 操作
           详解 213
    11.1.4 实例图文分析：电信公司客户
           数据缺失值的分析 214
11.2 调查问卷的信度分析 220
    11.2.1 信度分析概述 220
    11.2.2 信度分析的 SPSS 操作详解 ... 221
    11.2.3 实例图文分析：调查问卷的
           信度 222
11.3 调查问卷的多重响应分析 224
    11.3.1 多重响应分析概述 225
    11.3.2 多重响应分析的 SPSS 操作
           详解 225
    11.3.3 实例图文分析：消费者使用的
           手机品牌调查 226
11.4 思考与练习 229

第 12 章 统计图形 231

12.1 SPSS 图形的基本功能 231
    12.1.1 图形生成器 231
    12.1.2 用传统模式创建图形 231
12.2 条形图 232

目 录

12.2.1 条形图的类型和 SPSS 操作详解 232
12.2.2 简单条形图 SPSS 操作详解 233
12.2.3 集群条形图 243
12.2.4 堆积条形图实例 248
12.3 折线图 252
12.3.1 折线图的类型和 SPSS 操作 253
12.3.2 简单线图实例 253
12.3.3 多线线图实例 255
12.3.4 垂直线图实例 256
12.4 面积图 257
12.4.1 面积图的类型和 SPSS 操作 257
12.4.2 简单面积图实例 259
12.4.3 堆积面积图实例 260
12.5 饼图 262
12.5.1 饼图的类型和 SPSS 操作 262
12.5.2 饼图实例 263
12.6 高低图 264
12.6.1 高低图的类型和 SPSS 操作 264
12.6.2 简单高低图实例 265
12.6.3 分类高低收盘图实例 266
12.7 箱图 267
12.7.1 箱图的类型和 SPSS 操作 268
12.7.2 简单箱图实例 268
12.7.3 复合箱图实例 269
12.8 误差条形图 270
12.8.1 误差条形图的类型和 SPSS 操作 271
12.8.2 简单误差条形图实例 271
12.8.3 集群误差条形图实例 272
12.9 散点图 273
12.9.1 散点图的作图步骤 273
12.9.2 简单分布实例 274
12.9.3 重叠分布实例 275
12.9.4 3D 分布 275
12.10 直方图 276
12.10.1 直方图的类型和 SPSS 操作 276

12.10.2 直方图实例 277
12.11 思考与练习 278

第13章 酸奶饮料新产品口味测试研究案例 279

13.1 案例背景 279
13.1.1 研究项目概况 279
13.1.2 分析思路与商业理解 279
13.2 数据理解 280
13.2.1 数据与设计框架一致性检查 280
13.2.2 平均值的列表描述 281
13.2.3 平均值的图形描述 282
13.3 不同品牌的评分差异分析 283
13.3.1 单因素方差分析模型简介 283
13.3.2 品牌作用的总体检验 284
13.3.3 组间两两比较 285
13.3.4 方差齐性检验 287
13.4 两因素方差分析模型 288
13.4.1 两因素方差分析模型简介 288
13.4.2 拟合包括交互项的饱和模型 289
13.4.3 拟合只包含主效应的模型 290
13.4.4 组间两两比较 291
13.4.5 随机因素分析 293
13.5 分析结论与讨论 294
13.5.1 分析结论 294
13.5.2 Benchmark：用还是不用 295

第14章 某汽车企业汽车年销量的预测 296

14.1 案例背景 296
14.1.1 研究项目概况 296
14.1.2 分析思路和商业理解 296
14.2 数据理解 297
14.3 变量变换后的线性回归 298
14.3.1 线性回归模型简介 298
14.3.2 变量变换后拟合线性回归模型 300

14.3.3　模型拟合效果的判断 302
14.3.4　存储预测值和区间估计值 304
14.4　曲线拟合 305
14.4.1　用曲线估计过程同时拟合
多个曲线模型 305
14.4.2　模型拟合效果的判断 307
14.4.3　模型的预测 309
14.5　利用非线性回归进行拟合 309
14.5.1　模型简介 310
14.5.2　构建分段回归模型 310
14.5.3　不同模型效果的比较 313
14.6　分析结论 313

第 15 章　中国消费者信心指数影响因素分析 315

15.1　案例背景 315
15.1.1　项目背景 315
15.1.2　项目问卷 315
15.1.3　分析思路和商业理解 317
15.2　数据理解 318
15.2.1　考察时间、地域对信心指数的影响 318
15.2.2　考察性别、职业、婚姻状况等对信心指数的影响 320
15.2.3　考察年龄对信心指数的影响 322
15.3　标准框架下的建模分析 323
15.3.1　建立总模型 323
15.3.2　两两比较的结果 325
15.4　多元方差分析模型的结果 326
15.4.1　模型简介 327

15.4.2　拟合多元方差分析模型 327
15.5　最优尺度回归 334
15.5.1　方法简介 334
15.5.2　利用最优尺度回归进行分析 335
15.6　多水平模型框架下的建模分析 338
15.6.1　模型简介 338
15.6.2　针对时间拟合多水平模型 340
15.7　项目总结与讨论 344
15.7.1　分析结论 344
15.7.2　运用复杂模型建模的情况 345

第 16 章　偏态分布的激素水平影响因素分析 346

16.1　案例背景 346
16.1.1　研究项目概况 346
16.1.2　分析思路与商业理解 346
16.2　数据理解 347
16.2.1　单变量描述 347
16.2.2　变量关联探索 349
16.3　对因变量变换后的建模分析 353
16.3.1　常见的变量变换方法 353
16.3.2　本案例的具体操作 354
16.4　秩变换分析 356
16.5　利用 Cox 模型进行分析 357
16.5.1　Cox 回归模型的基本原理 357
16.5.2　本案例的具体操作 358
16.6　项目总结与讨论 360
16.6.1　分析结论 360
16.6.2　如何正确选择分析模型 360

思考与练习答案 362

第 1 章 SPSS 23.0 概述

SPSS(Statistical Package for Social Science，社会学统计软件)是在 SPSS/PC+基础上发展起来的统计分析软件包。SPSS 是一种集成化的计算机处理和统计分析通用软件，是世界公认最优秀的统计分析软件包之一，被广泛应用于自然科学和社会科学的各个领域。近年来，我国政府部门、医疗卫生、体育、经济等领域的工作者广泛使用该软件进行信息管理和决策分析工作。同时，掌握 SPSS 统计分析软件的应用已成为许多大专院校本科生和研究生的必备技能。随着应用领域的不断扩大，SPSS 已由原来的名字改为 Statistics Product and Service Solution，即统计产品与服务解决方案。

SPSS 统计软件自 1968 年开发至今，已经经历了多次改版，并于 20 世纪 90 年代以后推出了以交互式对话为主要特征的第 7 版。第 7 版以后的版本称为 SPSS for Windows 版，最新的版本是 2015 年推出的第 23 版。

IBM SPSS Statistics 23.0 版本除了保持以往 SPSS 的优点外，在语法文件加密、输出图表在智能终端上查看、编程能力、应对紧急事件的弹性处理数据文件、统计分析功能和编程扩展能力方面都得到了很大加强。另外，中文字符的兼容性问题得到了彻底解决。本书主要以 IBM SPSS 23.0(以下简称为 SPSS 23.0)版本为例，讲解 SPSS 统计软件的功能及使用方法。

1.1 SPSS 23.0 的特点与新功能

SPSS 软件之所以深受各领域人士的青睐，与其操作简单、界面友好等特点是分不开的。而 SPSS 23.0 在以往版本的基础上增加了一些新功能，使得 SPSS 软件的操作更为简便、快捷，功能更加强大，能更好地适应不同用户的需求。

1.1.1 SPSS 23.0 的特点

SPSS 软件风靡世界，与 SAS、SYSTAT 一起成为世界上公认的三大数据分析软件，而 SPSS 却为各个领域的广大科研工作者及其他用户所钟爱，其原因在于它具有以下特性。

(1) 多种实用分析方法。SPSS 提供了多种分析方法，涵盖了从基本的统计特征描述到诸如非参数检验、生存分析等各种高层次的分析。此外，SPSS 还具有强大的绘制图形和编辑图形的能力。

(2) 易于学习，易于使用，操作简单。对 SPSS 23.0 而言，除了数据输入工作要使用键盘外，其他大部分操作均可以使用菜单、对话框来完成。同时 SPSS 还保留了命令行方式的优点，采用菜单式操作与"语法"程序运行的完美结合，使熟悉 SPSS 语言的用户可以直接在语句窗口中输入 SPSS 命令，提交系统执行。还可以通过单击对话框中的【粘贴】按钮，自动生成"语言"程序代码，提交系统运行就可实现指定功能，并可以文件形式保存，从而减少了用户的工作量。这样用户不必记忆大量的命令，使操作更简单，也使 SPSS 软件变得更加易学易用。

(3) 兼容多种数据文件格式，具有强大的图表功能。SPSS 软件可以与很多其他软件进行数据传输、DAT、SLK、DBF 等多种文件格式都可以在 SPSS 软件中打开。SPSS 软件还具有强大的图表功能，该软件分析所生成的图形文件可以保存为多种格式。

(4) 可以根据用户的需要选择所需的模块。用户可以根据机器的配置情况，自由选择模块来安装。

(5) 内置 SaxBasic 语言。SPSS 软件内置了 SaxBasic 语言，该语言与"语法"命令混合编程，可以提高效率，便于高级用户使用。

1.1.2 SPSS 23.0 的新增功能

2015 年推出的第 23 版中，在保留以往版本优良特性的基础上又增加了一些新的功能模块，使得功能更加强大，操作上更突出个性化，更好地适应了不同用户的数据分析需求。新增功能具体介绍如下。

1. 地理空间关联规则

通过使用地理空间关联规则，可以根据空间属性和非空间属性在数据中查找模式。例如，可以通过位置属性和人口统计信息属性识别罪案数据中的模式。根据这些模式，可以构建规则，以预测有可能发生特定类型罪案的地点。

此过程可以在"基本统计信息"选项中获得。

2. 空间时间预测

空间时间预测使用包含位置数据、预测输入字段(预测变量)、时间字段和目标字段的数据。每个位置在数据中都有许多行，这些行表示每个预测变量在每个位置、每个时间间隔的值。

此过程可以在"基本统计信息"选项中获得。

3. 时间因果模型

时间因果建模尝试发现时间序列数据中的关键因果关系。在时间因果建模中，指定一组目标序列以及这些目标的候选输入集。这样，过程将为每个目标构建一个自回归时间序列模型，并且仅包括那些与目标具有因果关系的输入。此方法不同于传统时间序列建模，在传统时间序列建模中，必须为目标序列显式指定预测变量。由于时间因果建模通常涉及为多个相关的时间序列构建模型，因此结果称为模型系统。

在"预测"选项中提供了时间因果建模。

4. 批量装入数据库中

将数据导出至数据库时，批量装入会将数据成批提交到数据库，而不是一次提交一条记录。此操作可以使数据处理速度更快，对于大型数据文件尤其如此。

5. 可编程性增强功能

现在，用户可以从任何外部 R 进程运行使用 R Integration Package for IBM® SPSS® Statistics 中函数的 R 程序，如 R IDE 或 R 解释器；还可以从 R 运行 SPSS Statistics 命令语法。

通过 Python 或 R 实现的扩展命令现在支持在变量列表中使用 TO 和 ALL 关键字。

IBM SPSS Statistics - Essentials for R 和 IBM SPSS Statistics - Essentials for Python 现在包含

更多扩展命令以及关联的定制对话框。另外，可以通过在语法编辑器中按 F1 键来访问随 Essentials for R 和 Essentials for Python 一起安装的所有扩展命令的帮助。

1.2　SPSS 23.0 的环境要求

　　SPSS 23.0 采用较为成熟的技术，对运行环境要求不高，对用户硬件配置要求低，用户无须额外升级现有的计算机软硬件，也无须再购买配套的数据库软件等，简单安装便可投入使用。

1.2.1　SPSS 23.0 对硬件的要求

　　SPSS 23.0 对计算机硬件的要求并不高，但由于 SPSS 的主要用途是面向大型数据库，其运算涉及的数据量比较多。因此，一般需要有较高的内存，而且，如果用户还要进行多因素分析等大运算量分析，计算机至少要有 512MB 的内存。

　　SPSS 23.0 对计算机硬件的基本要求如下。

　　(1)　Pentium 以上系列的处理器。

　　(2)　至少 512MB 的内存。对于巨量数据的管理和复杂的统计分析，1GB 的内存能够保证较为理想的数据运行速度。

　　(3)　至少 1GB 的硬盘剩余空间。如果想要将 SPSS 23.0 的各模块(包括 SPSS Smart 查看器、SPSS Data Access Pack 等相关附件)全部安装，至少需要约 800MB 的硬盘剩余空间，只安装 SPSS 模块需要约 473MB 的硬盘剩余空间。

　　(4)　CD-ROM 光盘驱动器，这是用光盘安装 SPSS 的基本要求。从网上安装 SPSS 软件则不需要光驱。

　　(5)　S-VAD 显示器和 Windows 2000/XP/Vista/7 兼容的图形适配卡。

　　(6)　支持 TCP/IP 网络协议的网络适配卡，用于访问 SPSS 公司的服务器，以获得服务和软件的升级。

1.2.2　SPSS 23.0 对软件的要求

　　SPSS 23.0 可以在中文操作系统下运行。SPSS 23.0 在含有中文的数据文件和图表等兼容性方面有了很大的改善，不会再出现在早期版本中经常遇到的乱码等问题。

　　建议安装以下软件。

　　(1)　Windows XP/7 操作系统。如果需要支持 SPSS 软件的中文输入和输出，应安装中文操作系统。

　　(2)　Internet Explorer 6 或以上版本的浏览器。

　　(3)　Adobe Reader。为阅读 PDF 格式的帮助文件和 SPSS 分析软件的相关文档，应安装 PDF 阅读器。安装光盘中已提供该软件，用户可根据自身需要选择安装。

　　(4)　SPSS Data Access Pack。此软件提供不同的数据类型和不同数据库共享的解决方案，如果需要 Access、Brieve、DB2、dBase、Excel 等常用数据文件，可选择安装此软件，安装光盘中已提供此软件。

1.3 SPSS 23.0 的安装、卸载、启动和退出

SPSS 23.0 的安装、卸载、启动与退出和一般的 Windows 应用软件基本一样，非常简便，本节将分别进行详细介绍。

1.3.1 SPSS 23.0 的安装与卸载

1. SPSS 23.0 的安装

SPSS 23.0 如同其他 Windows 应用软件的安装一样，非常容易。下面简要介绍如何安装 SPSS 23.0。

step 01 启动计算机，在 Windows 桌面上双击安装包开始安装。

step 02 进入【正在准备安装】界面，系统正在配置 Windows Installer，以向导方式完成软件安装，如图 1.1 所示。

step 03 出现 IBM 公司的 SPSS 软件简介，单击【下一步】按钮，如图 1.2 所示。

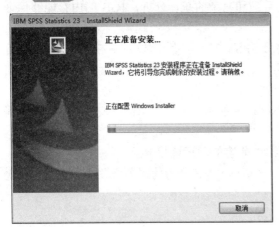

图 1.1

图 1.2

step 04 进入欢迎向导界面，选中【单个用户许可证】单选按钮并单击【下一步】按钮，如图 1.3 所示。

step 05 在【软件许可协议】界面中，选中【我接受许可协议中的全部条款】单选按钮，然后单击【下一步】按钮，如图 1.4 所示。

step 06 在【客户信息】界面中输入用户姓名及单位，然后单击【下一步】按钮，如图 1.5 所示。

step 07 在【帮助语言】界面中选择【简体中文】选项，然后单击【下一步】按钮，如图 1.6 所示。

step 08 在【辅助技术】界面中选择是否安装 JAWS for Windows 屏幕阅读软件，然后单击【下一步】按钮，如图 1.7 所示。

step 09 在进入的界面中选择是否安装 IBM SPSS Statistics-Essentials for Python，然后单击

【下一步】按钮，如图1.8所示。

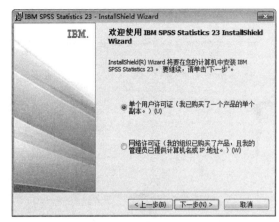

图1.3　　　　　　　　　　　　　图1.4

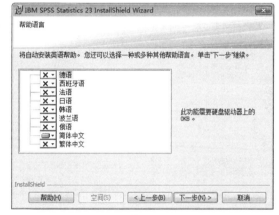

图1.5　　　　　　　　　　　　　图1.6

图1.7　　　　　　　　　　　　　图1.8

step 10　在【软件许可协议】界面中，选中【我接受许可协议中的全部条款】单选按钮，然后单击【下一步】按钮，如图1.9所示。

step 11 在【目的地文件夹】界面中更改安装路径，如图1.10～图1.12所示。

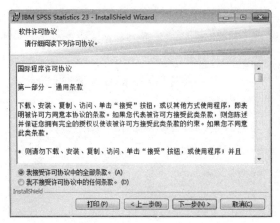

图1.9

图1.10

图1.11

图1.12

step 12 在【已做好安装程序的准备】界面中，单击【安装】按钮，如图1.13和图1.14所示。

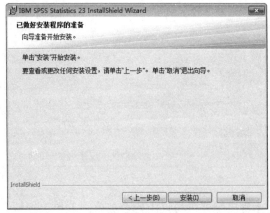

图1.13

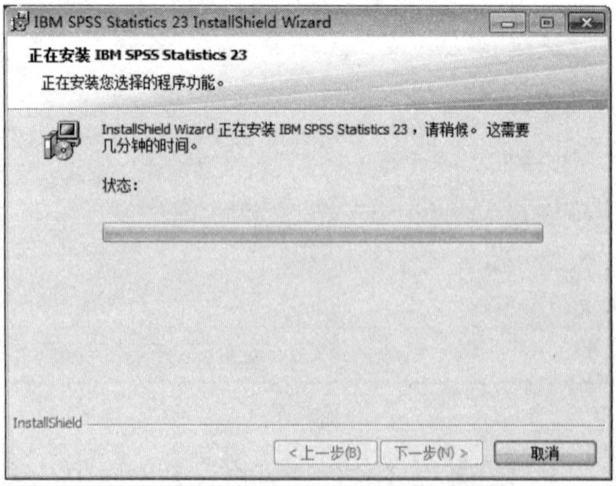

图1.14

2. SPSS 23.0 的卸载

SPSS 23.0 的卸载和其他 Windows 应用软件的卸载没有什么区别，其步骤为：打开【控制面板】文件夹，单击【程序和功能】组件，然后从下拉列表框中选择 IBM SPSS Statistics 23 选项，再单击【卸载】按钮，删除 SPSS 软件。

1.3.2 SPSS 23.0 的启动与退出

1. SPSS 23.0 的启动

在 Windows 桌面，选择【开始】|【所有程序】| IBM SPSS Statistics | IBM SPSS Statistics 23 命令，即开始运行 SPSS 23.0。当 SPSS 软件安装结束后，可在桌面上创建 SPSS 23.0 的快捷方式。

打开 SPSS 23.0 后，出现的是 SPSS 的文件对话框，选项如图 1.15 所示。

图 1.15

2. SPSS 23.0 的退出

SPSS 23.0 有以下几种退出方法。

(1) 单击 SPSS 窗口右上角的关闭图标即可退出。
(2) 选择【文件】菜单中的【退出】命令，即可退出。
(3) 对着 SPSS 窗口左上角的窗口控制菜单图标双击，即可关闭 SPSS 窗口。

1.4 SPSS 23.0 相关设置

在结束 SPSS 23.0 的安装过程之后，首先要通过【选项】对话框设置系统的默认值和初始状态。从【编辑】菜单中选择【选项】菜单，然后打开【选项】对话框。

该对话框共有 12 个选项卡，分别为【常规】、【语言】、【查看器】、【数据】、【货币】、【输出】、【图表】、【透视表】、【文件位置】、【脚本】、【多重插补】和【语法编辑器】。

1.4.1 常规功能设置

【常规】选项卡中列出了一般性选项，在【常规】选项卡中可以设置相关的功能参数，如图 1.16 所示。

图 1.16

1. 变量列表

通过【变量列表】选项组可以设置变量在变量列表中的显示方式和显示顺序。

1) 变量的显示方式

显示标签：显示变量标签选项，如果选中此单选按钮，则变量标签显示在前，这是系统的默认方式；显示名称：表示显示变量名，选中此单选按钮，则在变量列表中只显示变量名。选择显示顺序后，会在下一次打开数据文件时起作用。

2) 变量的显示顺序

字母顺序：表示变量的显示顺序，选中此单选按钮，则表示按变量名的字母顺序排列；选中【文件】单选按钮，则表示按变量在数据文件中出现的先后顺序排列，这是系统的默认选项。

2. 角色

几乎相当于拥有自己的文件夹，以不同的角色登录会有不同的对话框列表。

3. SPSS 启动时的输出窗口类型

位于【常规】选项卡右边最上边的【输出】选项组中的选项，控制系统在启动时的输出窗口类型。表格中的较小数值指输出表中很小的数值将显示为 0(或.000)。选中其下方的【将语言环境数字分组格式应用到数值】复选框，输出的是文本格式的要点图和统计图，是无编辑的。

4. 测量系统

在【测量系统】下拉列表框中选择测量系统单位是"厘米""英寸"或"磅"。

5. 输出声明设置

在【常规】选项卡右侧的中部是【提示】选项组，它可以控制新产生信息的提示方式。

选中【弹出查看器窗口】复选框，则在产生新的结果时输出信息会立即显示在窗口屏幕上；选中【滚动到新的输出】复选框，当有新的结果时，会先显示在目录上。

1.4.2 查看器功能设置

【查看器】选项卡提供了输出标签窗口显示时的信息、图标、字体等选项，方便用户根据需要定义输出窗口，充分展现了 SPSS 软件的人性化设计。【查看器】选项卡如图 1.17 所示。

1. 初始输出状态设置

在【初始输出状态】区域下面的【项目图标】栏，可以设置各种输出的状态。

图 1.17

1) 【项】下拉列表框

此下拉列表框用来选定要控制的输出项。输出项有对数、警告、附注、标题、页面标题、枢轴表、图表、文本输出、树模型、模型浏览器和未知对象类型。

2）【初始内容】选项组

该选项组是对【项】下拉列表框中选定的输出参数的控制，有【显示】和【隐藏】两个选项。

3）【调整】选项组

该选项组用于控制输出内容的对齐方式，有文本左对齐、居中对齐和右对齐。最下面的【在日志中显示命令】选项，可以选择是否把 SPSS 命令显示在日志中。

2．输出文本标题的字体和大小设置

在【查看器】选项卡右边的第一栏中，可以选择输出文本标题或页面标题，并且可以通过下面的选项设置它们的字体、字型、字号和颜色等。

1）字体设置

系统默认为宋体，用户可以根据自己的喜好选择字体。

2）文字大小设置

根据需要选定文字的大小，系统默认为 13.5 磅。

3）字体其他参数设置

这和 Word 中的字体设置一样，B 按钮用于加黑原字体，I 按钮用于使原字体倾斜，U 按钮用于给原字体加下划线。

4）字体颜色设置

用户可根据需要选定字体的颜色，系统默认为黑色。

3．文本输出的字体设置

该选项可以设置文本输出的字体、字型、字号、颜色等，其设置与输出文本标题时的设置类似，用户可根据需要加以选择。

4．默认页面设置

该选项可以设置默认情况下，页面的方向和页边距。

1.4.3　设置有关数据的参数

打开【选项】对话框的【数据】选项卡，在此可以设置数据的各种参数，如图 1.18 所示。

1．【转换与合并选项】选项组

1）立即计算值

选中此单选按钮，就会立刻执行要求的转换，同时读取数据文件。此项为系统默认选项。如果数据文件很大，而且要运行多项转换，这种转换可能要花费很多时间。

2）使用前计算值

选中此单选按钮，就会延迟转换，只有在遇到命令时才执行转换和合并。如果数据文件很大，这种方式能明显地节约处理时间。但是，暂时挂起转换将限制在数据编辑器中要做的其他工作。

2. 【显示新数值变量的格式】选项组

(1) 【宽度】微调框，在其中可输入显示的数值总宽度。

(2) 【小数位】微调框，在其中可输入要显示数值的小数位数。

3. 【随机数字生成器】选项组

有两个选项，即【与 SPSS 12 和先前版本兼容】和【长期间 Mersenne 扭曲器】。

4. 【设置用两位数字年号的百年范围】选项组

以 99 年为间隔设置年限，在数据编辑中定义日期型格式的变量时使用，日期型变量的定义用到两位数表示年的形式，如 11/03/06 和 36-OCT-06。

选中【自动】单选按钮，则自动设置年限范围。系统指定为向前 69 年，向后 30 年。例如，当前年份为 2011 年，选中此单选按钮时，年份的变动范围为区间 2011 年到 2242 年。在定义两位数年份时，若定义 1/04/11，则系统自动识别为 2011 年 11 月 4 日。

选中【定制】单选按钮时，用户可以自定义年份的变动范围。

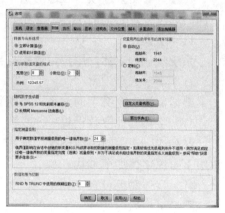

图 1.18

5. 【指定测量级别】选项组

此选项组用于确定数值字段测量级别的唯一值临界数。

6. 【数值取整与切断】选项组

此选项组用于选择 RND 与 TRUNC 中使用的模糊位数。

1.4.4 设置自定义数值型变量的格式

【货币】选项卡用于自定义数值型变量格式，在此可以设置数值型变量输出格式的各种参数，如图 1.19 所示。

1. 【定制输出格式】列表框

在此列表框中可以设置 5 种自定义字符格式，可以先设定再命名。这 5 种格式分别为 CCA、CCB、CCC、CCD 和 CCE。

在右边的【样本输出】栏内显示变量格式的预览。

图 1.19

2. 【所有值】选项组(设置首尾字符)

1) 前缀

在此文本框内输入数值的首字符,这个字符将成为在所有值前面都显示的前缀,系统默认设置为空格。

2) 后缀

在此文本框内输入的值将成为在所有值后面都显示的后缀,系统默认设置为空格。

3. 【负值】选项组(设置负数的首尾字符)

1) 前缀

在此文本框内输入在所有负值前面显示的前缀,系统默认设置为"."。

2) 后缀

在此文本框内输入的值将成为在所有负值后面都显示的后缀,系统默认设置为空格。

4. 【小数分隔符】选项组

1) 句点

选中此单选按钮,在以后显示输出值中的小数点时就会采用圆点为小数点,系统默认设置为句点。

2) 逗号

选中此单选按钮,小数点为逗号。进行所有的设置之后,其样本会显示在 Sample 输出标签栏。

1.4.5 设置输出的参数

通过【输出】选项卡可以设定一些参数,当输出结果与要点表的时候,使变量值与变量标签一起输出,如图 1.20 所示。

图 1.20

1. 【概要标签】选项组(设置大纲标签)

此选项组用来设定在输出大纲中所选用的标签形式。

1) 【项标签中的变量显示为】下拉列表框

此下拉列表框用来控制在输出大纲摘要中的变量显示形式,已经输出的要点表不受影响。系统默认的显示格式为仅显示标签。

- 标签:选择此选项,则使用变量标签来标识每个变量。
- 名称:选择此选项,则使用变量名来标识每个变量。
- 名称和标签:选择此选项,则将变量名和变量标签都用于标识每个变量。

2) 【项标签中的变量值显示为】下拉列表框

此下拉列表框用来控制在输出大纲摘要中的变量值和值标签的显示方式,已经输出的要点表不受影响。系统默认的显示方式为显示值标签。
- 标签：选择此项，则使用变量标签值来标识每个变量值。
- 值：选择此项，则使用变量值来标识每个变量值。
- 值和标签：选择此项，则将变量值和变量值标签都用来标识每个变量值。

2. 【透视表标签】选项组(设置要点表标签)

该选项组的两个选项为【标签中的变量显示为】和【标签中的变量值显示为】，用于控制输出的枢轴表格中的变量和变量值的显示方式，其设置和上述的【概要标签】选项组一样。读者可参照上文中的讲述进行学习和使用。

3. 【单击说明】选项组

此选项组中有【排除具有多个类别的表】和【在输出中包括图表】两个复选框(另有一个【最大类别数】文本框，仅在选中第一个复选框时可用)。

4. 【输出显示】选项组

此选项组中的选项用于选择输出的显示方法。

1.4.6 设置图表的参数

【图表】选项卡用于设置图形输出格式，在该选项卡上可以设置图表输出时的各种参数，如图 1.21 所示。

1. 【图表模板】选项组

1) 【使用当前设置】单选按钮

选中此单选按钮，则对新的图形属性采用当前设置。

2) 【使用图表模板文件】单选按钮

选中此单选按钮，则使用一个图表模板来确定图形的属性。用户可以单击【浏览】按钮来选择一个图表模板文件，图表文件必须是用户事先保存好的。如果想生成一个图表模板文件，只需生成一个带有你所希望属性的图形，然后保存即可。图表模板文件的扩展名为*.sct。

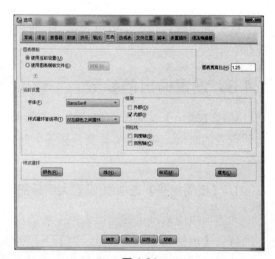

图 1.21

2. 【当前设置】选项组

1) 【字体】下拉列表框

在此下拉列表框内可以选择输出图形所采用的字体，系统默认设置为 SanSerif。

2) 【样式循环首选项】下拉列表框(填充图案及线条)

在此下拉列表框中可以选择填充图形和线条样式，下拉列表中提供了设置图案填充颜色及线条的选项。SPSS 23.0 提供了以下两个选项。

- 仅在颜色之间循环：选择此选选项，会使用系统默认的 14 种颜色的调色板，用户可根据自己的需要选择填充图案和线形样式。系统默认选择此选项。
- 仅在图案之间循环：选择此选项，则使用图案样式来代替颜色填充。

3．【图表宽高比】文本框

在此文本框中输入希望的宽高比数值，系统默认的宽高比为 1.25，即纵∶横=1∶1.25。

4．【框架】选项组

1）【外部】复选框

选中此复选框，就会为整个图形画出一个更大的外边框，将图形全部框于其中，包括标题和图例。

2）【内部】复选框

选中此复选框，则只将输出的图形部分画出边框。

5．【网格线】选项组

1）【刻度轴】(纵轴)复选框

选中此复选框，则会输出图形中显示纵轴上的刻度和水平网格线。

2）【类别轴】(分类轴)复选框

选中此复选框，则会在输出图形中显示横轴上的刻度及垂直网格线。

1.4.7 设置输出表格的参数

【透视表】选项卡用于设置输出表格的格式，可以设置新的表格输出外观。SPSS 23.0 提供了多种形式的枢轴表样板，在此处选定一种枢轴表样板，以后生成的一切表格都将以此种格式输出。【透视表】选项卡如图 1.22 所示。

图 1.22

1．【表格外观】选项组

在此选项组中的列表框内可以选择系统提供的表格输出时的外观样式及储存路径。用户可单击【浏览】按钮来选择样式所在的目录，再以目录下的外观样式中选定所需要的样式文件。右边的【样本】选项组里显示了所选择表格的样式草图预览。

2．【列宽度】选项组

在此选项组内可以设置枢轴表的列宽。

1）根据标签和数据(除非常大的表以外)进行调整

选中此单选按钮，就会按变量标签和数据来调整列宽。这样做产生了比较宽松的表，使所有的值都能够被显示出来。

2) 仅标签

选中此单选按钮,就会按变量标签来调整列宽。这样做会使要点表看起来紧凑,但比标签宽,数据值则不会显示(星号表示数据值不能被显示)。

3) 调整所有表格的标签和数据

选中此单选按钮,用户可根据具体需要手动调整内容或表框列宽,使表格美观、大方。

3.【表注释】选项组

就是将表格显示为行块,右上侧有样本显示。

4.【表呈现】选项组

呈现为旧表格。

5.【缺省编辑模式】下拉列表框

(1) 在查看器中编辑除太大的表格以外的所有表格:选择此项,能够控制观察窗口的要点表或一个单独窗口的激活。根据默认,双击要点表能激活观察窗口的表。用户可以在一个单独的表中激活要点表,或选择一个大小设置,在观察窗口中打开小的要点表,以及在一个单独的窗口中打开大的点。

(2) 编辑中小表:选择此项,则在观察窗口中仅能编辑较小的要点表。

(3) 在单独窗口中打开所有表格。选择此项,则在一个单独的窗口中打开表。

6.【将宽表以丰富文本格式复制到剪贴板】下拉列表框

(1) 请勿调整宽度。
(2) 缩小至最适宽度。
(3) 表格换行。

1.4.8 设置文件位置的参数

【文件位置】选项卡用于选择文件的位置,如图 1.23 所示。

1.【打开和保存对话框的启动文件夹】选项组

1) 指定文件夹

数据文件夹的选择,系统默认的文件路径为 C 盘,单击【浏览】按钮,可以修改路径,将文件保存到指定的文件夹中。

2) 最后使用的文件夹

指用户最后使用的文件夹,系统会自动保存到那里。

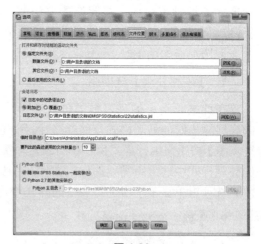

图 1.23

2.【会话日志】选项组

系统会自动记录日志中使用的语法,有【附加】和【覆盖】两种模式,并将这些日志自动保存到日志文件夹中。

3.【临时目录】文本框

在此文本框及下面的微调框中可以设置临时文件的保存路径，以及设置临时文件记录显示的数量，即最近使用的文件数量。

1.4.9 设置脚本的参数

【脚本】选项卡用于设置启动 SPSS 用到的脚本程序文件的各种参数，如图 1.24 所示。

1.【缺省脚本语言】下拉列表框

创建新脚本时，可以在此下拉列表框中选择需要使用的脚本语言。

2.【自动脚本】选项区域

启用自动脚本：此为系统默认选项。

1）【基础自动脚本】选项组

在【文件】文本框中设置 SPSS 的整体脚本过程

图 1.24

文件，该文件由软件内置，在安装 SPSS 软件时自动予以设置，包含其他脚本文件要调用的子过程和函数。一般情况下，用户切勿进行任何改动，否则可能导致一些脚本文件无法正常运行。

2）【单一对象自动脚本】选项组

(1) 命令标识：在此列表框中为单个对象选择可识别的脚本命令。

(2) 对象和脚本：在此列表框中为对象设置脚本过程。首先设置是否需要运行 Autoscripts.sbs 程序。其中列出了自动脚本文件的子过程，从中选择添加需要运行的子过程，也可以去掉先前设置的子过程。

(3) 应用的脚本：要了解各种脚本文件和自动脚本文件子程序的功能，可以打开脚本窗口，阅读相关的脚本过程文件。

1.4.10 设置多重归因窗口的参数

【多重插补】选项卡包括【插补数据标记】和【分析输出】两个区域，如图 1.25 所示。

1.【插补数据标记】选项组

(1) 用于单元格背景颜色的选择。

(2) 用于字体的选择，B 按钮用于设置是否加粗。

2.【分析输出】选项组

此选项组包括【观测值与插补数据结果】、【仅

图 1.25

观测值结果】、【仅插补数据结果】、【汇聚结果】及【诊断统计】等选项。

1.4.11 设置语法编辑器窗口的参数

【语法编辑器】选项卡主要是对系统的语法、命令语言的字体颜色等做修改，使之清晰、明显，如图1.26所示。

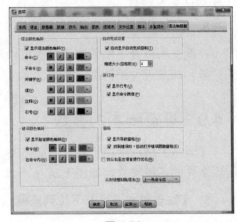

图 1.26

1．【语法颜色编码】选项组

此选项组用来设置是否显示语法颜色编码，选中【显示语法颜色编码】复选框，将会在工作过程中更改命令、子命令、关键字、值、注释和引号的状态，包括 B(是否加粗)、I(是否倾斜)、U(是否加下划线)及字体颜色。

2．【错误颜色编码】选项组

选中【显示验证颜色编码】复选框，包括命令、在命令内的字体设置，这些可以让用户更敏感地感觉到系统的提示，不容易犯错。

3．【自动完成设置】选项组

选中此选项组中的复选框后系统会自动完成显示设置。

4．【缩进大小(空格数)】微调框

使用此微调框进行语法缩进设置，以突出重点。

5．【装订线】选项组

此选项组用来设置是否显示行号以及命令显示的跨度。

6．【窗格】选项组

此选项组用来设置是否显示导航窗格，选中该复选框后将在操作软件时更加方便、快捷，帮助用户有效地完成工作。当然，在熟练掌握命令后不必开启。

找到错误时，自动打开错误跟踪窗格，可以帮助用户及时找到错误，让用户在最短的时间改正错误。

7．【对从右至左语言进行优化】复选框

选中此复选框时，对命令的语法进行从右至左的对齐和优化。

8．【从对话框粘贴语法】下拉列表框

使用此下拉列表框可快速进行语法命令的粘贴调用。

第 2 章　SPSS 统计分析前的准备

本章介绍运用 SPSS 23.0 进行数据统计分析前，对数据的输入、编辑等进行准备和预处理工作，以及对数据文件导入、导出、整理、转换等操作，这是整个数据分析过程的基础，只有熟练掌握本章内容，才能充分发挥和应用 SPSS 23.0 强大的分析功能。

2.1　SPSS 数据文件的建立

SPSS 数据文件的建立可以利用【文件】菜单中的命令来实现。具体地说，SPSS 提供了 4 种创建数据文件的方法。
- 新建数据文件。
- 直接打开已有数据文件。
- 使用数据库导入数据。
- 从文本向导导入数据文件。

2.1.1　新建数据文件

打开 SPSS 软件后，选择(或执行)菜单栏中的【文件】|【新建】|【数据】命令，可以创建一个新的数据编辑窗口，如图 2.1 所示。

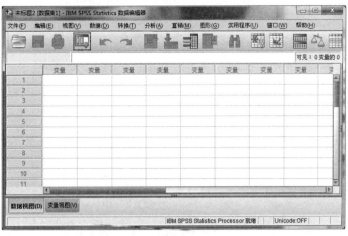

图 2.1

数据编辑器(Data Editor)是做统计分析最主要的窗口界面，在此可以观察、录入和编辑数据，或者导入其他格式的数据文件。而且，通过此界面可以执行所有的数据处理和统计分析过程。

值得注意的是，自 SPSS 19.0 版本以后，可以同时打开多个数据文件，用户可以在多个文件中进行转换操作，这比起低版本的 SPSS 来说，更方便用户使用。

2.1.2　直接打开已有数据文件

打开 SPSS 软件后,执行菜单栏中的【文件】|【打开】|【数据】命令,弹出【打开数据】对话框,如图 2.2 所示。选中需要打开的数据类型和文件名,双击打开该文件。

图 2.2

2.1.3　使用数据库导入数据

打开软件后,执行菜单栏中的【文件】|【打开数据库】|【新建查询】命令,弹出【数据库向导】对话框,如图 2.3 所示。通过该对话框,用户可以选择需要打开的文件类型,并按照界面上的提示进行相关操作。

图 2.3

2.1.4　从文本向导导入数据

SPSS 提供了专门读取文本文件的功能。打开软件后,执行菜单栏中的【文件】|【打开文本数据】命令,弹出【打开数据】对话框,如图 2.4 所示。这里用户选择需要打开的文件名称,

并且单击【打开】按钮进入文本文件向导窗口。

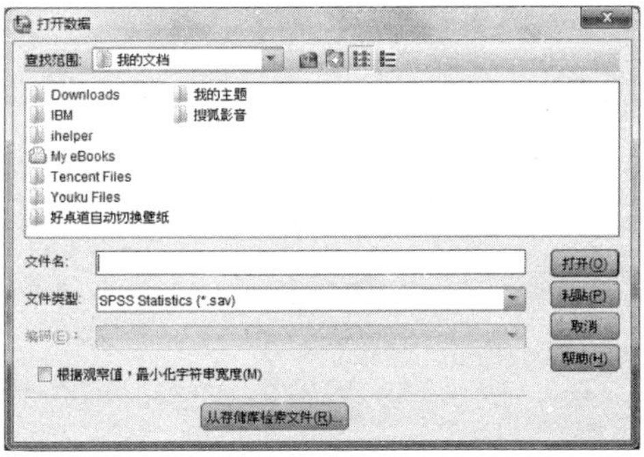

图 2.4

2.1.5　课堂练习：股票指数的导入

文件“上证指数 2014 年第一季度数据.xls”是上证指数从 2014 年 1 月 2 日至 2014 年 3 月 31 日的数据资料，如图 2.5 所示，包括开盘价、当日最高价、当日最低价和收盘价等选项，请将该数据导入至 SPSS 中。

step 01 打开对话框。打开 SPSS 软件，选择菜单栏中的【文件】|【打开】|【数据】命令，弹出【打开数据】对话框，如图 2.6 所示。

	A	B	C	D	E	F	G	H	I
1	日期	开盘价	最高价	最低价	收盘价	涨跌额	涨跌幅(%)	成交量(股)	成交金额(元)
2	20140331	2,043.05	2,048.13	2,024.19	2,033.31	-8.41	-0.41	94,356,536.00	71,573,688,750.00
3	20140328	2,046.85	2,060.13	2,035.24	2,041.71	-4.88	-0.24	121,681,965.00	94,221,958,284.00
4	20140327	2,060.81	2,073.98	2,042.71	2,046.59	-17.08	-0.83	119,149,374.00	94,996,460,806.00
5	20140326	2,070.57	2,074.57	2,057.65	2,063.67	-3.64	-0.18	102,611,116.00	80,463,446,277.00
6	20140325	2,063.32	2,079.55	2,057.49	2,067.31	1.03	0.05	131,822,232.00	100,173,660,038.00
7	20140324	2,050.83	2,074.06	2,043.33	2,066.28	18.66	0.91	147,700,085.00	110,244,496,617.00
8	20140321	1,987.68	2,052.47	1,986.07	2,047.62	54.14	2.72	144,477,656.00	109,438,064,673.00
9	20140320	2,017.22	2,030.85	1,993.00	1,993.48	-28.26	-1.4	110,333,048.00	88,630,977,588.00
10	20140319	2,019.98	2,022.18	2,002.44	2,021.73	-3.46	-0.17	95,180,797.00	79,473,241,174.00
11	20140318	2,026.22	2,034.92	2,020.41	2,025.20	1.52	0.08	96,777,193.00	83,580,456,683.00
12	20140317	2,009.88	2,024.37	1,999.25	2,023.67	19.33	0.96	86,250,374.00	72,017,781,997.00
13	20140314	2,008.83	2,017.91	1,990.98	2,004.34	-14.77	-0.73	87,775,111.00	69,925,888,157.00
14	20140313	2,000.70	2,029.12	1,996.53	2,019.11	21.42	1.07	100,978,116.00	77,979,057,254.00
15	20140312	1,996.24	2,011.06	1,974.38	1,997.69	-3.47	-0.17	101,361,719.00	79,293,072,715.00
16	20140311	1,994.42	2,008.07	1,985.60	2,001.16	2.09	0.1	92,705,265.00	76,870,326,506.00
17	20140310	2,042.35	2,042.63	1,995.55	1,999.07	-58.84	-2.86	115,696,666.00	95,032,992,605.00
18	20140307	2,058.38	2,079.49	2,050.47	2,057.91	-1.67	-0.08	103,709,540.00	89,332,133,920.00
19	20140306	2,050.03	2,065.79	2,030.95	2,059.58	6.49	0.32	109,290,133.00	92,561,446,561.00
20	20140305	2,073.30	2,074.82	2,050.18	2,053.08	-18.39	-0.89	107,733,082.00	91,623,332,621.00
21	20140304	2,068.11	2,074.03	2,050.13	2,071.47	-3.76	-0.18	115,925,792.00	101,116,311,340.00
22	20140303	2,052.08	2,078.33	2,047.07	2,075.24	18.93	0.92	127,460,891.00	104,980,599,523.00
23	20140228	2,040.62	2,058.49	2,020.94	2,056.30	8.95	0.44	111,637,907.00	95,684,072,094.00
24	20140227	2,045.10	2,068.31	2,036.39	2,047.35	6.1	0.3	132,163,852.00	112,875,752,328.00
25	20140226	2,026.61	2,041.63	2,014.38	2,041.25	7.04	0.35	110,112,687.00	96,117,707,808.00
26	20140225	2,077.29	2,087.62	2,026.54	2,034.22	-42.47	-2.04	140,132,978.00	127,823,834,204.00
27	20140224	2,099.72	2,099.72	2,058.79	2,076.69	-37.01	-1.75	123,555,308.00	107,202,449,712.00

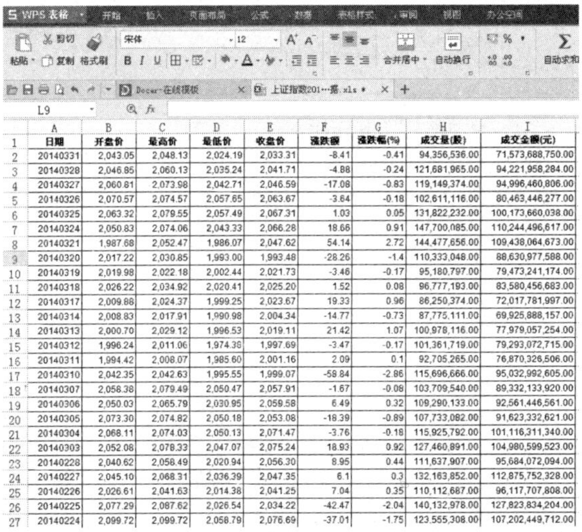

图 2.5

图 2.6

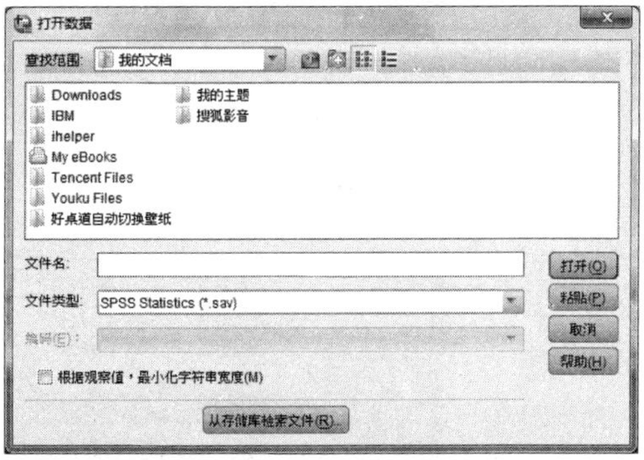

step 02 选定打开文件类型。在【文件类型】下拉列表框中指定打开 Excel 文件类型。接着，选择“上证指数 2014 年第一季度数据.xls”文件，如图 2.7 所示。最后单击【打开】按钮。

step 03 设置变量名称。在弹出的对话框中选中【从第一行数据读取变量名】复选框，如图 2.8 所示，表示 SPSS 将 Excel 工作表的第一行设定为 SPSS 的变量名称，【范围】文本框表示选定 Excel 文件导入 SPSS 的数据范围。这里保持系统默认选项。

step 04 完成操作。最后，单击【确定】按钮，数据即可导入成功。此时，SPSS 的数据浏览窗口中会出现相关的数据内容。

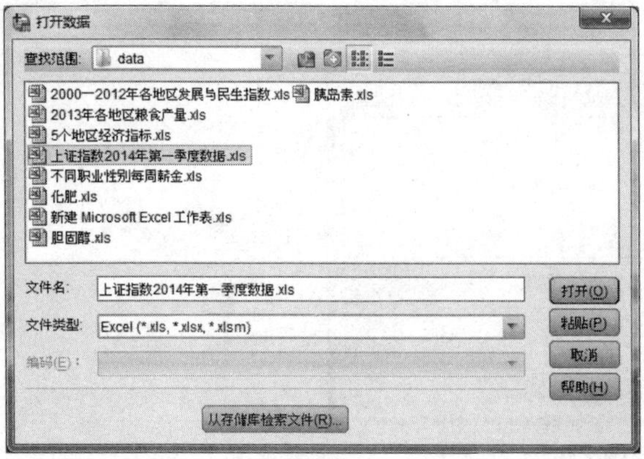

图 2.7　　　　　　　　　　　　　　　　图 2.8

2.2　SPSS 数据文件的属性

一个完整的 SPSS 文件结构包括变量名称、变量类型、变量名标签、变量值标签等内容。用户可以在创建了数据文件后，单击数据浏览窗口左下方的【变量视图】选项卡，进入数据结构定义窗口，如图 2.9 所示。用户可以在该窗口中设定或修改文件的各种属性。

> **注意：** SPSS 数据文件中的一列数据称为一个变量，每个变量都应有一个变量名。SPSS 数据文件中的一行数据称为一条个案或观测量。

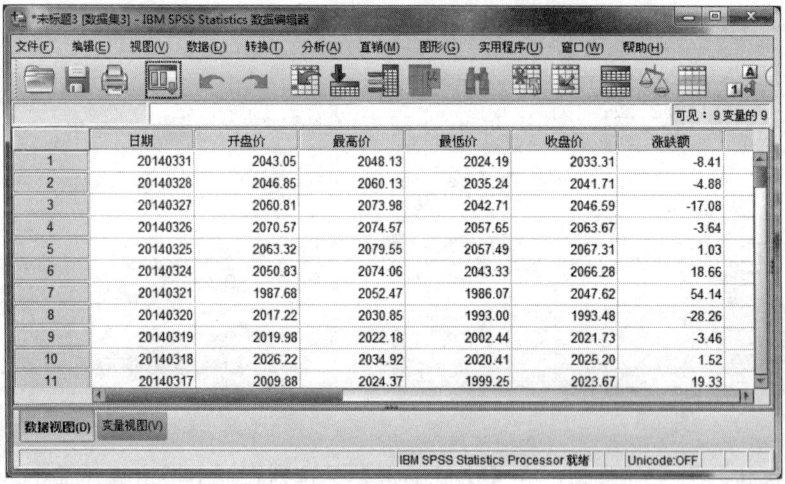

图 2.9

2.2.1　变量名：Name 栏

变量名是变量存取的唯一标志。在定义 SPSS 数据属性时应首先给出每列变量的变量名。在图 2.9 中，"日期""开盘价""最高价"等均为变量名。

变量命名应遵循下列基本规则。

- SPSS 变量长度不能超过 64 个字符(32 个汉字)。
- 首字母必须是字母或汉字或以下符号之一：@、#、$。
- 变量名的结尾不能是圆点、句号或下划线。
- 变量名必须是唯一的。
- 变量名不区分大小写。
- SPSS 的保留字不能作为变量名，如 ALL、NE、EQ 和 AND 等。
- 如果用户不指定变量名，SPSS 软件会以 VAR 开头来命名变量，后面跟 5 个数字，如 VAR00001、VAR00019 等。

注意：为了方便记忆，用户所取的变量名最好与其代表的数据含义相对应。

2.2.2 类型

类型(Type)用于指定每个变量的数据类型。默认情况下，假定所有新变量都为数值变量。可以使用变量类型来更改数据类型。变量类型对话框的内容取决于选定的数据类型。对于某些数据类型，存在有关宽度和小数位数的文本框；对于其他数据类型，只需从可滚动的示例列表中选择一种格式即可。

选中某个变量的属性单元格，再单击单元格右侧出现的按钮，弹出如图 2.10 所示的【变量类型】对话框。选中相应的单选按钮，再单击【确定】按钮即可完成设置。

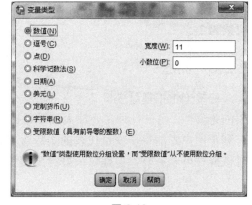

图 2.10

- 数值(Numeric)：同时可定义数值的宽度，即整数部分+小数点+小数部分的位数，默认为 8 位，定义小数位数，默认为 2 位。
- 逗号(Comma)：变量值显示为每 3 位用逗号分隔，并用句点作为小数分隔符的数值变量。数据编辑器为逗号变量接受带或不带逗号的数值，或以科学记数法表示的数值。值的小数指示符右侧不能包含逗号。
- 点(Dot)：变量值显示为每 3 位用句点分隔，并带有逗号作为小数分隔符的数值变量。数据编辑器为点变量接受带或不带点的数值，或以科学记数法表示的数值。值的小数指示符右侧不能包含句点。
- 科学记数法(Scientific notation)：需要同时定义数值宽度和小数位数，在数据编辑窗口中数值以指数形式显示。例如，定义数值宽度为 9，小数位数为 2，则 12345.678 显示为 1.23E+004。
- 日期(Date)：用户可从系统提供的日期格式中选择合适的类型。例如，若选择"mm/dd/yy"，则 2013 年 1 月 11 日显示为"01/11/13"。
- 美元(Dollar)：用户可从系统提供的形式列表中选择合适的类型，并定义数值宽度和小数位数，格式为带有前缀"$"的数值。

- 定制货币(Custom currency)：一种数值变量，其值以自定义货币格式中的一种显示，自定义货币格式是在【选项】对话框的【货币】选项卡中定义的。定义的自定义货币字符不能用于数据输入，但显示在数据编辑器中。
- 字符串(String)：字符串变量的值不是数值，因此不能用在计算中。字符串值可以包含任何字符，可包含的最大字符数不超过定义的长度。字符串变量区分大小写字母。此类型又称为字母数值变量。
- 受限数值：值限于非负整数的变量。在显示值时，填充先导 0 以达到最大变量宽度。可以以科学记数法输入值。

2.2.3 宽度

宽度(Width)是指在数据窗口中变量列所占的单元格的列宽度，一般用户采用系统默认选项即可。值得注意的是，如果变量宽度大于变量格式宽度，此时数据窗口中显示变量名的字符数不够，变量名将被截去尾部作不完全显示。被截去的部分用"*"代替。

2.2.4 小数位

小数位(Decimals)用于设置数值变量的小数位数，当变量为非数值型时无效，默认的小数位数为2。

2.2.5 标签

标签(Label)是对变量名含义的进一步解释说明，它可以增强变量名的可视性和统计分析结果的可读性。用户有时在处理大规模数据时，变量数目繁多，此时对每个变量的含义加以标注，有利于用户弄清每个变量代表的实际含义。变量名标签可用中文，总长度可达 120 个字符。同时该属性可以省略，但建议最好给出变量名的标签。

2.2.6 值

值(Values)是对变量的可能取值的含义作进一步说明。变量值标签对于数值型变量表示非数值型变量时尤其有用。

定义和修改变量值标签，可以双击要修改值的单元格，弹出如图 2.11 所示的对话框。在弹出对话框的【值】文本框中输入变量值，在【标签】文本框中输入变量值标签，然后单击【添加】按钮将对应关系选入下边的白框中。同时，可以单击【更改】和【删除】按钮对已有的标签值进行修改和剔除。最后，单击【确定】按钮返回主界面。

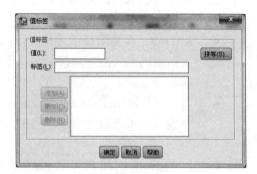

图 2.11

2.2.7 缺失值

在统计分析中,收集到的数据可能会出现这样的情况:一种是数据中出现明显的错误和不合理的情形;另一种是有些数据项的数据漏填了。双击【缺失】栏,在弹出的如图2.12所示的对话框中可以选择3种缺失值(Missing)定义方式。

图 2.12

2.2.8 列

列(Columns)主要用于定义列宽,单击其向上和向下的箭头按钮选定列宽度,系统默认宽度为8。

2.2.9 对齐

对齐(Align)主要用于定义变量对齐方式,用户可以选择左(左对齐)、右(右对齐)和居中(居中对齐)。系统默认变量右对齐。

图 2.13

2.2.10 测量

测量(Measure)主要用于定义变量的测度水平,用户可以选择度量(定距型数据)、有序(定序型数据)和名义(定类型数据),如图2.13所示。

2.2.11 角色

角色(Role)主要用于定义变量在后续统计分析中的功能和作用,用户可以选择输入、目标、两者、无、分区和拆分等类型的角色,如图2.14所示。

图 2.14

2.2.12 课堂练习:员工满意度调查表的数据属性设计

1. 实例内容

为了提高员工的工作积极性,完善公司各方面管理制度,并达到有的放矢的目的,某公司决定对本公司员工进行不记名调查,希望了解员工对公司的满意情况。请根据该公司设计的员工满意度调查题目(行政人事管理部分)的特点,设计该调查表数据在SPSS中的数据属性。

2. 实例操作

具体步骤如下。

step 01 打开SPSS中的数据编辑器窗口,录入或导入原始调查数据。

step 02 选择菜单栏中的【文件】|【保存】命令,保存数据文件,以免丢失。

step 03 单击 SPSS 中数据编辑器的【变量视图】选项卡，按窗口提示进行数据属性的定义，如变量名称、标签、标签值等。

3. 实例结果

图 2.15 所示为变量定义的结果。

	名称	类型	宽度	小数	标签	值	缺失	列	对齐	测量	角色
1	A1	数值	8	0	公司招聘程序是...	{1, 很合理}...	无	8	右	有序(O)	输入
2	A2	数值	8	0	最就作为考核的...	{1, 任务完成...	无	8	右	度量	输入
3	A3	数值	8	0	福利政策是否完...	{1, 是}...	无	8	右	名义(N)	输入
4	A4	字符串	12	0	自己最需要哪些	无	无	8	左	有序(O)	输入
5	A5	数值	8	0	有没有发展前途	{1, 有}...	无	8	右	有序(O)	输入
6	A6	数值	8	0	除薪酬外，最看...	{1, 提高自己...	无	8	右	度量	输入
7	A7	数值	8	0	目前的工作	{1, 很合适}...	无	8	右	度量	输入
8	A8	数值	8	0	当前人事管理最	{1, 招聘}...	无	8	右	度量	输入

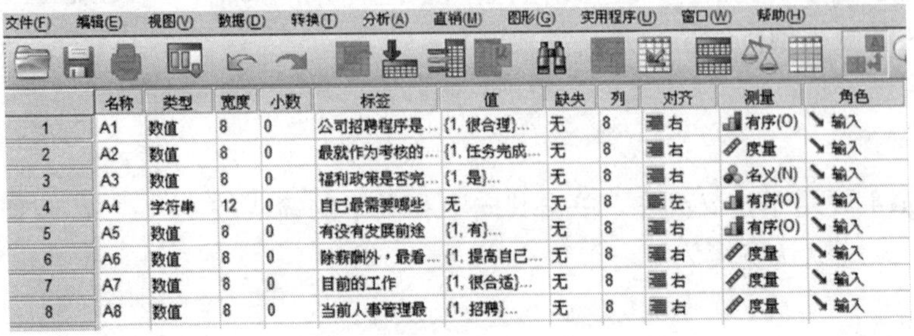

图 2.15

2.3 SPSS 数据文件的整理

通常情况下，刚刚建立的数据文件并不能立即进行统计分析，这是因为收集到的数据还是原始数据。此时，需要对原始数据做进一步的加工、整理，使之更加科学、系统和合理。这项工作在数据分析中称为统计整理。【数据】菜单中的命令主要用于实现数据文件的整理功能。

2.3.1 观测量排序：各地区粮食产量

在分析数据时，有时给出的数据是无序的，需要按照某个变量的取值，重新排列各观测量在数据文件中出现的先后顺序。

1. SPSS 操作详解

step 01 打开观测量排序对话框。打开 SPSS 软件，选择菜单栏中的【数据】|【排序个案】命令，弹出【排序个案】对话框，如图 2.16 所示。

图 2.16

step 02 选择排序变量。在左侧的候选变量列表框中选择主排序变量，单击右向箭头按钮，将其移动至【排序依据】列表框中。

step 03 选择排序类型。在【排列顺序】选项组中可以选择变量排列形式。

step 04 单击【确定】按钮，此时操作结束。

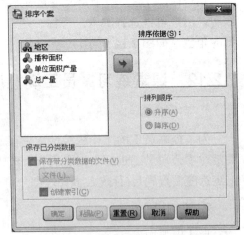

2. 实例内容：地区生产总值分析

各地区粮食产量是指某地区在一定时间内的粮食产量。数据“2013 年各地区粮食产量”如图 2.17 所示，列出了 2013 年我国部分省份的地区粮食总产量及播种面积、单位面积产量，请根据这些数据分析不同省份农业发展状况的差异性。

step 01 打开 SPSS 软件，选择菜单栏中的【数据】|【排序个案】命令，弹出【排序个案】对话框，如图 2.18 所示。

图 2.17

图 2.18

step 02 选择排序变量。在左侧的候选变量列表框中选择主排序变量【总产量】，单击右向箭头按钮，将变量选择进入【排序依据】列表框中，如图 2.19 所示。

step 03 选择排序顺序。为了表示不同省份生产总值的差异，按照从高到低的排列顺序，这里选中【降序】单选按钮，表示观测值按照降序进行排序。

step 04 完成操作。最后，单击【确定】按钮，操作完成。此时，SPSS 的数据浏览窗口中观测量的顺序发生了改变，如图 2.20 所示。

图 2.19

图 2.20

2.3.2 数据的转置：5个地区经济指标

SPSS能够把数据编辑器中的数据进行行列互换，即原来按行(列)方向排列的数据转换成按列(行)方向排列的数据。

1. 操作详解

step 01 打开 SPSS 软件，选择菜单栏中的【数据】|【转置】命令，弹出【变换】对话框，如图2.21所示。

step 02 选择变换变量。在左侧的候选变量列表框中选择需要进行变换的变量，单击右向箭头按钮，将其移动至【变量】列表框中。

图 2.21

step 03 新变量命名。从左侧的候选变量列表框中可以选择一个变量,应用它的值作为变换后新变量的名称。此时,选择该变量进入【名称变量】列表框内即可。如果用户不选择变量命名，则系统将自动给变换后的新变量赋予 Var001、Var002、…的变量名。

step 04 单击【确定】按钮，操作结束。

注意：数据文件变换后，数据属性的定义都会丢失，因此用户要慎重选择本功能。

2. 实例内容：5个地区经济指标

图2.22给出了5个地区的经济指标数据，要求对行列进行互换。

地区	教育投入	工业产值	农业产值	就业人数	消费水平	GDP产值
北京	1170592.60	610.66	1.94	624.30	5178.00	2011.31
天津	433116.80	587.83	.33	427.00	5209.00	1336.38
河北	1128000.80	1822.05	6.16	3382.90	2163.00	4256.01
山西	600037.50	745.47	5.35	1429.00	1835.00	1601.11
内蒙古	424137.70	399.42	3.78	1006.80	2141.00	1192.29

图 2.22 数据转置前的格式

step 01 选择菜单栏中的【数据】|【转置】命令，弹出【变换】对话框，如图2.23所示。
step 02 选择变换变量，如图2.24所示。

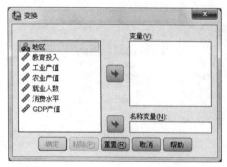

图 2.23 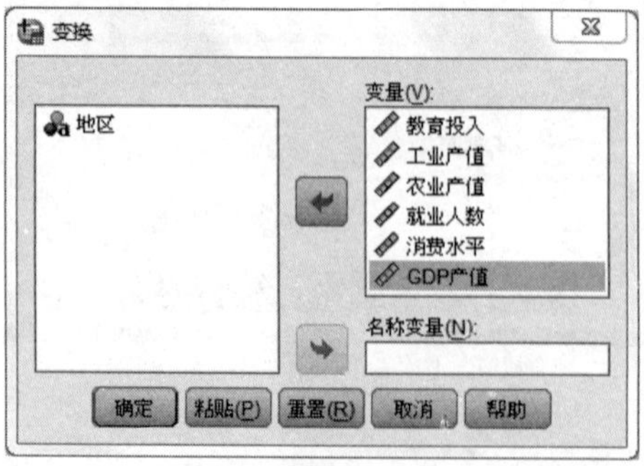   图 2.24

step 03 新变量命名，如图2.25所示。

step 04 完成操作，显示结果，如图 2.26 所示。

图 2.25   图 2.26

2.4 思考与练习

1. 填空题

(1) SPSS 数据是由_____与_____两部分组成的，_____部分主要包括基础数据部分，而_____部分则是对 SPSS 变量及其属性的描述。

(2) 数值型常量分_____与_____两种形式。

(3) 在 SPSS 中，基本运算符主要包括_____、_____与_____3 种类型。

(4) 默认情况下，系统会以_____、_____或_____等样式命名变量。

(5) 变量名称必须以_____、_____或字符@开头，其他字符可以为任意字母、数字或常用符号。

2. 选择题

(1) 下列选项中，对定义变量名表述错误的为(   )。
    A. 变量名最后一个字符可以为句号
    B. 变量名不区分大小写
    C. 已变量名称必须是唯一的
    D. 变量名称不能包含 SPSS 保留字符

(2) 度量标准中的度量、序号与名义度量标准，分别对应了定距/定比变量、定序变量和定性变量，下列说法中，(   )表述是错误的。
    A. 定距变量又称为间隔变量，变量中的 0 值表示一个取值
    B. 定比变量又称为比率变量，变量中的 0 值表示一个取值
    C. 定序变量是基于"质"因素的一种变量
    D. 定性变量是基于"质"因素的一种变量，其取值只代表所观测对象的类别

(3) 在 SPSS 中可以读取其他格式的数据文件，下列选项中，(   )文件格式不能被 SPSS 所读取。
    A. *dbf   B. *.txt   C. *.xls   D. *.ppt

(4) 在"变量视图"窗口中，(   )变量列不能使用查找功能。

A. 名称　　　　B. 标签　　　　C. 值　　　　　　D. 对齐
(5) SPSS 为用户提供了 9 种变量类型，下列描述错误的一项是(　　)。
A. 数值表示整数+小数点+小数的位数
B. 逗号表示整数部分每 3 位数由逗号进行隔开
C. 系统为用户提供了 30 种日期变量类型
D. 美元表示带美元符号的数值型

3. 问答题

(1) 如何在"变量视图"中插入一个新的变量？
(2) 如何读取文本格式的数据文件？
(3) 在保存 SPSS 数据文件时，如何保存部分变量？
(4) 怎样隐藏视图窗口中的网格线？
(5) 如何定位个案？

第 3 章　描述统计分析

统计分析的目的是研究总体的数量特征。为了实现上述分析，往往采用两种方式实现：一是数值计算，即计算常用的基本统计量的值，通过数值来准确反映数据的基本统计特征；二是图形绘制，即绘制常见的基本统计图形，通过图形来直观展现数据的分布特点。通常，这两种方式都是混合使用的。

SPSS 的许多模块均可完成描述分析，但专门为该目的而设计的几个模块则集中在【分析】菜单中。最常用的是列在最前面的 5 个过程。

- 频数分析：产生频数表。
- 描述统计分析：进行基本的统计描述分析。
- 探索性分析：进行探索性分析。
- 列联表分析：进行列联表分析。
- 比率分析：描述两个数值变量间比率的摘要统计量的综合列表。

3.1　频 数 分 析

频数分析是把握数据分布特征的描述性统计中最常用的方法之一。SPSS 的频数分析过程不但可以分析变量变化的基本趋势，还可以生成相应的统计图表。

3.1.1　频数分析概述

频数也称为次数，是指同一观测值在一组数据中出现的次数。而频率则是每个小组的频数与总数值的比值。另外，在变量分配数列中，频数表明对应组标志值的作用程度，其值越大表明该组标志值对于总体水平所起的作用越大；反之亦然。用户在使用频数分析数据之前，还需要先了解一下频数分析中的统计量、参数、频率分析图表等一些频数分析的基础内容。

1. 频数统计量

在 SPSS 中，频数分析是运用统计量和图形来描述多种类型的变量，并可以在其分析结果报告中运用升序和降序方法来排列不同的变量。另外，当变量具有多个值时，可以通过提取频率报告，或者使用默认值或百分比标记图表的方法来分析。在使用频数统计分析数据之前，还需要先了解一下频数的统计量。

(1) 百分位值：用于描述数值在一组数据中的相对位置，包括百分位数、Z 分数等。
(2) 集中趋势：是描述分布位置的统计量，包括均值、中位数、众数等。
(3) 离散程度：是测量数据中变异和展开的统计量，包括标准方差、方差、最小值、最大值。
(4) 分布指标：是描述分布形状和对称性的统计量，包括偏度系数、峰度系数等，这些统计量与其标准差一起显示。

2. 频数分布表中的参数

在使用 SPSS 编制频数分布表时，还需要了解下列术语及参数。
(1) 频数：是指变量值在某个区间内出现的次数。
(2) 百分比：是指各频数值与总样本数的比率。
(3) 有效百分比：是指各频数与总体有效样本数的比值。
(4) 累积百分比：是指各百分比的累计值。

3. 频数分析中常用图表

在频数分析中，经常会使用图表功能，形象且直观地显示变量之间的取值情况。其中，最常用的统计图表有以下 3 种。

(1) 条形图。条形图是使用条形直观地显示频数分布变化的图形，包括单式和复式两种条形图，该图形适用于分析定序和定类变量。

(2) 饼图。饼图是使用圆形或扇形来显示频数百分比变化的一种图形，主要用于显示各部分对整体的贡献情况，该图形适用于数据的结构组成分析。

(3) 直方图。直方图是使用矩形的面积来显示频数分布变化的一种图形，此图仅适用于区间型数值变量。该图形适用于分析定距型变量。另外，还可以通过为直方图添加正态分布曲线的方法来比较正态分布结果。

3.1.2 频数分析的 SPSS 操作详解

step 01 打开主操作界面。选择菜单栏中的【分析】|【描述性统计】|【频率】命令，弹出【频率】对话框，这是频数分析的主操作界面，如图 3.1 所示。

step 02 选择分析变量。在【频率】对话框左侧的候选变量列表框中，选取一个或多个待分析变量，将其移入右侧的【变量】列表框中。

step 03 输出频数分析表。在【频率】对话框的下方选中【显示频率表】复选框，即可输出频数分析表。

step 04 其他基本统计分析。在【频率】对话框中还可以单击【图表】、【格式】等按钮，这些选项提供了丰富的统计输出结果。

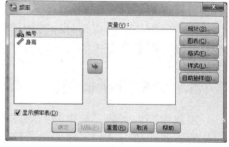

图 3.1

单击【频率】对话框中的【统计】按钮，弹出如图 3.2 所示的【频率：统计】对话框，在该对话框中可以设置输出各类基本统计量结果。其中各选项的含义介绍如下。

(1) 【百分位值】选项组。该选项组主要用于设置输出的百分位数，包括 3 个复选框。

- 【四分位数】：表示将观察值分为 4 个大小相等的组，如 25%、50%、75%这几个百分位数。

图 3.2

- 【分割点】：表示将数据平均分为所设定的相等等份，在其后的文本框中所设置的数值必须为2～100的整数。
- 【百分位数】：表示由用户随意指定单个百分位值。例如，指定95%个百分位数，表示将有95%的观察值大于该值。在该选项中，指定百分位值之后，可通过单击【添加】按钮，添加百分位值；单击【更改】按钮，更改百分位值；同样通过单击【删除】按钮，删除百分位值。

(2) 【集中趋势】选项组。该选项组主要用于设置输出表示数据集中趋势数据统计量，包括4个选项。

- 【平均值】：表示算术平均值，是总和除以个案的结果值，该方法是一种集中趋势的测量。
- 【中位数】：又称为中数，表示第50个百分位的数值。当个案个数为偶数时，则中位数是个案在升序或降序排列的情况下最中间两个个案的平均。另外，中位数是集中趋势的测量，对于远离中心的值并不敏感。
- 【众数】：众数是一组数组中最频繁出现的值，当数组中出现多个频繁出现的值时，则每一个数值都是一个众数，但频率分析过程中只会显示多个众数中最小的数值。
- 【合计】：表示所有带有非缺失值的个案值的合计值。

(3) 【离散】选项组。该选项组主要用于设置输出表示是测量数据中变异和展开的统计量，包括6个选项。

- 【标准偏差】：表示对围绕均值的离差的测量，其值越大表示数据的离散程度越大。
- 【方差】：该值等于与均值的差的平方和除以个案数量减去1，其度量方差的单位是变量本身的单位的平方。
- 【范围】：又称为全距，表示数值变量的最大值与最小值之间的差，即最大值减去最小值，是描述数据离散情况最简单的一种分析方法。
- 【最小值】：表示数值变量的最小值。
- 【最大值】：表示数值变量的最大值。
- 【平均值的标准误差】：表示取自同一分布的样本与样本之间均值差的测量。

(4) 【分布】选项组。该选项组主要用于设置输出表示数据分布的统计量，包括两个选项。

【偏度】：表示分布的不对称性度量，当偏度值为0时，表示正态分布；当偏度值超过标准误差的两倍时，表示不具有对称性。

- 【峰度】：用于观测值聚焦在中点周围的程度的一种测量，当峰度值为0时表示正态分布，其分布的峰度比较高而狭窄。

(5) 【值为组的中点】：表示当数据中的值为组中点时，应启用该复选框用来估计原始未分组数据的中位数和百分位数。

单击【频率】对话框中的【图表】按钮，弹出如图3.3所示的【频率：图表】对话框，在该对话框中可以设置输出图形结果。

在【频率：图表】对话框中，主要包括【图表类型】和【图表值】两个选项组。其中，在【图表类型】选项组中各选项的含

图3.3

义如下。

- 【无】：选中该单选按钮，表示在结果中将不显示图表。
- 【条形图】：选中该单选按钮，表示在结果中将以条形图的样式显示分析数据。
- 【饼图】：选中该单选按钮，表示在结果中将以饼图的样式显示分析数据。
- 【直方图】：选中该单选按钮，表示在结果中将以直方图的样式显示分析数据。
- 【在直方图上显示正态曲线】：该复选框只有在选中【直方图】单选按钮后才可用。启用该复选框，表示在直方图中显示正态分布曲线，用以判断分析结果数据是否接近于正态分布。

另外，在【图表类型】选项组中，选中【条形图】或【饼图】单选按钮时，【图表值】选项组中的选项才能显示为可用状态。而在【图表值】选项组中，主要包括【频率】和【百分比】单选按钮。其中，【频率】单选按钮表示所选择的图表将以频数为单位进行显示；而【百分比】单选按钮表示所选择的图表将以百分比为单位进行显示。

step 05 输出格式、样式选择。单击如图 3.1 所示的【频率】对话框中的【格式】按钮，弹出如图 3.4 所示的【频率：格式】对话框，在该对话框中可设置频数表输出的格式。

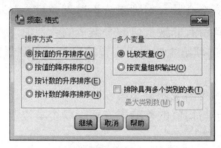

图 3.4

在【频率：格式】对话框中，各选项的含义如下。

(1) 【排序方式】选项组。该选项组主要用于设置输出表格内容的排序方式，包括 4 个选项。

- 【按值的升序排序】：表示对频数分布按照数值的大小进行升序排列。
- 【按值的降序排序】：表示对频数分布按照数值的大小进行降序排列。
- 【按计数的升序排序】：表示对频数分布按照频数的大小进行升序排列。
- 【按计数的降序排序】：表示对频数分布按照频数的大小进行降序排列。

(2) 【多个变量】选项组。该选项组主要用于设置变量的输出方式，包括两个选项。

- 【比较变量】：表示在单个表中显示所有的变量。
- 【按变量组织输出】：表示显示每个变量的独立统计量表。

(3) 【排除具有多个类别的表】复选框。

选中此复选框时，可在下面的文本框中设置最大类别数。

单击如图 3.1 所示的【频率】对话框中的【样式】按钮，弹出如图 3.5 所示的【表样式】对话框，在该对话框中可以设置频数表输出的样式。

第 3 章 描述统计分析

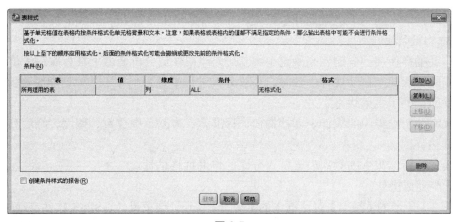

图 3.5

step 06 相关统计量的自助抽样估计。

自助抽样是一种非参数统计方法，也是一种从样本计算得到的估计值来做出有关这些总体参数的推论。使用自助抽样方法可以导出稳健的标准误差值，并能为如均值、中位数、比例、相关系数或归回系数等估计值导出置信区间。另外，自助抽样方法还可以用于构建假设检验。

单击如图 3.1 所示的【频率】对话框中的自助抽样 (Bootstrap) 按钮，弹出如图 3.6 所示的 Bootstrap 对话框，在该对话框中可以进行统计量的自助抽样估计。

在 Bootstrap 对话框中，启用【执行 bootstrap】复选框，使自助抽样各选项处于可用状态。其中，各选项的含义介绍如下。

- 【样本数】：可通过在文本框中指定一个正整数的方法，来设置自助抽样执行时所需要的样本个数。而当用户需要生成百分位数和偏差修正加速

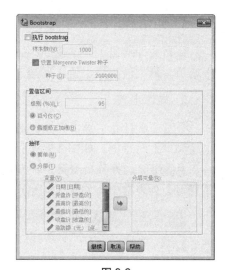

图 3.6

区间时，至少需要 1000 个自助抽样样本。其取值范围在 0～21 内。

- 【设置 MersenneTwister 种子】：启用该复选框，可以允许用户复制分析，另外所设置种子会保留随机数生成器的当前状态，并在分析完成后恢复该状态。其取值范围在 1～2000000000 内。
- 【置信区间】：指定一个大于 50 且小于 100 的置信水平。其中，【百分位】选项表示简单地使用对应于所需置信区间百分位数的有序自助抽样值。而【偏差修正加速 (B)】选项表示该区间为调整区间，分析比较长。
- 【抽样】：在该选项组中主要包括【简单】与【分层】两个选项，其中，【简单】选项表示通过放回方式从原始数据集进行个案重新取样；而【分层】选项表示通过放回方式从原始数据集进行个案重新取样，但在层次变量的交叉分类定义的层内。如果层中的单元相对均一，且不同层间的单元相差较大，则分层自助抽样非常有用。

另外，用户在使用自助抽样方法进行频数分析时，还需要注意以下几点。

(1) 自助抽样不能用于多重插补数据集。如果数据集中存在 Imputation_变量，Bootstrap(自助抽样)话框将被禁用。

(2) 自助抽样使用列表删除来确定个案基础，即在任何分析变量上具有取缺失值的个案将从分析中删除，因此当自助抽样生效时，不管分析过程中是否制订了其他处理缺失值的方法，该列表删除照样处于生效状态。

(3) 频率分析结果中的统计表支持均值、标准差、方差、中位数、偏度、峰度和百分位数的自助抽样估计。

(4) 统计分析结果中的频率表支持百分比的自助抽样估计。

step 07 完成操作。

单击图 3.1 所示的【频率】对话框中的【确定】按钮，结束操作，SPSS 软件自动输出结果。

3.1.3 课堂练习：分析学生身高分布特征

1. 实例内容

数据文件给出了某学校 50 名高三学生的身高。试分析该 50 名学生的身高分布特征，计算平均值、最大值、最小值、标准差、变异系数等统计量，并绘制频数表和直方图。

2. 操作步骤

step 01 打开主操作界面。选择菜单栏中的【分析】|【描述统计】|【频率】命令，弹出【频率】对话框，如图 3.7 所示。

step 02 选择分析变量。在左边的列表框中选择【身高】，然后单击 按钮，将其加入到【变量】列表框中，如图 3.8 所示。

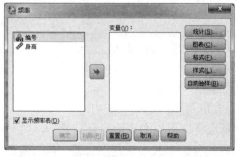

图 3.7

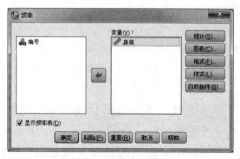

图 3.8

step 03 选择输出统计量。单击对话框右上角的【统计】按钮，弹出【频率：统计】对话框，如图 3.9 所示。

在【百分位值】选项组中选中【四分位数】和【分割点】复选框。

在【集中趋势】选项组中选中输出的【平均值】、【中位数】、【众数】和【合计】复选框。

在【离散】选项组中选中输出的【标准偏差】、【方差】、【范围】、【最小值】、【最大值】和【平均值的标准误差】复选框。

在【分布】选项组中选中输出的【偏度】和【峰度】复选框，选择完毕后，单击【继续】按钮，返回到主操作窗口。

step 04 选择输出图形类型。单击【频率】对话框的【图表】按钮，弹出【频率：图表】对话框，如图 3.10 所示。在【图表类型】选项组中选中【直方图】单选按钮，并且带正态曲线，然后单击【继续】按钮，返回到主操作窗口。

图 3.9

图 3.10

step 05 完成操作。

单击【确定】按钮完成操作，输出分析结果。

3. 实例结果及分析

1) 描述性统计表

从表 3.1 中可以读出以下信息：有效样本数为 50 个，没有缺失值。学生的平均身高为 169.72，标准差为 6.993，最大值是 181，最小值是 154 等。

表 3.1 描述性统计表

身高

N	有效	50
	缺失	0
平均值		169.72
标准平均值误差		0.989
中位数		171.50
方式		175
标准偏差		6.993
方差		48.900
偏度		−0.446
标准偏度误差		0.337
峰度		−0.760
标准峰度误差		0.662
范围		27
最小值		154
最大值		181
合计		8486

续表

百分位数(P)	10	158.40
	20	163.20
	25	164.00
	30	165.00
	40	167.40
	50	171.50
	60	174.00
	70	175.00
	75	175.25
	80	176.00
	90	177.90

2) 频数分析

频数分析如表 3.2 所示，该表中从左到右分别是有效的样本值、频数、频数占总数的百分比、有效数占总数的百分比、累计百分比。

表 3.2 频数分析表

身高

		频率	百分比	有效百分比	累计百分比
有效	154	1	2.0	2.0	2.0
	156	1	2.0	2.0	4.0
	157	2	4.0	4.0	8.0
	158	1	2.0	2.0	10.0
	162	2	4.0	4.0	14.0
	163	3	6.0	6.0	20.0
	164	3	6.0	6.0	26.0
	165	3	6.0	6.0	32.0
	166	1	2.0	2.0	34.0
	167	3	6.0	6.0	40.0
	168	4	8.0	8.0	48.0
	171	1	2.0	2.0	50.0
	172	1	2.0	2.0	52.0
	173	2	4.0	4.0	56.0
	174	4	8.0	8.0	64.0
	175	6	12.0	12.0	76.0
	176	5	10.0	10.0	86.0
	177	2	4.0	4.0	90.0
	178	3	6.0	6.0	96.0
	181	2	4.0	4.0	100.0
	总计	50	100.0	100.0	

3) 带正态曲线的直方图

如图 3.11 所示，从学生身高的直方图中可以看出，学生身高近似服从正态分布，而且集中趋势是集中在 170。

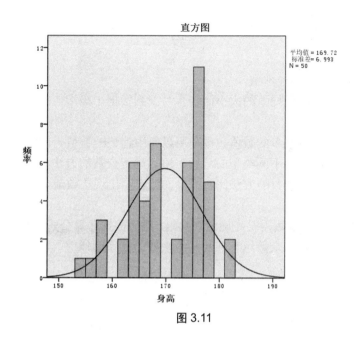

图 3.11

3.2 描述统计分析

描述分析像频率分析那样,属于 SPSS 数据分析中描述分析部分。它是将研究中所得的数据加以整理、归类,简化或绘制成图表,以此分析数据的观测个数、中心趋势以及到中心值的变异或离散程度的一个过程。通过描述分析,可以清晰、准确地分析数据的分布特点。

描述性分析过程主要用于对连续变量做描述性分析,可以输出多种类型的统计量,也可以将原始数据换成标准 Z 分值并存入当前数据集。本节将结合实例对几个常用基本统计量的描述性分析过程进行详细介绍。

3.2.1 描述统计分析概述

描述统计的过程为单个表中若干变量显示单变量摘要的统计量,并以此计算标准化值。其中,描述统计主要涉及数据的集中趋势、离散程度和分布形态,最常用的指标有平均数、标准差和方差等。

1. 集中趋势

集中趋势是指一组数据向某一中心值靠拢的程度,反映了该组数据中心点的位置。集中趋势统计主要是寻找数据水平的代表值或中心值,其度量包括均值、中位数、众数和中列数。

1) 均值

均值又称为算术平均数,表示一组数据或统计总体的平均特征值,是最常见的代表值或中心值,主要反映了某个变量在该组观测数据中的集中趋势和平均水平。均值是计算平均指标最常用的方法和形式,其计算公式为

$$\bar{x} = \frac{\sum_{i=1}^{n} x_i}{n}$$

式中：n 为总体样本数；x_i 为各样本值。

通过该公式，用户可以发现均值的大小比较容易受到数据中极端值的影响。

2) 众数

众数是指一组数据中出现最多的数值，也是明显集中趋势的数值。在统计分析数据中，鉴于数据分组区别于单项式和组距不同类型的分组，所以确定众数的方法也各不相同。

其中，由单项式分组确定众数的方法比较简单，即表示出现次数最多的数值，该方法也是最常用的方法之一。

另外，由组距分组确定的众数需要先确定众数组，然后根据计算公式计算出众数的近似值。而众数值是依据众数组的次数与众数组相邻的两组次数的关系近似值，其计算公式分为上限与下限公式，表示如下。

上限公式为

$$M_o = L_{M_o} + \frac{f_{M_o} - f_{M_{o-1}}}{(f_{M_o} - f_{M_{o-1}}) + (f_{M_o} - f_{M_{o+1}})} \times d_{M_o}$$

下限公式为

$$M_o = U_{M_o} + \frac{f_{M_o} - f_{M_{o+1}}}{(f_{M_o} - f_{M_{o-1}}) + (f_{M_o} - f_{M_{o+1}})} \times d_{M_o}$$

式中：M_o 为众数；L_{M_o} 为众数组的下限；U_{M_o} 为众数组的上限；f_{M_o} 为众数组的次数；$f_{M_{o-1}}$ 为众数组前一次的次数；$f_{M_{o+1}}$ 为众数组后一组的次数；d_{M_o} 为众数组的组距。

除了上述介绍的均值与众数外，还包括集中趋势描述统计中的中位数与中列数等，用户应根据集中趋势度量的不同计算特点与实际数据的分析类型，合理选择相应的集中趋势度量类型，以便准确地分析不同类型的数据。

2. 离散程度

离散程度是观测各个取值之间的差异程度，也可以理解为一组数据远离其中心值的程度。通过对数据离散程度的分析，不仅可以反映各个数值之间的差异大小，而且还可以反映分布中心的数值对各个数值代表性的高低。观测度量包括样本方差、样本标准差与全距。

1) 样本方差

样本方差是各个数据与平均数之差的平方的平均数，主要用于研究随机变量和均值之间的偏离程度。样本方差的值越大，表示变量之间的差异性越大。其计算公式为

$$\sigma^2 = \frac{\sum_{i=1}^{n}(x_i - \bar{x})^2}{n}$$

2) 样本标准差

样本标准差也称为样本均方差，是随机变量偏离平均数的距离的平均数，是方差的平方根，是反映了随机变量分布离散程度的一种指标。标准差跟方差一样，其数值越大，表明变量值之间的差异越大。在实际应用中，需要注意平均数相同的数据，标准差未必相同。标准差的计算

公式为

$$\sigma = \sqrt{\frac{\sum_{i=1}^{n}(x_i - \overline{x})^2}{n}}$$

3) 全距

全距又称为极差，是观测变量最大值与最小值之间的绝对差，也可以理解为是观测变量的最大值与最小值之间的区间跨度。全距的计算公式为

$$R = \max(x_i) - \min(x_i)$$

在使用全距统计分析数据时，在相同数值的情况下其值越大，表明数据的分散程度越大；反之，则表明数据的集中性越好。

3. 分布形态

分布形态主要用于分析数据的具体分布情况，如分析数据的分布是否对称、数据的偏斜度以及分析数据的分布陡缓分布情况等。一般情况下，可以使用偏度与峰度两个统计量进行分析。

1) 偏度

偏度是描述统计量取值分布对称或偏斜程度的一种指标，其计算公式为

$$\alpha = \frac{\sum_{i=1}^{n}(x_i - \overline{x_i})^3 f_i}{\sigma^3 \sum_{i=1}^{n} f_i}$$

当数据分布为正态时，偏度值等于 0；当数据分布为正偏斜时，偏度值大于 0；当数据分布为负偏斜时，偏度值小于 0；偏度的绝对值越大，表明数据分布的偏斜度越大。

2) 峰度

峰度是描述统计量取值分布的陡缓程度的统计量，也是衡量取值分配的集中程度，其计算公式为

$$\alpha = \frac{\sum_{i=1}^{n}(x_i - \overline{x})^3 f_i}{\sigma^3 \sum_{i=1}^{n} f_i}$$

当峰值结果值等于 0 时，表示数据分布与正态分布的陡缓程度相同；当峰值结果值大于 0 时，表示数据分布比正态分布更加集中，其平均数的代表性更大；而当峰值结果值小于 0 时，表示数据分布比正态分布更加分散，其平均数的代表性更小。

3.2.2 描述统计分析的 SPSS 操作详解

描述过程是连续资料统计描述应用最多的一个过程，它可对变量进行描述性统计分析计算，并列出一系列相应的统计指标。这和其他过程相比并无不同。但该过程还有个特殊功能，就是可将原始数据转换成标准化值，并以变量的形式保存。

step 01 打开主界面。选择菜单栏中的【分析】|【描述统计】|【描述】命令，弹出【描述】对话框，该对话框是描述性统计分析的主操作界面，如图 3.12 所示。

step 02 选择分析变量。在左侧的候选变量列表框中选取一个或多个待分析变量，将它们移入右侧的【变量】列表框中。

step 03 计算基本描述性统计量。单击【选项】按钮，弹出【描述：选项】对话框，该对话框用于指定输出的描述性统计量。这些统计量有平均值、总和、标准差、方差、范围、最小值、最大值、标准误差平均值、偏度系数和峰度系数，如图 3.13 所示。

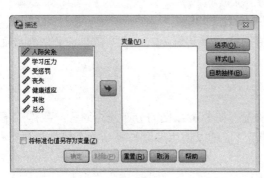

图 3.12

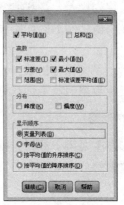

图 3.13

step 04 保存标准化变量。选中【将标准化值另存为变量】复选框。

step 05 相关统计量的自助抽样估计。单击【自助抽样】按钮，弹出【自助抽样】对话框，可以进行平均值、标准差、方差、偏度和峰度的自助抽样估计。

step 06 完成操作。单击【确定】按钮，结束操作，SPSS 软件自动输出结果。

3.2.3 课堂练习：大学新生的心理健康状况

1. 实例内容

某大学为了了解学生的心理健康状况，要对初入学的大一新生进行心理测评，并建立心理档案。现要对某班学生的生活事件量表进行分析。请判断本班该量表上的得分情况如何？数据文件如图 3.14 所示。

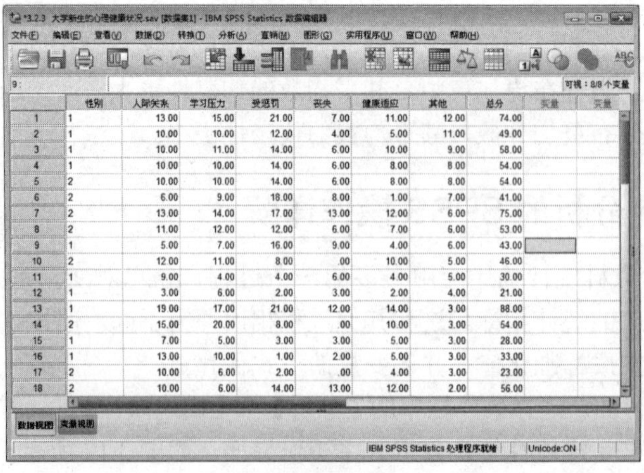

	性别	人际关系	学习压力	受惩罚	丧失	健康适应	其他	总分	变量	变量
1	1	13.00	15.00	21.00	7.00	11.00	12.00	74.00		
2	1	10.00	10.00	12.00	4.00	5.00	11.00	49.00		
3	1	10.00	11.00	14.00	6.00	10.00	9.00	58.00		
4	1	10.00	10.00	14.00	6.00	8.00	8.00	54.00		
5	2	10.00	10.00	14.00	6.00	8.00	8.00	54.00		
6	2	6.00	9.00	18.00	8.00	1.00	7.00	41.00		
7	2	13.00	14.00	17.00	13.00	12.00	6.00	75.00		
8	2	11.00	12.00	12.00	6.00	7.00	6.00	53.00		
9	1	5.00	7.00	16.00	9.00	4.00	6.00	43.00		
10	2	12.00	11.00	8.00	.00	10.00	5.00	46.00		
11	1	9.00	4.00	4.00	6.00	4.00	5.00	30.00		
12	1	3.00	6.00	2.00	3.00	2.00	4.00	21.00		
13	1	19.00	17.00	21.00	12.00	14.00	3.00	88.00		
14	2	15.00	20.00	8.00	.00	10.00	3.00	54.00		
15	1	7.00	5.00	3.00	3.00	5.00	3.00	28.00		
16	1	13.00	10.00	1.00	2.00	5.00	3.00	33.00		
17	2	10.00	6.00	2.00	.00	4.00	3.00	23.00		
18	2	10.00	6.00	14.00	13.00	12.00	2.00	56.00		

图 3.14

2. 操作步骤

step 01 变量的转换处理。选择【转换】|【计算变量】菜单命令，计算出量表的总分及量表的 6 个因子上的各自总分。

step 02 执行【分析】|【描述统计】|【描述】菜单命令，弹出【描述】对话框。

step 03 选择变量。选中左侧变量框中的变量“总分”，单击对话框中间的按钮，选入右侧【变量】列表框，如图 3.15 所示。

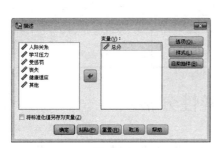

图 3.15

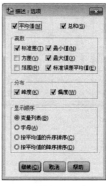

图 3.16

step 04 选中复选框。选中【将标准化值另存为变量】复选框。

step 05 选择描述性统计分析。单击【选项】按钮，在弹出的【描述：选项】对话框中选中【平均值】、【总和】、【标准差】、【最小值】、【最大值】、【标准误差平均值】、【峰度】、【偏度】复选框，如图 3.16 所示。单击【继续】按钮，返回【描述】主对话框。

step 06 输出结果。单击【确定】按钮，运行程序，输出结果。

3. 实例结果及分析

(1) 输出标准化得分新变量。可以看到，SPSS 的数据编辑窗口中输出总分的 Z 分数变量，如图 3.17 所示。

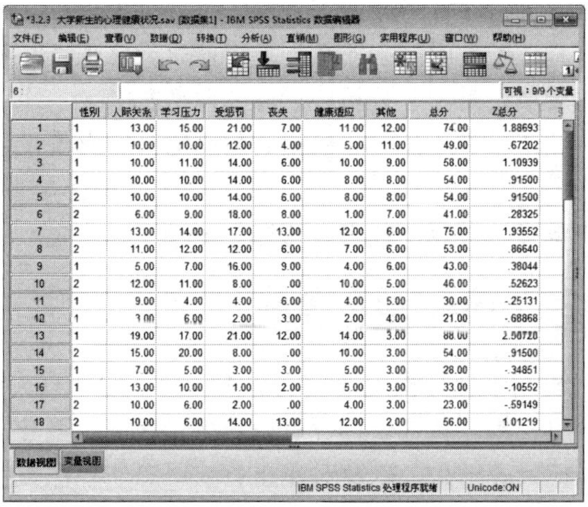

	性别	人际关系	学习压力	受惩罚	丧失	健康适应	其他	总分	Z总分
1	1	13.00	15.00	21.00	7.00	11.00	12.00	74.00	1.88693
2	1	10.00	10.00	12.00	4.00	5.00	11.00	49.00	.67202
3	1	10.00	11.00	14.00	6.00	10.00	9.00	58.00	1.10939
4	1	10.00	10.00	14.00	6.00	8.00	8.00	54.00	.91500
5	2	10.00	10.00	14.00	6.00	8.00	8.00	54.00	.91500
6	2	6.00	9.00	18.00	8.00	1.00	7.00	41.00	.28325
7	2	13.00	14.00	17.00	13.00	12.00	6.00	75.00	1.93552
8	2	11.00	12.00	12.00	6.00	7.00	6.00	53.00	.86640
9	1	5.00	7.00	16.00	9.00	4.00	6.00	43.00	.38044
10	2	12.00	11.00	8.00	.00	10.00	5.00	46.00	.52623
11	1	9.00	4.00	4.00	6.00	4.00	5.00	30.00	-.25131
12	1	3.00	6.00	2.00	3.00	2.00	4.00	21.00	-.68868
13	1	19.00	17.00	21.00	12.00	14.00	3.00	88.00	2.50720
14	2	15.00	20.00	8.00	.00	10.00	3.00	54.00	.91500
15	1	7.00	5.00	3.00	3.00	5.00	3.00	28.00	-.34851
16	1	13.00	10.00	1.00	2.00	5.00	3.00	33.00	-.10552
17	2	10.00	6.00	2.00	.00	4.00	3.00	23.00	-.59149
18	2	10.00	6.00	14.00	13.00	12.00	2.00	56.00	1.01219

图 3.17

(2) 描述统计指标。在结果输出窗口中会输出描述性统计量的表格，如表 3.3 所示。

通过输出结果可以看出，此班学生的生活事件量表的总分平均数达到 35.17 分，标准差为 20.58，最高分为 88 分，最低分为 5 分。由于本量表满分为 135 分，由此可以得出，本班学生总体来说得分并不高，但得分的离散程度较高。

此外，可以看出总分的分布峰度及偏度分别为-0.0%和 0.742，但其标准误差都未达到 0.05 显著性水平，所以可以认为，此变量分布近似正态分布。

表 3.3 描述统计

	个案数	最小值	最大值	总和	平均值		标准差	偏度		峰度	
	统计	统计	统计	统计	统计	标准误差	统计	统计	标准误差	统计	标准误差
总分	35	5.00	88.00	1231.00	35.1714	3.47826	20.57767	0.742	0.398	-0.096	0.778
有效个案数(成列)	35										

3.3 探索性分析

探索性分析可以在对变量的分布特点不了解时对变量进行相关分析，为用户的下一步数据分析提供相应的参考。SPSS 提供了方便的探索分析过程，下面介绍其相关操作。

3.3.1 探索性分析概述

1．使用目的

探索性数据分析的基本思想是从数据本身出发，不拘泥于模型的假设而采用非常灵活的方法来探讨数据分布的大致情况，也可以为进一步结合模型的研究提供线索，为传统的统计推断提供良好的基础和减少盲目性。

2．主要内容

一般来说，进行探索性分析主要考察以下内容。

(1) 检查数据是否有错。过大或过小的数据均可能是异常值、影响点或错误值。要检查这样的数据并分析原因，然后决定是否从分析中剔除这些数据。

(2) 获得数据分布特征。很多统计方法模型对数据的分布有要求，如方差分析就需要数据服从正态分布。

(3) 对数据进行初步观察，发现一些内在规律。

3.3.2 探索性分析的 SPSS 操作详解

SPSS 中的 Explore 过程用于计算指定变量的探索性统计量和有关图形。它既可以对观测量整体分析，也可以进行分组分析。从这个过程可以获得箱线图、茎叶图、直方图、各种正态检验图、频数表、方差齐性检验等结果，以及对非正态或正态非齐性数据进行变换，并表明和检验连续变量的数值分布情况。

step 01 打开主操作界面。选择菜单栏中的【分析】|【描述统计】|【探索】命令，弹出

【探索】对话框，如图 3.18 所示，该对话框是探索性分析的主操作界面。

step 02 选择分析变量。在【探索】对话框左侧的候选变量列表框中，选取一个或多个待分析变量，将它们移入右侧的【因变量列表】列表框中，表示要进行探索性分析的变量。

step 03 选取分组变量。在【探索】对话框的候选变量列表框中，可以选取一个或多个分组变量，将它们移入右侧的【因子列表】列表框中。分组变量的选择可以将数据按该变量中的观测值进行分组分析。如果选择的分组变量不止一个，那么会以分组变量的不同取值进行组合分组。

图 3.18

step 04 选择标签值。从候选变量列表框中选择一个变量作为标识变量，并将其移入【个案标注依据】列表框中。选择标识变量的作用在于，若系统在数据探索时发现异常值，便可利用标识变量加以标记，便于用户找这些异常值。如果不选择它，系统默认以 id 变量作为标识变量。

step 05 选择输出类型。在【探索】对话框下面的【输出】选项组中可以选择输出项。

- 两者：输出图形以及描述性统计量。
- 统计：只输出描述统计量。选择此项后激活【统计】按钮。
- 图：只输出图形。选择此项后激活【图】按钮。

step 06 描述性统计量结果输出。在【探索】对话框中还可以单击【统计】按钮，弹出【探索：统计】对话框，如图 3.19 所示，该对话框中提供了各类基本描述性统计输出结果。

step 07 统计图形结果输出。在【探索】对话框中还可以单击【图】按钮，弹出【探索：图】对话框，如图 3.20 所示。该对话框中提供了图形输出的类型。

图 3.19

图 3.20

step 08 选择缺失值的处理方式。在【探索】对话框中还可以单击【选项】按钮，在弹出的如图 3.21 所示的话框中确定对待缺失值的方式。

step 09 相关统计量的自助抽样估计。单击【自助抽样】按钮，弹出【自助抽样】对话框，如图 3.22 所示，可以进行以下统计量的自助抽样估计。

图 3.21

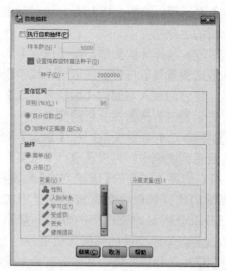
图 3.22

- 支持均值、5%切尾均值、标准差、方差、中位数、偏度、峰度和内距的自助抽样估计。
- M 估计量表示支持 Huber 的 M 估计量、Tukey 的双权重、Hampel 的 M 估计量和 Andrew 的 Wave 的自助抽样估计。
- 百分位数表示支持百分位数的自助抽样估计。

step 10 操作完成。

单击【确定】按钮,结束操作,SPSS 软件自动输出结果。

3.3.3　课堂练习:大学新生的心理健康状况

1. 实例内容

某大学为了了解学生的心理健康状况,要对初入学的大一新生进行心理测评,并建立心理档案。现要对某班学生的生活事件量表进行分析。请判断本班该量表上的得分情况。数据文件如图 3.23 所示。

2. 操作步骤

step 01 打开主操作界面。选择菜单栏中的【分析】|【描述统计】|【探索】命令,弹出【探索】对话框,如图 3.24 所示。

step 02 选择变量。选中左侧变量列表框中的【总分】,单击对话框最上面的 按钮,将此所选变量选入右侧的【因变量列表】列表框中,如图 3.25 所示。

step 03 选择统计量。单击【统计】按钮,会出现【探索:统计】对话框,选中【描述】(平均值的置信区间默认为 95%)、【离群值】、【百分位数】复选框,如图 3.26 所示。单击【继续】按钮,返回【探索】主对话框。

step 04 选择图。单击【图】按钮,将出现【探索:图】对话框。选中【茎叶图】、【直方图】、【含检验的正态图】复选框,如图 3.27 所示。单击【继续】按钮,返回主对话框。

第 3 章 描述统计分析

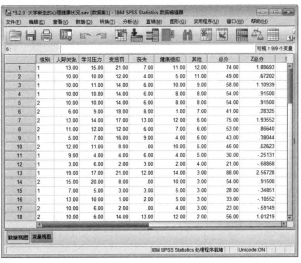

图 3.23

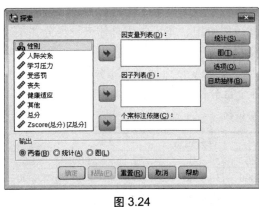

图 3.24　　　　　　　　　　　　　图 3.25

图 3.26　　　　　　　　　　　　　图 3.27

step 05 单击【确定】按钮，运行程序得出结果。

3．实例结果及分析

(1) 各项描述性统计指标。表 3.4 所示为本组数据的描述性统计指标。

表 3.4 描述

			统 计	标准误差
总分	平均值		35.1714	3.47826
	平均值的 95% 置信区间	下限	28.1028	
		上限	42.2401	
	5% 剪除后平均值		34.1032	
	中位数		30.0000	
	方差		423.440	
	标准差		20.57767	
	最小值		5.00	
	最大值		88.00	
	全距		83.00	
	四分位距		33.00	
	偏度		0.742	0.398
	峰度		-0.096	0.778

从表 3.4 中的数据可以看出，本班学生的生活事件量表的总分平均数达到 35.17 分，标准差为 20.58，最高分为 88 分，最低分为 5 分。由此可以看出，本班学生总体来说得分并不高，但得分的离散程度较高。此外，可以知道总分这一变量的分布峰度及偏度分别为 -0.096 和 0.742，但其标准误差都未达到 0.05 显著性水平，因此可以认为此变量近似呈正态分布。

(2) 百分位数表。表 3.5 所示为本组数据的各个百分位数。

表 3.5 百分位数

		百分位数						
		5	10	25	50	75	90	95
加权平均(定义 1)	总分	9.0000	11.2000	20.0000	30.0000	53.0000	64.4000	77.6000
图基枢纽	总分			20.5000	30.0000	51.5000		

(3) 极值表。表 3.6 所示为本组数据的最大值及最小值的各 5 个值。

表 3.6 极值

			个 案 号	值
总分	最高	1	13	88.00
		2	7	75.00
		3	1	74.00
		4	3	58.00
		5	18	56.00
	最低	1	25	5.00
		2	30	10.00
		3	24	10.00
		4	26	12.00
		5	22	14.00

(4) 正态性检验表，如表 3.7 所示。

表 3.7 正态性检验

	柯尔莫戈洛夫-斯米诺夫[a]			夏皮洛-威尔克		
	统计	自由度	显著性	统计	自由度	显著性
总分	0.142	35	0.071	0.933	35	0.033

a. 里利氏显著性修正

表 3.7 是借助统计方法对本组数据进行正态性检验的结果。从结果中可以看出，两种正态检验法检验得到的结果显著性水平分别为 0.071 和 0.033，均未达到 0.05 显著性水平，因此可以说本组数据呈正态分布。

(5) 总分的标准 Q-Q 图。SPSS 输出的正态分布概率图也可以用来检验数据的正态性。如图 3.28 所示，图中呈现的一条 45°对角线为理论的正态累积概率分布线，另有一条由小圆圈构成的实际的累积概率分布线，通过将两者进行比较可以看出，本例中数据基本分布于直线附近，总分情况近似呈正态分布。

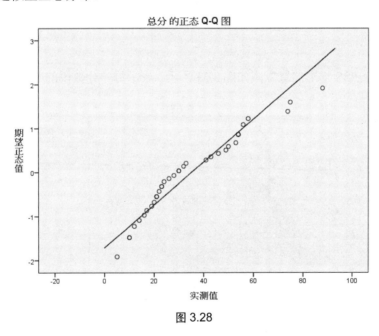

图 3.28

(6) 总分的趋降标准 Q-Q 图。为了更细致、更精确地观察，可以进一步通过趋降标准 Q-Q 图来表示，如图 3.29 所示。该图反映的是正态分布的理论值与实际观测值之差的分布情况。若数据较均匀地分布于直线 $Y=0$ 上下，则数据的分布呈正态。

(7) 茎叶图。图 3.30 所示为 SPSS 输出的总分变量的茎叶图。在本图中，分为 3 列，第一列为 Frequency(频率)，与同行的 Leaf(叶)的位数一致。Stem(茎)的部分代表了观测值的整数部分，Leaf (叶)的部分代表了观测值的小数部分。另外，依据下方的报告主干宽度 10.00 可以得知，Stem 的部分数字 1 代表 10。依据"每个叶：1 个案"可以知道，叶的部分每一个数字对应了一个观测值的小数部分。从图 3.30 中可以看出，本变量所有原始观测值及其频数等都通过茎叶图得到了表示。

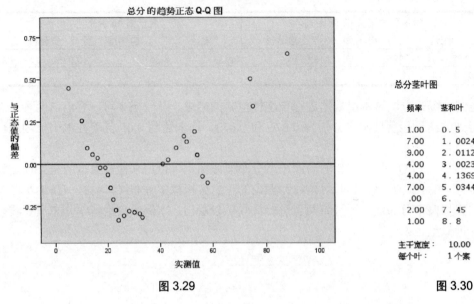

图 3.29　　　　　　　　　　　　　图 3.30

(8) 直方图。SPSS 输出的直方图如图 3.31 所示，表示每一分数段的变量值分布频数情况。

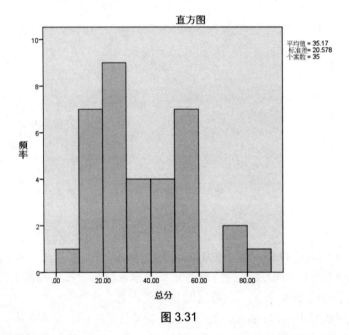

图 3.31

(9) 箱图。图 3.32 所示为 SPSS 结果输出中的箱图。图中底部和顶端的线段分别表示数据的最小值和最大值，箱子内的中间线段表示总分的中位数。由于中位数在箱子中间偏底部，表明总分变量的数据分布呈正偏态。且由图 3.32 可以看出，本组数据可能无异常值。

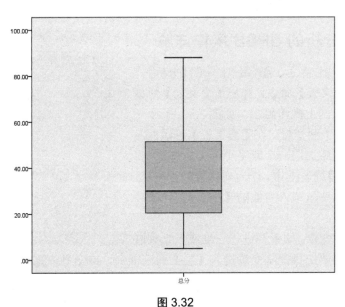

图 3.32

3.4 列联表分析

列联表分析可以进行非数值性变量的相关性分析，在理论研究和实际工作中具有广泛的应用。SPSS 的交叉表分析过程可以方便地进行列联表分析。

3.4.1 列联表分析概述

1. 使用目的

列联表是指一个频率对应两个变量的表(第一个变量用来对行分类,第二个变量用来对列分类)。列联表非常重要，它经常被用来分析调查结果。它有两个基本任务：一是根据收集到的样本数据产生二维或多维交叉列联表；二是在列联表基础上，对两两变量间是否存在一定的相关性进行分析。

2. 行列变量间关系的分析

列联表的频数分布不可能用来直接确定行、列变量之间的关系及关系的强弱。令人感兴趣的二维列联表的检验问题是行、列变量的独立性检验。独立性检验指的是对列联表中行变量和列变量无关这个零假设进行的检验，即检验行、列变量之间是否彼此独立。常用的衡量变量间相关程度的统计量是简单相关系数，但在交叉列联表分析中，由于行、列变量往往不是连续等距变量，不符合计算简单相关系数的前提要求。所以，一般采用的检验方法是卡方检验，它的计算公式为

$$\chi^2 = \sum \frac{(f_0 - f_e)^2}{f_e}$$

式中：f_0 为实际观察频数，f_e 为期望频数。

3.4.2 列联表分析的 SPSS 操作详解

step 01 打开主操作界面。选择菜单栏中的【分析】|【描述统计】|【交叉表】命令,弹出【交叉表】对话框,这是交叉表分析的主操作界面,如图 3.33 所示。

step 02 选择行、列变量。在【交叉表】对话框左侧的候选变量列表框中选取一个或多个待分析变量,将它们移入右侧的【行】列表框中,作为列联表的行变量。同理,选择若干候选变量移入右侧的【列】列表框中,作为列联表的列变量。

step 03 选择层变量。如果要进行三维或多维列联表分析,可以根据需要选择控制变量进入【层】列表框中。该变量决定列联表的层。如果要增加另一个控制变量,首先单击【下一个】按钮,再选入一个变量。单击【上一个】按钮,可以重新选择以前确定的变量。

图 3.33

step 04 列联表输出格式的选择。在【交叉表】对话框下面有两个复选框,用来选择列联表的输出格式。

- 显示簇状条形图:显示各变量交叉分组下频数分布条形图。
- 排除表:只输出统计量,而不输出列联表。

step 05 行、列变量相关程度的度量。在【交叉表】对话框中单击【统计】按钮,在弹出的如图 3.34 所示的对话框中可以根据数据类型选择不同的独立性检验方法和相关度量。在对话框中选择输出统计量,完成后单击【继续】按钮,返回主对话框。

step 06 选择列联表单元格的输出类型。在【交叉表】对话框中单击【单元格】按钮,在弹出的如图 3.35 所示的对话框中可以选择显示在列联表单元格中的统计量,包括计数、z-检验、百分比、残差。在对话框中选择相应选项,完成后单击【继续】按钮,返回主对话框。

图 3.34

图 3.35

step 07 选择列联表单元格的输出排列顺序。在【交叉表】对话框中单击【格式】按钮,在弹出的如图 3.36 所示的对话框中可以选择各单元格的输出排列顺序。

step 08 相关统计量的自助抽样估计。单击【自助抽样】按钮,在弹出的图 3.37 所示的对话框中可以进行统计量的自助抽样估计。

图 3.36

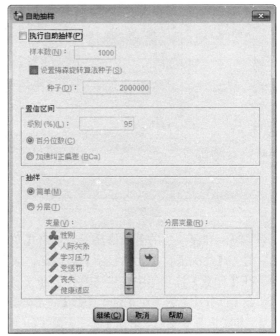

图 3.37

step 09 完成操作。单击【确定】按钮,结束操作,SPSS 软件自动输出结果。

3.4.3 课堂练习:大学生出生年代与感恩心理

1. 实例内容

在一项研究中,研究者调查了几所大学中"80 后"大学生与"90 后"大学生的感恩心理情况,请分析出生年代与感恩心理状况是否存在相互关系。

2. 操作步骤

step 01 打开【交叉表】分析对话框。选择菜单栏中的【分析】|【描述统计】|【交叉表】命令,弹出【交叉表】对话框,如图 3.38 所示。

step 02 选择变量。在左侧源列表框中选中【出生年份】变量,单击向右箭头按钮,使之移动到右侧【行】变量列表框中,选中【感恩分组】变量,移动到【列】变量列表框中。

step 03 选中复选框。选中【显示簇状条形图】复选框,可以输出反映列联表中各单元格内的频数的条形图。

step 04 选择统计量。单击【统计】按钮,打开【交叉表:统计】对话框,选中【卡方】复选框,如图 3.39 所示。单击【继续】按钮,返回主对话框。

图 3.38

图 3.39

step 05 选择输出的单元格显示。单击【单元格】按钮，打开【交叉表：单元格显示】对话框，如图 3.40 所示。在【计数】选项组中选中【实测】和【期望】复选框；在【百分比】选项组中选中【行】、【列】和【总计】复选框。选择完毕后，单击【继续】按钮，返回【交叉表】主对话框。

step 06 单击【确定】按钮，运行程序得出结果。

3. 实例结果及分析

(1) 两变量的交叉列联表。如表 3.8 所示，为"出生年份"与"感恩分组"两变量的交叉列联表。可以看出，不论"80 后"还是"90 后"，都较平均地分布在感恩分数的高分组和低分组。另外，在低分组中，"80 后"占 65%，"90 后"占 35%；而在高分组中，"80 后"占 69.7%，"90 后"占 30.3%。

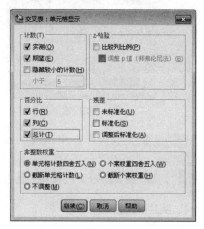

图 3.40

表 3.8 出生年份*感恩分组交叉表

			感恩分组		总 计
			低分组	高分组	
出生年份	1980 后	计数	89	101	190
		期望计数	92.3	97.7	190.0
		占出生年份的百分比	46.8%	53.2%	100.0%
		占感恩分组的百分比	65.0%	69.7%	67.4%
		占总计的百分比	31.6%	35.8%	67.4%
	1990 后	计数	48	44	92
		期望计数	44.7	47.3	92.0
		占出生年份的百分比	52.2%	47.8%	100.0%
		占感恩分组的百分比	35.0%	30.3%	32.6%
		占总计的百分比	17.0%	15.6%	32.6%

续表

		感恩分组		总 计
		低分组	高分组	
总计	计数	137	145	282
	期望计数	137.0	145.0	282.0
	占出生年份的百分比	48.6%	51.4%	100.0%
	占感恩分组的百分比	100.0%	100.0%	100.0%
	占总计的百分比	48.6%	51.4%	100.0%

(2) 条形图。在如图 3.41 所示的簇状频数分布表中，更直观地显示了两变量各单元格内的频数分布情况。

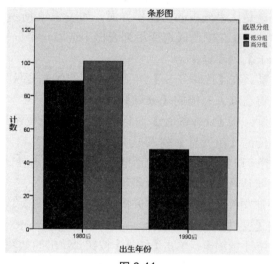

图 3.41

(3) 卡方检验表。表 3.9 给出了两变量进行独立性检验后的结果。Pearson 卡方值为 0.705，近似概率为 0.401，因此可以得出，卡方结果接受零假设，"出生年份"与"感恩分组"两变量没有显著相关。

表 3.9 卡方检验

	值	自由度	渐进显著性(双侧)	精确显著性(双侧)	精确显著性(单侧)
皮尔逊卡方	0.705[a]	1	0.401		
连续性修正[b]	0.508	1	0.476		
似然比	0.705	1	0.401		
费希尔精确检验				0.446	0.238
有效个案数	282				

a. 0 个单元格(0.0%)的期望计数小于 5。最小期望计数为 44.70。
b. 仅针对 2×2 表进行计算。

3.5 比 率 分 析

比率分析又称为比率统计量过程，提供了一个描述两个数值变量间比率的摘要统计量的综合列表。

3.5.1 比率分析概述

比率分析生成比率变量，并对该比率变量计算基本描述性统计量(如平均值、中位数、标准差、全距等)，进而刻画出比率变量的集中趋势和离散程度。此外，SPSS 23.0 还提供了其他对比描述指标，大致也属于集中趋势描述指标和离散程度描述指标的范畴。

3.5.2 比率分析的 SPSS 操作详解

step 01 打开主操作界面。选择菜单栏中的【分析】|【描述统计】|【比率】命令，弹出【比率统计】对话框，这是比率分析的主操作界面，如图 3.42 所示。

step 02 选择分子变量。在左侧的候选变量列表框中选取一个分析变量作为比率分析的分子，将它移入右侧的【分子】列表框中。

step 03 选择分母变量。在【比率统计】对话框左侧的候选变量列表框中选取一个分析变量作为比率分析的分母，将它移入右侧的【分母】列表框中。

step 04 选择分组变量。在【比率统计】对话框左侧的候选变量列表框中选取一个变量作为分组变量，将它移入右侧的【组变量】列表框中。

step 05 结果显示选择。在【比率统计】对话框中，用户可以选择比率分析的结果输出类型。

- 显示结果：系统默认选项，选择是否显示结果。
- 将结果保存到外部文件：选择是否将分析结果保存至外部文件。同时，外部文件的保存路径需要单击【文件】按钮来选择。

step 06 选择描述性统计量输出。单击【统计】按钮，弹出的如图 3.43 所示的【比率统计：统计】对话框主要用于输出各类基本统计量结果。

图 3.42

图 3.43

step 07 完成操作。单击【确定】按钮，结束操作，SPSS 软件自动输出结果。

3.5.3 课堂练习：年度销售净利润率差异

1. 实例内容

某公司 2013 年度与 2014 年度销售收入与净利润情况如图 3.44 所示，请比较两个年度净利润率的差异(净利润率=净利润/销售收入)。

2. 操作步骤

step 01 打开主操作界面。选择菜单栏中的【分析】|【描述统计】|【比率】命令，弹出【比率统计】对话框，如图 3.45 所示。

图 3.44

图 3.45

step 02 选择分子变量。在左侧的候选变量列表框中选取【净利润】，将它移入右侧的【分子】列表框中。

step 03 选择分母变量。在【比率统计】对话框左侧的候选变量列表框中选取【销售收入】，将它移入右侧的【分母】列表框中。

step 04 选择分组变量。在【比率统计】对话框左侧的候选变量列表框中选取【年度】，将它移入右侧的【组变量】列表框中。选中【按组变量排序】复选框，默认按升序排列。选中【显示结果】复选框。

step 05 选择描述性统计量输出。单击【统计】按钮，弹出如图 3.46 所示的【比率统计：统计】对话框，在【集中趋势】选项组内选中【中位数】和【平均值】复选框；在【离散】选项组内选中【标准差】、【最小值】、【最大值】、COD、PRD、【中位数居中】复选框，单击【继续】按钮，返回主对话框。

图 3.46

step 06 输出结果。单击【确定】按钮，显示结果。

3. 实例结果及分析数据

两变量的比率统计表如表 3.10 所示。

表 3.10　净利润/销售收入的比率统计

组	平均值	中位数	最小值	最大值	标准差	价格相关差	离差系数	差异系数 中位数居中
2009 年度	0.235	0.233	0.225	0.246	0.006	1.000	0.024	2.8%
2010 年度	0.234	0.235	0.214	0.250	0.013	1.000	0.046	5.5%
总体	0.235	0.234	0.214	0.250	0.010	1.000	0.035	4.3%

表 3.10 中给出了两组"净利润"变量与"销售收入"变量比值的统计量。可以看出，该公司近两年净利润率分别是 0.235 和 0.234，差别不大。在离散度指标上，2010 年度月利润率的标准差比 2009 年度大。另外，2010 年度月利润率与 2009 年度月利润率的 PRD 值相等，2010 年度的 COD 值比 2009 年度大，中位数居中的 COV 值也是 2010 年度比 2009 年度大。可见，2010 年度月利润率离散程度较高。

3.6　思考与练习

1. 填空题

(1) 统计分析的目的是研究数据的总体特征，主要包括频数分析、_____、_____、比率分析、描述分析 5 种分析方法。

(2) 在变量分配数列中，频数表明_____的作用程度，其值_____表明该组标志值对于总体水平所起的作用越大；反之亦然。

(3) 描述分析是将研究中所得的数据加以整理、归类，简化或绘制成图表，以此分析数据的_____、_____，以及到中心值_____或_____程度的一种过程。

(4) 交叉表分析是描述性统计分析中的一种分析方法，是对_____或_____以上分类变量的描述与推断的统计分析。

(5) 探索性统计分析是在对统计数据进行样本描述性统计之后，通过_____与_____等方法对数据进行更深入的描述分析。

(6) 比率分析主要用于对两个_____间变量值的描述分析，并生成比率变量以及比率变量的一些基本描述统计量。

2. 选择题

(1) 频数分析是运用统计量和图形来描述多种类型的变量，下列(　　)选项不属于频率分析中的统计量。

　　A. 百分位值　　B. 分布指标　　C. 集中趋势　　D. 卡方

(2) 描述统计中包括集中趋势、离散程度与分布形状，下列描述说法错误的是(　　)。

　　A. 集中趋势是指一组数据向某一中心值靠拢的程度，反映了该组数据中心点位置
　　B. 离散程度是观测各个数值之间的差异程度，反映了各个数值之间的差异大小
　　C. 分布形态主要用于分析数据的集中趋势与离散程度，是描述分析的综合运用
　　D. 集中趋势统计主要是用于寻找数据水平的代表值或中心值

(3) P-P 图和 Q-Q 图是一种用于概率分布的图表，用于确定某个变量的分布是否与给定的

分布相匹配，下列选项中描述错误的一项是(　　)。

  A. P-P 图是对照一些检验分布的累计比例，来绘制某个变量的累计比例图

  B. 在 P-P 图中可以转换值的概率图，而在 Q-Q 图中则不可以

  C. P-P 图中的检验分布方法与 Q-Q 图中的检验分布方法一致

  D. Q-Q 图是对照一些检验分布的分位数，来绘制某个变量分布的分位数图

(4) 在比率分析中，统计量中的【集中指数】选项组包括【中位数百分比之内】选项，该选项区间的下界等于(　　)。

  A. (1−0.01×值)×中位数　　　　　　B. (1+0.01×值)×中位数

  C. (1×0.01×值)×中位数　　　　　　D. (1/0.01×值)×中位数

(5) 在 SPSS 中除了单独使用 P-P 图与 Q-Q 图来分析数据之外，(　　)分析方法中还将运用该图来显示分析结果。

  A. 频数　　　　　B. 比率　　　　　C. 探索　　　　　D. 描述

3. 问答题

(1) 频数分析中都具有哪些统计量和参数？

(2) 描述分析方法中的集中趋势都包括哪些度量？

(3) 如何使用 Q-Q 图来分析数据？

(4) 什么是茎叶图与箱图？

(5) 如何使用交叉分析方法对不同数据层中的数据进行分析？

第 4 章 均值比较和 T 检验

在统计分析中，经常遇到这样的问题：要对抽取的样本按照某个类别进行分别计算相应的常用统计量，如平均数、标准差等；或者检验两个相关的样本是否来自具有相同均值的总体或者检验两个有联系的正态总体的均值是否显著差异等。本章介绍的均值比较过程及 T 检验过程可以解决此类统计分析问题。

SPSS 主要有以下模块实现均值比较过程。
- 均值过程。
- 单样本 T 检验。
- 独立样本 T 检验。
- 配对样本 T 检验。

4.1 均 值 过 程

均值过程倾向于对样本进行描述，它可以对需要比较的各组计算描述指针进行检验前的预分析。均值过程的优势在于，所有的描述性统计变量均按因变量的取值分组计算，无须先进行文件拆分过程，输出结果中各组的描述指标放在一起，便于互相比较分析。

4.1.1 均值过程简介

均值过程计算指定变量的综合描述统计量，包括均值、标准差、总和、观测量数、方差等一系列单变量描述统计量，当观测量按一个分类变量分组时，均值过程可以进行分组计算。例如，要计算某地区高考的数学成绩，SEX 变量把考生分为男生、女生两组，均值过程分别计算男生、女生的数学成绩。均值过程还可给出方差分析表和线性检验结果。使用均值过程求解若干组的描述统计量，目的在于比较，因此必须分组求均值。这是与描述过程不同之处。

4.1.2 均值过程的 SPSS 操作详解

step 01 打开均值过程的对话框。

选择菜单栏中的【分析】|【比较均值】|【平均值】命令，弹出【平均值】对话框，如图 4.1 所示。

step 02 选择变量。

在该对话框左侧的候选变量列表框中选择相应的变量，将其分别移入【因变量列表】、【自变量列表】列表框中。

- 因变量列表框：该列表框中的变量为要进行均值比较的目标定量，又称为因变量，且因变量一般为度量变量。如要比较两个班的数学成绩的均值是否一致，则数学成绩变量就是因变量，班级就是自变量。

- 自变量列表框：该列表框中的变量为分组变量，又称为自变量。自变量为分类变量，其取值可以为数字，也可以为字符串。一旦指定了一个自变量，"下一页"按钮就会被激活，此时单击该按钮可以在原分层基础上进一步再细分层次，也可以利用"上一页"回到上一个层次。如果在层 1 中有一个自变量，层 2 中也有一个自变量，结果就显示为一个交叉的表，而不是对每个自变量显示一个独立的表。

图 4.1

step 03 进行相应的设置。

单击【选项】按钮，弹出图 4.2 所示的【平均值：选项】对话框。该对话框用于设置输出统计量，包括以下内容。

① 【统计】列表框：该列表框用于存放可供输出的常用统计量，主要包括【中位数】、【组内中位数】、【平均值标准误差】、【总和】、【最小值】、【最大值】、【范围】、【第一个】、【最后一个】、【方差】、【峰度】、【偏度】、【调和平均值】等，这些统计量在"描述性分析"中均有介绍。

② 【单元格统计】列表框：该列表框用于存放用户指定要输出的统计量，其主要来源于左侧【统计】列表框。其中，系统默认输出的是【平均值】、【个案数】、【标准差】，用户可以选择需要输出的统计量，然后单击中间的箭头按钮使之进入【单元格统计】列表框。

③ 【第一层的统计】选项组：该选项组主要用于检验第一层自变量对因变量的影响是否显著，包括两个复选框。

- Anova 表和 eta：表示对第一层自变量和因变量进行单因素方差分析，然后输出 Anova 表和 Eta 的值。
- 线性相关度检验：表示对各组平均数进行线性趋势检验，实际上是用因变量的平均值对自变量进行线性回归，并计算该回归的判决系数和相关系数，该检验仅在自变量有 3 个以上层次时才能进行。

设置完毕后，单击【继续】按钮，可以返回到【平均值】对话框。

step 04 分析结果输出。

单击【确定】按钮，就可以在 SPSS Statistics 查看器窗口得到平均值过程的结果。

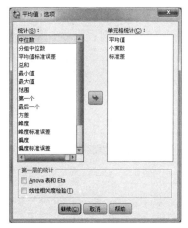

图 4.2

4.1.3 课堂练习：比较考试成绩

1. 实例内容

图 4.3 中给出了某班男、女生的考试成绩。性别 1 为男生，性别 2 为女生，试比较不同性别同学的成绩平均值。

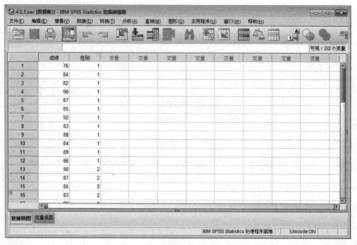

图 4.3

2. 实例操作

step 01 打开平均值过程的对话框。

打开数据文件，进入数据编辑器窗口，选择菜单栏中的【分析】|【比较均值】|【平均值】命令，弹出【平均值】对话框。

step 02 选择变量。

在该对话框左侧的候选变量列表框中选择将【成绩】选入【因变量列表】列表框中，将【性别】选入【自变量列表】列表框中，如图 4.4 所示。

step 03 进行相应的设置。

单击【选项】按钮，在弹出的对话框中选中【平均值】、【个案数】、【标准差】进入【单元格统计】列表框中，单击【继续】按钮，保存设置结果，如图 4.5 所示。

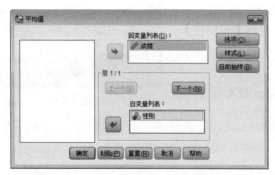

图 4.4　　　　　　　　　　　　　图 4.5

step 04 分析结果输出。

单击【确定】按钮，就可以在查看器窗口得到平均值过程的结果。

3. 实例结果及分析

(1) 描述性统计分析表。

表 4.1 给出了平均值过程的案例处理摘要。该表显示了平均值过程中的个案数、已经排除的个案数目及总计的数据和相应的百分比，可以看出在此次平均值过程共涉及了 100%的个案。

表 4.1 个案处理摘要

	个 案					
	包 括		排 除		总 计	
	个案数	百分比	个案数	百分比	个案数	百分比
成绩 * 性别	24	100.0%	0	0.0%	24	100.0%

(2) 平均值比较结果。

表 4.2 给出了平均值比较结果报告。该表中列出了成绩的平均数、个案数和标准差以及总的平均数、个案数和标准差。

表 4.2 报告

成绩

性 别	平 均 值	个 案 数	标 准 差
男	85.50	12	4.232
女	88.17	12	4.324
总计	86.83	24	4.400

4.2 单样本 T 检验

单样本 T 检验过程将单个变量的样本平均值与假定的常数相比较，通过检验得出预先的假设是否正确的结论。

4.2.1 单样本 T 检验的基本原理

1. 使用目的

单样本 T 检验的目的是利用来自某总体的样本数据，推断该总体的平均值是否与指定的检验值之间存在明显的差异。它是对总体平均值的假设检验。

2. 基本原理

单样本 T 检验作为假设检验的一种方法，其基本步骤和假设检验相同。其零假设为 H_0：总体平均值与指定检验值之间不存在显著差异。该方法采用 T 检验方法，按照下式计算 T 统计量，即

$$T = \frac{\overline{D}}{\frac{S}{\sqrt{n}}}$$

式中：$\overline{D}$ 为样本平均值与检验值之差；因为总体方差未知，故用样本方差 S 表示总体方差；n 为样本数。

3. 概率 P 值

如果概率 P 值不大于显著性水平，则拒绝零假设。

如果概率 P 值大于显著性水平，则接受零假设。

4. 软件使用方法

(1) 在 SPSS 中，软件将自动计算 T 值，由于该统计量服从 $n-1$ 个自由度的 T 分布，SPSS 将根据 T 分布表给出 T 值对应的相伴概率 P 值。

(2) 如果相伴概率 P 值不大于给定的显著性水平，则拒绝 H_0，认为总体平均值与检验值之间存在显著差异。

(3) 相反，相伴概率值大于给定的显著性水平，则不应拒绝 H_0，可以认为总体平均值与检验值之间不存在显著差异。

4.2.2 单样本 T 检验的 SPSS 操作详解

step 01 打开单样本 T 检验对话框。

选择菜单栏中的【分析】|【比较均值】|【单样本 T 检验】命令，弹出【单样本 T 检验】对话框，如图 4.6 所示。

step 02 选择检验变量。

在该对话框左侧的候选变量列表框中选择一个或几个变量，将其移入【检验变量】列表框中。其中，左侧候选变量列表框中显示的是可以进行 T 检验的变量。

step 03 选择样本检验值。

在【检验值】文本框中输入检验值，相当于假设检验问题中提出的零假设 H_0：$\mu=\mu_0$。

step 04 其他选项设置。

单击【选项】按钮，弹出图 4.7 所示的【单样本 T 检验：选项】对话框。该对话框用于指定输出内容和关于缺失值的处理方法，其中各选项的含义如下。

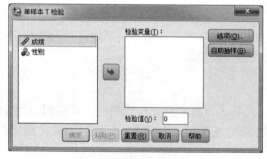

图 4.6

图 4.7

- 【置信区间百分比】文本框：该文本框用于设置在指定水平下，样本平均值与指定的检验值之差的置信区间，默认值为 95%。

第4章 均值比较和T检验

- 【缺失值】选项组：用于设置缺失值的处理方式，它有以下两种处理方式。
  - 按分析顺序排除个案：选中该单选按钮，表示当分析计算涉及含有缺失值的变量时，删除该变量上是缺失值的观测量。
  - 按列表排除个案：选中该单选按钮，表示删除所有含缺失值的观测量后再进行分析。

step 05 相关统计量的自助抽样估计

单击【自助抽样】按钮，在弹出的对话框中可以进行以下统计量的自助抽样估计。
- 支持平均值和标准差的自助抽样估计。
- 支持平均值差值的自助抽样估计和显著性检验。

step 06 单击【确定】按钮结束操作，SPSS 软件自动输出结果。

4.2.3 课堂练习：溶剂浓度测量方法准确度分析

1. 实例内容

某药物在某种溶剂中溶解后的标准浓度为 20.00mg/L。现采用某种方法，测量该药物溶解液 11 次，测量后得到的结果见图 4.8。分析用该方法测量所得结果是否与标准浓度值有所不同？

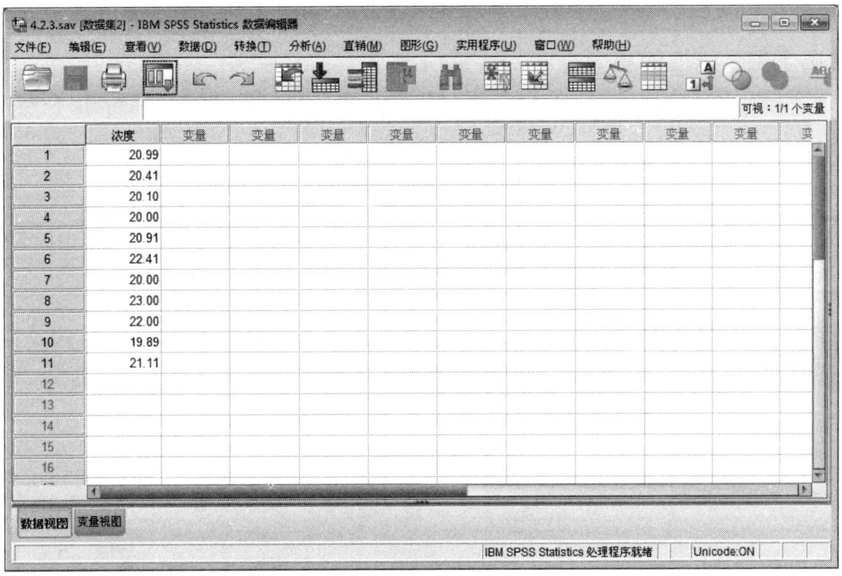

图 4.8

2. 实例操作

step 01 打开对话框。

打开数据文件，选择菜单栏中的【分析】|【比较均值】|【单样本 T 检验】命令，弹出图 4.9 所示的【单样本 T 检验】对话框。

step 02 选择检验变量。

在候选变量列表框中选择【浓度】变量，将其添加至【检验变量】列表框中，如图 4.10 所示。

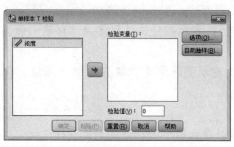

图 4.9

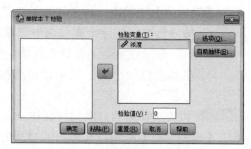

图 4.10

step 03 选择样本检验值。

在【检验值】文本框中输入检验值 20,如图 4.11 所示。

step 04 结束操作。

单击【确定】按钮,完成操作。此时,软件输出结果出现在结果浏览窗口中。

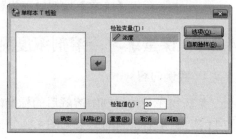

图 4.13

3. 实例结果及分析

(1) 描述性统计分析表。

表 4.3 给出了关于浓度的单个样本统计量情况。从该表中可以看出,参与统计的样本个数为 11 个,平均值为 20.9836,标准差为 1.06750,标准误差平均值为 0.32186。

表 4.3 单样本统计

	个案数	平均值	标准差	标准误差平均值
浓度	11	20.9836	1.06750	0.32186

(2) 单样本 T 检验结果。

表 4.4 给出了该溶剂的单个样本 T 检验结果。结果显示统计量 T 检验为 3.056,P 值=0.012<0.05,因此认为用该方法测量所得结果与标准浓度值有差异。

表 4.4 单样本检验

	检验值=20					
	T	自由度	显著性(双尾)	平均值差值	差值 95% 置信区间	
					下限	上限
浓度	3.056	10	0.012	0.98364	0.2665	1.7008

4.3 独立样本 T 检验

"独立样本 T 检验"过程主要用于检验两个样本是否来自具有相同平均值的总体。本节将对 SPSS 中的"独立样本 T 检验"过程及相关操作进行讲解。

4.3.1 独立样本 T 检验的基本原理

"独立样本 T 检验"过程比较两个样本或者两个分组个案的平均值是否相同,如糖尿病病人随机地分配到旧药组和新药组。旧药组病人主要接受原有的药丸,新药组病人主要接受一种新药。在主体经过一段时间的治疗之后,使两组样本进行 T 检验,比较两组的平均血糖。

另外,个案样本应随机地分配到两个组中,从而使两组中的任何差别是源自实验处理而非其他因素。但是很多情况下却不然,如比较男性和女性的平均教育年龄则不能应用"独立样本 T 检验"过程,因为人不是随机指定为男性或女性的。

4.3.2 独立样本 T 检验的 SPSS 操作步骤

step 01 打开两独立样本 T 检验对话框。选择菜单栏中的【分析】|【比较均值】|【独立样本 T 检验】命令,弹出【独立样本 T 检验】对话框,如图 4.12 所示。

step 02 选择检验变量。

在左侧的候选变量列表框中选择检验变量,将其移入【检验变量】列表框中,这里需要选入待检验的变量。

step 03 选择分组变量。

在左侧的候选变量列表框中选择分组变量,将其移入【分组变量】文本框中,目的是区分检验变量的不同组别。

step 04 定义组别名称。

单击【定义组】按钮,弹出【定义组】对话框,如图 4.13 所示。此时需要定义进行 T 检验的比较组别名称。

图 4.12

图 4.13

该对话框中各选项的含义如下。

- 使用指定值:分别输入两个对应不同总体的变量值。
- 分割点:用于定义分割点值。在该文本框中输入一个数字,不小于该数值的对应一个总体,小于该值的对应另一个总体。

在该对话框中设置完成后,单击【继续】按钮,返回【独立样本 T 检验】对话框。

step 05 相关统计量的 Bootstrap 估计。

单击 Bootstrap 按钮,在弹出的对话框中可以进行以下统计量的 Bootstrap 估计。

- 支持平均值和标准差的 Bootstrap 估计。
- 支持平均值差值的 Bootstrap 估计和显著性检验。

step 06 输出结果。

单击【确定】按钮，结束操作，SPSS 软件自动输出相关结果。

4.3.3 课堂练习：教学质量评价

1. 实例内容

现希望评价两位老师的教学质量，试比较其分别任教的甲、乙两班(设甲、乙两班原成绩相近，不存在差别)考试后的成绩(见图 4.14)是否存在差异？

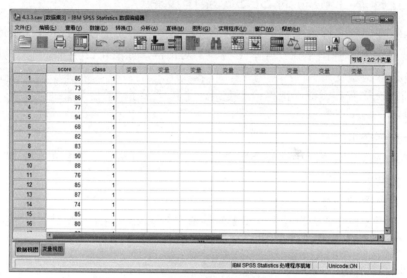

图 4.14

2. 实例操作

step 01 打开对话框。

选择菜单栏中的【分析】|【比较均值】|【独立样本 T 检验】命令，弹出【独立样本 T 检验】对话框，如图 4.15 所示。

step 02 选择检验变量。

在左侧的候选变量列表框中分别选择检验变量 score，将其添加至右侧的【检验变量】列表框中，如图 4.16 所示，表示需要对它进行独立样本的 T 检验。

step 03 选择分组变量。

在左侧的候选变量列表框中选择分组变量 class，将其添加至【分组变量】文本框中，如图 4.17 所示。接着单击【定义组】按钮，弹出【定义组】对话框。

step 04 定义组别名称。

选中【使用指定的值】单选按钮，在【组 1】文本框中输入 1，在【组 2】文本框中输入 2，如图 4.18 所示。输入完成后，单击【继续】按钮返回。

第 4 章 均值比较和 T 检验

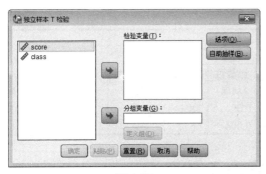

图 4.15

图 4.16

图 4.17

图 4.18

step 05 完成操作。

单击【确定】按钮，完成操作。此时，软件输出结果出现在结果浏览窗口中。

3. 实例结果及分析

(1) 基本统计信息汇总表。

表 4.5 给出了分组的一些统计量。从该表可以看出两个班的平均值、标准差和标准误差平均值等统计量。

表 4.5 组统计

	class	个案数	平均值	标准差	标准误差平均值
score	甲班	20	83.30	6.906	1.544
	乙班	20	75.45	9.179	2.053

(2) 独立两样本的 T 检验分析结果。

表 4.6 给出了对本实验的独立样本 T 检验的结果，包括有方差齐次性的莱文检验结果和平均值方程的 T 检验结果。结果显示 Levene 统计量为 0.733，显著性 P 值为 0.397>0.05，故方差齐次。不同组间独立样本 T 检验统计量 T –3.056，P 值为 0.004<0.01，因此认为两位老师分别任教的甲、乙两班考试后的成绩存在差异，即两位老师的教学质量存在差异。

表 4.6 独立样本检验

		莱文方差等同性检验		平均值等同性 T 检验					
		F	显著性	T	自由度	显著性(双尾)	平均值差值	标准误差差值	差值 95%置信区间	
									下限	上限
score	假定等方差	0.733	0.397	3.056	38	0.004	7.850	2.569	2.650	13.050
	不假定等方差			3.056	35.290	0.004	7.850	2.569	2.637	13.063

4.4 两配对样本 T 检验

配对样本是指对同一样本进行两次测试所获得的两组数据，或对两个完全相同的样本在不同条件下进行测试所得的两组数据。两配对样本 T 检验就是根据样本数据对两个配对样本来自的两配对总体的平均值是否有显著差异进行推断。

4.4.1 配对样本 T 检验的基本原理

1. 使用目的

前一节中考虑的是独立样本情形下的总体平均值相等的检验问题。但在现实中，总体或样本之间不仅仅表现为独立的关系，很多情况下，总体之间存在着一定的相关性。当分析这些相关总体之间的平均值关系时，就涉及两配对样本的 T 检验。

2. 基本原理

两配对样本 T 检验的目的是利用来自两个总体的配对样本，推断两个总体的平均值是否存在显著差异。它和独立样本 T 检验的差别就在于要求样本是配对的。由于配对样本在抽样时不是相互独立的，而是相互关联的，因此在进行统计分析时必须要考虑到这种相关性；否则会浪费大量的统计信息。因此，对于符合配对情况的统计问题，要首先考虑两配对样本 T 检验。配对样本主要包括下列情况。

(1) 同一实验对象处理前后的数据。例如，对患肝病的病人实施某种药物治疗后，检验病人在服药前后的差异性。

(2) 同一实验对象两个部位的数据。例如，研究汽车左右轮胎耐磨性有无显著差异。

(3) 同一样品用两种方法检验的结果。例如，对人造纤维在 60℃和 80℃的水中分别做实验，检验温度对这种材料缩水率的影响。

(4) 配对的两个实验对象分别接受不同处理后的数据。例如，对双胞胎兄弟实施不同的教育方案，检验他们在学习能力上的差异性。

3. 使用条件

进行配对样本检验时，通常要满足以下 3 个要求。

(1) 两组样本的样本容量要相同。

(2) 两组样本的观察值顺序不能随意调换，要保持一一对应关系。

(3) 样本来自的总体要服从正态分布。

两配对样本 T 检验的基本思路是求出每对数据的差值：如果配对样本没有差异，则差值的总体平均值应该等于零，从该总体中抽取的样本平均值也应该在零值附近波动；反之，如果配对样本有差异，差值的平均值就该远离零值。这样，通过检验该差值样本的平均值是否等于零，就可以判断这两组配对样本有无差异性。

该检验对应的假设检验如下。

H_0：两总体平均值之间不存在显著差异。

H_1：两总体平均值之间存在显著性差异。

检验中所采用的统计量和单样本 T 检验完全相同。

4.4.2 两配对样本 T 检验的 SPSS 操作详解

step 01 打开样本。

选择菜单栏中的【分析】|【比较平均值】|【配对样本 T 检验】命令，弹出【配对样本 T 检验】对话框，如图 4.19 所示。

step 02 选择配对变量。

在【配对样本 T 检验】对话框左侧的候选变量列表框中选择一对或几对变量，将其移入【成对变量】列表框中，这表示系统将对移入的成对变量进行配对检验。

step 03 其他选项选择。

单击【选项】按钮，弹出【配对样本 T 检验：选项】对话框，如图 4.20 所示。该对话框用于指定输出内容和关于缺失值的处理方法，其中各选项的含义如下。

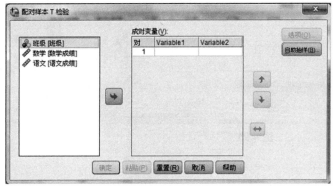
图 4.19

图 4.20

- 【置信区间百分比】文本框：用于设置在指定水平下样本平均值与指定的检验值之差的置信区间，默认值为 95%。
- 【缺失值】选项组：用于设置缺失值的处理方式，它有以下两种处理方式。
  - 按分析顺序排除个案：选中该单选按钮，表示当分析计算涉及含有缺失值的变量时，删除该变量上是缺失值的观测量。
  - 按列表排除个案：选中该单选按钮，表示删除所有含缺失值的观测量后再进行分析。

step 04 相关统计量的 Bootstrap 估计。

单击 Bootstrap 按钮，在弹出的对话框中可以进行以下统计量的 Bootstrap 估计。
- 支持平均值和标准差的 Bootstrap 估计。
- 支持相关性的 Bootstrap 估计。
- 检验表支持平均值的 Bootstrap 估计。

step 05 单击【确定】按钮，结束操作，SPSS 软件自动输出结果。

4.4.3 课堂练习：贫血儿童血红蛋白平均水平

1. 实例内容

某地区随机抽取 12 名贫血儿童的家庭，实行健康教育干预 3 个月，干预前后儿童的血红蛋白(%)测量结果如图 4.21 所示。试问干预前后该地区贫血儿童血红蛋白(%)平均水平有无变化？

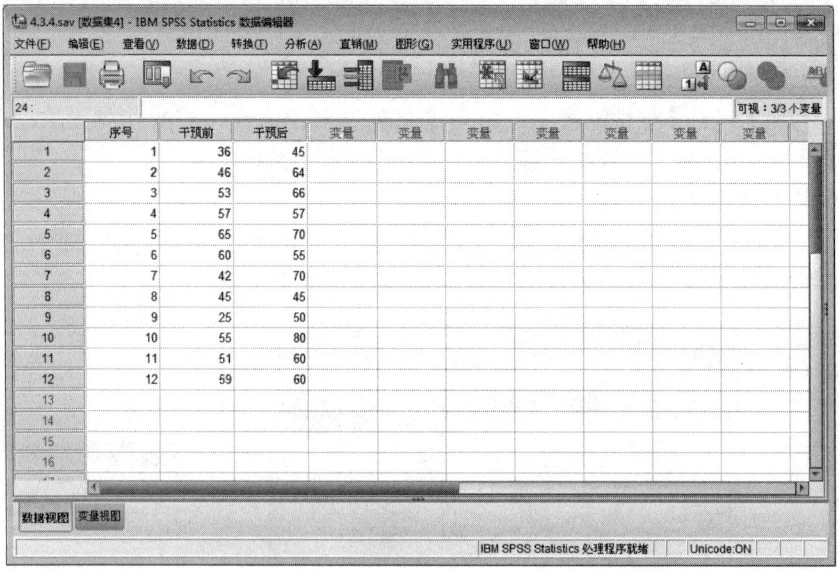

图 4.21

2. 实例操作

step 01 打开对话框。

打开数据文件，选择菜单栏中的【分析】|【比较均值】|【配对样本 T 检验】命令，弹出图 4.22 所示【成对样本 T 检验】对话框。

step 02 选择配对变量。

在左侧的候选变量列表框中依次选择检验变量【干预前】和变量【干预后】，将其添加至【配对变量】列表框中。这表示进行干预前和干预后的配对 T 检验，如图 4.23 所示。

第4章 均值比较和T检验

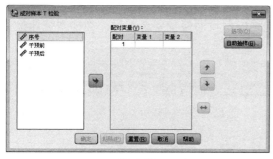

图 4.22

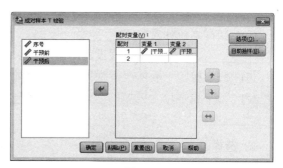

图 4.23

step 03 完成操作。

单击【确定】按钮，完成操作。此时，软件输出结果出现在结果浏览窗口中。

3. 实例结果及分析

(1) 基本统计信息汇总表。

表4.7 给出了本实验成对样本的统计量。从该表可以得到儿童血红蛋白在干预前后的平均值、标准差和标准误差平均值等统计量。

表 4.7 配对样本统计

		平均值	个案数	标准差	标准误差平均值
配对 1	干预前	49.50	12	11.334	3.272
	干预后	60.17	12	10.599	3.060

(2) 两配对样本T检验结果表。

表4.8 给出了本实验成对样本的配对T检验结果。从该表中可以得到干预前后所得的平均值、标准差、标准误差平均值、95%的置信区间以及T检验的值、自由度和双侧概率值。由于T检验的概率值是-3.305，$P=0.007<0.01$ 的显著水平，所以可以认为干预前后该地区贫血儿童血红蛋白(%)平均水平有变化。综合本案，可以认为该种干预措施可以增加该地区贫血儿童血红蛋白(%)平均水平。

表 4.8 配对样本检验

		配对差值					T	自由度	显著性(双尾)
		平均值	标准差	标准误差平均值	差值95%置信区间				
					下限	上限			
配对 1	干预前-干预后	-10.667	11.179	3.227	-17.769	-3.564	-3.305	11	0.007

4.5 思考与练习

1. 填空题

(1) 假设检验为_____，是用来判断样本与样本、样本与总体的差异造成原因的一种_____方法，也是数理统计学中根据一定假设条件由_____推断的一种方法。

(2) 在统计学内，假设检验被划分为_____与_____。在检验之前需要先确定与_____。

(3) 当样本统计量位于_____内，则拒绝原假设而接受备选假设；当样本统计量位于_____内，则接受原假设。

(4) 假设检验一般情况下根据分析统计量会出现_____、_____、_____等决策类型。

(5) 当小概率位于区域的一侧时，称为_____；而当小概率区域位于双侧时，则称为_____。

2. 选择题

(1) 在实际数据分析中，是使用单侧检验还是双侧检验，取决于备选假设的性质，下列选项中错误的描述为(　　)。

A. H_0 为 $\bar{x}=\bar{x_0}$，而 H_1 为 $\bar{x} \neq \bar{x_0}$，该情形中的备选假设的总均值不等于确定的 $\bar{x_0}$，检验统计量取极端值，有利于拒绝原假设，接受备选假设，适用于双侧检验

B. H_0 为 $\bar{x}=\bar{x_0}$，而 H_1 为 $\bar{x} < \bar{x_0}$，该情形中的备选假设的总均值小于确定的 $\bar{x_0}$，拒绝域应安排在左侧，使用单侧检验中的左侧检验

C. H_0 为 $\bar{x}=\bar{x_0}$，而 H_1 为 $\bar{x} > \bar{x_0}$，该情形中的备选假设的总均值大于确定的 $\bar{x_0}$，拒绝原假设的拒绝域应安排在左侧，使用单侧检验中的右侧检验

D. H_0 为 $\bar{x}=\bar{x_0}$，而 H_1 为 $\bar{x}=\bar{x_0}$，该情形中的备选假设的总均值大于确定的 $\bar{x_0}$，拒绝原假设的拒绝域应安排在左侧，使用单侧检验中的右侧检验

(2) 假设分析中的错误类型又分为 α 错误与 β 错误，下列选项中描述错误的选项为(　　)。

A. 弃真错误又称为假设检验的"第一类错误"，即 α 错误

B. 取伪错误又称为假设检验的"第二类错误"，即 β 错误

C. α 错误是在原假设为真的情况下，检验统计量位于小概率的拒绝区域内而造成的结果

D. β 错误是在原假设为真的情况下，检验统计量位于小概率的拒绝区域内而造成的结果

(3) 下列选项中，不属于配对样本 T 检验结果分析表的为(　　)。

A. 组统计量　　　　　　　　B. 成对样本检验
C. 成对样本相关系数　　　　D. 成对样本统计量

(4) 下列公式中，属于独立检验样本计算公式的为(　　)。

A. $t=\dfrac{\bar{x}-\bar{x_0}}{s/\sqrt{n}} \sim t(n-1)$ 　　　B. $Z=\dfrac{\bar{x}-\bar{x_0}}{\sigma/\sqrt{n}} \sim N(n,1)$

C. $t=\dfrac{\bar{x_1}-\bar{x_2}}{\sqrt{S_P^2/n_1+S_P^2/n_2}} \sim t(n)$ 　　　D. $t=\dfrac{\bar{x}-\bar{x_0}}{s/\sqrt{n}}$

(5) 单样本 T 检验的过程是检验单个变量的平均值是否与指定的常数不同，下列选项中对单样本 T 检验描述错误的为(　　)。

A. 使用单样本 T 检验可以比较样本的平均数与确定总体均值的差异

B. 单样本 T 检验的目的是利用总体样本数据，来推断该总体样本数据的均值是否与指定的检验值之间存在显著差异

C. 在 T 检验过程中,当未知总体标准差或方差时,可以使用样本的均差进行替代

D. 单样本 T 检验假设数据正态分布,且该检验对偏离正态性是相当稳健的

3. 问答题

(1) 假设检验包括哪两种错误类型?
(2) 什么是单侧检验?什么是双侧检验?
(3) 独立样本 T 检验过程中可分为哪两种检验方法?
(4) 什么是大小概率区域?
(5) 在使用 Bootstrap 选项时应注意哪些问题?

第5章 方差分析

方差分析(ANalysis Of VAriance,ANOVA)是由英国统计学家 R.A.Fisher 于 1923 年提出的,它是一种利用试验获取数据并进行分析的统计方法,经常用于研究不同效应对指定试验的影响是否显著。常用的方差分析方法包括单因素方差分析、多因素方差分析、多元方差分析、协方差分析、重复设计方差分析。

通过对试验进行精心的设计,能够在有限的物质条件下(时间、金钱、人力等),从尽可能少的试验中获取数据,并最大限度地包含有用的信息,而方差分析就是从相应的试验数据中提取这种信息的统计分析方法。在科学试验和现代工业质量控制中,这套统计方法都得到了广泛的应用,并产生了很好的效果。

5.1 概述

方差分析把观测总变异的平方和及自由度分解为对应于不同变异来源的平方和及自由度,以此获得不同来源变异的估计值,从而发现各个因素在总变异中的重要程度。通过计算这些变异估计的适当比值,还可以做某些假设检验,如检验各样本所属总体的平均数是否相等。方差分析实质上是关于观测变异原因的数量分析,它在科学研究中的应用十分广泛。

5.1.1 方差分析的概念

在第 4 章中曾经讨论了如何对一个总体及两个总体的平均值进行检验,如要确定两种销售方式的效果是否相同,可以对零假设进行检验。但有时销售方式有很多种,这就是多个总体平均值是否相等的假设检验问题了,所采用的方法是方差分析。

方差分析中有以下几个重要概念。

(1) 因素(Factor):指所要研究的变量,它可能对因变量产生影响。如果方差分析只针对一个因素进行,称为单因素方差分析;如果同时针对多个因素进行,称为多因素方差分析。

(2) 水平(Level):水平指因素的具体表现,如销售的 4 种方式就是因素的不同取值等级。

(3) 单元(Cell):指因素水平之间的组合。

(4) 元素(Element):指用于测量因变量的最小单位。一个单元里可以只有一个元素,也可以有多个元素。

(5) 交互作用(Interaction):如果一个因素的效应大小在另一个因素不同水平下明显不同,则称两因素间存在交互作用。

5.1.2 方差分析的基本思想

在表 5.1 中,要研究不同推销方式的效果,其实就归结为一个检验问题,设为第 i(i=1、2、3、4)种推销方式的平均销售量,即检验原假设是否为真。从数值上观察,4 个平均值都不相等,方式 2 的销售量明显较大。

从表 5.1 可以看到，20 个数据各不相同，这种差异可能是由以下两方面的原因引起的。

一是推销方式的影响，不同的方式会使人们产生不同消费冲动和购买欲望，从而产生不同的购买行动。这种由不同水平造成的差异，称为系统性差异。

二是随机因素的影响。同一种推销方式在不同的工作日销量也会不同，因为来商店的人群数量不一，经济收入不同，当班服务员态度不一，这种由随机因素造成的差异，称为随机性差异。

两个方面产生的差异用两个方差来计量：一是变量之间的总体差异，即水平之间的方差；二是水平内部的方差。前者既包括系统性差异，也包括随机性差异；后者仅包括随机性差异。

表 5.1 某公司产品销售方式所对应的销售量

	1	2	3	4	5	水平均值
方式一	77	86	81	88	83	83
方式二	95	92	78	96	89	90
方式三	71	76	68	81	74	74
方式四	80	84	79	70	82	79
总均值						81.5

5.1.3 方差分析的基本假设

(1) 各样本的独立性。即各组观察数据，是从相互独立的总体中抽取的。

(2) 要求所有观察值都是从正态总体中抽取且方差相等。在实际应用中能够严格满足这些假定条件的客观现象是很少的，在社会经济现象中更是如此。但一般应近似地符合上述要求。水平之间的方差(也称为组间方差)与水平内部的方差(也称组内方差)之间的比值是一个服从 F 分布的统计量，即 $F = \dfrac{\text{水平间方差}}{\text{水平内方差}} = \dfrac{\text{组间方差}}{\text{组内方差}}$。

5.2 单因素方差分析

单因素方差分析也叫一维方差分析，它用来研究一个因素的不同水平是否对观测变量产生了显著影响，即检验由单一因素影响的一个(或几个相互独立的)因变量，由因素各水平分组的平均值之间的差异是否具有统计意义。

5.2.1 单因素方差分析的基本原理

1. 使用条件

应用方差分析时，数据应当满足以下几个条件。
(1) 在各个水平之下观察对象是独立随机抽样，即独立性。
(2) 各个水平的因变量服从正态分布，即正态性。
(3) 各个水平下的总体具有相同的方差，即方差齐。

2. 基本原理

方差分析为

$$SST(总的离差平方和)=SSA(组间离差平方和)+SSE(组内离差平方和)$$

如果在总的离差平方和中组间离差平方和所占比例较大，说明观测变量的变动主要是由因素的不同水平引起的，可以用因素的变动来解释，系统性差异给观测变量带来了显著影响；反之，如果组间离差平方和所占比例很小，说明观测变量的变动主要是由随机变量因素引起的。

SPSS 将自动计算检验统计量和相伴概率 P 值，若 P 值不大于显著性水平 α，则拒绝原假设，认为因素的不同水平对观测变量产生显著影响；反之，接受零假设，认为因素的不同水平没有对观测变量产生显著影响。

3. 多重比较检验问题

多重比较是通过对总体均值之间的配对比较来进一步检验到底哪些均值之间存在差异。

4. 各组均值的精细比较

多重比较检验只能分析两两均值之间的差异性，但是有些时候需要比较多个均值之间的差异性。具体操作是将其转化为研究这两组总的均值是否存在显著差异，即是否有显著差异。这种比较是对各均值的某一线性组合结构进行判断，即上述检验可以等价改写为对其进行统计推断。这种事先指定均值的线性组合，再对该线性组合进行检验的分析方法就是各组均值的精细比较。显然，可以根据实际问题提出若干种检验问题。

5.2.2　单因素方差分析的 SPSS 操作详解

step 01 打开主操作界面。选择菜单栏中的【分析】│【比较均值】│【单因素 ANOVA】命令，弹出【单因素 ANOVA 检验】对话框，如图 5.1 所示。这是单因素方差分析的主操作界面。

step 02 选择因变量。在【单因素 ANOVA 检验】对话框的候选变量列表框中选择一个或几个变量，将其添加至【因变量列表】列表框中，选择的变量就是要进行方差分析的观测变量(因变量)。

step 03 选择因素变量。在【单因素 ANOVA 检验】对话框的候选变量列表框中选择一个变量，将其添加至【因子】列表框中，选择的变量就是要进行方差分析的因素变量。

step 04 平均值精细比较。单击【对比】按钮，弹出图 5.2 所示的【单因素 ANOVA：对比】对话框。

step 05 平均值多重比较。单击【事后比较】按钮，弹出图 5.3 所示的【单因素 ANOVA 检验：事后多重比较】对话框，该对话框用于设置平均值的多重比较检验。

(1) 假定等方差时，有以下方法供选择。
- LSD：最小显著差数法，用 T 检验完成各组均值间的配对比较。
- 邦弗伦尼：用 T 检验完成各组间平均值的配对比较，但通过设置每个检验的误差概率来控制整个误差率。

图 5.1

图 5.2

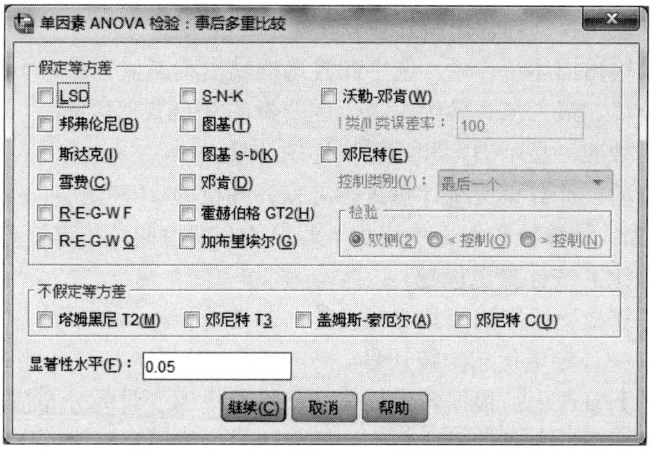

图 5.3

- 斯达克：计算 T 统计量进行多重配对比较。可以调整显著性水平，比邦弗伦尼方法的界限要小。
- 雪费：用 F 分布对所有可能的组合进行同时进入的配对比较。此法可用于检查组平均值的所有线性组合，但不是公正的配对比较。
- R-E-G-W F：基于 F 检验的 Ryan-Einot-Gabriel-Welsch 多重比较检验。
- R-E-G-W Q：基于 Student Range 分布的 Ryan-Einot-Gabriel-Welsch range test 多重配对比较。
- S-N-K：用 Student Range 分布进行所有各组均值间的配对比较。
- 图基：用 Student Range 统计量进行所有组间均值的配对比较，用所有配对比较误差率作为试验误差率。
- 图基 s-b：用 Student Range 分布进行组间平均值的配对比较，其精确值为前两种检验相应值的平均值。
- 邓肯：指定一系列的 Range 值，逐步进行计算比较得出结论。
- 霍赫伯格 GT2：用正态最大系数进行多重比较。
- 加布里埃尔：用正态标准系数进行配对比较，在单元数较大时这种方法较自由。

- 沃勒-邓肯：用 T 统计量进行多重比较检验，使用贝叶斯逼近的多重比较检验法。
- 邓尼特：多重配对比较的 T 检验法，用于一组处理对一个控制类平均值的比较。默认的控制类是最后一组。

(2) 方差不具有齐性时，有以下方法供选择。
- 塔姆黑尼 T2：基于 T 检验进行配对比较。
- 邓尼特 T3：基于 Student 最大模的成对比较法。
- 盖姆斯-豪厄尔：基于 Games-Howell 比较，该方法较灵活。
- 邓尼特 C：基于 Student 极值的成对比较法。

(3) 显著性水平：确定各种检验的显著性水平，系统默认值为 0.05，可由用户重新设定。

step 06 其他选项输出。单击【选项】按钮，弹出图 5.4 所示对话框。

在弹出的对话框中进行以下设置。

(1) 【统计】选项组：选择输出统计量。
- 描述：要求输出描述统计量。选中此复选框输出观测值容量、平均值、标准差、标准误差、最小值、最大值、各组中每个因变量的 95%置信区间。
- 固定和随机效应：显示固定和随机描述统计量。
- 方差齐性检验：计算莱文统计量进行方差齐性检验。
- 布朗-福塞斯：计算检验组平均值相等假设的布朗检验。在方差齐性假设下不成立时，这个统计量比 F 统计量更优越。
- 韦尔奇：计算检验组平均值相等假设的韦尔奇统计量，在不具备方差齐性假设时，也是一个比 F 统计量更优越的统计量。

(2) 【平均值图】复选框：根据各组均值变化描绘出因变量的分布情况。

(3) 【缺失值】选项组中提供了缺失值处理方法，该选项和平均值比较过程中的缺失值选项意义相同。

step 07 相关统计量的自由抽样估计。单击【自助抽样】按钮，弹出图 5.5 所示的对话框。

图 5.4

图 5.5

- 描述统计表支持平均值和标准差的自由抽样估计。
- 多重比较表支持平均值差值的自由抽样估计。
- 对比检验表支持对比值的自由抽样估计和显著性检验。

5.2.3 课堂练习：化肥种类对粮食产量的影响

1. 实例内容

表 5.2 给出某农业研究所对使用不同化肥粮食产量的对比试验数据，试验对同一种作物的不同试验田分别施用普通钾肥、控释肥和复合肥并观测产量。利用单因素方差分析来分析不同的化肥对产量的影响。

表 5.2 试验数据

产　量	施肥类型
864	普通钾肥
875	普通钾肥
891	普通钾肥
873	普通钾肥
883	普通钾肥
859	普通钾肥
921	控释肥
944	控释肥
986	控释肥
929	控释肥
973	控释肥
963	控释肥
962	复合肥
941	复合肥
985	复合肥
974	复合肥
977	复合肥
938	复合肥

2. 实例操作

把数据导入 SPSS 并整理，【施肥类型】变量中分别用"1、2、3"代表"普通钾肥、控释肥、复合肥"，如图 5.6 所示。

step 01 打开对话框。

打开数据文件，选择菜单栏中的【分析】|【比较均值】|【单因素 ANOVA】命令，弹出【单因素 ANOVA 检验】对话框。

step 02 选择因变量。

在候选变量列表框中选择【产量】变量作为因变量，将其添加至【因变量列表】列表框中。

step 03 选择因素变量。

在候选变量列表框中选择【施肥类型】变量，将其添加至【因子】文本框中，如图 5.7 所示。

step 04 定义相关统计选项以及缺失值处理方法。

单击【单因素 ANOVA 检验】对话框的【选项】按钮，在弹出的对话框中选中【方差齐性检验】、【平均值图】复选框，如图 5.8 所示，然后单击【继续】按钮。

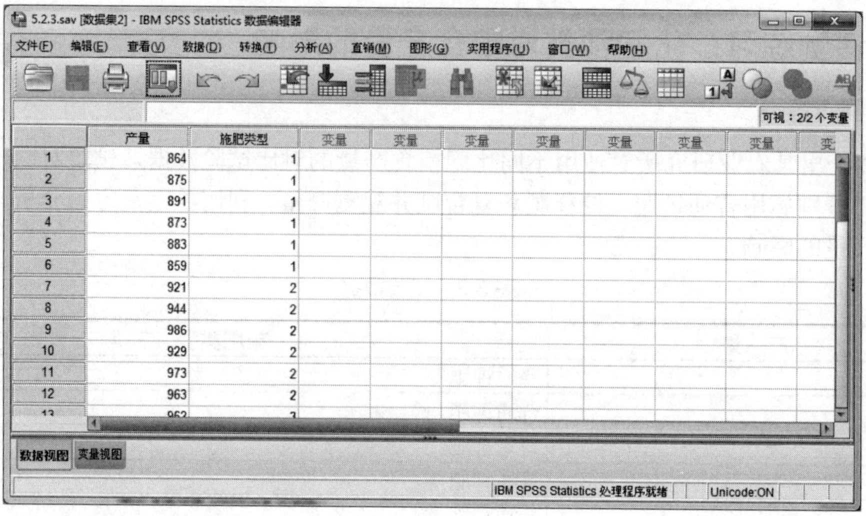

图 5.6

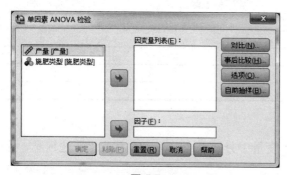

图 5.7

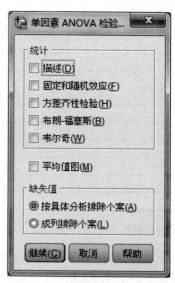

图 5.8

step 05 事后多重比较。

单击【单因素 ANOVA 检验】对话框中的【事后比较】按钮，弹出图 5.9 所示的对话框，选中 Bonferroni 复选框，单击【继续】按钮。

step 06 对组间平方和进行线性分解并检验。

单击【单因素 ANOVA 检验】对话框右上角的【对比】按钮，弹出图 5.10 所示的对话框。选中【多项式】复选框，并将【等级】设为【线性】，单击【继续】按钮返回【单因素 ANOVA 检验】对话框。

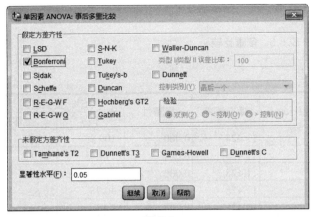

图 5.9

图 5.10

step 07 单击【确定】按钮,输出分析结果。

3. 实例结果及分析

表 5.3 给出了方差齐性检验的结果。从该表可以得到 Levene 方差齐性检验的 P 值为 0.08,大约相当于显著性水平 0.05,因此基本可以认为样本数据之间的方差是齐次的。

表 5.3 方差齐性检验

产量

莱文统计	自由度 1	自由度 2	显著性
3.009	2	15	0.080

表 5.4 给出了单因素方差分析的结果。从表中可以看出,组间平方和是 28254、组内平方和是 5877,其中组间平方和的 F 值为 36.058,相应的概率值是 0.000,小于显著性水平 0.05,因此认为不同的施肥类型对亩产量有显著的影响。另外,这个表中也给出了线性形式的趋势检验结果,组间变异被施肥类型所能解释的部分是 23585,被其他因素解释的有 4669,并且组间变异被施肥类型所能解释的部分是非常显著的。

表 5.4 ANOVA

产量

			平方和	自由度	均方	F	显著性
组间	(组合)		28254.778	2	14127.389	36.058	0.000
	线性项	对比	23585.333	1	23585.333	60.197	0.000
		偏差	4669.444	1	4669.444	11.918	0.004
组内			5877.000	15	391.800		
总计			34131.778	17			

表 5.5 给出了多重比较的结果,*表示该组均值差是显著的。因此,从表 5.5 中可以看出,第一组和第二组、第三组的亩产量均值差是非常明显的,但是第二组与第三组的亩产量均值差却不是很明显。另外,还可以得到每组之间均值差的标准误差、置信区间等信息。

4. 事后检验

表 5.5 多重比较

因变量：产量
邦弗伦尼

(I)施肥类型	(J)施肥类型	平均差(I-J)	标准误差	显著性	95% 置信区间	
					下限	上限
普通钾肥	控释肥	-78.500*	11.428	0.000	-109.28	-47.72
	复合肥	-88.667*	11.428	0.000	-119.45	-57.88
控释肥	普通钾肥	78.500*	11.428	0.000	47.72	109.28
	复合肥	-10.167	11.428	1.000	-40.95	20.62
复合肥	普通钾肥	88.667*	11.428	0.000	57.88	119.45
	控释肥	10.167	11.428	1.000	-20.62	40.95

*. 均值差的显著性水平为 0.05。

图 5.11 给出了各组的均值图。从图可以清楚地看到不同的施肥类型对应不同的亩产量均值。可见，第一组的亩产最低，且与其他两组的亩产均值相差较大，而第二组和第三组之间的亩产均值差异不大，这个结果和多重比较的结果非常一致。

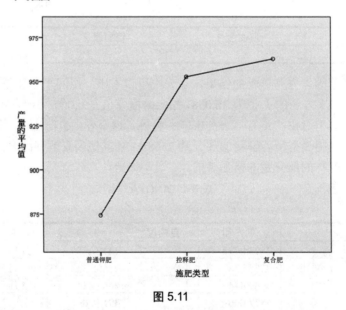

图 5.11

5.3 多因素方差分析

SPSS 的"单变量"分析过程，可以对完全随机设计资料、配伍设计资料、析因设计资料、正交设计资料等进行多因素方差分析或协方差分析。输出的分析结果包括描述性统计量、参数估计值、对照系数矩阵、方差齐次性检验结果、水平散点图、残差图等，还可以选择执行多项式比较、均值多重比较等功能。

5.3.1 多因素方差分析的基本原理

1. 方法概述

多因素方差分析是对一个独立变量是否受一个或多个因素或变量影响而进行的方差分析。它不仅能够分析多个因素对观测变量的独立影响,更能够分析多个因素的交互作用能否对观测变量产生显著影响。例如,对稻谷产量进行分析时,不仅单纯考虑耕地深度和施肥量都会影响产量,同时深耕和适当施肥可能使产量成倍增加,这时,耕地深度和施肥量就可能存在交互作用。

2. 基本原理

由于多因素方差分析中观察变量不仅要受到多个因素独立作用的影响,而且因素的交互作用和一些随机因素都会对变量产生影响。因此观测变量值的波动要受到多个控制变量独立作用、控制变量交互作用及随机因素等三方面的影响。以两个因素为例,可以表示为

$$Q_{总} = Q_{控1} + Q_{控2} + Q_{控1}Q_{控2} + Q_{随}$$

式中:Q为各部分对应的离差平方和。

多因素方差分析比较 $Q_{控1}$、$Q_{控2}$、$Q_{控1}Q_{控2}$、$Q_{随}$、$Q_{总}$占的比例,以此推断不同因素以及因素之间的交互作用是否给观测变量带来显著影响。

3. 软件使用方法

多因素方差分析仍然采用 F 检验,其零假设是 H_0:各因素不同水平下观测变量的均值无显著差异。SPSS 将自动计算 F 值,并依据 F 分布表给出相应的概率 P 值。可以根据相伴概率 P 值和显著性水平 α 的大小关系来判断各因素的不同水平对观测变量是否产生显著性影响。

5.3.2 多因素方差分析的 SPSS 操作详解

step 01 打开主对话框。

选择菜单栏中的【分析】|【一般线性模型】|【单变量】命令,弹出图 5.12 所示【单变量】对话框,这是多因素方差分析的主操作窗口。

step 02 选择分析变量。

在【单变量】对话框的候选变量列表框中,选择相应变量进入右侧的列表框中,其目的是设置分析变量。

图 5.12

- 选择观测变量(因变量):添加至【因变量】列表框中。
- 选择因素变量:添加至【固定因子】列表框中。
- 选择随机变量:添加至【随机因子】列表框中。
- 选择协变量:添加至【协变量】列表框中。
- 选择权重变量:添加至【WLS 权重】列表框中。

step 03 模型选择。

单击【模型】按钮，弹出图 5.13 所示【单变量：模型】对话框，该对话框用于选择分析模型。

(1) 【全因子】选项。

系统默认选项。该项选择建立全因素模型，包括所有因素变量的主效应和所有的交互效应。例如，有 3 个因素变量，全模型包括 3 个因素变量的主效应、两两的交互效应和 3 个因素的交互效应。选择该项后无须做进一步的操作，即可单击【继续】按钮返回主对话框。

图 5.13

(2) 【定制】选项。

建立用户自定义的方差分析模型。选中【定制】单选按钮后，【因子与协变量】、【模型】和【构建项】选项被激活。在【因子与协变量】列表框中自动列出可以作为因素变量的变量名。

在【构建项】选项组的下拉列表框中，可以选择模型的形式。

- Interaction：选中此项可以指定任意的交互效应。
- Main effects：选中此项可以指定主效应。
- All 2-way：指定所有 2 维交互效应。
- All 3-way：指定所有 3 维交互效应。
- All 4-way：指定所有 4 维交互效应。
- All 5-way：指定所有 5 维交互效应。
- Type Ⅰ项：一般适用于平衡的 ANOVA 模型。
- Type Ⅱ项：一般适用于平衡的 ANOVA 模型、主因子效应模型、回归模型和嵌套设计。
- Type Ⅲ项：系统默认的平方和分解法。适用于平衡的 ANOVA 模型和非平衡的 ANOVA 模型。凡适用 Type Ⅰ 和 Type Ⅱ 的模型均可以用该法。
- Type Ⅳ项：一般适用于 Type Ⅰ 和 Type Ⅱ 方法的模型、有缺失值的平衡或不平衡模型。

(3) 【在模型中包括截距】复选框。

系统默认选项，通常截距包括在模型中。如果能假设数据通过原点，可以不包括截距，即不选择此项。

step 04 选择比较方法。

单击【继续】按钮，弹出图 5.14 所示【单变量：对比】对话框。在【因子】列表框中显示出所有在主对话框中选中的因素变量。因素变量名后的括号中是当前的比较方法。在该框中选择想要改变比较方法的因子，即单击选中的因子。这一操作使【更改对比】选项组中的各项被激活。展开【对比】下拉列表框，可得到各类比较方法。

图 5.14

- 不进行均数比较。
- 偏差比较法：除被忽略的水平外，比较预测变量或因素变量的每个水平的效应。可以选中【最后一个】(最后一个水平)或【第一个】(第一个水平)作为忽略的水平。

- 简单比较法：除去作为参考的水平外，对预测变量或因素变量的每一水平都与参考水平进行比较。选择【最后一个】或【第一个】作为参考水平。
- 差值比较法：对预测变量或因素每一水平的效应，除第一水平以外，都与其前面各水平的平均效应进行比较。与 Helmert 比较法相反。
- Helmert 法：对预测变量或因素的效应，除最后一个水平以外，都与后面的各水平的平均效应相比较。
- 重复比较法：对预测变量或因素的效应，除第一水平以外，对每一水平都与它前面的水平进行比较。
- 多项式比较：比较线性、二次、三次等效应，常用于估计多项式趋势。

step 05 选择轮廓图。

单击【图】按钮，弹出图 5.15 所示【单变量：概要图】对话框，在该对话框中设置均值轮廓图。从【因子】列表框中选择一个因素变量移入【水平轴】列表框(水平轴)定义轮廓图的横坐标。选择另一个因素变量移入【单图】列表框定义轮廓图的区分线。如果需要再从【因子】列表框中选择一个因素变量移入【多图】列表框定义轮廓图的区分图。以上选择确定以后，单击【添加】按钮加以确定。需要对加入图清单框的选择结果进行修正，可单击【更改】和【删除】按钮。

step 06 选择多重比较。

单击【事后比较】按钮，弹出图 5.16 所示的【单变量：观测平均值的事后多重比较】对话框。该对话框用于对均值作多重比较检验。从【因子】列表框中选择相关变量使被选变量进入【事后检验】列表框。不难发现，这个对话框与单因素方差分析模型的事后多重比较检验对话框大致相同，各选项意义也一致。

图 5.15

图 5.16

step 07 预测值保存。

单击【保存】按钮，弹出图 5.17 所示的【单变量：保存】对话框。通过在该对话框中的选择，可以将所计算的预测值、残差和检测值作为新的变量保存在编辑数据文件中。以便于在其他统计分析中使用这些值。

(1) 【预测值】选项组。
- 未标准化。
- 加权：如果在主对话框中选择了 WLS 变量，选中该复选框，将保存加权非标准化预测值。
- 标准误差。

(2) 【诊断】选项组。
- Cook 距离：为保存 Cook 距离，Cook 距离为衡量当剔除模型中某因素时，残差的变化量。
- 杠杆值：为保存非中心化 Leverage 值。

(3) 【残差】选项组。
- 未标准化：观测值与预测值之差。
- 加权：如果在主对话框中选择了 WLS 变量，选中该复选框，将保存加权非标准化残差。
- 标准化：又称 Pearson 残差。
- 学生化：其他分布转换成 T 分布。
- 删除：剔除自变量值与校正预测值之差。

最后可以选中【系数统计】选项组中的复选框，将参数协方差矩阵保存到一个新文件中。单击【文件】按钮，打开相应的对话框将文件保存。

step 08 其他选项选择。

单击【选项】按钮，弹出图 5.18 所示【单变量：选项】对话框。

图 5.17

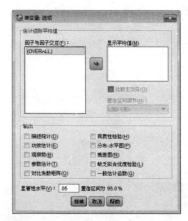

图 5.18

各选项含义如下。

(1) 【估计边际平均值】：估测边际平均值设置。

在【因子与因子交互】列表框中列出【模型】对话框中指定的效应项，在该列表框中选定因素变量的各种效应项。可以将其移入到【显示平均值】列表框中。在【显示平均值】列表框中有主效应时，选中激活此列表框下面的【比较主效应】复选框，对主效应的边际平均值进行组间的配对比较。在【置信区间调节】下拉列表框中，可以进行多重组间比较。打开下拉列表框,共有 3 个选项,即 LSD(无)、Bonferroni 和 Sidak 方法。

(2) 在【输出】选项组中指定要求输出的统计量。
- 输出描述统计量。
- 效应量的估计。
- 功效检验或势检验。
- 各因素变量的模型参数估计、标准误差、T 检验的 T 值、显著性概率和 95% 的置信区间。
- 显示对照系数矩阵。
- 方差齐次性检验。
- 绘制观测量均值对标准差和方差的图形。
- 绘制因变量的观察值对于预测值和标准化残差的散点图。
- 拟合度不足检验:检查独立变量和非独立变量间的关系是否被充分描述。
- 可以根据一般估计函数自定义假设检验。

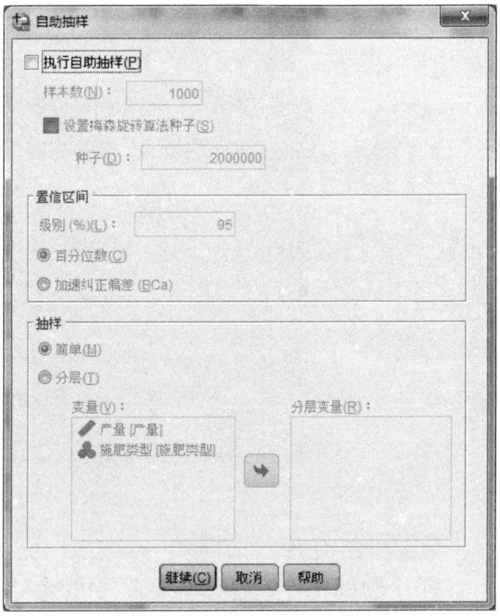

图 5.19

(3) 【显著性水平】文本框:改变【置信区间】内多重比较的显著性水平。

step 09 相关统计量的自助抽样估计。

单击【自助抽样】按钮,弹出图 5.19 所示对话框。
在弹出的对话框中可以进行以下统计量的自助抽样估计。
- 描述统计表支持平均值和标准差的自助抽样估计。
- 参数估计值表支持系数、B 的自助抽样估计和显著性检验。
- 对比结果表支持差值的自助抽样估计和显著性检验。
- 估计值表支持平均值的自助抽样估计。
- 成对比较表支持平均值差值的自助抽样估计。
- 多重比较表支持平均值差值的自助抽样估计。

step 10 单击【确定】按钮,结束操作,SPSS 软件自动输出结果。

5.3.3 课堂练习:动物饲料对小鼠体重增加的影响

1. 实例内容

某研究机构研究了 3 种动物饲料对 4 种品系小鼠体重增加的影响,数据如图 5.20 所示,变量 a 为饲料种类,变量 b 为鼠的品系,变量 x 为增重克数。

2. 实例操作

由于小鼠增重的多少和饲料种类、鼠品系等因素都有关系。因此这里要考虑两个因素水平下的增重差异问题,即建立双因素的方差分析模型。本案例中饲料种类、鼠品系是两个影响因素,而小鼠增重是因变量。同时,也要考虑饲料种类、鼠品系这两个因素之间有无交互作用。

具体操作步骤如下。

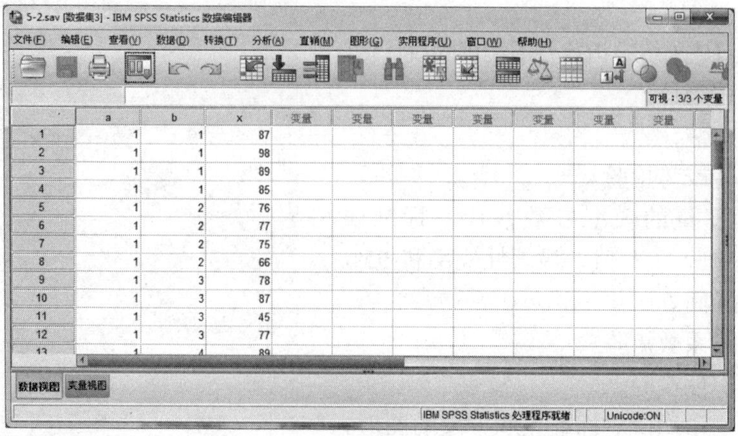

图 5.20

step 01 打开对话框。

打开数据文件，选择菜单栏中的【分析】|【一般线性模型】|【单变量】命令，弹出【单变量】对话框，如图 5.21 所示。

step 02 选择观测变量。

在候选变量列表框中选择【体重】变量作为因变量，将其添加至【因变量】列表框中。

step 03 选择因素变量。

选择【饲料类型】和【小鼠品系】变量作为因素变量，将它们添加至【固定因子】列表框中，如图 5.22 所示。

图 5.21

图 5.22

step 04 选择多重比较。

单击【模型】按钮，弹出【单变量：模型】对话框，如图 5.23 所示。选中【定制】单选按钮，在左侧列表框中选择"因素 a"和"因素 b"变量并移至【模型】列表框中。选择【构建项】选项组中【类型】下拉列表框中的【主效应】选项，再单击【继续】按钮，返回主对话框。

step 05 其他选项选择。

单击【图】按钮，弹出图 5.24 所示【单变量：轮廓图】对话框。将因素 b 放入【单独的线条】框,将因素 a 放入【水平轴】文本框,单击【添加】按钮,再单击【继续】按钮,返回主对话框。

图 5.23

图 5.24

单击【事后比较】按钮,弹出图 5.25 所示对话框。将因素 a 和因素 b 放入【下列各项的事后检验】列表框,比较方法选择 LSD 法。

单击【选项】按钮,弹出图 5.26 所示【单变量:选项】对话框。将因素 a 和因素 b 放入【显示下列各项的平均值】列表框,选中【比较主效应】复选框。选中【描述统计】复选框表示输出描述性统计量;选中【齐性检验】复选框表示输出方差齐性检验表。再单击【继续】按钮,返回主对话框。

图 5.25

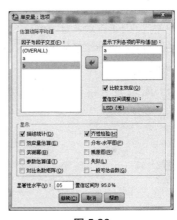

图 5.26

step 06 完成操作。

最后,单击【确定】按钮,操作完成。

3. 实例结果及分析

(1) 主体间效应检验表。

表 5.6 所示为主效应模型检验,结果可见校正模型统计量 $F=6.772$、$P=0.000$,说明模型有统计学意义。因素 a 和因素 b 均有统计学意义,$P=0.000$、$P=0.037$,均小于 0.05。

(2) 成对比较表。

表 5.7 所示为不同饲料类型两两比较结果,从 Sig 值(即 P 值)可见,饲料 B 与饲料 C 没有

差异($P=0.117$)，其他均有差异，$P<0.05$。

表5.6 主体间效应检验

因变量：体重

源	III类平方和	自由度	均方	F	显著性
修正模型	8929.625[a]	5	1785.925	6.772	0.000
截距	167796.750	1	167796.750	636.304	0.000
a	6487.875	2	3243.938	12.301	0.000
b	2441.750	3	813.917	3.086	0.037
误差	11075.625	42	263.705		
总计	187802.000	48			
修正后总计	20005.250	47			

a. $R^2=0.446$（调整后 $R^2=0.380$）。

表5.7 成对比较

因变量：体重

(I)饲料类型	(J)饲料类型	平均值差值(I-J)	标准误差	显著性[b]	差值的 95% 置信区间[b]	
					下限	上限
A 饲料	B 饲料	18.750*	5.741	0.002	7.163	30.337
	C 饲料	27.938*	5.741	0.000	16.351	39.524
B 饲料	A 饲料	−18.750*	5.741	0.002	−30.337	−7.163
	C 饲料	9.188	5.741	0.117	−2.399	20.774
C 饲料	A 饲料	−27.938*	5.741	0.000	−39.524	−16.351
	B 饲料	−9.188	5.741	0.117	−20.774	2.399

*. 平均值差值的显著性水平为 0.05。

b. 多重比较调节：最低显著差异法(相当于不进行调整)。

(3) 均值图。

图 5.27 所示为不同品系小鼠喂养不同饲料的体重增重的均值图。可见 A 饲料较好，B 饲料和 C 饲料差异不大。

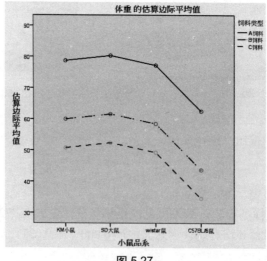

图 5.27

5.4 协方差分析

某些情况下，在进行方差分析的过程中部分变量的水平难以进行人为控制。针对这种情况，统计学家发展出了协方差分析方法，即先用线性回归剔除干扰因素后再进行方差分析。

5.4.1 协方差分析的基本原理

1. 方法概述

无论是单因素方差分析还是多因素方差分析，它们都有一些人为可以控制的因变量。但在实际问题中，有些随机因素是很难人为控制的，但它们又会对结果产生显著的影响。如果忽略这些因素的影响，则有可能得到不正确的结论。

利用协方差分析就可以完成这样的功能。协方差分析是将那些很难控制的因素作为协变量。在排除协变量影响的条件下，分析因素变量对观察变量的影响，从而更加准确地对因素变量进行评价。这种方法要求协变量应是连续数值型变量，多个协变量间互相独立，且与因素变量之间也没有交互影响。

2. 基本原理

在协方差分析中，将观察变量总的离差平方和分解为由因变量引起的、由因变量的交互作用引起的、由协变量引起的和由其他随机因素引起的。以双因素协方差分析为例，观察变量总的离差平方和可以分解为

$$Q_{总} = Q_{协} + Q_{控1} + Q_{控2} + Q_{控1}Q_{控2} + Q_{随}$$

也可以理解为

$$Q_{总} - Q_{协} = Q_{控1} + Q_{控2} + Q_{控1}Q_{控2} + Q_{随}$$

即在扣除了协变量对观察变量的影响后，分析因变量对观察变量的影响。协方差分析也采用 F 检验法，处理计算思路和多因素方差分析相似。

5.4.2 协方差分析的 SPSS 操作详解

1. 确定是否存在协变量

采用协方差分析时，首先就应该明确是否存在某些因素对因变量造成影响，特别是一些难以人为控制的因素，如年龄、身高和体重等，它们的不同水平可能对因变量产生较为显著的影响。此时可以绘制图形，观察协变量和因变量之间有无关联性。若从图形可以判断两者有显著关系，则可以引入协方差分析。但这也是一种辅助判断方法，只有通过协方差检验结果才能更清晰地说明这种协变量的存在。

2. Univariate 过程中引入协变量

由于协方差分析也是采用【一般线性模型】中的【单变量】命令，因此它的基本操作和多因素方差分析的 SPSS 操作是相同的，这里就不再重复了。特别地，需要将确定好的协变量引

入到图 5.14 所示的【对比】下拉列表框即可。而【单变量】对话框中的各类辅助选项的用法也和多因素方差分析相同。

5.4.3 课堂练习：降压药治疗效果分析

1. 实例内容

为研究 A、B 两种降压药对高血压病人收缩压的降压效果，研究者将受试对象随机分为两组，分别接受 A、B 降压药治疗两个月后，测量患者收缩压，得到数据如图 5.28 所示。本例治疗前的血压专业上应该对治疗后的血压存在影响，因此采用协方差分析较为合适。

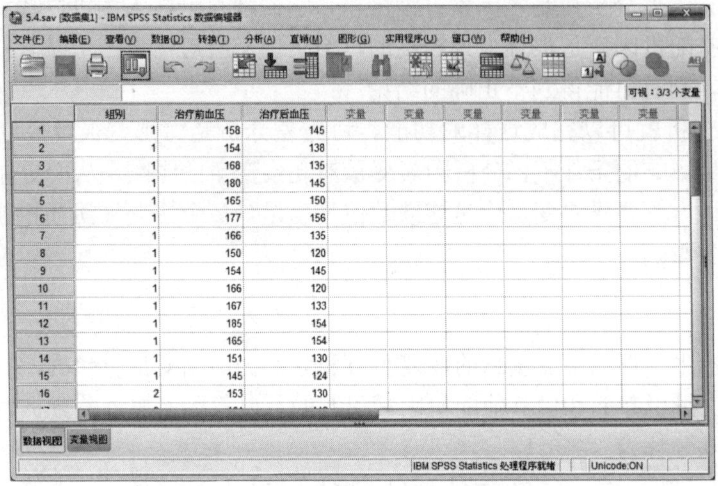

图 5.28

2. 实例操作

step 01 打开对话框。

选择菜单栏中的【分析】|【一般线性模型】|【单变量】命令，弹出【单变量】对话框。

step 02 选择分析比较。

在候选变量列表框中选择【治疗后血压】变量作为因变量，将其添加至【因变量】列表框中。选择【组别】作为协变量，将其添加至【协变量】列表框中。选择【治疗前血压】作为因素变量，将其添加至【固定因子】列表框中，如图 5.29 所示。

图 5.29

step 03 【模型】选项选择。

单击【模型】按钮，弹出【单变量：模型】对话框。在【指定模型】选项组中选中【定制】单选按钮，将【因子与协变量】列表框中的【治疗前血压】与【组别】放入【模型】列表框中。在【构建项】选项组中的【类型】下拉列表框中选择【主效应】选项，如图 5.30 所示。单击【继续】按钮，返回主对话框。

step 04 【选项】选项选择。

单击【选项】按钮，弹出【单变量：选项】对话框。将【因子与因子交互】列表框中的【组别】移入【显示下列各项的平均值】列表框，同时选中【比较主效应】复选框。选中【描述统计】复选框表示输出描述性统计量；选中【齐性检验】复选框表示输出方差齐性检验表，如图 5.31 所示。再单击【继续】按钮，返回主对话框。

图 5.30　　　　　　　　　　　　　　图 5.31

step 05 完成操作。

最后，单击【确定】按钮，操作完成。

3. 实例结果及分析

(1) 描述性统计分析表。

表 5.8 是对样本数据的基本描述结果，给出了样本均值、标准差和个案数。从数值大小比较看，这两组人群治疗后的血压有一定的差异性，可以进一步采用方差分析。

表 5.8　描述统计

因变量：治疗后血压

组别	平均值	标准偏差	个案数
A	138.93	12.145	15
B	141.47	9.862	15
总计	140.20	10.946	30

(2) 方差齐性检验。

表 5.9 所列结果报告列出了方差齐性检验结果。表格首先显示 Levene 统计量等于 0.049。由于概率 $P=0.826$，明显大于显著性水平 0.05，故认为两组样本数据的方差是相同的，满足方差分析的前提条件。

表 5.9　误差方差的莱文等同性检验[a]

因变量：治疗后血压

F	自由度 1	自由度 2	显著性
0.049	1	28	0.826

注：检验"各个组中的因变量误差方差相等"这一原假设。

a. 设计：截距+组别+治疗前血压。

(3) 协方差检验结果。

表 5.10 列出了协方差检验结果，包括各变差分解的情况、自由度、均方值、F 统计量值和概率 P 值。可见组别因素 $F=0.820$、$P=0.373$，组别因素对降压效果没有差别。而治疗前血压因素的 $F=6.463$、$P=0.017$，说明治疗前血压确实对治疗后血压有影响。

表 5.10 主体间效应检验

因变量：治疗后血压

源	III 类平方和	自由度	均方值	F 统计值	显著性
修正模型	709.936[a]	2	354.968	3.466	0.046
截距	512.155	1	512.155	5.001	0.034
组别	83.961	1	83.961	0.820	0.373
治疗前血压	661.803	1	661.803	6.463	0.017
误差	2764.864	27	102.402		
总计	593156.000	30			
修正后总计	3474.800	29			

注：$R^2=0.204$（调整后 $R^2=0.145$）。

5.5 重复测量方差分析

重复测量是对同一个因变量进行重复检验的一种试验设计技术，可以在同一条件下重复，也可以在不同条件下重复。进行重复测量方差分析的数据结构与其他类型的方差分析有所不同，它要求将被试对象的若干次测验结果作为单一因变量出现在数据文件中。

5.5.1 重复测量方差分析的原理

重复测量方差分析是对同一因变量进行重复测量的一种试验设计技术，可以是同一条件下进行的重复测量，目的在于研究各种处理之间是否存在显著性差异的同时，研究受试者之间的差异、受试者几次测量之间的差异以及受试者与各种处理间的交互效应。例如，研究一种教学方法对学生学习成绩的影响。在试验过程中，对被试对象进行前测、后测，这种试验是在同一条件下进行的重复测量。

重复测量方差分析也可以是不同条件下的重复测量，目的在于研究各种处理间是否存在显著性差异的同时，研究形成重复测量条件之间的差异以及这些条件与处理间的交互效应。例如，研究被试对象对 3 种视觉刺激的反应。在试验过程中，每个被试对象选用一种刺激方法重复测试 3 次，这种试验就是在不同条件下进行的重复测量。

在重复测量设计的方差分析中，总离差平方和被分解为处理间的离差平方和、受试者之间的离差平方和以及受试者内的离差平方和。这些离差平方和除以各自的自由度得到相应的均方值，它们与误差均方之商即为 F 检验的 F 值。

5.5.2 重复测量方差分析的 SPSS 操作详解

step 01 打开主对话框。

选择菜单栏中的【分析】|【一般线性模型】|【重复测量】命令,弹出图 5.32 所示【重复测量定义因子】对话框。

step 02 定义组内因素名及水平。

在该对话框中可以定义组内因素名及水平。

(1) 被试内因子名称。

在该文本框中输入组内因素变量名,最多只能有 8 个字符,但不能和数据集的变量名重复,可以设定多个组内因素变量,但最多只能设定 18 个。

(2) 级别数。

在该文本框中输入变量的水平数。当组内因素变量名框和该框都输入值时,下面的【添加】按钮变为有效。单击该按钮,定义表达式显示在右侧的列表框中。如果输入的组内因素变量名和列表框内已定义的变量名重复,则【添加】按钮将不被激活。

在该文本框下方有【添加】、【更改】和【删除】3 个按钮,这 3 个按钮用于添加、修改和删除在列表框中定义的表达式。当列表框内有已定义的表达式时,此时在组内因素变量名框和水平框内都输入值,则【更改】按钮被激活。单击该按钮,定义的新表达式将替换原表达式并显示在右侧列表框中;当列表框内有已定义的表达式时,选中要删除的表达式,则【删除】按钮被激活,单击该按钮,即可删除选中的表达式。

图 5.32

(3) 测量名称。

如果对每个组内因素所代表的变量的测量仍有重复,可以在【测量名称】文本框中输入表示重复测试的变量,定义方法同上。

所有定义结束后,单击【定义】按钮,打开【重复测量】对话框,如图 5.33 所示。

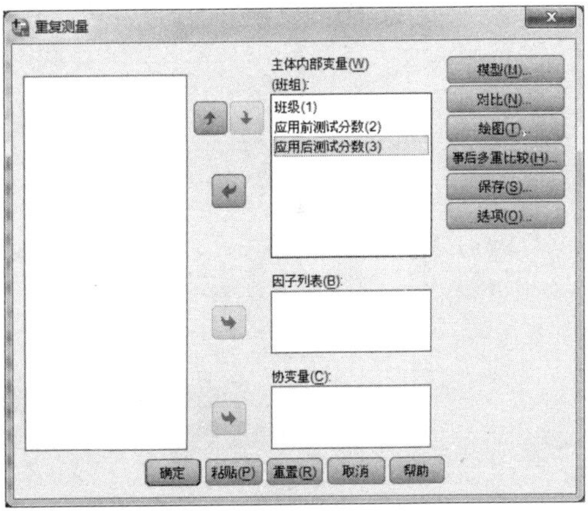

下面介绍该对话框中各部分的功能。

(1) 因素框。

最左边的列表框即是因素框,该框中显示了在数据文件中输入的所有变量。

(2) 主体内部变量。

该框中显示了在组内因素定义对话框中定义的所有因素水平与测度的组合,标有群内变量,其后是已经定义的组内变量名。

图 5.33

在该框中有一系列的 _?_(n),表示组内变量第 n 个水平。从左边因素列表框中选择用户认为是组内因素变量第 n 个水平的变量,选中该变量后单击向右箭头按钮即可将其移入该列表框。此时,_?_(1)变为变量名(1)。用户可以通过单击按钮来调整该框内变量的位置顺序,以改变组内因素变量的对应关系。

值得注意的是，组内因素变量水平组合表达式括号内是水平组合。

(3) 因子列表。

这是组间因素列表框，在该框中定义一个或多个组间因素变量，以将原数据集分成几个独立的子集。

(4) 协变量。

该框是协变量列表框，可以用协变量和因变量定义一个回归模型。

在【重复测量】对话框的右侧有【模型】、【对比】、【绘图】、【事后多重比较】、【保存】和【选项】按钮，这些按钮的功能与前一节中所讲的一样，此处不再重复讨论，读者可参照上一节进行学习。

step 03 单击【确定】按钮，结束操作，SPSS 软件自动输出结果。

5.5.3 课堂练习：锻炼减肥效果分析

1. 实例内容

某研究者欲了解一套新的锻炼方法的减肥效果。该研究者在某小学随机抽取了 12 名肥胖学生，分成两组，第一组每天下午按新的锻炼方法锻炼，第二组不参与新的锻炼方法，并在试验开始的第 1、2、3 个月分别测量学生体重减重情况，测量值如图 5.34 所示。

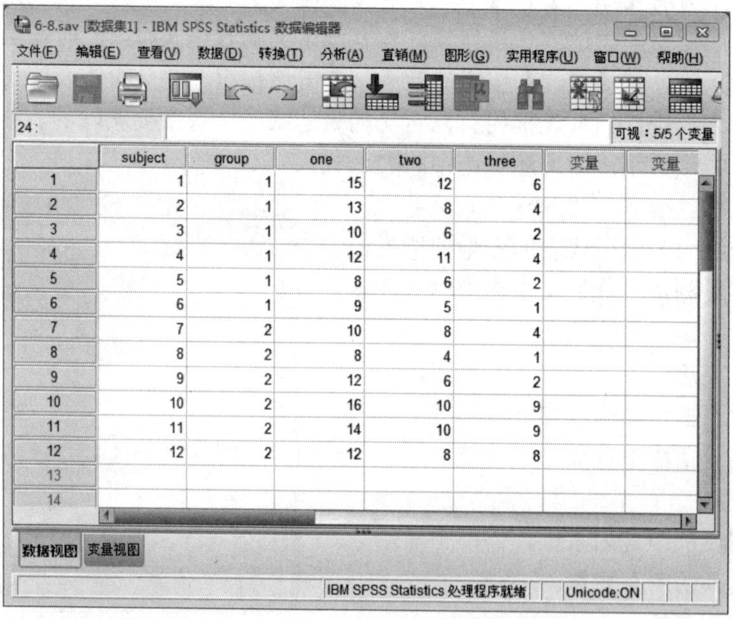

	subject	group	one	two	three	变量	变量
1	1	1	15	12	6		
2	2	1	13	8	4		
3	3	1	10	6	2		
4	4	1	12	11	4		
5	5	1	8	6	2		
6	6	1	9	5	1		
7	7	2	10	8	4		
8	8	2	8	4	1		
9	9	2	12	6	2		
10	10	2	16	10	9		
11	11	2	14	10	9		
12	12	2	12	8	8		
13							
14							

图 5.34

2. 实例操作

step 01 打开主对话框。

选择菜单栏中的【分析】|【一般线性模型】|【重复测量】命令，弹出图 5.35 所示【重复测量定义因子】对话框。

step 02 定义组内因素名及水平。

从【主体内因子名】文本框中删除原有的【因子 1】，然后输入组内因素名 weight。在【级别数】文本框中输入因素水平数 3，然后单击【添加】按钮，则在右侧的列表框中显示班级(3)。此时，【定义】按钮有效，如图 5.36 所示。

图 5.35

图 5.36

单击【定义】按钮，打开图 5.37 所示的【重复测量】对话框。先后选择变量 one、two、three 进入【主体内变量】列表框。

将因素变量 group 放入【主体间因子】列表框，如图 5.38 所示。

单击【模型】按钮，打开【重复测量：模型】对话框。选中【全因子】单选按钮，单击【继续】按钮返回。

step 03 执行操作。

单击【确定】按钮，结束操作，SPSS 软件自动输出结果。

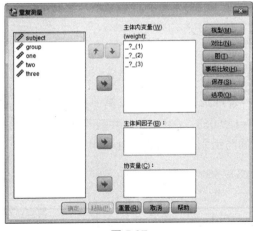

图 5.37

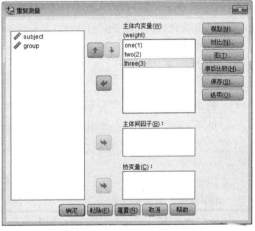

图 5.38

3. 实例结果及分析

(1) 表 5.11 所示为多变量检验结果，其中采用 4 种检验方法计算了 T 检验值、F 值、假设

df 值和误差 df 值，表中可见不同测试时间的 weight 有统计学差异，P=0.000，而测试时间与组别间无统计学差异，P=0.55。然而是否以此结果为准依据的是球形性检验，若不符合球形性，才以此结果为准或者以一元方差分析中校正结果为准。

表 5.11 多变量检验[a]

效应		值	F	假设自由度	误差自由度	显著性
weight	比莱轨迹	0.958	103.565[b]	2.000	9.000	0.000
	威尔克 Lambda	0.042	103.565[b]	2.000	9.000	0.000
	霍特林轨迹	23.014	103.565[b]	2.000	9.000	0.000
	罗伊最大根	23.014	103.565[b]	2.000	9.000	0.000
weight * group	比莱轨迹	0.475	4.069[b]	2.000	9.000	0.055
	威尔克 Lambda	0.525	4.069[b]	2.000	9.000	0.055
	霍特林轨迹	0.904	4.069[b]	2.000	9.000	0.055
	罗伊最大根	0.904	4.069[b]	2.000	9.000	0.055

注：a. 设计：截距 + group
主体内设计：weight
b. 精确统计。

(2) 表 5.12 所示为球形性检验结果，可见 Mauchly W=0.983、P=0.926，符合球形性，结果以一元方差结果为准。如果 $P<0.05$，则不符合球形性检验，则给出了 3 种校正模式，即 Greenhouse-Geisser、Huynh-Feldt 和下限校正，其中 Greenhouse-Geisser 较为常用。

表 5.12 莫奇来球形度检验[a]

测量：MEASURE_1

主体内效应	莫奇来 W	近似卡方	自由度	显著性	Epsilon[b]		
					格林豪斯-盖斯勒	辛-费德特	下限
weight	0.983	0.153	2	0.926	0.983	1.000	0.500

注：检验"正交化转换后因变量的误差协方差矩阵与恒等矩阵成比例"这一原假设。
a. 设计：截距 + group
主体内设计：weight
b. 可用于调整平均显著性检验的自由度。修正检验将显示在"主体内效应检验"表中。

(3) 表 5.13 所示为方差分析结果。因为本例符合球形性，因此，以第一条"假设球形度"结果，可见不同时间测量的体重有统计学差异，F=129.068，P=0.000；并且测试时间与组别交互作用检验 F=4.386，P=0.026<0.05，认为测试时间与组别间存在着交互作用。

表 5.13 主体内效应检验

测量：MEASURE_1

源		III类平方和	自由度	均方	F	显著性
weight	假设球形度	315.500	2	157.750	129.068	0.000
	格林豪斯-盖斯勒	315.500	1.967	160.413	129.068	0.000
	辛-费德特	315.500	2.000	157.750	129.068	0.000
	下限	315.500	1.000	315.500	129.068	0.000

第5章 方差分析

续表

	源	III类平方和	自由度	均方	F	显著性
weight * group	假设球形度	10.722	2	5.361	4.386	0.026
	格林豪斯-盖斯勒	10.722	1.967	5.452	4.386	0.027
	辛-费德特	10.722	2.000	5.361	4.386	0.026
	下限	10.722	1.000	10.722	4.386	0.063
误差(weight)	假设球形度	24.444	20	1.222		
	格林豪斯-盖斯勒	24.444	19.668	1.243		
	辛-费德特	24.444	20.000	1.222		
	下限	24.444	10.000	2.444		

表5.14显示，组别方差分析结果无统计学差异，$F=0.397$，$P=0.543$，即两组处理因素对体重减重影响没有差异。

表5.14 主体间效应检验

测量：MEASURE_1
转换后变量：平均

源	III类平方和	自由度	均方	F	显著性
截距	2256.250	1	2256.250	111.665	0.000
group	8.028	1	8.028	0.397	0.543
误差	202.056	10	20.206		

5.6 思考与练习

1. 填空题

(1) 方差分析又称为_____，可以分析两个及两个以上样本均数差别的_____，是一种利用试验获取数据并进行分析的统计方法。

(2) 单因素方差分析主要是研究_____对观测变量的影响，也可以理解为是研究一个_____两个处理水平的自变量对因变量影响的分析方法。

(3) 双因素方差分析是一种由_____试验设计而得到数据的分析方法，主要通过研究因变量的_____是否存在显著性差异，来探讨一个因变量是否受到多个自变量的影响。

(4) 多元方差分析是_____的推广，适用于研究同时包含两个或两个以上因变量的数据。

(5) 重复测量设计又称为_____，是指对相同的研究对象先后施加不同的_____，或者在不同的试验条件下对其进行_____。

2. 选择题

(1) 在进行方差分析时，为了保证分析结果的准确性，还需要考虑分析数据是否满足方差分析的假设条件。下列选项中，不属于方差分析假设条件的一项为( )。

　　A. 总体正态分布性　　B. 交互性　　C. 齐效性　　D. 相互独立性

(2) 下列选项中，对方差自由度分解描述错误的一项为(　　)。
    A. 总变异自由度等于观测的总个数加上 1
    B. 组内变异自由度为处理个数减 1
    C. 组间变异自由度等于观测的总个数减 k
    D. 组间变异自由度的公式表现为 $df_w = k(n-1)$

(3) 在进行协方差分析之前，还需要满足一定的前提条件，下列选项中描述错误的一项为(　　)。
    A. 协方差分析的前提条件是各组变量的残差存在非正态分布
    B. 协方差分析的前提条件是协变量之间相互独立
    C. 协方差分析的前提条件是各组的回归斜率相等
    D. 协方差分析的前提条件是协变量与因变量之间需呈线性关系

(4) 影响方差分析数据呈现波动状现象的各种因素主要分为可控因素与随机因素，下列选项中，对上述两者因素表述错误的一项为(　　)。
    A. 可控因素可以理解为控制因素、控制变量，是在研究分析中所施加的对结果形成影响的一种可控因素
    B. 随机因素又称为随机变量，为不可控的随机因素，主要表现为试验过程中的抽样误差
    C. 当控制变量的不同水平对观测变量产生了显著影响，则表示控制变量是影响观测变量的主要因素
    D. 当控制变量的不同水平对观测变量产生了显著影响，则表示控制变量未影响到观测变量

(5) 方差分析是对数据变异量的分析，下列选项中不属于方差分析流程中步骤的一项为(　　)。
    A. 自由度分解　　B. 方差齐性检验　　C. F 值检验　　D. 数据均值检验

3. 问答题

(1) 在进行协方差分析时，如果检验交互性时 $P<0.05$，还可以进行协方差分析吗？
(2) 如何计算方差分析中的变异量？
(3) 如何对数据进行双因素方差分析？
(4) 简述多元方差分析的操作方法。
(5) 什么是协方差分析？

第 6 章 非参数检验

非参数检验是统计分析方法的重要组成部分，与参数检验共同构成统计推断的基本内容，非参数检验(Nonparametric Fests，Npar)是指在母体不服从正态分布或分布情况不明确，即不依赖母体分布的类型，用以检验数据是否来自同一个母体假设的一类检验方法，又称为分布自由(Distribution-Free)检验。

和参数检验方法的原理相同，非参数检验过程也是先根据问题提出原假设，然后利用统计学原理构造出适当的统计量，最后利用样本数据计算统计量的概率值，并与显著性水平比较，得出拒绝或者接受原假设的结论。

在 SPSS 统计软件中所提供的非参数统计方法，有以下几种。

- 卡方检验，用于检验二项或多项分类变量的分布。
- 二项分布检验，用于检验二项分类变量分布。
- 游程检验，用于检验样本序列随机性。
- 单样本 Kolmogorov-Simimov 检验，用于检验样本是否服从各种常用分布。
- 两个独立样本检验，用于分组数据分布位置的检验。
- 多独立样本检验，用于分组数据分布位置的检验。
- 两个配对样本检验，用于配对数据分布位置的检验。
- 多配对样本检验，用于配对数据分布位置的检验。

上述非参数统计可以分成两类：一类是分布类型检验方法，也称拟合优度检验方法，即检验样本所在母体是否服从已知的理论分布，具体包括卡方过程、二项式过程、游程过程和单样本 K-S 过程；另一类为分布位置检验方法，即用于检验样本所在母体的分布位置或形状是否相同，具体包括两个独立样本过程、k 个独立样本过程、两个相关样本过程和 k 个相关样本过程。

6.1 卡方检验

卡方检验是一种极为典型的对总体分布进行检验的非参数检验方法，也称为卡方拟合优度检验，用于检验数据是否与某种概率分布的理论数字相吻合，进而推断样本数据是否来自该分布的问题。

6.1.1 卡方检验的原理

1. 卡方检验基本介绍

在很多问题中，研究者感兴趣的往往是受试者、试验对象或试验反响划入各类别的数目。例如，研究者可以用 Rorschach 测验(Rorschach 测验是让受试者解释 10 张墨水点画以测验个性的方法)对一组病人的个性进行分类，以便预言某些类型将比其他类型更常见；又如，按照孩子们最常玩的游戏方式对他们进行分类,以检验这些游戏方式流行程度不同的假设;还可以按照人们对某种主张的反响是赞成、弃权还是反对而进行分类,以便让研究者检验这种假设:对该主张的各种反响程度是不同的。

卡方检验适合于上述各类资料,类别的数目可以是两类或多于两类。卡方检验是一种极为典型的对总体分布进行检验的非参数检验方法。用于检验数据是否与某种概率分布的理论数字相吻合,进而推断样本数据是否来自该分布的问题。

卡方检验可以检验属于每一类别对象或反响的观测数目与根据零假设所得的期望数目之间是否有显著性差异。卡方检验的目的是根据样本所在母体分布(各类别所占比例)是否与已知母体分布相同,是一种单样本检验。

2. 卡方检验的基本思想

卡方检验的基本思想的理论依据是:如果从一个随机变量 X 中随机抽取若干个观察样本,这些样本落在 X 的 k 个互不相交的子集中的观察频率服从一个多项分布,当 k 趋于无穷大时,这个多项分布近似服从卡方分布。卡方检验的零假设为:总体 X 服从某种分布,这里的样本认为是来自总体 X。

基于上述基本思想,对变量 X 总体分布的检验就应该从对各个观测频率的分析入手。实际上,零假设给出了在假想总体中归入每一类别内的对象所占的比例。也就是说,可以从零假设推出期望的频率是多少,而卡方检验则可以判断观测的频率是否充分接近零假设成立时可能出现的期望频率。

Pearson 统计量服从自由度为 $k-1$ 的卡方分布。可以看出,如果经 X^2 值较大,则说明观测频率分布与期望频率分布差距较大;反之,如果 X^2 值较小,则说明观测频率分布与期望频率分布较接近。SPSS 将自动计算 X^2 统计量的观测值,并依据卡方分布表计算观测值对应的概率 P 值。

如果 X^2 的概率 P 值小于显著性水平 α,则应拒绝原假设,认为样本来自的总体分布与期望分布或某一理论分布存在显著性差异;反之,如果 X^2 的概率 P 值大于显著性水平,则不应拒绝原假设,可以认为样本来自的总体分布与期望分布或某一理论分布无显著性差异。

在单样本中,为了用 X^2 来检验某一假设,必须将每一次的观察结果归入 k 集合的某一类中。这些观察的总次数应该是样本中的事件数 N。因此,每次的观察都必须是互相独立的,如不应该对同一个人做好几次观察而把每次观察作为独立的。

6.1.2 卡方检验的 SPSS 操作详解

step 01 打开主操作界面。

选择菜单栏中的【分析】|【非参数检验】|【旧对话框】|【卡方】命令,弹出如图 6.1 所示的对话框,这是卡方检验的主操作界面。

图 6.1

step 02 选择检验变量。

在【卡方检验】对话框左侧的候选变量列表框中选择变量将其添加至【检验变量列表】列表框中，表示需要进行卡方检验分析的变量。

step 03 设置相关选项。

(1)【期望范围】选项组用于确定检验值的取值范围，在此范围之外的取值不进入分析。该栏中有两个单选按钮。

- 【从数据中获取】项为系统默认选项，选中此单选按钮，则使用数据文件中的最大值和最小值来作为检验值的范围。
- 【使用指定范围】选项，选中此单选按钮，则由用户自定义检验值的范围，用户还需要在被激活的【下限】和【上限】文本框中自定义检验范围的上、下限。

(2)【期望值】选项组用于指定母体的各分类构成比，即期望频率的值，对应于两个单选按钮。

- 【所有类别相等】项为系统默认选项，选中此单选按钮，则所有的类别均有相等的期望值，以及检验总体是否服从均匀分布。
- 【值】选项可以指定分组的期望概率值。在后面的文本框中对测试变量的每一类别输入一个大于 0 的数，输入的顺序与检验变量递增的顺序相同。单击【添加】按钮，所输入的数值即可显示在下方的列表框中，【更改】和【删除】按钮分别用于修改或删除之前输入的数值。

(3)【选项】按钮是在主对话框中，单击【选项】按钮打开如图 6.2 所示的【卡方检验：选项】对话框。在该对话框中可以定义所输出的统计量和缺失值的处理方式。

- 【统计】选项组，可从此选项组内选择输出的统计量，包含两个复选框。
  - 【描述】选项，选中此复选框，则会输出要观测的描述性统计量，显示平均值、最小值、最大值、标准差和无默认值的观测量。
  - 【四分位数】选项，选中此复选框，则会输出观测的 4 分位数，即 25%、50%和 75%的百分位数。
- 【缺失值】选项组，可在此选项组内设置处理默认值的方式。
  - 【按检验排除个案】为系统默认选项，指在进行检验时只排除参与检验的变量的默认值。
  - 【成列排除个案】选项，表示剔除所有含有缺失值的个案。

(4)【精确】按钮是在主对话框中，单击【精确】按钮，打开如图 6.3 所示的【精确检验】对话框。

【精确检验】对话框用于选择计算显著性水平 Sig.值的几种方法，包括以下 3 个选项：

- 【仅渐进法】表示使用渐进方法，这是系统默认的计算显著性水平的方法。计算显著性水平是基于检验统计量的渐进分布假设，如果显著性水平为 0.05，检验结果被认为存在显著性差异。渐进方法的显著性水平要求数据量足够大，如果数据量比较小或者频率过低，则检验结果可能会失效。
- 【蒙特卡洛法】即精确显著性水平的无偏差估计。蒙特卡洛方法是利用给定样本集，通过模拟方法重复取样来计算显著性水平，该方法不要求渐进方法中的假设。蒙特卡洛方法是一个很有用的方法。对于处理不满足渐进假设的巨量数据，同时由于数据的巨量而无法得到精确的显著性水平时，可以选择该方法。选择该方法时，需要在【置信度级别】文本框中输入计算显著性水平的置信度，系统默认为99%；在【样本数】文本框中输入取样数量。

图 6.2

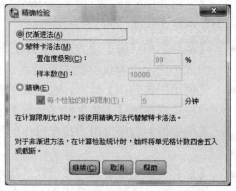

图 6.3

- 【精确】指精确计算显著性水平的方法。该方法得到精确的显著性水平，不需要渐进方法的假设，不足之处是计算量和所需内存太大。选择该选项后，可以选中【每个检验的时间限制】复选框，即设置计算时间限制，默认时间限制为5分钟，超过该时间，系统会自动停止运算并给出计算结果。

通常计算显著性水平都是利用系统默认的渐进方法(Asymptotic)。有时计算得到的显著性水平大于0.05，结果中却出现样本量过小或频率过低而无法保证检验结论的可靠性等提示，此时除了可以考虑重新分组外，还可以改用蒙特卡洛方法或者精确方法重新检验。

step 04 输出结果。

所有设置结束后单击【确定】按钮，即可开始进行统计分析过程。

6.1.3 课堂练习：小白鼠试验数据验证

1. 实例内容

表6.1给出了某毒理试验对60只怀孕小白鼠进行显著性致死性试验结果。有研究报道，胚胎死亡数服从负二项分布，表6.1中给出了根据负二项分布求得的期望频数分布，试据此用方卡检验验证以往报道的正确性。

表 6.1 试验数据

胚胎死亡数	0	1	2	3
观察雌鼠数	30	14	8	8
期望频数	29.69	14.86	7.55	7.9

2. 实例操作

step 01 选择菜单栏中的【数据】|【个案加权】命令，弹出如图6.4所示的【个案加权】对话框。选择【观察频数】变量，将【观察频数】变量添加至【频率变量】文本框中。

第6章 非参数检验

step 02 打开对话框。

选择菜单栏中的【分析】|【非参数检验】|【旧对话框】|【卡方】命令,弹出如图 6.5 所示的对话框。

图 6.4

图 6.5

step 03 选择进行卡方检验的变量。

在【卡方检验】对话框左侧的候选变量列表框中选择【死亡胚胎数】,将其添加至【检验变量列表】列表框中。

step 04 设置期望范围和期望值。

在如图 6.6 所示的对话框内,在【期望范围】选项组中选中【从数据中获取】单选按钮,也就是根据数据本身的最大值和最小值来确定检验值范围,在【期望值】选项组中选中【值】单选按钮,在【值】文本框中分别输入 29.69、14.86、7.55、7.9,如图 6.6 所示。

图 6.6

step 05 设定卡方检验的计算方法。

单击【卡方检验】对话框最右列的【精确】按钮，弹出如图 6.7 所示的对话框。这里选中【仅渐进法】单选按钮，单击【继续】按钮，返回【卡方检验】对话框。

step 06 选择相关统计量的输出和缺失值的处理方法。

单击【卡方检验】对话框右列的【选项】按钮，弹出如图 6.8 所示的对话框。

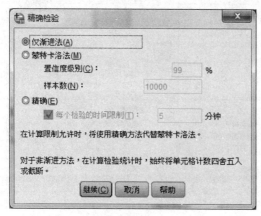

图 6.7

图 6.8

在【统计】选项组中选中【描述】和【四分位数】复选框，设置完毕后，单击【继续】按钮，返回【卡方检验】对话框。

step 07 单击【确定】按钮，结束操作，SPSS 软件自动输出结果。

3. 实例结果及分析

1) 描述性统计量

表 6.2 所列为描述性统计量的结果，主要给出例数、平均值、标准差、极大值和极小值以及百分位数。

表 6.2 描述统计

	个案数	平均值	标准差	最小值	最大值	百分位数		
						第 25 个	第 50 个(中位数)	第 75 个
胚胎死亡数	60	0.90	1.085	0	3	0.00	0.50	2.00

2) 卡方检验频数表

从表 6.3 中可以看出各类别的观察数、期望数和残差结果。

表 6.3 胚胎死亡数

数量(1)	实测个案数	期望个案数	残差
0	30	29.7	0.3
1	14	14.9	−0.9
2	8	7.6	0.5
3	8	7.9	0.1
总计	60		

3) 卡方检验统计表

从表 6.4 中可以发现，卡方值是 0.081，自由度是 3，渐进显著性水平为 0.994，不拒绝零假设，即胚胎死亡数符合二项分布。

表 6.4　检验统计

	胚胎死亡数
卡方	0.081[a]
自由度	3
渐进显著性	0.994

a. 0 个单元格(0.0%)的期望频率低于 5。期望的最低单元格频率为 7.6。

6.2　二项检验

实际情况下，很多数据的取值是二值的，一般采用 0 和 1 来表示两个取值。通常，这种二值情况称为二项分布，SPSS 中的二项分布检验过程(Binomial Tests Procedure)正是通过样本数据检验样本来自总体是否服从指定概率为 P 的二项分布。

6.2.1　二项检验的原理

1. 基本概念

二项分布检验正是要通过样本数据检验样本来自的总体是否服从指定的概率为 P 的二项分布，其零假设 H_0 是：样本来自的总体与指定的二项分布无显著性差异。

2. 统计原理

二项分布检验在样本不大于 30 时，按下式计算概率值，即

$$P\{X \leqslant x\} = \sum_{i=1}^{x} C_n^i p^i q^{n-i}$$

在大样本的情况下，计算的是 Z 统计量，认为在零假设下，Z 统计量服从正态分布，其计算公式为

$$Z = \frac{x \pm 0.5 - nP}{\sqrt{np(1-P)}}$$

式中：当 $x<n/2$ 时，取加号，反之取减号；P 为检验概率；n 为样本总数。

3. 分析步骤

二项分布检验也是假设检验问题，检验步骤同前。SPSS 会自动计算上述精确概率和近似概率值。如果概率值小于显著性水平，则拒绝零假设，认为样本来自的总体与指定的二项分布有显著差异；反之，样本来自的总体与指定的二项分布无显著差异。

6.2.2　二项检验的 SPSS 操作详解

step 01　打开主操作界面。

选择菜单栏中的【分析】|【非参数检验】|【旧对话框】|【二项式】命令，弹出【二

项检验】对话框，如图 6.9 所示。这是二项检验分析的主操作界面。

step 02 选择检验变量。

在【二项检验】对话框的候选变量列表框中选择一个或几个变量，将其添加至【检验变量列表】列表框中，选择的变量就是要进行二项式分析的观测变量。

step 03 【精确】选项设置。

在主对话框中单击【精确】按钮，弹出如图 6.10 所示的对话框。

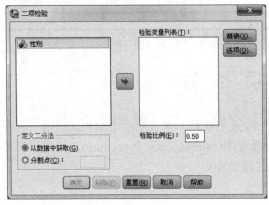

图 6.9

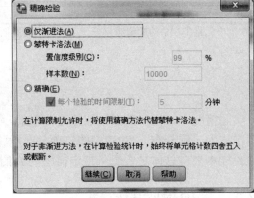

图 6.10

该对话框与卡方检验中的【精确检验】对话框基本相同，此处不再赘述。

step 04 【选项】选项设置。

在主操作界面中单击【选项】按钮，弹出如图 6.11 所示的对话框。

该对话框与卡方检验中的【选项】对话框基本相同，此处不再赘述。

step 05 进行相应的设置。

【定义二分法】选项组用于设置定义二分值的方法。

图 6.11

【从数据中获取】选项为系统默认选项，选中此单选按钮，适用于按照二分类方式录入数据。

【分割点】选项，选中此单选按钮，则由用户在后面的文本框中输入一个分界点，那么观测值中大于这个数值的个案为第一组，小于这个数值的为第二组。

【检验比例】文本框用于设置检验概率，系统默认为 0.5，即均匀分布。

step 06 输出结果。

所有设置结束后单击【确定】按钮，即可开始进行统计分析过程。

6.2.3 课堂练习：研究糖尿病患病率高低

1. 实例内容

最新医学研究表明，目前我国 20 岁以上成人糖尿病患病率达 10%。图 6.12 给出了随机抽取的 200 名山东省某地区 20 岁以上成人的糖尿病患病情况。试用二项分布检验方法研究该地区 20 岁以上成人糖尿病患病率是否低于一般概率。

第6章 非参数检验

图 6.12

2. 实例操作

step 01 打开对话框。

选择菜单栏中的【分析】|【非参数检验】|【旧对话框】|【二项式】命令,弹出【二项检验】对话框,如图 6.13 所示。

step 02 选择进行二项分布检验的变量。

在图 6.13 所示对话框左侧的候选变量列表框中选择【患病情况】,将其添加至【检验变量列表】列表框中。

step 03 设置定义二分值的方法。

因为本例中进行二项分布检验的变量只有

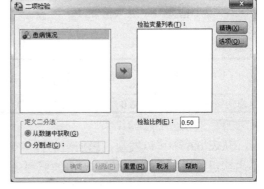

图 6.13

两个取值,所以选中【从数据中获取】单选按钮;因为本例中第一个数据对应的是【患病】,所以在【检验比例】文本框中输入 0.50。

step 04 设定卡方检验的计算方法。

单击【二项检验】对话框最右列的【精确】按钮,弹出如图 6.14 所示的对话框。

这里选中【仅渐进法】单选按钮,单击【继续】按钮返回【二项检验】对话框。

step 05 选择相关统计量的输出和缺失值的处理方法。

单击【二项检验】对话框右列的【选项】按钮,弹出如图 6.15 所示的对话框,选中【描述】、【四分位数】复选框,单击【继续】按钮返回。

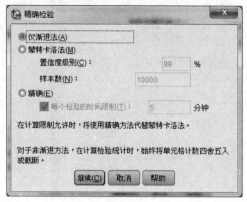
图 6.14

图 6.15

step 06 单击【确定】按钮,结束操作,SPSS 软件自动输出结果。

3. 实例结果及分析

1) 数据基本统计量表

从表 6.5 中可以读出以下信息:接受检验的样本共 200 个,样本平均值是 0.04,标准差是 0.184,极小值是 0,极大值是 1。

表 6.5 描述统计

	个案数	平均值	标准差	最小值	最大值	百分位数		
						第 25 个	第 50 个(中位数)	第 75 个
患病情况	200	0.04	0.184	0	1	0.00	0.00	0.00

2) 二项分布检验结果

从表 6.6 中可以发现,患病组的样本个数是 7,观测的概率值是 0.0,期望概率值是 0.1,不患病组的样本个数是 193,观测的概率值是 1.0,渐进显著性水平单侧检验结果为 0.0000,所以可以认为该地区 20 岁以上成人糖尿病患病率低于一般概率。

表 6.6 二项检验

		类别	个案数	实测比例	检验比例	精确显著性(双尾)
患病情况	组 1	患病	7	0.04	0.50	0.000[a]
	组 2	不患病	193	0.97		
	总计		200	1.00		

a. 备用假设指出第一个组中的个案比例 < 0.1。

6.3 游程检验

游程检验是对二分类变量的随机检验,主要用于推断数据序列中两类数据的发生过程是否随机,如临床试验所关心的病例入组顺序是否随机。许多统计学检验是假设样本中的观察值都是独立的,即收集到的数据样本的顺序是不相关的。如果数据的收集顺序十分重要,那么样本就可能不是随机的，这将使研究者不能得出关于抽样总体的准确结论。

6.3.1 游程检验的原理

设 $(X_1,\cdots,X_m)$ 是取自总体 X 的一个样本，$(Y_1,\cdots,Y_n)$ 是取自总体 Y 的一个样本；这两个总体的分布函数分别为 $F(x)$、$G(x)$，未知但是 $G(x)=F(x-\delta)$ 且连续。要检验 $H_0:\delta=0$（$H_1:\delta\neq 0$）。

把合样本 $(Z_1,\cdots,Z_{m+n})=(X_1,\cdots,X_m,Y_1,\cdots,Y_n)$ 按从小到大的次序排列，得到次序统计量 $(Z_{(1)},\cdots,Z_{(m+n)})$，记为

$$U_i=\begin{cases}0 & \text{如果}Z_{(i)}\text{来自总体}X\\ 1 & \text{如果}Z_{(i)}\text{来自总体}Y\end{cases}\quad i=1,2,\cdots,(m+n)$$

这样可以得到一个仅由 0 与 1 两个元素组成的序列 $U_1,U_2,\cdots,U_{m+n}$。把连续出现 0(或 1)的一组数称为一个游程，一个游程中所含 0(或 1)的个数称为游程长度。

例如，110000100111 序列一共有 5 个游程，长度分别为 2、4、1、2、3。游程的总个数 U_N 与最大游程长度 U_L 都是统计量。

1. 游程(总个数)检验

给定显著性水平 α，检验的拒绝域为 $U_N<c_N$。当 $m\leqslant n\leqslant 20$ 时，临界值 c_N 可以查表得到。这个检验称为游程(总个数)检验。

当 H_0 成立(即 $F(x)=G(X)$)且 m、$n\geqslant 20$ 时，近似的有 $U_N=N\left(\dfrac{2mn}{m+n},\dfrac{4m^2n^2}{(m+n)^3}\right)$。因此，给定显著性水平 α，取临界值

$$c_N=\dfrac{2mn}{m+n}-u_{1-\alpha}\dfrac{2mn}{(\sqrt{m+n})^3}$$

2. 游程(最大长度)检验

给定显著性水平 α，检验的拒绝域为 $U_L<c_L$。当 $m\leqslant n\leqslant 20$ 时，临界值 c_L 可以查表得到。这个检验称为游程(最大长度)检验。

6.3.2 游程检验的 SPSS 操作详解

step 01 打开主操作窗口。

选择菜单栏中的【分析】|【非参数检验】|【游程】命令，弹出【游程检验】对话框，如图 6.16 所示。这是游程检验分析的主操作界面。

step 02 选择变量。

在【游程检验】对话框的候选变量列表框中选择要进行游程检验的变量，将其添加至【检验变量列表】列表框中，选择的变量就是要进行分

图 6.16

析的观测变量。

step 03 设置相关选项。

- 【分割点】设置：设置分类的标准。【中位数】、【众数】、【平均值】3 个复选框分别表示使用变量的中位数、众数和平均值作为分类的标准。此外，用户也可以选中【定制】复选框，并从其后的文本框中自定义分类标准。
- 【精确】与【选项】设置：内容与选项含义可参考卡方检验，在此不再复述。

step 04 输出结果。

所有设置结束后单击【确定】按钮，即可开始进行统计分析过程。

6.3.3 课堂练习：运动员状态稳定性判断

1. 实例内容

某足球俱乐部想要引进一名优秀的前锋运动员以增强前场攻击力。图 6.17 给出了一名目标球员连续 30 场比赛进球数据。试用游程检验方法研究该球员状态，判断其发挥是否稳定。

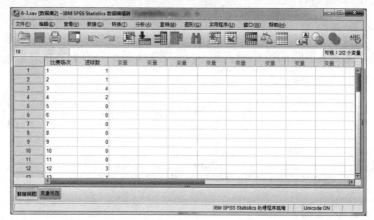

图 6.17

2. 实例操作

step 01 打开对话框。

选择菜单栏中的【分析】|【非参数检验】|【旧对话框】|【游程】命令，弹出如图 6.18 所示的对话框。

step 02 选择进行游程检验的变量。

在【游程检验】对话框左侧的候选变量列表框中选择【进球数】，将其添加至【检验变量列表】列表框中。

step 03 设置分割点。

在【游程检验】对话框内，在【分割点】选项组中选中【平均值】复选框，也就是以数据的中位数为试算点。

图 6.18

step 04　设定检验的计算方法。与卡方检验处理方法相同。
step 05　选择相关统计量的输出和缺失值的处理方法。与卡方检验处理方法相同。
step 06　单击【确定】按钮,结束操作,SPSS软件自动输出结果。

3. 实例结果及分析

1) 描述性统计量表

从表6.7中可以读出以下信息:参与检验的样本共30个,样本平均值是0.77,标准差是1.223,最小值是0,最大值是4。

表6.7　描述统计

	个案数	平均值	标准差	最小值	最大值	百分位数		
						第25个	第50个(中位数)	第75个
进球数	30	0.77	1.223	0	4	0.00	0.00	1.00

2) 游程检验结果表

从表6.8可以看出,检验的计算点值(本例中即中位数)是69,小于试算点值的样本有18个,大于试算点值的样本有12个,总个数为30,游程数是7,Z统计量是-3.063,渐进显著性水平为0.002,远小于0.05。

所以,拒绝样本随机性假设,该球员的状态发挥非常不稳定,在引进球员时要慎重考虑。

表6.8　游程检验

	进球数
检验值 [a]	0.77
个案数 < 检验值	18
个案数 ≥ 检验值	12
总个案数	30
游程数	7
Z	-3.063
渐进显著性(双尾)	0.002

a. 平均值。

6.4　单样本K-S检验

前面所讲述的几种分析方法实际上都是对分类数据进行研究,但在实际情况下,很多时候所收集到的都是连续性数据。当需要对连续性数据的分布情况加以研究时,就不能使用前面所讲的方法,而K-S检验就是这样一种方法。

由于卡方拟合优度检验需要将样本空间分成不相交的子集,所以存在诸多主观因素,分组方法不同有时会导致检验结论的不同或者检验方法失败;而K-S检验方法在一定程度上克服了卡方检验的缺点,它是比卡方检验更精确的一种非参数检验方法。

K-S检验是柯尔莫戈洛夫-斯米诺夫(Kolmogorov-Smirnov)检验的简称,是以俄罗斯数学家柯尔莫戈洛夫和斯米诺夫的名字命名的一种非参数检验,该检验是一种拟合优度检验,可以利用样本数据推断样本来自的总体是否服从某一理论分布。该检验涉及一组样本值(观察结果)的分布和某一指定的理论分布之间的符合程度问题，可以确定是否有理由认为样本的观察结果来自具有该理论分布的总体。

6.4.1 单样本 K-S 检验的原理

单样本的 K-S 检验(Kolmogorov-Smirnov 检验)是用来检验抽取样本所依赖的总体是否服从某一理论分布。

其方法是将某一变量的累积分布函数与特定的分布进行比较。设总体的累积分布函数为 $F(x)$，已知的理论分布函数为 $F_0(x)$，则检验的原假设和备择假设为

$$H_0: F(x)=F_0(x); \quad H_1: F(x) \neq F_0(x)$$

原假设所表达的是：抽取样本所依赖的总体与指定的理论分布无显著差异。SPSS 提供的理论分布有正态分布、Poisson 分布、均匀分布、指数分布等。

检验统计量为

$$D = \max |F_n(x) - F_0(x)|$$

当 H_0 成立且无抽样误差时，统计量 $D=0$。因此，当 D 的实际观测值较小时，可以认为零假设 H_0 成立；当 D 的观测值较大时，则零假设 H_0 可能不成立。其中 $F_n(x)$ 称为经验分布。假定有样本 1、1、2、2、2、4、5、5、5、10。其经验分布为

$$F_n(x) = \begin{cases} 0 & x < 1 \\ \dfrac{2}{10} & 1 \leq x < 2 \\ \dfrac{5}{10} & 2 \leq x < 4 \\ \dfrac{6}{10} & 4 \leq x < 5 \\ \dfrac{9}{10} & 5 \leq x < 10 \\ 1 & x \geq 10 \end{cases}$$

6.4.2 单样本 K-S 检验的 SPSS 操作详解

step 01 打开主操作界面。

选择菜单栏中的【分析】|【非参数】|【旧对话框】|【单样本 K-S】命令，弹出【单样本 K-S 检验】对话框，如图 6.19 所示。这是主操作界面。

step 02 选择因变量。

在【单样本 K-S 检验】对话框的候选变量列表框中选择变量，将其添加至【检验变量列表】列表框中，选择的变量就是要进行分析的观测变量。

图 6.19

step 03 设置相关选项。

【检验分布】选项组用于指定检验的分布类型，包括以下 4 个复选框。

- 【正态】：选中此复选框，则检验变量是否服从正态分布，这是系统默认选项。
- 【均匀】：选中此复选框，则检验变量是否服从均匀分布。
- 【泊松】：选中此复选框，则检验变量是否服从泊松分布。
- 【指数】：选中此复选框，则检验变量是否服从指数分布。

在该对话框中单击【选项】按钮，打开【选项】对话框：在该对话中包含用于设置输出统计量的【统计】栏和用于设置缺失值处理方式的【缺失值】栏。对话框和前面几节中的【选项】对话框功能及设置方法相同，读者可参照进行学习，此处不再赘述。

在主对话框中单击【精确】按钮，打开【精确检验】对话框，该对话框的功能及设置与前面所讲的内容相同，读者可参照学习各复选框的功能及设置方法，此处不再赘述。

step 04 输出结果。

所有设置结束后单击【确定】按钮，即可开始进行统计分析过程。

6.4.3　课堂练习：考试成绩是否服从正态分布

1. 实例内容

图 6.20 给出了山东某大学某专业 30 名男生的百米速度。试用单样本 K-S 检验方法研究其是否服从正态分布。

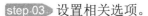

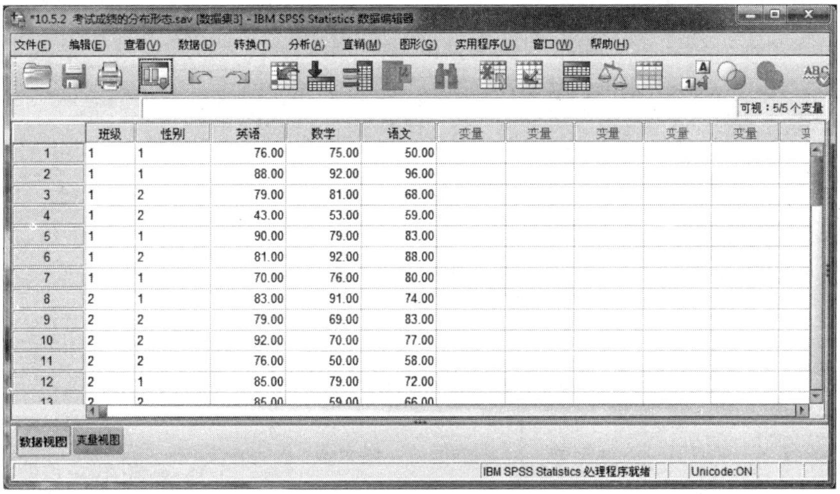

	班级	性别	英语	数学	语文	变量	变量	变量	变量	变量
1	1	1	76.00	75.00	50.00					
2	1	1	88.00	92.00	96.00					
3	1	2	79.00	81.00	68.00					
4	1	2	43.00	53.00	59.00					
5	1	1	90.00	79.00	83.00					
6	1	2	81.00	92.00	88.00					
7	1	1	70.00	76.00	80.00					
8	2	1	83.00	91.00	74.00					
9	2	2	79.00	69.00	83.00					
10	2	2	92.00	70.00	77.00					
11	2	2	76.00	50.00	58.00					
12	2	1	85.00	79.00	72.00					
13	2	2	85.00	59.00	66.00					

图 6.20

2. 实例操作

step 01 打开对话框。

选择菜单栏中的【分析】|【非参数】|【旧对话框】|【单样本 K-S】命令，弹出【单样本 K-S 检验】对话框，如图 6.21 所示。

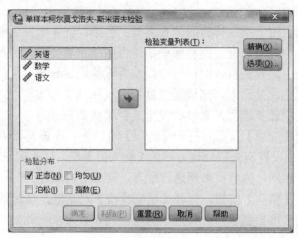

图 6.21

step 02 选择检验变量。

在图 6.21 所示对话框左侧的候选变量列表框中选择【英语】、【数学】、【语文】,将其添加至【检验变量列表】列表框中。

step 03 选择所要检验的分布。

在【检验分布】选项组中选中【正态】复选框。

step 04 设定检验的计算方法。

与卡方检验处理方法相同,不再赘述。

step 05 选择相关统计量的输出和缺失值的处理方法。

与卡方检验处理方法相同,不再赘述。

step 06 单击【确定】按钮,结束操作,SPSS 软件自动输出结果。

3. 实例结果及分析

(1) 描述性统计量表。

从表 6.9 中可以读出以下信息,参与检验的样本个案数、样本平均值、标准差、最小值、最大值等。

表 6.9 描述统计

	个案数	平均值	标准差	最小值	最大值	百分位数		
						第 25 个	第 50 个(中位数)	第 75 个
英语	21	77.1429	12.69364	43.00	92.00	70.0000	81.0000	85.5000
数学	21	70.7619	14.33145	45.00	92.00	57.5000	75.0000	80.0000
语文	21	75.5714	12.27425	50.00	96.00	67.0000	76.0000	84.0000

(2) 单样本 K-S 检验结果表。

从表 6.10 中可以看出,英语、数学、语文最大差分绝对值分别为 0.178、0.140、0.068,正的最大差分为 0.121、0.087、0.065。负的最大差分是-0.178、-0.140、-0.068。单样本 K-S 检验 Z 统计量值为 0.178、0.140、0.68,渐进显著性水平为 0.08、0.2、0.2,都远大于 0.05。所以

3 科考试成绩都服从正态分布。

表 6.10　单样本柯尔莫戈洛夫-斯米诺夫检验

		英语	数学	语文
个案数		21	21	21
正态参数 [a,b]	平均值	77.1429	70.7619	75.5714
	标准差	12.69364	14.33145	12.27425
最极端差值	绝对	0.178	0.140	0.068
	正	0.121	0.087	0.065
	负	-0.178	-0.140	-0.068
检验统计		0.178	0.140	0.068
渐进显著性(双尾)		0.080[c]	0.200[c,d]	0.200[c,d]

a. 检验分布为正态分布。
b. 根据数据计算。
c. 里利氏显著性修正。
d. 这是真显著性的下限。

6.5　两独立样本的非参数检验

两独立样本的非参数检验是通过对两独立样本的分析，推断来自两个总体的分布是否存在显著性差异。之所以称为非参数检验，是因为检验过程不需要已知总体的分布，也不需要已知总体的参数。

6.5.1　两独立样本非参数检验的原理

SPSS 提供了多种两独立样本的非参数检验方法，主要包括曼-惠特尼 U 检验、柯尔莫戈洛夫-斯米诺夫检验、瓦尔德-沃尔福威茨游程检验和莫斯极端反应检验。每种检验方法的统计原理均有所不同。

1. 曼-惠特尼 U 检验法

曼-惠特尼 U 检验法的思想是检验两个样本的总体在某些位置上是否相同，其基于对平均秩的分析实现推断。其检验思路是，首先对两个样本合并并按升序排列得出每个数据的秩，然后对这两个样本求平均秩，并计算第一组样本的每个秩优于第二组样本的每个秩的个数 N_1 和第二组样本的每个秩优于第一组样本的每个秩的个数 N_2。如果平均秩和 N_1、N_2 之间的差距过大，则认为两个样本来自不同的总体。

2. 柯尔莫戈洛夫-斯米诺夫检验和瓦尔德-沃尔福威茨游程检验

这两个检验是更普通的检验两个样本在位置、分布形状方面的差异的方法。

柯尔莫戈洛夫-斯米诺夫检验建立在两个样本累积分布函数之间的最大绝对差异基础之上，当这个差异显著大时，两个分布认为是有差异的。

瓦尔德-沃尔福威茨游程检验，对两组样本合并后赋秩，如果两个样本来自相同的总体，则它们应该被随机地分散赋秩。当两个样本各自的秩和相差较大时，被认为是有差异的。

3. 莫斯极端反应检验

检验假设试验变量的变化会影响其他变量在相同或相反方向上的变化。

它分析试验组与控制组相比较时的极值分布，关注于控制组的跨度(Span)，当试验组和控制组合并时，以跨度的变化来度量试验组里有多少极值。计算方法是：将来自两个组的样本合并和赋秩，控制组的跨度用组里的最大值、最小值所对应的秩的差来定义；为剔除偶然因素引起的跨度波动，取值极高、极低的两端各5%的样本被忽略。

6.5.2 两独立样本非参数检验的 SPSS 操作详解

step 01 打开主操作界面。

选择菜单栏中的【分析】|【非参数检验】|【旧对话框】|【2个独立样本】命令，弹出【双独立样本检验】对话框，如图6.22所示。这是单因素方差分析的主操作界面。

step 02 选择变量。

在【双独立样本检验】对话框的候选变量列表框中选择要进行两个独立样本检验的变量，将其添加至【检验变量列表】列表框中，选择的变量就是要进行两个独立样本检验分析的观测变量。此时【定义组】按钮被激活，如图6.23所示。

图 6.22

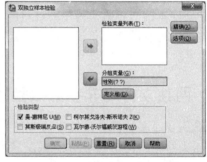

图 6.23

单击【定义组】按钮，弹出图6.24所示【双独立样本：定义组】对话框。

【组1】文本框用于输入代表第一组变量的数值，【组2】文本框用于输入代表第二组变量的数值。输入完毕后单击【继续】按钮返回主对话框。

图 6.24

step 03 设置相关选项。

- 【检验类型】设置：【检验类型】选项组用于设置所进行的检验：曼-惠特尼 U 检验、柯尔莫戈洛夫-斯米诺夫检验、瓦尔德-沃尔福威茨游程检验、莫斯极端反应检验。
- 【精确】和【选项】设置：内容与设置方式同样与卡方检验的相同，不再赘述。

step 04 输出结果。

所有设置结束后单击【确定】按钮，即可开始进行统计分析过程。

6.5.3 课堂练习：比较病人检查结果差别

1. 实例内容

对 10 例肺癌病人和 12 例硅肺病人用 X 光片测量肺门横径右侧距 RD 值(cm)，结果如图 6.25 所示，其中肺癌病人为 group1，硅肺病人为 group2，试比较两个人群的 RD 值有无差别。

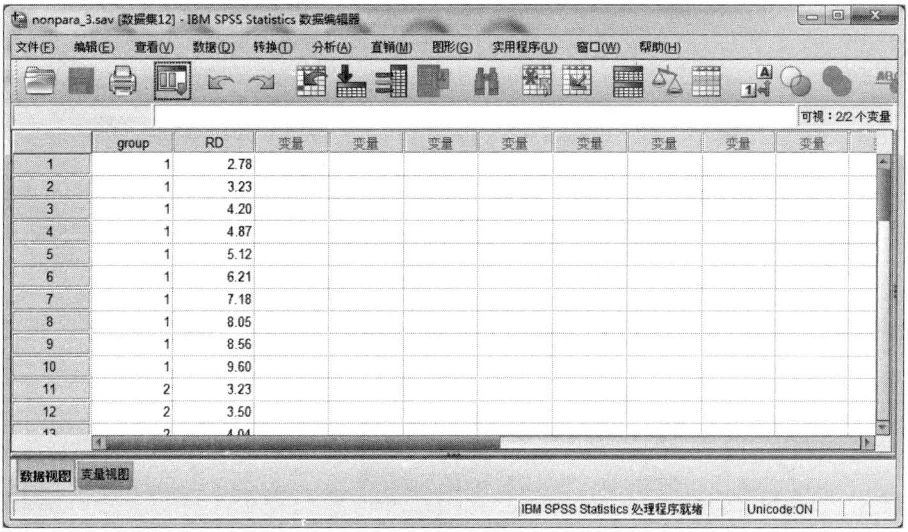

图 6.25

2. 实例操作

step 01 打开对话框。

选择菜单栏中的【分析】|【非参数检验】|【旧对话框】|【2 个独立样本】命令，弹出【双独立样本检验】对话框，如图 6.26 所示。

step 02 选择进行双独立样本检验的变量。

在【双独立样本检验】对话框左侧的候选变量列表框中选择【RD 值】，将其添加至【检验变量列表】列表框中。

step 03 选择分组变量。

在【双独立样本检验】对话框左侧的候选变量列表框中选择【分组】，将其添加至【分组变量】文本框中。然后单击【定义组】按钮，弹出如图 6.27 所示的【双独立样本：定义组】对话框。

在【组 1】文本框输入 1，在【组 2】文本框输入 2。输入完毕后单击【继续】按钮返回主对话框。

step 04 选择检验类型。

在【检验类型】选项组中，将 4 种检验方法全部选中。

step 05 【精确】和【选项】设置。

内容与设置方式同样与卡方检验的相同。

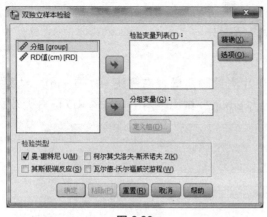

图 6.26

图 6.27

step 06 输出结果。

所有设置结束后单击【确定】按钮，即可开始进行统计分析过程。

step 07 单击【确定】按钮，结束操作，SPSS 软件自动输出结果。

3. 实例结果及分析

1) 秩表

从表 6.11 中可以读出以下信息：肺癌接受检验的样本共 10 个，秩平均值为 14.15，秩的总和为 141.50。硅肺病接受检验的样本共 12 个，秩平均值为 9.29，秩的总和为 111.50。

表 6.11 秩

	分 组	个 案 数	秩平均值	秩的总和
RD 值(cm)	肺癌病人	10	14.15	141.50
	硅肺工人	12	9.29	111.50
	总计	22		

2) 曼-惠特尼 U 检验结果表

如表 6.12 所示，检验统计量结果为：曼-惠特尼 U 检验为 33.500，威尔科克森 W 为 111.500，渐进显著性为 0.080，大于 0.05，不拒绝原假设，可以认为两组人群 RD 值的分布无显著差异。

表 6.12 检验统计[a]

	RD 值(cm)
曼-惠特尼 U	33.500
威尔科克森 W	111.500
Z	−1.748
渐进显著性(双尾)	0.080
精确显著性 [2*(单尾显著性)]	0.080[b]

a. 分组变量：分组。
b. 未针对绑定值进行修正。

6.6 多独立样本的非参数检验

与两独立样本的非参数检验类似,当多于两个样本时,对样本总体的推断称为多独立样本的参数检验。

6.6.1 多独立样本非参数检验的原理

多个独立样本的非参数检验是通过分析多组独立样本数据,推断样本来自的多个总体的中位数或分布是否存在显著性差异。多组独立样本是按独立抽样的方式获得的多组样本。例如,希望对北京、上海、成都、广州4个城市的周岁儿童的身高进行比较分析,采用独立抽样方式获得4组独立样本。

多独立样本的非参数检验方法主要有中位数检验、多独立样本的克鲁斯卡尔-沃利斯检验、独立样本的约克海尔-塔帕斯特拉检验。

1. 中位数检验

中位数检验是通过对多组独立样本的分析,检验它们来自的总体的中位数是否存在显著性差异。其零假设是多个独立样本来自的多个总体的中位数无显著差异。

中位数检验的基本思想是,若多个总体的中位数无显著性差异,或是说多个总体有共同的中位数,那么这个共同的中位数应在这个样本组中处于中间位置。于是,每组样本中大于该中位数或是小于该中位数的样本数目应大致相同。

2. 多独立样本的克鲁斯卡尔-沃利斯检验

多独立样本的克鲁斯卡尔-沃利斯检验,实质是两独立样本的曼-惠特尼检验在多个独立样本下的推广,用于检验多个总体的分布是否存在显著性差异。其零假设是多个独立样本来自的总体的分布无显著差异。

基本思想为:首先,将多组样本数据混合并按升序排序,求出各变量值的秩。

其次,考察各组秩的均值是否存在显著性差异。显而易见,如果各组秩的均值不存在显著性差异,则是多组数据充分混合,数值相差不大的结果。可以认为多个总体的分布无显著性差异;反之,如果各组秩的均值存在显著性差异,则是多组数据无法混合,某些组的数值普遍偏大,另一些组的数值普遍偏小的结果,可以认为多个总体的分布有显著性差异。

3. 独立样本的约克海尔-塔帕斯特拉检验

独立样本的约克海尔-塔帕斯特拉检验,也是用于检验多个独立样本来自的多个总体的分布是否存在显著性差异的非参数检验方法,其零假设是多个独立样本来自的多个总体的分布无差异。

6.6.2 多独立样本非参数检验的SPSS操作详解

step 01 打开主操作界面。

选择菜单栏中的【分析】|【非参数检验】|【旧对话框】|【K个独立样本】命令,弹

出【针对多个独立样本的检验】对话框，如图 6.28 所示。这是 K 个独立样本分析的主操作界面。

step 02 选择变量。

在【针对多个独立样本的检验】对话框的候选变量列表框中选择多个变量，将其添加至【检验变量列表】列表框中。选择分组变量。

单击【定义范围】按钮，弹出如图 6.29 所示的【多个独立样本：定义范围】对话框。

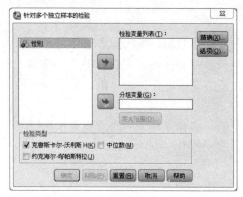

图 6.28

图 6.29

该对话框中包含两个文本框，即【最小值】和【最大值】，用于设置分组变量的范围。

step 03 设置相关选项。

与双独立样本检验一样，选择所要进行检验的类型和其他设置。

step 04 输出结果。

所有设置结束后单击【确定】按钮，即可开始进行统计分析过程。

6.6.3 课堂练习：农药杀虫效果比对

1. 实例内容

为比较 3 种药物的杀灭害虫的效果，每种药每次对 200 只活虫进行杀灭，记录杀灭率结果如图 6.30 所示。试比较 3 种杀灭害虫的效果有无差别。

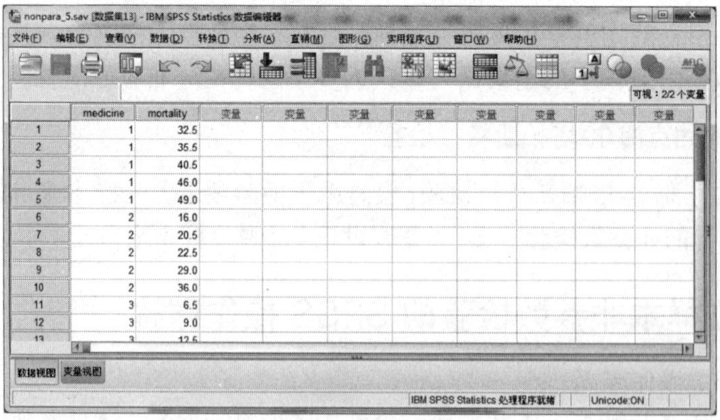

图 6.30

2. 实例操作

step 01 打开对话框。

选择菜单栏中的【分析】|【非参数检验】|【旧对话框】|【K 个独立样本】命令，弹出【针对多个独立样本的检验】对话框，如图 6.31 所示。

step 02 选择变量。

在【针对多个独立样本的检验】对话框的候选变量列表框中选择【杀灭率】，将其添加至【检验变量列表】列表框中。

图 6.31

step 03 选择分组变量。

在【针对多个独立样本的检验】对话框的候选变量列表框中选择【药物】，将其添加至【分组变量】列表框中。单击【定义范围】按钮，弹出【针对多个独立样本：定义范围】对话框。在【最小值】文本框中输入 1，在【最大值】文本框中输入 3。输入完毕后单击【继续】按钮返回主对话框。

step 04 选择检验类型。

在【检验类型】选项组中，选中【克鲁斯卡尔-沃利斯 H】复选框。

step 05 【精确】和【选项】设置。

内容与设置方式同样与卡方检验的相同。

step 06 单击【确定】按钮，结束操作，SPSS 软件自动输出结果。

3. 实例结果及分析

1) 描述性统计量表

从表 6.13 中可以读出以下信息：参与检验的样本共有 15 个，样本平均值是 26.5，标准差是 13.199，极小值是 6.5，极大值是 49。

表 6.13 描述统计

变量	个案数	平均值	标准差	最小值	最大值	百分位数		
						第 25 个	第 50 个(中位数)	第 75 个
杀灭率/%	15	26.500	13.1990	6.5	49.0	16.000	24.000	36.000
药物	15	2.00	0.845	1	3	1.00	2.00	3.00

2) 克鲁斯卡尔-沃利斯 H 检验结果表

如表 6.14 和表 6.15 所示，克鲁斯卡尔-沃利斯 H 检验结果包括两部分：第一部分是秩表，易知各组的平均秩分别为 12.6、7.6、3.8；第二部分是检验统计量表，卡方值为 9.74，自由度为 2，渐进显著性水平为 0.008，远小于 0.05。

表 6.14 秩

变量	药物	个案数	秩平均值
杀灭率/%	甲药	5	12.60
	乙药	5	7.60

变量	药物	个案数	秩平均值
杀灭率/%	丙药	5	3.80
	总计	15	

表 6.15 检验统计 a,b

变量	杀灭率(%)
卡方	9.740
自由度	2
渐进显著性	0.008

a. 克鲁斯卡尔-沃利斯 H 检验。
b. 分组变量：药物。

所以，可以认为不同药物对害虫的杀灭率有显著差异。根据平均秩次进一步推断，以甲药最好，乙药次之，丙药最差。

6.7 思考与练习

1. 填空题

(1) 非参数检验又称为_____检验，是一种不依赖于特定的_____、不涉及有关_____的参数，而是对_____所代表的_____进行检验的一种分析方法。

(2) 非参数检验是需要根据数据的_____、_____进行转换分析，所以其检验结果的灵敏性比较低。

(3) 二项式检验是指涉及_____变量，并在每次检验中只出现_____种结果的一种非参数检验分析方法。

(4) 卡方检验是一种_____分布，分布曲线的倾斜程度是随着_____的改变而改变。_____越小，分布曲线的形态越倾斜；反之亦然。

(5) K-S 检验过程中要求使用_____变量，并可以直接使用_____进行检验，具有对数据使用更加完整、检验结果更加精确的优点。

2. 选择题

(1) 下列选项中，属于单样本二项式检验的分布公式为(　　)。

A. $x^2 = \sum_{i=1}^{k} \frac{(f_0 - f_e)^2}{f_e}$ B. $P(X - K) = C_n^k P^k Q^{n-k} (K = 0, 1, 2, \cdots, n)$

C. $E(r) = \frac{2n_1 n_2}{n_1 + n_2} + 1$ D. $Z = \sqrt{\frac{n_1 n_2}{n_1 + n_2}} D_m$

(2) 独立样本非参数检验包括两独立样本非参数检验与多独立样本非参数检验，下列选项中不属于两独立样本非参数检验的方法为(　　)。

A. Mann-Whitney U 检验　　B. B.K-S 检验
C. C.Moses 极端反应检验　　D. 中位数检验

(3) 相关样本非参数检验分为两相关与多相关样本非参数检验，下列选项中不属于两相关样本非参数的检验方法为(　　)。

　　A. MeNemar 检验　　　　　　　B. 符号检验
　　C. Wilcoxon 符号秩检验　　　　D. Cochran Q 检验

(4) 对于二项式单样本非参数检验，下列选项中描述错误的一项为(　　)。

　　A. 二项式检验是一种用来检验样本是否来自参数为(n,p)的二项分布总体的一种分析方法
　　B. 二项式检验要求其检验数据必须为数值型的二元变量
　　C. 二项式分布中只有两种可能的结果
　　D. 二项式分布是一种正偏态分布

(5) 参数检验对检验总体的要求比较严格，而非参数检验对数据的假设要求比较低，下列对参数与非参数检验描述正确的一项为(　　)。

　　A. 参数检验结果的灵敏度比较低，而非参数检验结果的灵敏度比较高
　　B. 参数检验的对象为总体参数，而非参数检验的对象为总体分介和参数
　　C. 参数检验的总体分布为正太分布，而非参数检验的总体分布为非整体分布数据
　　D. 参数检验的数据类型为连续数据，而非参数检验的数据类型为连续或离散数据

3. 问答题

(1) 什么是卡方检验？
(2) 如何运用 K-S 检验方法分析数据？
(3) 什么是 K-W 检验？如何运用 K-W 检验方法分析数据？
(4) 相关非参数样本检验方法中包括哪几种方法？
(5) 如何使用 W-W 游程检验方法分析数据？

第7章 相关分析

相关分析(Correlation Analysis)是研究现象之间是否存在某种依存关系,并对具体有依存关系的现象探讨其相关方向以及相关程度,是研究随机变量之间的相关关系的一种统计方法。相关关系是一种非确定性的关系,例如,以 X 和 Y 分别记一个人的身高和体重,或分别记每公顷施肥量与每公顷小麦产量,则 X 与 Y 显然有关系,而又没有确切到可由其中的一个去精确地决定另一个的程度,这就是相关关系。本章将结合大量实例说明如何利用 SPSS 对数据文件进行相关分析。

7.1 相关分析概述

现象与现象直接的依存关系,从数据联系上看,可以分为两种不同的类型,即函数关系和相关关系。

函数关系是从数量上反映现象间的严格的依存关系,即与一个或几个变量取一定的值时,另一个变量有确定值与之相对应。相关关系是现象间不严格的依存关系,即各变量之间不存在确定性的关系。在相关关系中,当一个或几个相互联系的变量取一定数值时,与之相对应的另一变量值也发生相应变化,但其关系值不是固定的,往往按照某种规律在一定的范围内变化。

回归方程的确定系数在一定程度上反映了两个变量之间关系的密切程度,并且确定系数的平方根就是相关系数。但确定系数一般是在拟合回归方程之后计算的。如果两个变量间的相关程度不高,拟合回归方程便没有意义,因此相关分析往往在回归分析前进行。

7.1.1 相关的基本概念

1. 函数关系和相关关系

函数关系是指事物或现象之间存在着严格的依存关系,其主要特征是它的确定性,即对一个变量的每一个值,另一个变量都具有唯一确定的值与之相对应。变量之间的函数关系通常可以用函数式 $Y=f(x)$ 确切地表示出来。例如,圆的周长 C 对于半径 r 的依存关系就是函数关系 $C=2\pi r$。

相关关系反映出变量之间虽然相互影响,具有依存关系,但彼此之间是不能一一对应的。例如,学生成绩与其智力因素、各科学习成绩之间的关系、教育投资额与经济发展水平的关系、社会环境与人民健康的关系等,都反映出客观现象中存在的相关关系。

2. 相关关系的类型

(1) 根据相关程度的不同,相关关系可分为完全相关、不完全相关和无相关。
(2) 根据变量值变动方向的趋势,相关关系可分为正相关和负相关。
(3) 根据变量关系的形态,相关关系可分为直线相关和曲线相关。

(4) 根据研究变量的多少，可分为单相关和复相关。

7.1.2 相关分析

1．相关分析的作用

(1) 判断变量之间有无联系。
(2) 确定选择相关关系的表现形式及相关分析方法。
(3) 把握相关关系的方向与密切程度。
(4) 相关分析不但可以描述变量之间的关系状况，而且用来进行预测。
(5) 相关分析还可以用来评价测量量具的信度、效度以及项目的区分度等。

2．相关系数

相关系数是在直线相关条件下，说明两个变量之间相关程度以及相关方向的统计分析指标。相关系数一般可以通过计算得到。作为样本相关系数，常用字母 r 表示；作为总体相关系数，常用字母 ρ 表示。

相关系数的数值范围是介于–1～+1 之间(即 $-1 \leqslant r \leqslant 1$)，常用小数形式表示，一般要取小数点后两位数字来表示，以便比较精确地描述其相关程度。

两个变量之间的相关程度用相关系数 r 的绝对值表示，其绝对值越接近 1，表明两个变量的相关程度越高；其绝对值越接近于 0，表明两个变量相关程度越低。如果其绝对值等于 1，则表示两个变量完全直线相关。如果其绝对值为 0，则表示两个变量完全不相关(不是直线相关)。

变量相关的方向通过相关系数 r 所具有的的符号来表示，"+"表示正相关，即 $0 \leqslant r \leqslant 1$；"–"表示负相关，即 $0 \geqslant r \geqslant -1$。在使用相关系数时应该注意下面几个问题。

(1) 相关系数只是一个比率值，并不具备与相关变量相同的测量单位。
(2) 相关系数 r 受变量取值区间大小及样本数目多少的影响比较大。
(3) 来自不同群体且不同质的事物的相关系数不能进行比较。
(4) 对于不同类型的数据，计算相关系数的方法也不相同。

7.2 简单相关分析

相关分析是研究现象之间是否存在某种依存关系，并对具体有依存关系的现象探讨其相关方向及相关程度，是研究随机变量之间相关关系的一种统计方法。本章将结合实例说明如何利用 SPSS 对数据文件进行相关分析。

7.2.1 简单相关分析的基本原理

简单相关分析是研究两个变量之间关联程度的统计方法。它主要是通过计算简单相关系数来反映变量之间关系的强弱，一般有图形和数值两种表示方式。

1．相关图

在统计中制作相关图，可以直观地判断事物现象之间大致上呈现何种关系的形式。相关图是相关分析的重要方法。利用直角坐标系第一象限，把第一个变量置于横轴上，第二个变量置于纵轴上，而将两个变量对应的变量值用坐标点形式描绘出来，用以表明相关点分布状况的图形，这就是相关图。

2. 相关系数

虽然相关图能够展现变量之间的数量关系，但这也只是一种直观判断方法。因此，可以计算变量之间的相关系数。对不同类型的变量应当采取不同的相关系数来度量，常用的相关系数主要有以下几种。

（1）皮尔逊(Pearson)相关系数。

常称为积差相关系数，适用于研究连续变量之间的相关程度。例如，收入和储蓄存款、身高和体重等变量间的线性相关关系。注意 Pearson 相关系数适用于线性相关的情形，对于曲线相关等更为复杂的情形，系数的大小并不能代表其相关性的强弱。它的计算式为

$$r = \frac{\sum_{i=1}^{n}(x_i - \bar{x})(y_i - \bar{y})}{\sqrt{\sum_{i=1}^{n}(x_i - \bar{x})^2 \sum_{i=1}^{n}(y_i - \bar{y})^2}}$$

利用相关系数 r 的大小可以判断变量间相关关系的密切程度，具体如表 7.1 所示。

表 7.1 相关系数

相关系数的值	直线相关程度
$\|r\|=0$	完全不相关
$0<\|r\|\leq 0.3$	微弱相关
$0.3<\|r\|\leq 0.5$	低度相关
$0.5<\|r\|\leq 0.8$	显著相关
$0.8<\|r\|\leq 1$	高度相关
$\|r\|=1$	完全相关

对 Pearson 简单相关系数的统计检验是计算 t 统计量，t 统计量服从 $n-2$ 个自由度的 t 分布。SPSS 会自动计算 r 统计量和 t 值，并依据 t 分布表给出其对应的相伴概率值。

（2）Spearman 等级相关系数。

用来度量顺序水准变量间的线性相关关系。它是利用两变量的秩次大小作线性相关分析，适用条件如下。

① 两个变量的变量值是以等级次序表示的资料。

② 一个变量的变量值是等级数据，另一个变量的变量值是等距或比率数据，且其两总体不要求是正态分布，样本容量 n 不一定大于 30。

从 Spearman 等级相关适用条件中可以看出，等级相关的应用范围要比积差相关广泛，它的突出优点是对数据的总体分布、样本大小都不作要求。但缺点是计算精度不高。Spearman 等级相关系数常用符号来表示。其基本公式为

$$r_R = 1 - \frac{6\sum D^2}{n(n^2-1)}$$

式中：D 为两个变量每对数据等级之差；n 为两列变量值的对数。

Spearman 相关系数计算公式可以完全套用 Pearson 相关系数的计算公式，但公式中的 x 和 y 用它们的秩次代替即可。

(3) Kendall's 等级相关系数。

它是用于反映分类变量相关性的指标，适用于两个变量均为有序分类的情况。这种指标采用非参数检验方法测度变量间的相关关系。它利用变量的秩计算一致对数目和非一致对数目。显然，如果两变量具有较强的正相关，则一致对数目 U 应较大；但若两变量相关性较弱，则一致对数目 U 和非一致对数目 V 应大致相等。故按照此思想，可得其定义为：当一致对数目较大，非一致对数目较小时，两变量呈较强的正相关；当一致对数目较小，而非一致对数目较大时，两变量呈较强的负相关；当一致对数目和非一致对数目接近时，两变量呈较弱的相关关系。

SPSS 将自动计算它的相关系数、检验统计量和对应的概率 P 值。

7.2.2 简单相关分析的 SPSS 操作详解

step 01 打开主操作界面。

选择菜单栏中的【分析】|【相关】|【双变量】命令，弹出【双变量相关性】对话框，如图 7.1 所示，这是简单相关检验的主操作界面。

step 02 选择检验变量。

在【双变量相关性】对话框左侧的候选变量列表框中选择两个或两个以上变量，将其添加至【变量】列表框中，表示需要进行简单相关分析的变量。

step 03 选择相关系数类型。

图 7.1 中的【相关系数】选项组中可以选择计算简单相关系数的类型。

图 7.1

- 皮尔逊：系统默认选项，即积差相关系数，计算连续变量或是等间距测度的变量间的相关分析。
- 肯德尔 tau-b：等级相关，计算分类变量间的秩相关。
- 斯皮尔曼：等级相关，斯皮尔曼相关系数。

对于非等间距测度的连续变量，因为分布不明可以使用等级相关分析，也可以使用皮尔逊相关分析；对于完全等级的离散变量必须使用等级相关分析相关性。当资料不服从双变量正态分布或总体分布型未知，或原始数据是用等级表示时，宜用斯皮尔曼或肯德尔 tau-b 相关。

step 04 假设检验类型选择。

在图 7.1 中的【显著性检验】选项组中可以选择输出的假设检验类型，对应有两个单选按钮。

- 双尾检验：系统默认选项。当事先不知道相关方向(正相关还是负相关)时选择此项。
- 单尾检验：如果事先知道相关方向可以选择此项。

同时，可以选中【标记显著性相关】复选框。它表示选择此项后，输出结果中对在显著性水平 0.05 下显著相关的相关系数用一个星号"*"加以标记；对在显著性水平 0.01 下显著相关的相关系数用两个星号"**"标记。

step 05 其他选项选择。

单击【选项】按钮,弹出图 7.2 所示对话框,用于指定输出内容和关于缺失值的处理方法,主要包括以下选项。

① 统计:选择输出统计量。
- 平均值和标准差:将输出选中的各变量的观测值数目、平均值和标准差。
- 叉积偏差和协方差:输出反映选中的每一对变量之间的叉积离差矩阵和协方差矩阵。

② 缺失值:用于设置缺失值的处理方式。它有两种处理方式。
- 按对排除个案:系统默认选项。剔除当前分析的两个变量值是缺失的个案。
- 按列表排除个案:表示剔除所有含缺失值的个案后再进行分析。

step 06 相关统计量的自助抽样估计。

单击【自助抽样】按钮,在弹出的对话框中可以进行以下统计量的自助抽样估计,如图 7.3 所示。
- 描述统计表支持均值和标准差的自助抽样估计。
- 相关性表支持相关性的自助抽样估计。

图 7.2

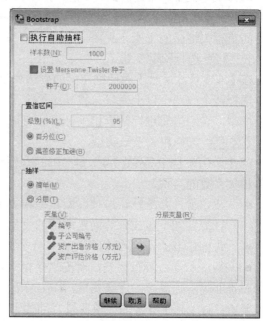

图 7.3

step 07 单击【确定】按钮,结束操作,SPSS 软件自动输出结果。

7.2.3 课堂练习:平均温度与日照时数的相关性

1. 实例内容

图 7.4 给出了某城市 2014 年市区分月统计的平均温度和日照时数。试据此分析平均温度与日照时数的相关性。

第 7 章 相关分析

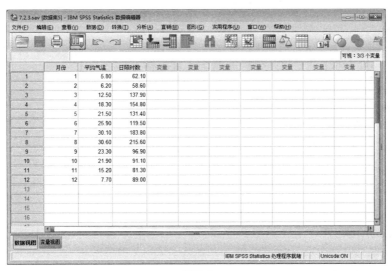

图 7.4

2．实例操作

step 01 打开主菜单。

选择菜单栏中的【分析】|【相关】|【双变量】命令，弹出【双变量相关性】对话框，如图 7.5 所示。

step 02 选择分析变量。

在图 7.5 所示对话框左侧的列表中，同时选中【平均气温】和【日照时数】，并单击 按钮使之进入【变量】列表框。

step 03 选择相关系数。

本例中的变量属于等距变量，所以在【相关系数】选项组中选中【皮尔逊】复选框。

图 7.5

step 04 设定显著性检验的类型。

在【显著性检验】选项组中，选中【双尾】单选按钮。

step 05 选择是否标记显著性相关。

选择标记。选择是否标记显著性相关，也就是是否在输出结果中把有统计学意义的结果用"*"表示出来。

step 06 选择相关统计量的输出和缺失值的处理方法。单击【双变量相关性】对话框右列的【选项】按钮，弹出图 7.6 所示的对话框。

在【统计】选项组中选中【平均值和标准差】和【叉积偏差和协方差】复选框，以能分别输出变量的平均量、标准差和各对变量的交叉积和以及协方差阵。在【缺失值】选项组中选中【成对排除个案】单选按钮，也就是如果在分析时遇到缺失值的情况就将缺失值排除在数据分析之外。设置完毕后，单击【继续】按钮返回【双变量相关性】对话框。

step 07 设置完毕，单击【确定】按钮，输出结果。

3. 结果分析

(1) 描述性统计计量表。

从表 7.2 中可以看出，参与相关分析的两个变量的样本数都是 12，平均气温的均值是 18.2500，标准差是 8.81492，日照时数的平均值是 118.5000，标准差是 48.42458。

(2) 相关分析结果表。

如表 7.3 所示，平均气温和日照时数的相关系数为 0.758，显著性水平为 0.004，小于 0.01。所以平均气温和日照时数的相关性为正向的且相关性很强。

图 7.6

表 7.2 描述统计

	平均值	标准偏差	个案数
平均气温	18.2500	8.81492	12
日照时数	118.5000	48.42458	12

表 7.3 相关性

		平均气温	日照时数
平均气温	皮尔逊相关性	1	0.757**
	显著性(双尾)		0.004
	平方与叉积的和	854.730	3552.400
	协方差	77.703	322.945
	个案数	12	12
日照时数	皮尔逊相关性	0.757**	1
	显著性(双尾)	0.004	
	平方与叉积的和	3552.400	25794.340
	协方差	322.945	2344.940
	个案数	12	12

**. 在 0.01 级别(双尾)，相关性显著。

7.3 偏相关分析

相关分析适用于仅包括两个变量的数据分析，当数据文件包括多个变量时，直接对两个变量进行相关分析往往不能真实反映二者之间的相关关系，此时就需要用到偏相关分析，以从中剔除其他变量的线性影响。

7.3.1 偏相关分析的基本原理

1. 方法概述

简单相关分析计算两个变量之间的相互关系，分析两个变量间线性关系的程度。但是现实中，事物之间的联系可能存在于多个主体之间，因此往往因为第三个变量的作用使得相关系数不能真实地反映两个变量间的线性相关程度。例如，身高、体重与肺活量之间的关系，如果使用皮尔逊相关计算其相关系数，可以得出肺活量、身高和体重均存在较强的线性相关性。但实际上，对体重相同的人而言，身高值越大其肺活量也不一定越大。因为身高与体重有着线性关系，肺活量与体重有着线性关系，因此得出了身高与肺活量之间存在较强的线性关系的错误结论。偏相关分析就是在研究两个变量之间的线性相关关系时控制可能对其产生影响的变量。

2．基本原理

偏相关分析是在相关分析的基础上考虑了两个因素以外的各种作用，或者说在扣除了其他因素的作用大小以后，重新测度这两个因素间的关联程度。这种方法的目的就在于消除其他变量关联性的传递效应。偏相关系数在计算时可以首先分别计算 3 个因素之间的相关系数，然后通过这 3 个简单相关系数来计算偏相关系数，公式为

$$r_{12(3)} = \frac{r_{12} - r_{13}r_{23}}{\sqrt{1-r_{13}^2}\sqrt{1-r_{23}^2}}$$

上式就是在控制了第三个因素的影响所计算的第一、第二个因素之间的偏相关系数。当考虑一个以上的控制因素时的公式类推。

7.3.2 偏相关分析的 SPSS 操作详解

step 01 打开主操作界面。

选择菜单栏中的【分析】|【相关】|【偏相关】命令，弹出【偏相关】对话框，如图 7.7 所示，这是偏相关检验的主操作界面。

step 02 选择检验变量。

在【偏相关】对话框左侧的候选变量列表框中选择两个或两个以上变量，将其添加至【变量】列表框中，表示需要进行偏相关分析的变量。

step 03 选择控制变量。

在【偏相关】对话框左侧的候选变量列表框中至少选择一个变量，将其添加至【控制】列表框中，表示在进行偏相关分析时需要控制的变量。注意如果不选入控制变量，则进行的是简单相关分析。

图 7.7

step 04 假设检验类型选择。

在【显著性检验】选项组中可以选择输出的假设检验类型，对应有以下两个选项。

- 双尾检验：系统默认选项，当事先不知道相关方向(正相关还是负相关)时选此项。
- 单尾检验：如果事先知道相关方向可以选择此项。

同时，可以选中【显示实际显著性水平】复选框。它表示选择此项后，输出结果中对在显著性水平 0.05 下显著相关的相关系数用一个星号"*"加以标记；对在显著性水平 0.01 下显著相关的相关系数用两个星号"**"标记。

step 05 ▶ 其他选项选择。

单击【选项】按钮，弹出图 7.8 所示对话框，用于指定输出内容和关于缺失值的处理方法，主要包括以下选项。

(1) 选择输出统计量。
- 平均值和标准差：将输出选中的各变量的观测值数目、平均值和标准差。
- 零阶相关性：显示零阶相关矩阵，即皮尔逊相关矩阵。

(2) 缺失值：用于设置缺失值的处理方式。它有两种处理方式。
- 成列排除个案：系统默认选项。剔除当前分析的两个变量值是缺失的个案。
- 成对排除个案：表示剔除所有含缺失值的个案后再进行分析。

图 7.8

step 06 ▶ 相关统计量的自助抽样估计。

单击【自助抽样】按钮，在弹出的对话框中可以进行以下统计量的自助抽样估计。
- 描述统计表支持均值和标准差的自助抽样估计。
- 相关性表支持相关性的自助抽样估计。

step 07 ▶ 单击【确定】按钮，结束操作，SPSS 软件自动输出结果。

7.3.3 课堂练习：用偏相分析研究学生学习成绩相关关系

1. 实例内容

研究者测量得到 20 名男童身高 X(cm)、体重 Y(kg)、肺活量 Z(L)的数据如图 7.9 所示，试对控制身高后的体重与肺活量之间的关系进行研究。

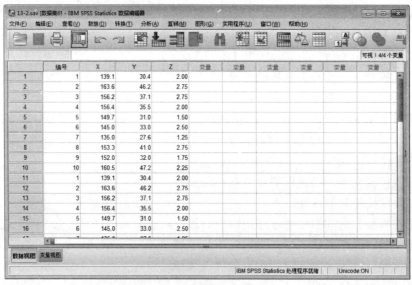

图 7.9

2. 实例操作

step 01 打开数据文件。

选择【分析】|【相关】|【偏相关】命令，弹出【偏相关性】对话框，如图 7.10 所示。

step 02 选择进行偏相关分析的变量和控制量。

在图 7.10 所示对话框左侧的列表框中，同时选中【体重】和【肺活量】进入【变量】列表框，然后选中【身高】进入【控制】列表框，如图 7.11 所示。

图 7.10

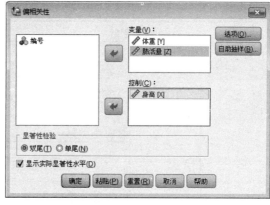
图 7.11

step 03 设定显著性检验的类型。

在【显著性检验】选项组中，选中【双尾】单选按钮。

step 04 选择是否标记显著性相关。

选择标记。选择是否标记显著性相关，也就是是否在输出结果中把有统计学意义的结果用"*"表示出来。

step 05 选择相关统计量的输出和缺失值的处理方法。

单击【偏相关性】对话框右列的【选项】按钮，弹出图 7.12 所示的对话框。在【统计】选项组中选择【平均值和标准差】和【零阶相关性】复选框。在【缺失值】选项组中选择【成列排除个案】单选按钮，设置完毕后，单击【继续】按钮返回。

图 7.12

step 06 设置完毕，单击【确定】按钮，输出结果。

3. 实例结果分析

(1) 描述性统计量表。

从表 7.4 中可以看出，参与偏相关两个变量的样本数是 20，体重的平均值是 36.1，标准差是 6.5515，肺活量的平均值是 2.15，标准差是 0.52815，身高的平均值是 151.08，标准差是 8.86588。

表 7.5 描述统计

	平均值	标准差	个案数
体重	36.1000	6.55150	20
肺活量	2.1500	0.52815	20
身高	151.0800	8.86588	20

(2) 偏相关分析结果表。

如表 7.5 所示，表格上部给出了包括协变量在内的所有变量的相关方阵，结果显示 3 个变量之间都呈显著的正相关。下部输出了控制身高影响后的体重与肺活量之间的相关关系，结果显示在控制身高的影响后，体重与肺活量之间仍然呈正相关(r=0.461，P=0.047)，但低于控制身高前的相关系数，说明偏相关分析的方法在控制其他变量的情况下，能够准确反映两个变量的相关关系。

表 7.5 相关性

控制变量			体重	肺活量	身高
- 无 -[a]	体重	相关性	1.000	0.705	0.853
		显著性(双尾)		0.001	0.000
		自由度	0.000	18	18
	肺活量	相关性	0.705	1.000	0.601
		显著性(双尾)	0.001		0.005
		自由度	18	0	18
	身高	相关性	0.853	0.601	1.000
		显著性(双尾)	0.00	0.005	
		自由度	18	18	0
身高	体重	相关性	1.000	0.461	
		显著性(双尾)		0.047	
		自由度	0	17	
	肺活量	相关性	0.461	1.000	
		显著性(双尾)	0.047		
		自由度	17	0	

a. 单元格包含零阶(皮尔逊)相关性。

7.4 距离分析

偏相关分析通过控制一些被认为次要的影响得到两个变量间的实际相关系数，但实际问题中，变量可能会多到无法一一关心的地步，每一个变量都携带了一定的信息，但彼此又有所重叠，此时最直接的方法就是将所有变量按照一定的标准进行分类，即进行聚类分析。本节介绍的距离分析便可为聚类分析提供这一标准。

7.4.1 距离分析的基本原理

简单相关分析和偏相关分析有一个共同点，那就是对所分析的数据背景应当有一定程度的了解。但在实际中有时会遇到一种情况，在分析前对数据所代表的专业背景知识了解尚不充分，本身就属于探索性的研究。这时就需要先对各个指标或者案例的差异性、相似程度进行考察，以先对数据有一个初步了解，然后根据结果考虑如何进行深入分析。

距离分析是对观测量之间或变量之间相似或不相似程度的一种测度，是计算一对变量之间或一对观测量之间的广义的距离。根据变量的不同类型，可以有许多距离、相似程度测量指标供用户选择。但由于本模块只是一个预分析过程，因此距离分析并不会给出常用的 P 值，而只能给出各变量/记录间的距离大小，以供用户自行判断相似性。

调用距离分析过程可对变量内部各观察单位间的数值进行距离相关分析，以考察相互间的接近程度；也可对变量间进行距离相关分析，常用于考察预测值对实际值的拟合程度，也可用于考察变量的相似程度。在距离分析中，主要利用变量间的相似性测度(Similarities)和不相似性测度(Dissimilarities)度量研究对象之间的关系。

7.4.2 距离分析的 SPSS 操作详解

step 01 打开对话框。

选择菜单栏中的【分析】|【相关】|【距离)】命令，弹出【距离】对话框，这是距离分析的主操作界面，如图 7.13 所示。

step 02 选择检验变量。

图 7.13

在【距离】对话框左侧的候选变量列表框中选择两个或两个以上变量，将其添加至【变量】列表框中，表示需要进行距离分析的变量。同时可以选择一个字符型标识变量移入【标注个案】列表框中，在输出中将用这个标识变量值对各个观测量加以标记。默认输出中用观测量的序号来标记。

step 03 选择分析类型。

在【计算距离】选项组中可以选择计算何种类型的距离。

- 个案间：系统默认选项。表示作变量内部观察值之间的距离相关分析。
- 变量间：表示作变量之间的距离相关分析。

step 04 测度类型选择。

在【测量】选项组中可以选择分析时采用的距离类型。

- 非相似性：系统默认选项。不相似性测距，系统默认采用欧式距离测度观测值或变量之间的不相似性。
- 相似性：相似性测距。系统默认使用皮尔逊相关系数测度观测值或变量之间的相似性。

step 05 完成操作。

单击【确定】按钮，结束操作，SPSS 软件自动输出结果。

上述第 4 步中除了采用系统默认的距离测度类型外，还可以根据用户的需要自己选择测度类型，由于这里专业性很强，而且实际中使用很少，下面只作些简单的介绍。

在【距离】对话框中，选中【非相似性】单选按钮后，单击【测量】按钮，弹出图7.14所示的对话框。

选中【相似性】单选按钮时各种数据类型可用的测距方法有以下两种。

① 区间：计量资料。
- 皮尔逊相关性：以皮尔逊相关系数为距离。
- 余弦：以变量矢量的余弦值为距离，介于 $-1\sim+1$ 之间。

② 二分类：二分类变量。
- Russell and Rao：以二分点乘积为配对系数。
- 简单匹配：以配对数与总对数的比例为配对系数。

图 7.14

- Jaccard：相似比例，分子与分母中的配对数与非配对数给予相同的权重。
- Dice：Dice 配对系数，分子与分母中的配对数给予加倍的权重。
- Rogers and Tanimoto：Rogers and Tanimoto 配对系数，分母为配对数，分子为非配对数，非配对数给予加倍的权重。
- Sokal and Sneath 1：Sokal and Sneath Ⅰ型配对系数，分母为配对数，分子为非配对数，配对数给予加倍的权重。
- Sokal and Sneath 2：Sokal and Sneath Ⅱ型配对系数，分子与分母均为非配对数，但分子给予加倍的权重。
- Sokal and Sneath 3：Sokal and SneathⅢ型配对系数，分母为配对数，分子为非配对数，分子与分母的权重相同。
- Kulczynski 1：Kulczynski Ⅰ型配对系数，分母为总数与配对数之差，分子为非配对数，分子与分母的权重相同。
- Kulczynski 2：Kulczynski 平均条件概率。
- Sokal and Sneath 4：Sokal and Sneath 条件概率。
- Hamann：Hamann 概率。
- Lambda：Goodman-Kruskal 相似测量的λ值。
- Anderberg's D：以一个变量状态预测另一个变量状态。
- Yule's Y：Yule 综合系数，属于 2×2 四格表的列联比例函数。
- Yule's Q：Goodman-Kruskal γ 值，属于 2×2 四格表的列联比例函数。
- Ochiai：Ochiai 二分余弦测量。
- Sokal and Sneath 5：Sokal and Sneath Ⅴ型相似测量。
- Phi 4 point correlation：皮尔逊相关系数的平方值。
- Dispersion：Dispersion 相似测量。

进行标准化的方法在【标准化】下拉列表框中。单击右面的箭头按钮展开下拉列表框，可选择的标准化方法如下。

- 无：不作数据转换，系统默认项。
- Z-Scores：作标准 Z 分值转换，此时均值等于 0，标准差等于 1。
- Range -1 to 1：作-1～+1 之间的标准化转换。
- Range 0 to 1：作 0～1 之间的标准化转换。
- Maximum magnitude of 1：作最大值等于 1 的标准化转换。
- Mean of 1：作均数单位转换。
- Standard deviation of 1：作标准差单位转换。

【转换测量】选项组：选择测度转换方法。在距离测度计算完成后，才进行对测度的转换。共有 3 个转换方法可供选择。每种转换方法给出一种转换结果。3 种转换方法可以同时选择。

- 绝对值：对距离取绝对值。当符号表明的是相关的方向，且仅对相关的数值感兴趣时使用这种转换。
- 更改符号：改变符号。把相似性测度值转换成不相似性测度值或相反。
- 重新标度到 0-1 全距：重新调整测度值到范围 0～1 转换法。对已经按有意义的方法标准化的测度，一般不再使用此方法进行转换。

7.4.3 课堂练习：3 个地区月平均气温的相似程度

1. 实例内容

如图 7.15 给出了长春、烟台和石家庄 2013 年各月的平均气温情况。试用距离分析方法研究这 3 个地区月平均气温的相似程度。

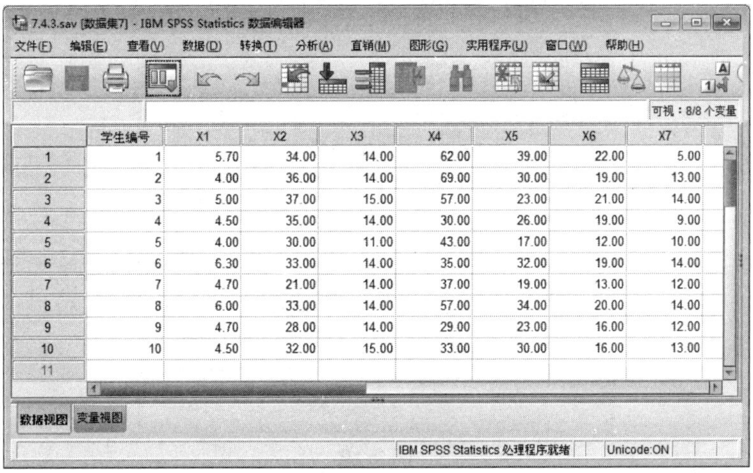

	学生编号	X1	X2	X3	X4	X5	X6	X7
1	1	5.70	34.00	14.00	62.00	39.00	22.00	5.00
2	2	4.00	36.00	14.00	69.00	30.00	19.00	13.00
3	3	5.00	37.00	15.00	57.00	23.00	21.00	14.00
4	4	4.50	35.00	14.00	30.00	26.00	19.00	9.00
5	5	4.00	30.00	11.00	43.00	17.00	12.00	10.00
6	6	6.30	33.00	14.00	35.00	32.00	19.00	14.00
7	7	4.70	21.00	14.00	37.00	19.00	13.00	12.00
8	8	6.00	33.00	14.00	57.00	34.00	20.00	14.00
9	9	4.70	28.00	14.00	29.00	23.00	16.00	12.00
10	10	4.50	32.00	15.00	33.00	30.00	16.00	13.00
11								

图 7.15

2. 实例操作

step 01 打开对话框。

选择菜单栏中的【分析】|【相关】|【距离】命令，弹出【距离】对话框，如图 7.16 所示。

step 02 选择距离分析变量。

在图 7.16 所示对话框左侧的候选变量列表框中选择 X1～X7，将其添加至【变量】列表框中，如图 7.17 所示。

step 03 选择分析类型。

在【计算距离】选项组中选中【变量间】单选按钮，即对变量进行距离分析。

图 7.16

图 7.17

step 04 测度类型选择。

在【测量】选项组中选中【相似性】单选按钮，即对变量进行相似性距离分析。

step 05 选择具体的距离度量指标。

单击【测量】选项组下方的【测量】按钮，弹出图 7.18 所示对话框。单击【转换值】选项组中的【标准化】下拉列表框，选择【Z 得分】选项，单击【继续】按钮后返回。

图 7.18

step 06 完成操作。

单击【确定】按钮，结束操作，SPSS 软件自动输出结果。

3. 实例结果及分析

（1）基本统计汇总表。

表 7.6 是对个案的基本统计汇总分析。本案例的样本数目等于 10，可以看出没有缺失值。

表 7.6 个案处理摘要

个案					
有效		缺失		总计	
个案数	百分比	个案数	百分比	个案数	百分比
10	100.0%	0	0.0%	10	100.0%

(2) 近似矩阵表。

如表 7.7 所示，给出了各变量之间的相似矩阵，相关系数较大的几对变量已加粗。X_1 与 X_5、X_2 与 X_6、X_3 与 X_6、X_4 与 X_6、X_5 与 X_6、X_7 与 X_3，在进一步分析中应加以注意。

表 7.7 近似值矩阵

	值的向量之间的相关性						
	X_1	X_2	X_3	X_4	X_5	X_6	X_7
X_1	1.000	0.137	0.306	0.091	0.632	0.560	0.070
X_2	0.137	1.000	0.235	0.490	0.512	0.767	−0.012
X_3	0.306	0.235	1.000	0.043	0.427	0.566	0.302
X_4	0.091	0.490	0.043	1.000	0.424	0.534	−0.077
X_5	0.632	0.512	0.427	0.424	1.000	0.769	−0.211
X_6	0.560	0.767	0.566	0.534	0.769	1.000	−0.107
X_7	0.070	−0.012	0.302	−0.077	−0.211	−0.107	1.000

注：这是相似性矩阵。

7.5 思考与练习

1. 填空题

(1) 当事物之间的这种相互关系反映到_____上时，便可以推断事物之间存在着一定的关系，该关系可以理解为事物的_____。

(2) 相关分析是研究_____之间的相关性的一种统计分析方法，通过该分析方法可以确定_____之间的相互性和密切程度。

(3) 函数关系是_____之间存在的一种依存关系，这种关系中的一个或几个变量在取值时，另一变量会存在_____的确定值。

(4) 相关关系是变量之间存在的一定的相依关系，当一个或几个变量在取值时，另一变量并_____的确定值，此时另一变量可能会出现_____个数值与之相对应。

(5) 在实际分析中，相关关系可以按照不同的形态，以及不同的标准进行划分。一般按_____、_____、_____和_____进行划分。

2. 选择题

(1) 相关关系可以按照不同的形态，以及不同的标准进行划分，下列选项中不属于按相关程度划分的一项为(   )。

　　A. 完全相关　　　　B. 单相关　　　　C. 不完全相关　　　　D. 零相关

(2) 相关关系主要从线性的单相关系数出发，也就是在线性条件下研究两个变量之间相关系数密切程度的统计指标，下列选项中对相关关系的特征描述错误的为(　　)。

A. 相关系数的取值范围介于-1～1 之间，常用小数形式进行表示
B. 相关系数的正负取值取决于公式中的分子，当分子小于 0 时，说明 x 和 y 为正相关
C. 当 $0<|r|<1$ 时，表示 x 和 y 存在一定的线性相关
D. 当时 $r=1$，表示 x 和 y 之间存在完全线性相关

(3) 下列选项中，(　　)分析方法的公式可以表示为两个标准值的乘积之和除以 n。

A. pearson 积差相关　　　　　　　　B. Kendall 的 tar-b 等级相关
C. Spearman 等级相关　　　　　　　D. 全不是

(4) 偏相关分析所采用的分析工具为偏相关系数，可分为偏相关、一阶偏相关和(　　)偏相关等类别。

A. 二阶　　　B. 三阶　　　C. 零阶　　　D. P 阶

(5) 不相似测量是通过计算样本或变量之间的距离来显示分析结果的统计方法，下列方法中不属于不相似测量方法的为(　　)。

A. 欧式距离　　B. Chebychev 距离　　C. Block 距离　　D. Cosine 相关系数

3. 问答题

(1) 什么是函数关系？函数关系与相关关系存在哪些区别？
(2) 什么是相关系数？
(3) 双变量的相关分析方法有哪几种？
(4) 如何进行偏相关分析？
(5) 距离相关分析的统计测量方法有哪些？

第 8 章 回 归 分 析

回归分析是研究一个变量与一个或多个变量之间的线性或非线性关系的一种统计分析方法。回归分析通过规定因变量和自变量来确定变量之间的因果关系，建立回归模型，并根据实测数据来估计模型的各个参数，然后评价回归模型是否能够很好地拟合实测数据；并可以根据自变量作进一步预测。回归分析方法理论成熟，它可以确定变量之间的定量关系并进行相应的预测，反映统计变量之间的数量变化规律，为研究者准确把握自变量对因变量的影响程度和方向提供有效的方法。在经济、金融和社会科学方面具有广泛的应用。SPSS 提供强大的回归分析功能，可以进行线性回归、曲线回归、Logistic 回归、非线性回归等多种分析。

8.1 一元线性回归分析

线性回归分析是最常用的回归分析，许多非线性的模型形式也可以转化为线性回归模型进行分析。

8.1.1 简单线性回归的基本原理

SPSS 的简单线性回归分析也称一元回归分析，是最简单也是最基本的一种回归分析方法。简单线性回归分析的特色是只涉及一个自变量，它主要用来处理一个因变量与一个自变量之间的线性关系，建立变量之间的线性并根据模型作评价和预测。

1. 方法概述

线性回归模型侧重考察变量之间的数量变化规律，并通过线性表达式，即线性回归方程，来描述其关系，进而确定一个或几个变量的变化对另一个变量的影响程度，为预测提供科学依据。

一般线性回归的基本步骤如下。
(1) 确定回归方程中的自变量和因变量。
(2) 从收集到的样本数据出发，确定自变量和因变量之间的数学关系式，即确定回归方程。
(3) 建立回归方程，在一定统计拟合准则下估计出模型中的各个参数，得到一个确定的回归方程。
(4) 对回归方程进行各种统计检验。
(5) 利用回归方程进行预测。

2. 基本原理

当自变量和因变量之间呈现显著的线性关系时，则应采用线性回归的方法，建立因变量关于自变量的线性回归模型。根据自变量的个数，线性回归模型可分为一元线性回归模型和多元线性回归模型。一元线性回归模型是在不考虑其他影响因素的条件下，或是在认为其他影响因

素确定的情况下，分析某一个因素(自变量)是如何影响因变量的。一元线性回归的经验模型为

$$\hat{y} = \hat{\beta}_0 + \hat{\beta}_1$$

式中：$\hat{\beta}_0$ 为回归直线在纵轴上的截距，$\hat{\beta}_1$ 为回归系数，它表示当自变量变动一个单位所引起的因变量的平均变动值。

3. 统计检验

在求解出了回归模型的参数后，一般不能立即将结果付诸实际问题的分析和预测，通常要进行各种统计检验，如拟合优度检验、回归方程和回归系数的显著性检验和残差分析等。这些内容将结合案例来具体讲解。

8.1.2 一元线性回归的 SPSS 操作详解

step 01 打开对话框。

选择菜单栏中的【分析】|【回归】|【线性】命令，弹出图 8.1 所示【线性回归】对话框，这是线性回归分析的主操作界面。

step 02 选择因变量。

在【线性回归】对话框左侧的候选变量列表框中选择一个变量，将其添加至【因变量】列表框中，即选择该变量作为一元线性回归的因变量。

step 03 选择自变量。

在【线性回归】对话框左侧的候选变量列表框中选择一个变量，将其添加至【自变量】列表框中，即选择该变量作为一元线性回归的自变量。

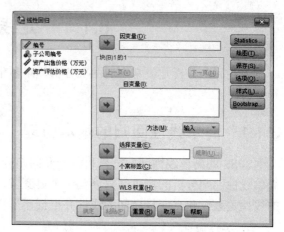

图 8.1

step 04 选择回归模型中自变量的进入方式。

在【方法】下拉列表框中可以选择自变量的进入方式，有 5 种方法。可单击【自变量】列表框上方的【下一页】按钮，选定的这一组自变量将被系统自动保存于一个自变量块(Block)中。接下来选择另一组自变量，单击【下一页】按钮将它们保存于第二个自变量块中。重复上述操作，可以保存若干个自变量块。若需要输出以哪一组变量为自变量的回归方程，可以通过单击【上一页】按钮和【下一页】按钮来选择。

step 05 样本的筛选。

从主对话框的候选变量列表框中选择一个变量，将其移至【选择变量】列表框中，这表示要按照这个变量的标准来筛选样本进行回归分析。具体操作可以在 Rule 窗口中实现。

step 06 选择个案标签。

从候选变量列表框中选择一个变量进入【个案标签】列表框中，它的取值将作为每条记录的标签。这表示在指定作图时，以哪个变量作为各样本数据点的标志变量。

step 07 选择加权二乘法变量。

从候选变量列表框中选择一个变量进入【WLS 权重】列表框中，表示选入权重变量进行权重最小二乘法的回归分析。

step 08 单击【确定】按钮，结束操作，SPSS 软件自动输出结果。

执行完上述操作后，可以输出一元线性回归的基本结果报告了。但是线性回归主对话框中还包括了其他功能选项。下面列出了它们的具体使用功能。

(1)【统计】：选择输出需要的描述统计量，如图 8.2 所示。

其中，【回归系数】复选框组用于定义回归系数的输出情况，【残差】复选框组用于选择输出残差诊断的信息。

- 估计：可输出回归系数 B 及其标准误差，回归系数的 T 检验值和概率 P 值，还有标准化的回归系数 beta。

图 8.2

- 误差条形图的表征：每个回归系数的 95%置信区间。
- 协方差矩阵：方差-协方差矩阵。
- 模型拟合度：模型拟合过程中进入、退出变量的列表，以及一些有关拟合优度的检验统计量，如 R、R^2 和调整的 R^2、估计值的标准误差及方差分析表。
- R^2 变化：显示每个自变量进入方程后 R^2、F 值和 P 值的改变情况。
- 描述性：显示自变量和因变量的有效数目、平均值、标准差等。

同时还给出一个自变量间的相关系数矩阵。

- 部分相关和偏相关性：显示自变量间的相关、部分相关和偏相关系数。
- 共线性诊断：多重共线性分析，输出各个自变量的特征根、方差膨胀因子、容忍度等。
- Durbin-Watson：残差序列相关性检验。
- 个案诊断：对标准化残差进行诊断，判断有无奇异值(Outliers)。

(2)【绘图】：用于选择需要绘制的回归分析诊断或预测图，如图 8.3 所示。

用户可以根据图 8.3 选择部分变量作为 X(横坐标)和 Y(纵坐标)。

同时还可以通过单击【下一页】按钮来重复操作过程，绘制更多的图形。

- DEPENDNT：因变量。
- *ZPRED：标准化预测值。
- *ZRESID：标准化残差。
- *DRESID：剔除的残差。
- ADJPRED：调整后的预测值。

图 8.3

- SRESID：学生化残差。
- SDRESID：学生化剔除残差。

选择【标准化残差图】选项组，可以选择输出标准化残差图，其中包括以下选项。
- 直方图：标准化残差的直方图。
- 正态概率图(P-P 图)：将标准化残差与正态分布进行比较。
- 产生所有部分图：每一个自变量对于因变量残差的散点图。

(3) 【保存】：将预测值、残差或其他诊断结果值作为新变量保存于当前工作文件或文件中。

【预测值】为预测栏，用于选择输出回归模型的预测值。
- Unstandardized：未标准化的预测值。
- Standardized：标准化的预测值。
- Adjusted：经调整的预测值。
- S. E. of mean predictions：预测值的标准误差。

【残差】为残差栏，包含以下选项。
- Unstandardized：未标准化残差。
- Standardized：标准化残差。
- Studentized：学生化残差。
- Deleted：剔除残差。
- Studentized Deleted：学生化剔除残差。

【距离】为距离栏，包含以下选项。
- Mahalanobis：马氏距离。
- Cook's：库克距离。
- Leverage values：杠杆值。

【Influence Statistics(影响统计量)】反映剔除了某个自变量后回归系数的变化情况。
- DfBeta(s)：由排除一个特定的观测值所引起的回归系数的变化。
- Standardized Dfbeta(s)：标准化的 DfBeta 值。
- DfFit：拟合值之差，由排除一个特定的观测值所引起的预测值的变化。
- Standardized DfFit：标准化的 DfFit 值。
- Covariance ratio：带有一个特定的剔除观测值的协方差矩阵与带有全部观测量的协方差矩阵的比率。

【预测区间】为预测区间栏。
- Mean：平均值预测区间的上、下限。
- Individual：因变量单个观测量的预测区间。
- Confidence interval(置信区间)：默认值为 95%，所输入的值必须在 0～100 之间。

(4) 【选项】：改变用于进行逐步回归(Stepwisemethods)时的内部数值的设定以及对缺失值的处理方式。

- 【步进方法标准】为逐步回归标准选择项。
- Use probability of F：如果一个变量的 F 显著性水平值小于所设定的进入值，那么这个变量将会被选入方程式中；如果它的 F 显著性水平值大于所设定的剔除值，那么这个变量将会被剔除。
- Use F value：如果一个变量的 F 值大于所设定的进入值，那么这个变量将会被选入方程式中；如果它的 F 值小于剔除值，那么这个变量将会被剔除。
- Include constant in equation：选择此项表示在回归方程式中包含常数项。

【缺失值】为缺失值处理方式选择项。
- Exclude cases listwise：系统默认项，表示剔除所有含缺失值的个案后再进行分析。
- Exclude cases pariwise：剔除当前分析的两个变量值是缺失的个案。
- Replace with mean：利用变量的平均数代替缺失值。

(5) Bootstrap：可以进行以下统计量的 Bootstrap 估计。
- 描述统计表示支持平均值和标准差的 Bootstrap 估计。
- 相关性表示支持相关性的 Bootstrap 估计。
- 模型概要表示支持 Durbin-Watson 的 Bootstrap 估计。
- 系数表示支持系数、B 的 Bootstrap 估计和显著性检验。
- 相关系数表示支持相关性的 Bootstrap 估计。
- 残差统计表示支持平均值和标准差的 Bootstrap 估计。

8.1.3 课堂练习：失业率与通货膨胀率关系

1. 实例内容

图 8.4 中的内容是我国 2002—2011 年的通货膨胀率与失业率。试用简单回归分析方法研究这种替代关系在我国是否存在。

2. 实例操作

step 01 打开对话框。

选择菜单栏中的【分析】|【回归】|【线性】命令，弹出图 8.5 所示对话框。

图 8.4

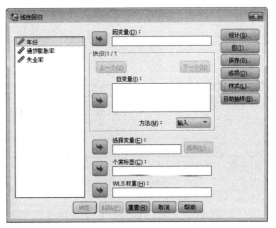

图 8.5

step 02 选择自变量。

在【线性回归】对话框左侧的候选变量列表框中选择【失业率】,将其添加至【因变量】列表框中,选中【通货膨胀率】将其添加至【自变量】列表框中。

step 03 其他设置使用系统默认设置。

step 04 单击【确定】按钮,结束操作,SPSS 软件自动输出结果。

3. 实例结果及分析

(1) 模型拟合情况。

如表 8.1 所示,模型的拟合情况反映了模型对数据的解释能力。修正的系数(调整 R^2)越大,模型的解释能力越强。

表 8.1 模型摘要

模型	R	R^2	调整后的 R^2	标准估算的错误
1	0.099[a]	0.010	-0.114	0.12388

a. 预测变量:(常量), 通货膨胀率。

(2) 方差分析。

如表 8.2 所示,方差分析反映了模型整体的显著性,一般将模型的检验 P 值(Sig.)与 0.05 作比较,如果小于 0.05 即为显著。

表 8.2 ANOVA[a]

模型		平方和	自由度	均方	F	显著性
1	回归	0.001	1	0.001	0.080	0.785[b]
	残差	0.123	8	0.015		
	总计	0.124	9			

a. 因变量:失业率。
b. 预测变量:常量, 通货膨胀率。

(3) 回归方程的系数以及系数的检验结果。

如表 8.3 所示,回归方程的系数是各个变量在回归方程中的系数值,Sig.值表示回归系数的显著性,越小越显著,一般将其与 0.05 作比较,如果小于 0.05,即为显著。

表 8.3 系数[a]

模型		非标准化系数		标准系数	T	显著性
		B	标准错误	贝塔		
1	(常量)	4.153	0.060		69.443	0.000
	通货膨胀率	-0.005	0.017	-0.099	-0.282	0.785

a. 因变量:失业率。

经过对数据进行简单线性回归分析,可以得到以下结论。

① 观察结果分析(3),可以写出最终模型的表达式为

$$R_{(失业率)}=4.153-0.05 \times I_{(通货膨胀率)}$$

这意味着通货膨胀每增加一点,失业率就降低 0.05 点。

② 观察结果分析(1)，此模型对数据的解释能力一般，修正的决定系数为-0.114。
③ 观察结果分析(2)，此模型的显著性水平为 0.785，大于 0.05，模型是不显著的。
④ 观察结果分析(3)模型中常数项是 4.153，T 值是 69.443，显著性是 0.000；通货膨胀率的系数是-0.005，T 值是-0.282，显著性是 0.785。所以，常量是显著的，通货膨胀率是不显著的。
⑤ 结论，通过以上的简单线性回归分析，可知通货膨胀和失业的替代关系在我国存在，但不显著。

8.2 多元线性回归分析

多元线性回归也称为多重线性回归分析，是最为常用的一种回归分析方法。多重线性回归分析涉及多个变量，它用来处理一个因变量与多个自变量之间的线性关系，建立变量之间的线性模型并根据模型作评价和预测。

8.2.1 多元线性回归的基本原理

1. 方法概述

在回归分析中，如果有两个或两个以上的自变量，就称为多元回归。

2. 基本原理

多元线性回归模型是指有多个自变量的线性回归模型，它用于揭示因变量与多个自变量之间的线性关系。多元线性回归方程的经验模型为

$$\hat{y} = \hat{\beta}_0 + \hat{\beta}_1 x_1 + \hat{\beta}_2 x_2 + \cdots + \hat{\beta}_k x_k$$

上式中，假设该线性方程有 k 个自变量是回归方程的偏回归系数。表示在其他自变量保持不变的情况下，自变量变动一个单位所引起的因变量的平均变动单位。

8.2.2 多元线性回归的 SPSS 操作详解

由于多元线性回归模型是一元回归模型的推广，因此两者在 SPSS 软件中的操作步骤是非常相似的。选择菜单栏中的【分析】|【回归】|【线性】命令，弹出【线性回归】对话框。这既是一元线性回归也是多元线性回归的主操作界面。因此，读者可以参考 8.1.2 小节的操作步骤。只不过由于多元回归模型涉及多个自变量，因此在图 8.1 中要在【线性回归】对话框左侧的候选变量列表框中选择多个变量，将其添加至【自变量】列表框中，即选择这些变量作为多元线性回归的自变量。

8.2.3 课堂练习：美国是否存在规模经济

1. 实例内容

为了检验美国电力行业是否存在规模经济，Nerlove(1963)收集了 1955 年 145 家美闰电力企业的总成本(TC)、产量(Q)、工资率(PL)、燃料价格(PF)及资本租赁价格(PK)的数据，如图 8.6 所示。试以总成本为因变量，以产量、工资率、燃料价格和资本租赁价格为自变量，用多重回

归分析方法研究其间的关系。

图 8.6

2. 实例步骤

step 01 打开对话框。

选择菜单栏中的【分析】|【回归】|【线性】命令，弹出图 8.7 所示对话框。

step 02 选择自变量。

在【线性回归】对话框左侧的候选变量列表框中选择 TC，将在其添加至【因变量】列表框中，选中 Q、PL、PF、PK 将其添加至【自变量】列表框中，最后在【自变量】下方的【方法】下拉列表框中采用【逐步】法进行回归。

step 03 其他设置使用系统默认设置。

step 04 单击【确定】按钮，结束操作，SPSS软件自动输出结果。

图 8.7

3. 实例结果及分析

(1) 变量输入或者移去的情况。

表 8.4 给出了变量进入回归模型或者退出模型的情况。因为采取的是逐步法，所以本例中显示的是依次进入模型的变量以及变量进入与剔除的判别标准。

表 8.4　输入/移去的变量[a]

模型	输入的变量	移去的变量	方法
1	Q	—	步进(准则：要输入的 F 的概率≤0.050，要除去的 F 的概率≥0.100)。
2	PF	—	步进(准则：要输入的 F 的概率≤0.050，要除去的 F 的概率≥0.100)。
3	PL	—	步进(准则：要输入的 F 的概率≤0.050，要除去的 F 的概率≥0.100)。

a. 因变量：TC。

(2) 模型拟合情况表。

表 8.5 给出了随着变量进入依次形成的 3 个模型的拟合情况,可以发现 3 个模型修正的系数在依次递增,而且都在 0.9 以上。所以,模型的拟合情况非常好。

表 8.5 模型汇总

模型	R	R^2	调整后 R^2	标准估计的误差
1	0.953[a]	0.907	0.907	6.049024
2	0.959[b]	0.919	0.918	5.676213
3	0.960[c]	0.922	0.920	5.582419

a. 预测变量:(常量),Q。
b. 预测变量:(常量),Q, PF。
c. 预测变量:(常量),Q, PF, PL。

(3) 方差分析表。

表 8.6 给出了随着变量进入依次形成的 3 个模型的方差分解结果。可以发现 P 都为 0.000。所以,模型是非常显著的。

表 8.6 ANOVA[a]

模型		平方和	自由度	均方	F	显著性
1	回归	51190.370	1	51190.370	1399.000	0.000[b]
	残差	5232.468	143	36.591		
	总计	56422.838	144			
2	回归	51847.684	2	25923.842	804.604	0.000[c]
	残差	4575.154	142	32.219		
	总计	56422.838	144			
3	回归	52028.798	3	17342.933	556.516	0.000[d]
	残差	4394.040	141	31.163		
	总计	56422.838	144			

a. 预测变量:(常量),Q。
b. 预测变量:(常量),Q, PF。
c. 预测变量:(常量),Q, PF, PL。
d. 因变量:TC。

(4) 回归方程的系数以及系数的检验结果。

表 8.7 给出了随着变量进入依次形成的 3 个模型的自变量的系数,可以发现第三个模型的各个自变量系数是非常显著的。

表 8.7 系数[a]

模型		非标准化系数		标准系数	T	显著性
		B	标准误差	试用版		
1	(常量)	-0.741	0.622		-1.192	0.235
	Q	0.006	0.000	0.953	37.403	0.000
2	(常量)	-7.984	1.706		-4.679	0.000
	Q	0.006	0.000	0.961	40.090	0.000
	PF	0.272	0.060	0.108	4.517	0.000

续表

模型		非标准化系数		标准系数	T	显著性
		B	标准误差	试用版		
3	(常量)	-16.544	3.928		-4.212	0.000
	Q	0.006	0.000	0.949	39.384	0.000
	PF	0.222	0.063	0.088	3.528	0.001
	PL	5.098	2.115	0.061	2.411	0.017

a. 因变量：TC。

由结果分析(1)容易发现，采用逐步法进行多重线性回归，以 TC 为因变量，依次以 Q, Q 和 PF, Q、PF 和 PL 分别作为自变量，也就是把 Q、PF、PL 依次加入模型中，从而共形成了 3 个模型，最终的模型是模型 3，也就是以 TC 为因变量，以 Q、PF 和 PL 全部作为自变量。

① 观察结果分析(4)，最终模型的表达式(即模型 3)为

$$TC=-16.544+0.006PL+222PF+5.098PK$$

② 观察结果分析(2)，最终模型的拟合优度很好，修正的决定系数超过了 0.9。
③ 观察结果分析(3)，模型是显著的，模型整体的 P 值为 0.000。
④ 观察分析结果(4)，模型中常数项和 3 个自变量系数的显著性都小于 0.05，为显著。

结论：经过以上多重线性回归分析，可以发现美国电力企业的总成本(TC)受到产量(Q)、工资率(PL)、燃料价格(PF)及资本租赁价格(PK)的影响，美国电力行业存在规模经济。

8.3 曲线回归

经常会遇到变量之间的关系为非线性的情况，这时一般的线性回归分析就无法准确地刻画变量之间的因果关系，需要用其他的回归分析方法来拟合模型。SPSS 的曲线回归分析便是一种简便的处理非线性问题的分析方法，适用于模型只有一个自变量且可以化为线性形式时的情形。其基本过程是先将因变量或者自变量进行变量转换，然后对新变量进行直线回归分析，最后将新变量还原为原变量，得出变量之间的非线性关系。

8.3.1 曲线回归的基本原理

1. 方法概述

实际中，变量之间的关系往往不是简单的线性关系，而呈现为某种曲线或非线性的关系。此时，就要选择相应的曲线去反映实际变量的变动情况。为了决定选择的曲线类型，常用的方法是根据数据资料绘制出散点图，通过图形的变化趋势特征并结合专业知识和经验分析来确定曲线的类型，即变量之间的函数关系。

在确定了变量间的函数关系后，需要估计函数关系中的未知参数，并对拟合效果进行显著性检验。虽然这里选择的是曲线方程，在方程形式上是非线性的，但可以采用变量变换的方法将这些曲线方程转化为线性方程来估计参数。

2. 常用曲线估计模型

SPSS 的【曲线估计】选项就是用来解决上述问题的。它提供了 11 种常用的曲线估计回归模型。

8.3.2 曲线回归的 SPSS 操作详解

step 01 打开对话框。

选择菜单栏中的【分析】|【回归】|【曲线估计】命令，弹出【曲线估计】对话框，如图 8.8 所示。这是曲线拟合的主操作界面。

step 02 选择因变量。

在【曲线估计】对话框左侧的候选变量列表框中选择一个变量，将其添加至【因变量】列表框中，即选择该变量作为曲线估计的因变量。

step 03 选择自变量。

在【曲线估计】对话框左侧的候选变量列表框中选择一个数值型变量，将其添加至【变量】列表框中，即选择该变量作为曲线估计的自变量。如果自变量是时间变量或序列 ID，可以选择将其移入【时间】框中，此时自变量之间的长度是均匀的。

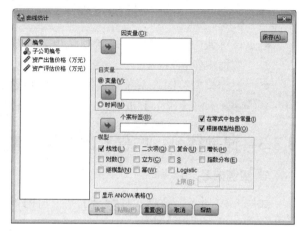

图 8.8

step 04 选择个案标签。

从候选变量列表框中选择一个变量进入【个案标签】列表框中，它的取值将作为每条记录的标签。这表示在指定作图时以哪个变量作为各样本数据点的标志变量。

step 05 选择曲线回归模型。

在【模型】选项组中共有 11 种候选曲线模型可供选择，用户可以选择多种候选模型进行拟合优度比较。

step 06 选择预测值和残差输出。

单击【保存】按钮，弹出对话框，如图 8.9 所示。

【保存变量】选项组中的选项是将预测值、残差或其他诊断结果值作为新变量保存于当前工作文件中。

- 【预测值】：输出回归模型的预测值。
- 【残差】：输出回归模型的残差。
- 【预测区间】：预测区间的上、下限。
- 置信区间：选择预测区间的置信概率。

【预测个案】选项组是以时间序列为自变量时的预测值输出。

- 从估计期到最后一个个案的预测：计算样本中数据的预测值。

- 预测范围：预测时间序列中最后一个观测值之后的值。选中该单选按钮后，在下面的【观测值】文本框中指定一个预测周期限。

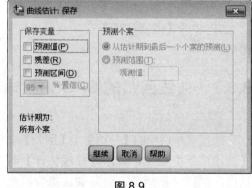

step 07 其他选项输出。

在图 8.8 中还有 3 个选项可供选择，用户可根据自己的需要选中这些选项。

- 显示 ANOVA 表格：结果中显示方差分析表。
- 在等式中包含常量：系统默认值，曲线方程中包含常数项。

图 8.9

- 根据模型绘图：系统默认值，绘制曲线回归图。

step 08 单击【确定】按钮，结束操作，SPSS 软件自动输出结果。

8.3.3 课堂练习：广告支出对销售量产生的影响

1. 实例内容

如图 8.10 所示，数据文件给出了某公司销售情况中 10 组广告支出与销售量的数据，试用曲线回归分析方法拟合曲线。

2. 实例操作

step 01 打开对话框。

选择菜单栏中的【分析】|【回归】|【曲线估计】命令。将【销售量】选入【因变量】列表框中，将【广告支出】选入【变量】列表框中，如图 8.11 所示。

图 8.10

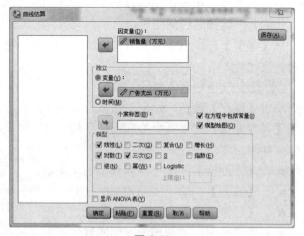

图 8.11

step 02 在【模型】选项组中选中【线性】、【对数】和【三次】复选框，保存设置。

step 03 单击【确定】按钮，便可得到曲线回归结果。

3. 实例结果及分析

表 8.8 给出了模型基本情况的描述。从该表中可以看到模型的因变量和自变量的名称、含有常数项、方程的容差以及 3 个方程的类型。

表 8.9 给出了个案处理的摘要。从该表可以得到参与曲线回归的个案数总共有 10 个。

表 8.8　模型描述

模型名称		MOD_1
因变量	1	销售量(万元)
方程	1	线性
	2	对数
	3	三次
自变量		广告支出(万元)
常量		包括
值用于在图中标注观测值的变量		未指定
有关在方程中输入项的容差		0.0001

表 8.9　个案处理摘要

	个案数
总个案数	10
排除个案数 [a]	0
预测的个案	0
新创建的个案	0

a. 在分析中，将排除那些在任何变量中具有缺失值的个案。

表 8.10 给出了变量处理摘要。从表中可以得到因变量和自变量的正负值情况，如本试验中因变量和自变量都含有正值 10 个，没有零和负值，系统缺失值有两个。

表 8.10　变量处理摘要

		变量	
		因变量	自变量
		销售量/万元	广告支出/万元
正值的数目		10	10
零的数目		0	0
负值的数目		0	0
缺失值的数目	用户缺失值	0	0
	系统缺失值	0	0

表 8.11 给出了模型汇总情况和参数估计值及相应的检验统计量。可以看出，3 个回归曲线模型中，拟合度最好的是对数模型(R^2=0.983)，其次是二次曲线模型。从 F 值来看，3 次模型的拟合情况最好。因为对数模型的 F 值最大。3 个模型的概率值都小于 0.05，因此 3 个模型都比较显著。

另外，还得到了每个模型中常数和系数的估计结果。

表 8.11 模型摘要和参数估算值

因变量：销售量(万元)

方程	模型摘要					参数估算值			
	R^2	F	自由度1	自由度2	显著性	常量	b_1	b_2	b_3
线性	0.544	9.534	1	8	0.015	71.235	3.242		
对数	0.792	30.457	1	8	0.001	62.182	17.457		
三次	0.983	116.989	3	6	0.000	20.729	35.269	-5.233	0.248

自变量为广告支出(万元)。

图 8.12 给出了 3 个曲线模型拟合曲线及观测值的散点图。从图中可以很直观地看出，在 3 条曲线模型拟合的曲线中，3 次模型拟合的曲线与原始观测值拟合得最好，而对数模型与线性模型拟合曲线都有许多观察点没有拟合好。因此，由拟合图的直观观察来看，3 次模型最适合本试验的数据建模。

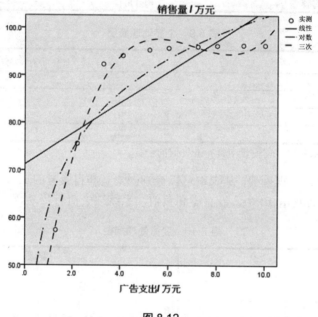

图 8.12

所以可以得出广告支出与销售之间的关系为 $y=-35.269+35.070x$(广告支出)$-5.233x^2+0.248x^3$。

最终结论：广告支出与销售之间的关系是如模型所示的 3 次曲线关系。

8.4 非线性回归分析

非线性回归分析适用于了解参数的初始值或取值范围，所需模型又无法转化为线性模型估计的情况。

8.4.1 非线性回归分析的基本原理

非线性回归分析是探讨因变量和一组自变量之间非线性相关模型的统计方法。线性回归模型要求变量之间必须是线性关系，曲线估计只能处理能够通过变量变换化为线性关系的非线性问题，因此这些方法都有一定的局限性。相反地，非线性回归可以估计因变量和自变量之间具有任意关系的模型，用户根据自身需要可随意设定估计方程的具体形式。因此，本方法在实际应用中有很大的实用价值。

非线性回归模型一般可以表示为

$$y_i = \hat{y} + e_i = f(x,\theta) + e_i$$

式中：$f(x,\theta)$为期望函数。

该模型的结构和线性回归模型非常相似，所不同的是期望函数可能为任意形式，甚至在有的情况下没有显式关系式，回归方程中参数的估计是通过迭代方法获得的。

8.4.2 非线性回归分析的 SPSS 操作详解

step 01 打开对话框。

选择菜单栏中的【分析】|【回归】|【非线性】命令，弹出【非线性回归】对话框，如图 8.13 所示。这是非线性回归的主操作界面。

step 02 选择因变量。

在【非线性回归】对话框左侧的候选变量列表框中选择一个变量，将其添加至【因变量】列表框中，即选择该变量作为非线性回归分析的因变量。

step 03 设置参数变量和初始值。

单击【参数】按钮，将打开图 8.14 所示的对话框，该对话框用于设置参数的初始值。

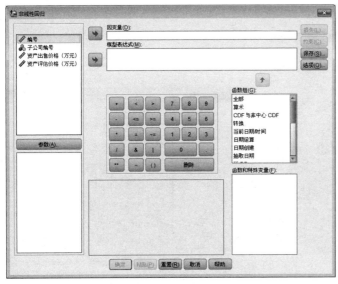

图 8.13

图 8.14

- 【名称】文本框：用于输入参数名称。
- 【初始值】文本框：用于输入参数的初始值。

当输入完参数名和初始值后，单击【添加】按钮，则定义的变量及其初始值将显示在下方的参数框中，参数的初始值可根据给定模型中参数定义范围情况而定。如果需要修改已经定义的参数变量，则先将其选中，然后在【名称】和【初始值】文本框里进行修改，完成后单击【更改】按钮确认修改。如果要删除已经定义的参数变量，先要将其选中，然后单击【删除】按钮删除。如果选中【使用上一分析的起始值】复选框，表示使用前一次分析确定的初始值；当算法的收敛速度减慢时，可选择它继续进行搜索。完成后单击【继续】按钮返回主程序界面。

step 04 输入回归方程。

在【模型表达式】文本框中输入需要拟合的方程式，该方程中包含自变量、参数变量和常数等。自变量从左侧的候选变量列表框中选择，参数变量从左侧的【参数】列表框里选入。同时，拟合方程模型中的函数可以从【函数组】列表框里选入；方程模型的运算符号可以从窗口数字符号显示区中单击输入。

step 05 迭代条件选择。

单击【损失】按钮，将打开图8.15所示的对话框。该对话框用来选择损失函数来确定参数的迭代算法。

- 【残差平方和】单选按钮：系统默认选项，基于残差平方和最小化的迭代算法。
- 【用户定义的损失函数】单选按钮：自定义选项，设置其他统计量为迭代条件。在下面文本框中输入相应的统计量表达式，这里称为损失函数。

左侧的候选变量列表框中，RESID_代表所选变量的残差；PRED_代表预测值。可以从左下角的【参数】列表框中选择已定义的参数进入损失函数。

step 06 参数取值范围选择。

单击【继续】按钮，将打开图8.16所示的对话框。该对话框用来设置回归方程中参数的取值范围。

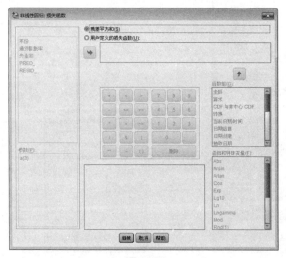

图 8.15

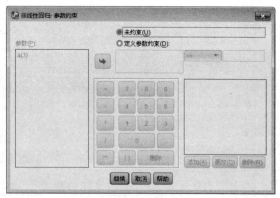

图 8.16

- 【未约束】单选按钮：无约束条件，系统默认选项。
- 【定义参数约束】单选按钮：可对选定的参数变量设置取值范围。参数的取值范围用不等式=、<=、>=来定义。例如，这里限制参数 b 的迭代范围是"b<=5"。

step 07 选择预测值和残差等输出。

单击【保存】按钮，弹出图8.17所示的对话框。它表示要保存到数据文件中的统计量。

- 预测值：输出回归模型的预测值。
- 残差：输出回归模型的残差。
- 导数：模型各个参数的一阶导数值。
- 损失函数值：当损失函数是由用户自己定义时，才会激活该选项。选中该复选框会保存损失函数值。

step 08 迭代方法选择。

单击【选项】按钮，弹出图8.18所示对话框。它用于选择各类迭代算法。

图 8.17

图 8.18

标准误差的 Bootstrap 估计：采用样本重复法计算标准误差。样本重复法需要顺序二次规划算法的支持。当选中该项时，SPSS 将自动选中【序列二次编程】单选按钮。

【估计方法】选项组中列出了参数的两种估计方法。
- 序列二次编程算法。
- 系统默认设置：列文博格-麦夸尔迭代法。

step 09 单击【确定】按钮，结束操作，SPSS 软件自动输出结果。

8.4.3 课堂练习：培训效果分析

1. 实例内容

某著名总裁培训班的讲师想建立一个回归模型，对参与培训的企业高管毕业后的长期表现情况进行预测。自变量是高管的培训天数，因变量是高管毕业后的长期表现指数，指数越大，表现越好。图8.19给出了相关数据，试用非线性回归方法拟合模型。

2. 实例操作

step 01 打开对话框。

选择菜单栏中的【分析】|【回归】|【非线性】命令，弹出图 8.20 所示对话框。

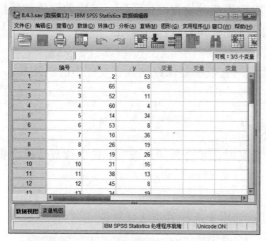
图 8.19

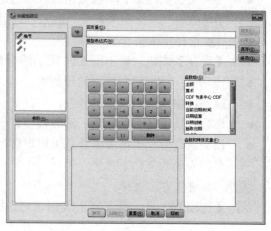
图 8.20

step 02 选择自变量。

在【非线性回归】对话框左侧的候选变量列表框中选择"y"，将其添加至【因变量】列表框中。

step 03 编辑模型表达式。

在【模型表达式】文本框中输入 EXP(a+b*x)。

step 04 设置初始参数。

单击对话框内的【参数】按钮，弹出图 8.21 所示的对话框。

在【名称】文本框中输入 a，然后在【初始值】文本框中输入 4，单击【添加】按钮；用同样方法添加 b 的初始值-0.04。此处的参数初始值 4 与 0.04 是参考的其曲线回归模型的估计值。

step 05 其他设置使用系统默认设置。

step 06 单击【确定】按钮，结束操作，SPSS 软件自动输出结果。

图 8.21

3. 实例结果及分析

(1) 参数估计值。

表 8.12 给出了各个参数的估计值及其标准误差和 95%的置信区间。容易发现，两者的置信区间都不含 0，所以两个参数值都是有统计学意义的。

表 8.12 参数估计值

参数	估计	标准误差	95% 置信区间	
			下限	上限
a	4.063	0.029	4.001	4.125
b	−0.039	0.002	−0.044	−0.035

(2) 模型检验结果。

表 8.13 给出了非线性回归模型的检验结果。R^2 的值为 0.983，表明回归模型的拟合效果很好。

表 8.13 ANOVA^a

源	平方和	自由度	均方
回归	11946.433	2	5973.216
残差	64.567	13	4.967
修正前总计	12011.000	15	
修正后总计	3890.933	14	

因变量：y。

a. R^2=1-(残差平方和)/(修正平方和)=0.983。

通过对以上数据进行非线性回归，可以得出以下结论。

① 因为我们设置的公式是 y=EXP(a+bx)，所以观察结果分析(1)，最终模型的表达式为 y=EXP (4.063-0.039x)。

② 观察结果分析(2)，模型的拟合优度很好，决定系数为 0.983。

③ 观察结果分析(1)，通过分析发现，模型是显著的。

④ 结论：通过非线性回归分析，可知参与培训的天数与长期表现指数之间存在如最终模型所示的非线性关系，企业可以对参与培训的企业高管毕业后的长期表现情况进行预测。

8.5 思考与练习

1. 填空题

(1) 回归分析是使用_____的方式来表达_____之间的关系，而相关分析则是检验和度量_____之间关系的。

(2) 线性回归是使用数理统计中的回归分析，对_____或_____以上变量相互依赖性_____关系分析的一种统计分析方法。

(3) 在线性回归分析中，只包含_____自变量和_____因变量，而且自变量和因变量之间的关系_____进行表示的分析方法，称为一元线性回归。

(4) 多元线性回归是指_____或_____以上自变量的线性回归模型，可以解释因变量与多个自变量之间的_____。

(5) 非线性回归是对_____的因变量和自变量的数据进行的一种回归分析方法，而在实际分析过程中_____一般是比较复杂的非线性函数。

2. 选择题

(1) 一元线性回归模型的表现公式为 y=bx+a，其中 y 表示(　　)。

　　A. 自变量　　　B. 因变量　　　C. 回归系数　　　D. 常数项

(2) 一元线性回归方程的拟合优度检验是由 R^2 统计量来判断的，其中(　　)。

　　A. 当 R^2 的取值越接近 1 时，表明回归方程对样本数据点的拟合优度越高

　　B. 当 R^2 的取值越接近 0 时，表明回归方程对样本数据点的拟合优度越高

　　C. 当 R^2 的取值大于 1 时，表明回归方程对样本数据点的拟合优度越高

　　D. 当 R^2 的取值小于 0 时，表明回归方程对样本数据点的拟合优度越高

(3) 在非线性回归分析过程中，还需要使用一定的非线性回归模型进行相应的计算，下列选项中，属于对数函数模型公式的为(　　)。

A. $y = \beta_0 + \beta_1 z + \mu$ B. $y = b_0 b_1 x$

C. $y = \beta_0 + \beta_1 x + \mu$ D. $y = b_0^{b_1} x$

(4) 在 SPSS 中，系统为用户提供了自动拟合，包括线性模型、对数曲线模型、二次曲线模型和指数曲线模型在内的(　　)种曲线模型。

A. 9   B. 8   C. 11   D. 5

(5) 在进行非线性回归分析时，还需要注意一些分析事项，下列选项中描述错误的一项为(　　)。

　　A. 因变量和自变量必须是定量的
　　B. 只有在指定的函数能够准确描述因变量和自变量的关系的情况下，结果才是有效的
　　C. 很多在一开始呈现为非线性的模型都可以转换为线性模型
　　D. 需要根据数据类型或分析经验，确定一个一元线性的模型

3. 问答题

(1) 非线性回归分析的常用模型有哪些？在进行非线性分析时需要注意哪些分析结果的事项？

(2) 在什么情况下适用曲线估计分析模型？

(3) 简述一元线性分析与多元线性分析的区别。

(4) 线性分析与非线性分析之间的相同和不同点有哪些？

(5) 在 SPSS 中可以使用哪些模型进行曲线估计回归分析？

第 9 章 SPSS 的多元统计分析

多元统计分析是从经典统计学中发展起来的一个分支，是一种综合分析方法，它能够在多个对象和多个指标互相关联的情况下分析它们的统计规律，很适合农业科学研究的特点。其主要内容包括多元正态分布及其抽样分布、多元正态总体的均值向量和协方差阵的假设检验、多元方差分析、直线回归与相关、多元线性回归与相关(Ⅰ)和(Ⅱ)、主成分分析与因子分析、判别分析与聚类分析、Shannon 信息量及其应用(简称多元分析)。当总体的分布是多维(多元)概率分布时，处理该总体的数理统计理论和方法，是数理统计学中的一个重要的分支学科。

9.1 因子分析

因子分析是指研究从变量群中提取共性因子的统计技术。最早由英国心理学家 C.E.斯皮尔曼提出。他发现学生的各科成绩之间存在着一定的相关性，一科成绩好的学生，往往其他各科成绩也比较好，从而推想是否存在某些潜在的共性因子，或称某些一般智力条件影响着学生的学习成绩。因子分析可在许多变量中找出隐藏的具有代表性的因子。将相同本质的变量归入一个因子，可减少变量的数目，还可检验变量间关系的假设。

9.1.1 因子分析的基本原理

1. 方法概述

人们在研究实际问题时，往往希望尽可能多地收集相关变量，以期望对问题有比较全面、完整的把握和认识。为解决这些问题，最简单和最直接的解决方案是减少变量数目，但这必然又会导致信息丢失或不完整等问题。为此，人们希望探索一种有效的解决方法，它既能减少参与数据分析的变量个数，同时也不会造成统计信息的大量浪费和丢失。

因子分析就是在尽可能不损失信息或者少损失信息的情况下，将多个变量减少为少数几个因子的方法。这几个因子可以高度概括大量数据中的信息，这样，既减少了变量个数，又同样能再现变量之间的内在联系。

2. 基本原理

通常针对变量作因子分析，称为 R 型因子分析；另一种对样品作因子分析，称为 Q 型因子分析。这两种分析方法有许多相似之处。

R 型因子分析数学模型是：

设原有 p 个变量且每个变量(或经标准化处理后)的均值为 0，标准差为 1。现将每个原有变量用 k 个因子的线性组合来表示，即

$$\begin{cases} x_1 = a_{11}f_1 + a_{12}f_2 + \cdots + a_{1k}f_k + \varepsilon_1 \\ x_2 = a_{21}f_1 + a_{22}f_2 + \cdots + a_{2k}f_k + \varepsilon_2 \\ \vdots \\ x_p = a_{p1}f_1 + a_{p2}f_2 + \cdots + a_{pk}f_k + \varepsilon_p \end{cases}$$

上式就是因子分析的数学模型，也可以用矩阵的形式表示为 $X = AF + \varepsilon$。其中，X 是可实测的随机向量。F 称为因子，由于它们出现在每个原有变量的线性表达式中，因此又称为公共因子。A 称为因子载荷矩阵，称为因子载荷。ε 称为特殊因子，表示了原有变量不能被因子解释的部分，其均值为 0。

因子分析的基本思想是通过对变量的相关系数矩阵内部结构的分析，从中找出少数几个能控制原始变量的随机变量。选取公共因子的原则是使其尽可能多地包含原始变量中的信息，建立模型：$X = AF + \varepsilon$。

忽略 ε，以 F 代替 X，用它再现原始变量 X 的信息，达到简化变量、降低维数的目的。

3. 基本步骤

由于实际中数据背景、特点均不相同，故采用因子分析步骤上可能略有差异，但是一个较完整的因子分析，主要包括以下几个过程。

1) 确认待分析的原变量是否适合作因子分析

因子分析的主要任务是将原有变量的信息重叠部分提取和综合成因子，进而最终实现减少变量个数的目的。故它要求原始变量之间应存在较强的相关关系。进行因子分析前，通常可以采取计算相关系数矩阵、巴特利特球度检验和 KMO 检验等方法来检验候选数据是否适合采用因子分析。

2) 构造因子变量

将原有变量综合成少数几个因子是因子分析的核心内容。它的关键是根据样本数据求解因子载荷矩阵。因子载荷矩阵的求解方法有基于主成分模型的主成分分析法、基于因子分析模型的主轴因子法、极大似然法等。

3) 利用旋转方法使因子变量更具有可解释性

将原有变量综合为少数几个因子后，如果因子的实际含义不清，则不利于后续分析。为解决这个问题，可通过因子旋转的方式使一个变量只在尽可能少的因子上有比较高的载荷，这样使提取出的因子具有更好的解释性。

4) 计算因子变量得分

实际中，当因子确定以后，便可计算各因子在每个样本上的具体数值，这些数值称为因子得分。于是，在以后的分析中就可以利用因子得分对样本进行分类或评价等研究，进而实现了降维和简化问题的目标。

根据上述步骤，可以得到进行因子分析的详细计算过程，如下所述。

① 将原始数据标准化，以消除变量间在数量级和量纲上的不同。
② 求标准化数据的相关矩阵。
③ 求相关矩阵的特征值和特征向量。
④ 计算方差贡献率与累积方差贡献率。

⑤ 确定因子。设 F_1，F_2，…，F_p 为 p 个因子，其中前 m 个因子包含的数据信息总量(即其累积贡献率)不低于85%时，可取前 m 个因子来反映原评价指标。

⑥ 因子旋转。若所得的 m 个因子无法确定或其实际意义不是很明显，这时需将因子进行旋转以获得较为明显的实际含义。

⑦ 用原指标的线性组合来求各因子得分。

⑧ 综合得分。通常以各因子的方差贡献率为权，由各因子的线性组合得到综合评价指标函数。

9.1.2 因子分析的SPSS操作详解

step 01 打开对话框。

选择菜单栏中的【分析】|【降维】|【因子分析】命令，弹出【因子分析】对话框，如图9.1所示。这是因子分析的主操作界面。

step 02 选择因子分析变量。

在【因子分析】对话框左侧的候选变量列表框中选择进行因子分析的变量，将其添加至【变量】列表框中。如果要选择参与因子分析的样本，则需要将条件变量添加至【选择变量】列表框中，并单击【值】按钮输入变量值，只有满足条件的样本数据才能进行后续的因子分析。

step 03 选择描述性统计量。

单击【描述】按钮，在弹出如图9.2所示的对话框，从中可以选择输出描述性统计量及相关矩阵等内容。

图9.1

图9.2

具体选项含义如下。

(1) 【统计】选项组。
- 单变量描述性。单变量描述统计量，即输出参与分析的各原始变量的平均值、标准差等。
- 原始分析结果。初始分析结果，系统默认选项。输出各个分析变量的初始共同度、特征值以及解释方差的百分比等。

(2) 【相关性矩阵】选项组。
- 系数：原始分析变量间的相关系数矩阵。

- 显著性水平：输出每个相关系数相对于相关系数为 0 的单尾假设检验的概率水平。
- 行列式：相关系数矩阵的行列式。
- 逆模型：相关系数矩阵的逆矩阵。
- 再生：再生相关矩阵。输出因子分析后的相关矩阵及残差阵。
- 反映象：象相关阵。包括偏相关系数的负数以及偏协方差的负数。在一个好的因子模型中，除对角线上的系数较大外，远离对角线的元素应该比较小。
- KMO 和 Bartlett 的球形度检验：KMO 和 Bartlett 检验。前者输出抽样充足度的 Kaisex-Meyer-Olkin 测度，用于检验变量间的偏相关是否很小。后者 Bartlett 球度方法检验相关系数阵是否是单位阵。如果是单位阵，则表明因子模型不合适采用因子模型。

step 04 选择因子提取方法。

单击【抽取】按钮，弹出图 9.3 所示的对话框，从中可以选择提取因子的方法及相关选项。

(1) 在【方法】下拉列表框中可以选择因子提取方法。

- 主成分：主成分分析法。该方法假设变量是因子的纯线性组合。第一成分有最大的方差，后续的成分可解释的方差逐个递减。
- 未加权最小平均法：不加权最小二乘法。
- 综合最小平均法：加权最小二乘法。
- 极大似然法：极大似然法。
- 主轴因子法：主轴因子提取法。
- Alphafa 因子法：α 因子提取法。
- 图像因子法：映象因子提取法。

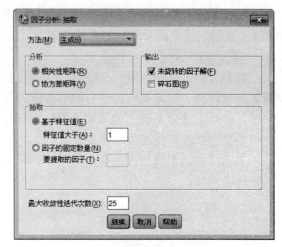

图 9.3

(2) 【分析】选项组。

- 相关性矩阵：相关系数矩阵，系统默认选项。
- 协方差矩阵：协方差矩阵。

(3) 【输出】选项组：输出与因子提取有关的选项。

- 未旋转的因子解：输出未经旋转的因子提取结果。此项为系统默认的输出方式。
- 碎石图：输出因子的碎石图。它显示了按特征值大小排列的因子序号。它有助于确定保留多少个因子。典型的碎石图会有一个明显的拐点，在该点之前是与大因子连接的陡峭的折线，之后是与小因子相连的缓坡折线。

(4) 【抽取】选项组：输出与提取结果有关的选择项。由于理论上因子数目与原始变量数目相等，但因子分析的目的是用少量因子代替多个原始变量，选择提取多少个因子由本选项组来决定。

- 基于特征值：指定提取的因子的特征值数目。在此项后面的矩形框中给出输入数值(系统默认值为1)，即要求提取那些特征值大于 1 的因子。
- 因子的固定数量：指定提取公因子的数目。单击选择此项后，将指定其数目。

(5) 最大收敛性迭代次数：在对应的文本框中指定因子分析收敛的最大迭代次数。系统默认的最大迭代次数为 25。

step 05 选择因子旋转方法。

单击【旋转】按钮，在弹出的图 9.4 所示的对话框中可以选择因子旋转方法及相关选项。

(1) 【方法】选项组用来选择旋转方法。

- 无：不进行旋转，此为系统默认的选择项。
- 最大方差法：方差最大旋转法。这是一种正交旋转方法。它使每个因子具有最高载荷的变量数最小，因此可以简化对因子的解释。
- 直接 Oblimin 方法：直接斜交旋转法。指定此项可以在下面的 Delta 文本框中输入 δ 值，该值应该在 0～1 之间。系统默认的 δ 值为 0。
- 最大四次方值法：4 次方最大正变旋转法。该旋转方法使每个变量中需要解释的因子数最少。
- 最大平衡值法：平均正交旋转法。
- Promax：斜交旋转方法。允许因子彼此相关。它比直接斜交旋转更快，因此适用于大数据集的因子分析。选中此单选按钮可以在下面的 Kappa 文本框中输入 κ 值，默认为 4(此值最适合于分析)。

(2) 【输出】选项组：选择有关输出显示。

- 旋转解：在【方法】框中指定旋转方法才能选择此项。
- 载荷图：选中此复选框将给出以前两因子为坐标轴的各变量的载荷散点图。

(3) 最大收敛性迭代次数：可以指定旋转收敛的最大迭代次数。系统默认值为 25。可以在此项后面的文本框中输入指定值。

step 06 选择因子得分。

单击【得分】按钮，在弹出图 9.5 所示的对话框中可以选择因子得分方法及相关选项。具体选项含义如下。

图 9.4

图 9.5

(1) 【保存为变量】选项：将因子得分作为新变量保存在数据文件中。程序运行结束后，在数据窗中显示出新变量。

(2) 【方法】选项组：指定计算因子得分的方法。
- 回归：选中此单选按钮，其因子得分的均值为 0。方差等于估计的因子得分与实际因子得分值之间的复相关系数的平方。
- Bartlett：巴特利特法。选中此单选按钮，因子得分均值为 0。超出变量范围的各因子平方和被最小化。
- Anderson-Rubin：安德森-鲁宾法。选择此单选按钮，是为了保证因子的正交性。本例选中【回归】单选按钮。

(3) 在输出窗中显示因子得分。
- 显示因子得分系数矩阵：输出因子得分系数矩阵。

图 9.6

step 07 其他选项输出。

单击【选项】按钮，在弹出的图 9.6 所示的对话框中可以选择一些附加输出项。具体选项含义如下。

(1) 【缺失值】选项组：选择处理缺失值方法。
- 按列表排除个案：分析变量中带有缺失值的观测量都不参与后续分析。
- 按对排除个案：成对剔除带有缺失值的观测量。
- 使用平均值替换：用该变量的平均值代替工作变量的所有缺失值。

(2) 【系数显示格式】选项组：选择载荷系数的显示格式。
- 按大小排序：将载荷系数按其大小排列构成矩阵，使在同一因子上具有较高载荷的变量排在一起，便于得出结论。
- 取消小系数：不显示那些绝对值小于指定值的载荷系数。选择此项后还需要在该项的文本框中输入 0～1 之间的数作为临界值。系统默认的临界值为 0.10。

step 08 单击【确定】按钮，结束操作，SPSS 软件自动输出结果。

9.1.3 课堂练习：国民经济主要指标统计

1. 实例内容

为了研究大学生的价值观，某研究人员抽样调查了 20 名大学生关于价值观的 9 项检验结果，包括合作性、对分配的看法、行为出发点、工作投入程度、对发展机会的看法、对社会地位的看法、权力距离、对职位升迁的态度、领导风格的偏好等，分值区间为[1,20]，分别对这些指标定义为 X_1～X_9，数据如图 9.7 所示。根据这 9 项指标进行因子分析，得到较少维度的几个因子。

2. 实例操作

step 01 打开对话框。

选择菜单栏中的【分析】|【降维】|【因子分析】命令，弹出如图 9.8 所示的对话框。

step 02 选择进行因子分析的变量。

在对话框左侧的列表框中，依次选择 X_1 到 X_9，并单击 按钮使之进入【变量】列表框。

第9章 SPSS的多元统计分析

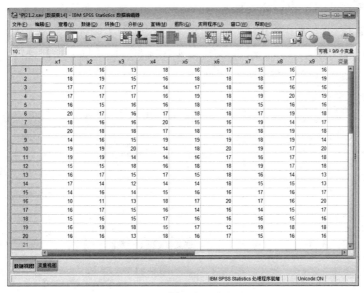

图 9.7

step 03 选择输出系数相关矩阵。

单击【因子分析】对话框右上角的【描述】按钮,弹出【因子分析:描述】对话框,如图9.9所示。在【统计】选项组中选中【初始解】复选框,在【相关性矩阵】选项组中选中【KMO和巴特利特球形度检验】复选框,单击【继续】按钮返回【因子分析】对话框。

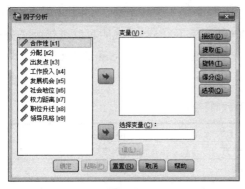

图 9.8

图 9.9

step 04 设置对提取公因子的要求及相关输出内容。

单击【因子分析】对话框右上角的【提取】按钮,弹出如图9.10所示的对话框。在【分析】选项组中选中【相关性矩阵】单选按钮,在【输出】选项组中选中【未旋转因子解】复选框,在【提取】选项组中选中【基于特征值】单选按钮,在文本框内输入1。单击【继续】按钮返回【因子分析】对话框。

step 05 设置因子旋转方法。

单击【因子分析】对话框右上角的【旋转】按钮,则弹出图9.11所示的对话框。在【方法】选项组中选中【无】单选按钮。单击【继续】按钮返回【因子分析】对话框。

step 06 设置有关因子得分的选项。

单击【得分】按钮,弹出图 9.12 所示的对话框。选中【保存为变量】复选框,在【方法】选项组中选中【回归】单选按钮,最后选中【显示因子得分系数矩阵】复选框。

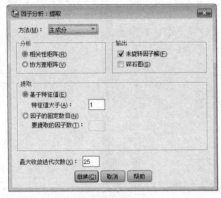
图 9.10

图 9.11

图 9.12

step 07 其他设置使用系统默认设置。

step 08 单击【确定】按钮,结束操作,SPSS 软件自动输出结果。

3. 实例结果及分析

1) KMO 检验和 Bartlett 检验结果

KMO 检验是为了看数据是否适合进行因子分析,其取值范围是 0~1。其中,0.9~1 表示极好、0.84~0.9 表示可奖励的、0.74~0.8 表示还好、0.6~0.7 表示中等、0.54~0.6 表示糟糕、0~0.5 表示不可接受。如表 9.1 所示,本例中 KMO 的取值为 0.585,表明可以进行因子分析。Bartlett 检验是为了看数据是否来自服从多元正态分布的总体。本例中 Sig.值为 0.000,说明数据来自正态分布总体,适合进一步分析。

表 9.1 KMO 和巴特利特检验

KMO 取样适切性量数		0.585
巴特利特球形度检验	近似卡方	74.733
	自由度	36
	显著性	0.000

2) 变量共同度

变量共同度表示的是各变量中所含原始信息能被提取的公因子所解释的程度。如表 9.2 所示,本例中所有变量共同度都在 50%以上,且大多数接近或超过 70%,所以提取的这几个公因子对各变量的解释能力很强。

表 9.2 公因子方差

	初始	提取
合作性	1.000	0.722
分配	1.000	0.848
出发点	1.000	0.708

续表

	初始	提取
工作投入	1.000	0.504
发展机会	1.000	0.863
社会地位	1.000	0.871
权力距离	1.000	0.799
职位升迁	1.000	0.681
领导风格	1.000	0.486

提取方法：主成分分析法。

3) 解释的总方差

由表 9.3 知，"初始特征值"一栏显示只有前 3 个特征值大于 1，它们的累积贡献率达到了 72%，故选取前 3 个公共因子。

表 9.3 总方差解释

成分	初始特征值			提取载荷平方和		
	总计	方差百分比	累积百分比	总计	方差百分比	累积百分比
1	3.576	39.730	39.730	3.576	39.730	39.730
2	1.886	20.952	60.682	1.886	20.952	60.682
3	1.022	11.350	72.032	1.022	11.350	72.032
4	0.845	9.385	81.417			
5	0.638	7.085	88.502			
6	0.518	5.753	94.255			
7	0.250	2.774	97.030			
8	0.186	2.069	99.099			
9	0.081	0.901	100.000			

提取方法：主成分分析法。

4) 碎石图

如图 9.13 所示，有 3 个成分的特征值超过了 1，只考虑这 3 个成分即可。

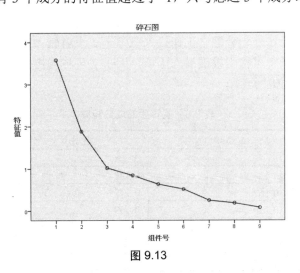

图 9.13

5) 旋转成分矩阵

如表 9.4 所示，根据 0.5 原则，各项指示在各类因子上的解释不明显，为了更好地解释各项因子的意义，需要进行旋转。

表 9.4 成分矩阵[a]

	成分		
	1	2	3
合作性	0.493	−0.626	0.295
分配	0.596	−0.701	−0.029
出发点	0.823	−0.130	−0.120
工作投入	−0.222	0.537	−0.407
发展机会	0.787	0.479	0.122
社会地位	0.133	0.558	0.737
权力距离	0.763	0.248	−0.394
职位升迁	0.781	0.239	0.117
领导风格	0.650	0.194	−0.162

提取方法：主成分分析法。
a. 提取了 3 个成分。

6) 正交旋转矩阵

表 9.5 给出了正交旋转矩阵。该结果是通过 4 次方最大旋转得到的正交变换矩阵。

表 9.5 成分转换矩阵

成分	1	2	3
1	1.000	0.000	0.000
2	0.000	1.000	0.000
3	0.000	0.000	1.000

注：提取方法：主成分分析法。
　　组件得分。

7) 因子载荷

表 9.6 所示经过旋转后，指标出发点、发展机会、权力距离、职位升迁、领导风格在因子 1 上有较大载荷。指标合作性、分配、工作投入在因子 2 上有较大载荷。指标社会地位在因子 3 上有较大载荷。故因子 1 可称为发展潜力因子，因子 2 可称为协作能力因子，因子 3 是单指标因子，可称为社会地位因子。

表 9.6 旋转后的成分矩阵

	成分		
	1	2	3
合作性	0.138	−0.332	0.289
分配	0.167	−0.372	−0.028
出发点	0.230	−0.069	−0.118
工作投入	−0.062	0.285	−0.399
发展机会	0.220	0.254	0.120
社会地位	0.037	0.296	0.721

续表

	成分		
	1	2	3
权力距离	0.213	0.132	-0.386
职位升迁	0.219	0.127	0.115
领导风格	0.182	0.103	-0.159

注：提取方法：主成分分析法。
组件得分。

9.2 聚类分析

聚类分析指将物理或抽象对象的集合分组成为由类似的对象组成的多个类的分析过程。它是一种重要的人类行为。聚类分析的目标就是在相似的基础上收集数据来分类。聚类源于很多领域，包括数学、计算机科学、统计学、生物学和经济学。在不同的应用领域，很多聚类技术都得到了发展，这些技术方法被用作描述数据，衡量不同数据源间的相似性，以及把数据源分类到不同的簇中。

9.2.1 聚类分析的基本原理

1. 方法概述

聚类分析又称群分析，它是研究(样品或指标)分类问题的一种多元统计方法，类，通俗地说，就是指相似元素的集合。

2. 聚类分析的分类

根据分类对象的不同可分为样品聚类和变量聚类。

1) 样品聚类

样品聚类在统计学中又称为 Q 型聚类。用 SPSS 的术语来说就是对事件(Cases)进行聚类，或是说对观测量进行聚类。它是根据被观测对象的各种特征，即反映被观测对象特征的各变量值进行分类。

2) 变量聚类

变量聚类在统计学上又称为 R 型聚类。反映同一事物特点的变量有很多，往往根据所研究的问题选择部分变量对事物某一方面进行研究。由于人类对客观事物的认识是有限的，往往难以找出彼此独立的有代表性的变量，而影响对问题的进一步认识和研究。例如，在回归分析中，由于自变量的共线性导致偏回归系数不能真正反映自变量对因变量的影响等。因此，往往先要进行变量聚类，找出彼此独立且有代表性的自变量，而又不丢失大部分信息。

值得提出的是，将聚类分析和其他方法联合起来使用，如判别分析、主成分分析、回归分析等往往效果更好。

3. 距离和相似系数

为了将样品(或指标)进行分类，就需要研究样品之间关系。目前用得最多的方法有两个。一种方法是用相似系数，性质越接近的样品，它们的相似系数的绝对值越接近于 1，而彼此无关的样品，它们的相似系数的绝对值越接近于零。比较相似的样品归为一类，不怎么相似的样品归为不同的类。另一种方法是将一个样品看作 P 维空间的一个点，并在空间定义距离，距离越近的点归为一类，距离较远的点归为不同的类。但相似系数和距离有各种各样的定义，而这些定义与变量的类型关系极大。

9.2.2 快速聚类法的 SPSS 操作详解

K-均值聚类法又叫快速聚类法，可以用于大量数据进行聚类分析的情形。它是一种非分层的聚类方法。这种方法占用内存少、计算量大、处理速度快，特别适合大样本的聚类分析。它的基本操作步骤如下。

(1) 指定聚类数目 k，应由用户指定需要聚成多少类，最终也只能输出关于它的唯一解。这点不同于层次聚类。

(2) 确定 k 个初始类的中心。有两种方式：一种是用户指定方式；另一种是根据数据本身结构的中心初步确定每个类别的原始中心点。

(3) 根据距离最近原则进行分类。逐一计算每一记录到各个中心点的距离，把各个记录按照距离最近的原则归入各个类别，并计算新形成类别的中心点。

(4) 按照新的中心位置，重新计算每一记录距离新的类别中心点的距离，并重新进行归类。

(5) 重复步骤(4)，直到达到一定的收敛标准。

这种方法也常称为逐步聚类分析，即先把聚类对象进行初始分类，然后逐步调整，得到最终分类。

step 01 打开对话框。

选择菜单栏中的【分析】|【分类】|【K 均值聚类】命令，弹出图 9.14 所示的【K 平均值聚类分析】对话框，这是快速聚类分析的主操作界面。

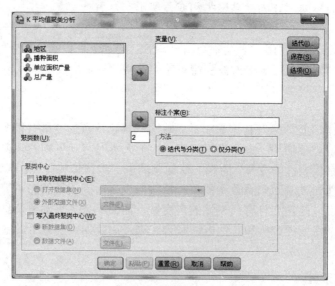

图 9.14

step 02 选择聚类分析变量。

在【K 平均值聚类分析】对话框左侧的候选变量列表框中选择进行聚类分析的变量,将其添加至【变量】列表框中,同时可以选择一个标识变量移入【标注个案】列表框中。

step 03 确定分类个数。

在【聚类数】文本框中可以输入确定的聚类分析数目,用户可以根据需要自行修改调整。系统默认的聚类数为 2。

step 04 选择聚类方法。

在【方法】选项组中可以选择聚类方法。系统默认选中【迭代与分类】复选框。

- 【迭代与分类】:选择初始类中心,在迭代过程中不断更新聚类中心。把观测量分派到与之最近的以类中心为标志的类中去。
- 【仅分类】:只使用初始类中心对观测量进行分类,聚类中心始终不变。

step 05 聚类中心的输入与输出。

在主对话框中,【聚类中心】选项组表示输入和输出聚类中心。用户可以指定外部文件或数据集作为初始聚类中心点,也可以将聚类分析的聚类中心结果输出到指定文件或数据集中。

- 读取初始聚类中心:要求使用指定数据文件中的观测量或建立数据集作为初始类中心。
- 写入最终聚类中心:要求把聚类结果中的各类中心数据保存到指定的文件或数据集中。

图 9.15

在主对话框中单击【迭代】按钮,打开如图 9.15 所示的对话框,设置迭代参数,这里可以进一步选择迭代参数。

- 最大迭代次数:输入 K-Means 算法中的迭代次数。改变后面文本框中的数字,则改变迭代次数。当达到限定的迭代次数上限时,即使没有满足收敛判据,迭代也停止。系统默认值为 10。选择范围为 1~999。
- 收敛性标准:指定 K-Means 算法中的收敛标准,输入一个不超过 1 的正数作为判定迭代收敛的标准。系统默认的收敛标准是 0.02,表示当两次迭代计算的最小的类中心的变化距离小于初始类中心距离的百分之 2%时迭代停止。

提示:如果设置了以上两个参数,只要在迭代过程中满足一个参数,迭代就停止。

- 使用运行平均值:使用移动平均。选中该复选框,限定在每个观测量被分配到一类后立刻计算新的类中心。如果不选中此复选框,则在完成了所有观测量的一次分配后再计算各类的类中心,这样可以节省迭代时间。

step 06 输出聚类结果。

在主对话框中单击【保存】按钮,弹出如图 9.16 所示的对话框,它用于选择保存新变量。

- 聚类成员:在当前数据文件中建立一个名为 qcl_1 的新变量。其值表示聚类结果,即各观测量被分配到哪一类。它的取值为 1、2、3、…的序号。
- 与聚类中心的距离:在当前数据文件中建立一个名为 qcl_2 的新变量。其值为各观测量与所属类中心之间的欧氏距离。

step 07 其他选项输出。

在主对话框中单击【选项】按钮,弹出如图 9.17 所示的对话框,它用于指定要计算的统计量和对带有缺失值的观测量的处理方式。

图 9.16

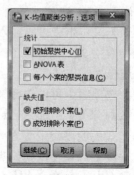

图 9.17

(1) 【统计】选项组:选择输出统计量。
- 初始聚类中心:即要求输出初始凝聚点。该选项为系统默认选项。
- ANOVA 表:方差分析表。
- 每个个案的聚类信息:显示每个观测量的聚类信息。

(2) 【缺失值】选项组:选择处理缺失值方法。
- 按列表排除个案:分析变量中带有缺失值的观测量都不参与后续分析。
- 按对排除个案:成对剔除带有缺失值的观测量。

step 08 单击【确定】按钮,结束操作,SPSS 软件自动输出结果。

9.2.3 课堂练习:全国环境污染程度分析

1. 实例内容

图 9.18 是 2006 年各地区能源消耗的情况。根据不同省市的能源消耗情况,对其进行分类,了解我国不同地区的能源消耗情况。

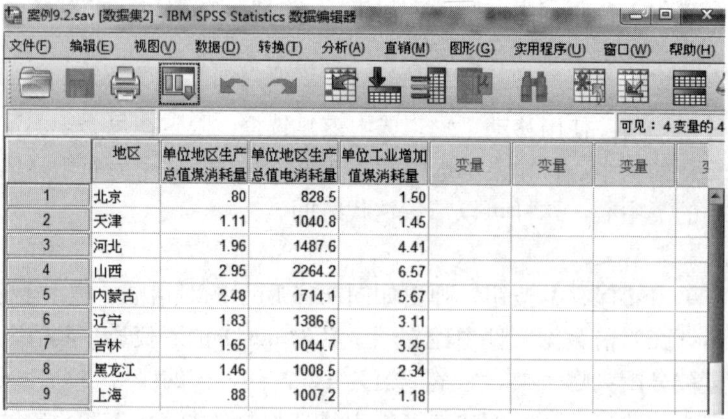

	地区	单位地区生产总值煤消耗量	单位地区生产总值电消耗量	单位工业增加值煤消耗量	变量	变量	变量
1	北京	.80	828.5	1.50			
2	天津	1.11	1040.8	1.45			
3	河北	1.96	1487.6	4.41			
4	山西	2.95	2264.2	6.57			
5	内蒙古	2.48	1714.1	5.67			
6	辽宁	1.83	1386.6	3.11			
7	吉林	1.65	1044.7	3.25			
8	黑龙江	1.46	1008.5	2.34			
9	上海	.88	1007.6	1.18			

图 9.18

2. 实例操作

step 01 打开对话框。

选择菜单栏中的【分析】|【分类】|【K 均值聚类】命令,弹出如图 9.19 所示的对话框。

step 02 选择进行聚类分析的变量。

在对话框左侧的列表中,选择【地区】并单击 按钮使之进入【标注个案】列表框,选择【单位地区生产总值煤消耗量】、【单位地区生产总值电消耗量】、【单位工业增加值煤消耗量】3 个变量并单击 按钮使之进入【变量】列表框中;在【聚类数】文本框中输入聚类分析的类别数,本例选择 3,如图 9.19 所示。

step 03 设置输出及缺失值处理方法。单击图 9.19 所示对话框右上角的【选项】按钮,弹出图 9.20 所示的对话框。在【统计】选项组中,选中全部 3 个复选框;【缺失值】选择默认设置。设置完毕后,单击【继续】按钮返回【K 平均值聚类分析】对话框。

图 9.19

图 9.20

step 04 其他设置使用系统默认设置。

step 05 单击【确定】按钮,结束操作,SPSS 软件自动输出结果。

3. 实例结果及分析

1) 初始聚类中心

从表 9.7 中可以知道初始聚类中心。

表 9.7 初始聚类中心

	聚类		
	1	2	3
单位地区生产总值煤消耗量	0.80	2.26	4.14
单位地区生产总值电消耗量	828.5	2531.0	4997.7
单位工业增加值煤消耗量	1.50	4.99	9.03

2) 聚类成员分析

从表 9.8 中可以知道,每一个样品归于哪一类,还可以知道每一个样品到最终聚类中心的距离。

表9.8 聚类成员

案例号	地区	聚类	距离
1	北京	1	336.069
2	天津	1	123.773
3	河北	1	323.039
4	山西	2	21.745
5	内蒙古	2	528.375
6	辽宁	1	222.034
7	吉林	1	119.869
8	黑龙江	1	156.067
9	上海	1	157.374
10	江苏	1	33.650
11	浙江	1	57.647
12	安徽	1	81.668
13	福建	1	12.830
14	江西	1	198.267
15	山东	1	132.168
16	河南	1	113.141
17	湖北	1	45.441
18	湖南	1	128.767
19	广东	1	30.779
20	广西	1	87.135
21	海南	1	252.269
22	重庆	1	32.267
23	四川	1	111.737
24	贵州	2	218.126
25	云南	1	440.034
26	陕西	1	240.433
27	甘肃	2	288.526
28	青海	3	597.957
29	宁夏	3	597.957
30	新疆	1	26.348

3) 最终聚类中心表

从表 9.9 中可以看出,3 类的中心位 K 同初始位置相比,均发生了变化。

表9.9 最终聚类中心

	聚类		
	1	2	3
单位地区生产总值煤消耗量	1.31	2.74	3.60
单位地区生产总值电消耗量	1164.6	2242.5	4399.8
单位工业增加值煤消耗量	2.67	5.65	6.23

4) 每个聚类中的样本数

从表 9.10 中可以知道，聚类 1 所包含样本数最多，聚类 3 所包含样本数最少。

表 9.10　每个聚类中的案例数

聚类	1	24.000
	2	5.000
	3	1.000
有效		30.000
缺失		0.000

9.3　判　别　分　析

通过 K 中心聚类分析，对我国不同地区的能源消耗情况有了基本的了解。可以将不同地区的能源消耗情况分成 3 类；其中，第一类为判别分析。

与前面所讲述的聚类分析不同，判别分析是在已知研究对象分成若干类型，并在已知各种类型的样品观测数据的基础上，根据某些准则建立判别方程，然后根据判别方程对位置所属类别的事物进行分类的一种分析方法。判别分析的意义在于可以根据已知样本的分类情况来判断未知样本的归属问题。

9.3.1　判别分析的基本原理

1. 方法概述

判别分析又称分辨法，是在分类确定的条件下，根据某一研究对象的各种特征值判别其类型归属问题的一种多变量统计分析方法。在气候分类、农业区划、土地类型划分中有着广泛的应用。其基本原理是按照一定的判别准则，建立一个或多个判别函数，用研究对象的大量资料确定判别函数中的待定系数，并计算判别指标。据此即可确定某一样本属于何类。判别分析有二级判别、多级判别、逐步判别等多种方法。

判别分析是判别样品所属类型的一种统计方法，其应用之广可与回归分析媲美。判别分析与聚类分析不同。判别分析是在已知研究对象分成若干类型(或组别)并已取得各种类型的一批已知样品的观测数据，在此基础上根据某些准则建立判别式，然后对未知类型的样品进行判别分类。

判别分析内容很丰富，方法很多。判别分析按判别的组数来区分，有两组判别分析和多组判别分析；按区分不同总体所用的数学模型来分，有线性判别和非线性判别；按判别时所处理的变量方法不同，有逐步判别和序贯判别等。

2. 基本原理

判别分析(Discriminant Analysis, DA)技术是由费舍(R. A. Fisher)于 1936 年提出的。它是根据观察或测量到的若干变量值判断研究对象如何分类的方法。具体地讲，就是已知一定数量案例的一个分组变量(grouping variable)和这些案例的一些特征变量，确定分组变量和特征变量之间的数量关系,建立判别函数(discriminant function),然后便可以利用这一数量关系对其他已知特征变量信息、但未知分组类型所属的案例进行判别分组。

沿用多元回归模型的称谓,在判别分析中称分组变量为因变量,而用以分组的其他特征变量称为判别变量(discriminant variable)或自变量。

判别分析技术曾经在许多领域得到成功的应用。例如,医学实践中根据各种化验结果、疾病症状、体征判断患者患的是什么疾病;体育选材中根据运动员的体形、运动成绩、生理指标、心理素质指标、遗传因素判断是否选入运动队继续培养;还有动物、植物分类,儿童心理测验,地理区划的经济差异,决策行为预测等。

判别分析的基本条件是:分组变量的水平必须不小于 2,每组案例的规模必须至少一个以上;各判别变量的测度水平必须在间距测度等级以上,即各判别变量的数据必须为等距或等比数据;各分组的案例在各判别变量的数值上能够体现差别。

判别分析对判别变量有 3 个基本假设。其一是每一个判别变量不能是其他判别变量的线性组合;否则将无法估计判别函数,或者虽然能够求解但参数估计的标准误差很大,以至于参数估计统计性不显著。其二是各组案例的协方差矩阵相等。在此条件下,可以使用很简单的公式来计算判别函数和进行显著性检验。其三是各判别变量之间具有多元正态分布,即每个变量对于所有其他变量的固定值有正态分布。

3. 判别分析的过程

1) 对已知分组属性案例的处理

此过程为判别分析的第一阶段,也是建立判别分析基本模型的阶段,即分析和解释各组指标特征之间的差异,并建立判别函数。

2) 判别分析的基本模型及其估计过程

判别分析的基本模型就是判别函数,它表示为分组变量与满足假设条件的判别变量的线性函数关系,其数学形式为:$y=b_0+b_1x_1+b_2x_2+\cdots+b_kx_k$,其中,$y$ 是判别函数值,又简称为判别值(discriminant score);x_i 为各判别变量;b_i 为相应的判别系数(dicriminant coefficient or weight),表示各判别变量对于判别函数值的影响,其中 b_0 是常数项。

判别模型对应的几何解释是,各判别变量代表了 k 维空间,每个案例按其判别变量值称为这 k 维空间中的一个点。如果各组案例就其判别变量值有明显不同,就意味着每一组将会在这一空间的某一部分形成明显分离的蜂集点群。可以计算此领域的中心以概括这个组的位置。中心的位置可以用这个组别中各案例在每个变量上的组平均值作为其坐标值。因为每个中心代表了所在组的基本位置,可以通过研究它们来取得对于这些分组之间差别的理解。

模型估计的过程可简略描述如下:在 k 维空间中寻找某个角度使各组平均值的差别尽可能大,将其作为判别的第一维度,对应函数为第一判别函数。这一维度可以代表或解释原始变量组间方差中最大的部分。然后依照同样原则建立第二判别函数。建立后续判别函数的条件是,后一个函数必须与前面所有的函数正交,即判别函数之间完全独立。建立判别函数的数目为 $\min(k, g-1)$,每一个函数都反映判别变量组间方差的一部分,比例之和为 100%。

3) 建立判别函数的方法

(1) 全模型法。这是 SPSS 系统的默认方法。它是把用户指定的变量全部放入判别函数中,而不管变量对判别函数是否起作用、作用大小如何。当对反映研究对象特征的变量认识比较全面时可以选择此种方法。其缺点是不能剔除对判别贡献很小的变量。

(2) 向前选择法。向前选择法是从判别模型中没有变量开始,每一步把一个对判别模型的判断能力贡献最大的变量引入模型。直到没有被引入模型的变量没有一个符合进入模型的条件(判据)时,变量引入过程结束。当希望比较多的变量留在判别函数中时使用此方法。

(3) 向后选择法。此方法与向前选择法相反。它从全模型开始,每一步把一个对模型的判断能力贡献最小的变量剔除出模型,直到模型中的所有变量都符合留在模型中的判据时,剔除变量工作结束。在希望较少的变量留在判别函数中时使用此方法。

(4) 逐步选择法。此方法从模型中没有变量开始,每一步把模型外对模型的判别能力贡献最大的变量加入到模型的同时,也考虑已经在模型中但又不符合留在模型中的条件的变量剔除(因为新变量的引入可能使原来已经在模型中的变量对模型的贡献变得不显著了)。直到模型内所有变量都不符合剔除模型的判据,而模型外的变量都不符合进入模型的判据时为止。

4) 对判别函数的检验

一般用回代的方法对判别函数的性能进行验证。也就是说,将预测分类与原始数据中的分类变量值进行比较,得出错判率。错判率越小说明判别函数的判别性能越好。

5) 对未知分组属性案例的处理

此阶段为判别分析的第二阶段。它是以第一阶段的分析结果为依据对未知分组属性的案例进行判别分组。确定一个案例属于哪一类,可以把该观测量的各变量值代入每个线性判别函数,哪个判别函数值大,该案例就属于哪一类。

4. 判别分析模型的各参数指标及统计检验

1) 非标准化判别系数(unstandardized discriminant coefficient)

其又称为粗系数(raw codficients),是将原始变量值直接输入模型得到的系数估计。非标准化判别系数可以用来计算判别值,也可以用作图表示各案例点在 $\min(k, g-1)$ 维空间中的位置,从而分析具体案例点与组别之间的位置。由于测量单位不同,非标准化判别系数的大小不能反映相应变量在判别作用上的大小。

2) 标准化判别系数(standardized discriminant coefficient)

以标准化判别系数表达的判别函数无常数项。函数中的自变量不是原始变量,而是标准化的变量。标准化使每个变量以自己的平均值为数轴原点,以标准差为单位。标准化变量一方面表现为与平均值之间的距离,另一方面以正负号形式表示自己偏离平均值的方向。标准化判别系数具有可比性,可用来比较各变量对判别值的相对作用,绝对值大的对判别值影响大,但这不代表对整个判别力的影响大,还要看结构系数。

3) 结构系数(structural coefficient)

其又称为判别负载(discriminant loading),是判别变量 x_i 与判别值 y 之间的相关系数。结构系数表达了 x_i 与 y 之间的拟合水平,当系数的绝对值很大(接近+1 或-1)时,函数表达的信息与变量的信息几乎相同,当系数接近于 0 时,它们之间就没有什么共同之处。

结构系数有两种:一种是总结构系数,用途在于识别由函数携带的在分组间进行判别的信息;另一种是组内结构系数,又称合并的组内相关,用途在于探求一个函数与分组内部的变量的紧密联系程度。

4) 分组的矩心(group centroid)

分组矩心描述在判别空间中每一组案例的中心位置。它通过将所有判别变量的平均值代入基本模型计算得出。可以考察在判别空间中每个案例点与各组的矩心之间的距离，便于分析具体案例分组属性的倾向。

5) 判别力指数(potency index)

判别力既包括每个判别变量对于判别函数的作用，也包括本判别函数对于所有原始变量总方差的代表性。判别分析通过一个判别函数所能代表的所有原始变量的总方差百分比来表示每个判别函数的判别力，因此判别力指数又称方差百分比。一个判别函数所代表的方差量用所对应的特征值(eigenvalue)来相对表示，特征值的合计就相对代表了总方差量，而每个特征值占这一合计的比例就是相应判别函数能够代表的总方差比例，即它的判别力指数。判别力指数越大的判别函数越重要，而那些判别力指数很小的判别函数则可以被精简掉。

6) 残余判别力(residual discrimination)

对判别函数统计显著性的检验是在推导一个函数之前检查在这个判别模型中的残余判别力。残余判别力是在以前计算的函数已经提取过原始信息之后，残余的变量信息对于判别分组的能力。如果残余判别力过小，那么即使在数学上可行，再推导其他函数也没有意义了。残余判别力用 Wilks' lambda 测量，如果λ接近 0，表示判别力高，组均值不同；λ接近 1，表示组均值没有什么不同。

7) Fisher 判别系数

Fisher 判别系数用来直接进行一个案例的判别。只要把案例的原始变量代入，其中最大的一个值所对应的分组便是判别分组。

9.3.2 判别分析的 SPSS 操作详解

step 01 打开对话框。

选择菜单栏中的【分析】|【分类】|【判别】命令，弹出【判别分析】对话框，如图 9.21 所示。这是判别分析的主操作界面。

step 02 选择判别分析变量。

在【判别分析】对话框左侧的候选变量中选择进行判别分析的变量，将其添加至【自变量】列表框中，将其作为自变量。

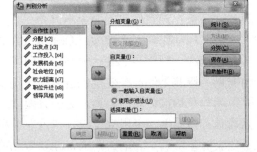

图 9.21

step 03 指定分类变量及范围。

在主对话框的候选变量中选择分类变量(离散型变量)移入【分组变量】列表框中。此时它下面的【定义范围】按钮被激活，单击该按钮，屏幕弹出一个小对话框，如图 9.22 所示，提供指定该分类变量的数值范围。

- 【最小】：输入最小值。
- 【最大】：输入最大值。

step 04 选择判别分析方法。

在主对话框的【自变量】列表框下面有两个单选按钮，它们提供了判别分析方法选择。

- 【一起输入自变量】：建立所选择的所有变量的判别式。当认为所有自变量都能对观测量特性提供丰富的信息时使用该选择项。系统默认设置。
- 【使用步进法】：采用逐步判别法作判别分析。选中该单选按钮后，主菜单中的【方法】按钮被激活。可以进一步选择判别分析方法。

如果希望使用一部分观测量进行判别函数的推导，选择一个能够标记的这部分观测量的变量将其移入【选择变量】列表框中；再单击其右侧的【值】按钮，展开【判别分析：设置值】对话框，输入能标记的变量值，如图 9.23 所示。

step 05 基本统计量输出选择。

单击【统计】按钮，在弹出的如图 9.24 所示的对话框中可以选择进行判别分析的基本统计量输出。具体选项含义如下。

图 9.22

图 9.23

图 9.24

(1) 【描述性】选项组：选择输出描述统计量。
- 平均值：输出各类中各自变量的平均值、标准差和各自变量总样本的平均值、标准差。
- 单变量 ANOVA：单因素方差分析。对各类中同一自变量进行平均值检验，输出单因素方差分析结果。
- Box's M：对各类协方差矩阵相等的假设进行检验。

(2) 【函数系数】选项组：选择输出判别函数的系数。
- Fisher's：输出 Fisher 函数系数。对每一类给出一组系数，并给出该组中判别分数最大的观测量。
- 未标准化：未经标准化处理的判别函数系数。

(3) 【矩阵】选项组：选择输出自变量的系数矩阵。
- 组内相关：组内相关矩阵。
- 组内协方差：组内协方差矩阵。
- 分组协方差：对每一类分别输出协方差矩阵。
- 总体协方差：总样本的协方差矩阵。

step 06 设置逐步判别分析选项。

选中【使用步进法】单选按钮后，就表示采用逐步判别法进行分析。接着单击主菜单中的统计按钮，在弹出对话框中可以选择逐步判别分析的选项，如图 9.25 所示。具体选项含义如下。

图 9.25

(1) 【方法】选项组：选择变量进入判别函数的方式。
- Wilks' lambda：每步都选择 Wilk 的 λ 统计量最小的变量进入判别函数。
- 【未解释方差】：每步都选择使类间不可解释的方差和最小的变量进入判别函数。
- 【马氏距离】：每步都选择使靠得最近的两类间的 Mahalanobis 距离最大的变量进入判别函数。
- 【最小 F 值】：每步都选择使任何两类间的【最小 F 值】达到最大的变量进入判别函数。
- Rao's V：每步都选择使 Rao's V 统计量产生最大增量的变量进入判别函数。选择此种方法后，应该在该项下面的 V 至输入文本框中输入这个增量的指定值。当某变量导致的 V 值增量大于指定值的变量时，该变量进入判别函数。

(2) 【标准】选项组：选择逐步判别停止的条件。
- 【使用 F 值】：系统默认选项，当加入一个变量(或剔除一个变量)后，对在判别函数中的变量进行方差分析。当计算的 F 值大于指定的 Entry 值时，该变量保留在函数中。默认值 Entry 为 3.84。当该变量使计算的 F 值小于指定的 Removal 值时，该变量从函数中剔除。默认值是 Removal=2.71。设置这两个值时应该要求 Entry 值大于 Removal 值。
- 【使用 F 的概率】：使用 F 检验的概率决定变量是否加入函数或被剔除。当计算的 F 检验的概率小于指定的 Entry 值时，该变量加入函数中。当该变量使计算的 F 值的概率大于指定的 Removal 值时，该变量从函数中剔除。

(3) 【输出】选项组：选择逐步选择变量的过程和最后结果的显示。
- 【步进摘要】：显示每步选择变量之后各变量的统计量结果。
- 【两两组间距离的 F 值】：显示两类之间的 F 比值矩阵。

step 07 设置分类参数与判别结果。

单击【分类】按钮，在弹出的对话框中可以设置判别分析的分类参数及结果，如图 9.26 所示。具体选项含义如下。

(1) 【先验概率】选项组：选择先验概率。
- 【所有组相等】：各类先验概率相等，系统默认选项。若分为 m 类，则各类先验概率均为 $1/m$。
- 【根据组大小计算】：基于各类样本量占总样本量的比例计算先验概率。

(2) 【使用协方差矩阵】选项组：选择分类使用的协方差矩阵。
- 【在组内】：使用合并组内协方差矩阵进行分类。
- 【分组】：使用各组协方差矩阵进行分类。

(3) 【输出】选项组：选择输出分类结果。
- 【个案结果】：输出每个观测量的判别分数、实际类、预测类(根据判别函数求得的

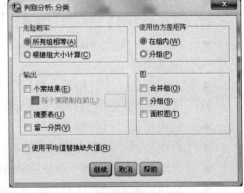

图 9.26

分类结果)和后验概率等。选择此项后，下面的【将个案限制在前】项被激活，可以在它后面的文本框中输入观测量数 n。选择此项则仅输出前 n 个观测量。

- 【摘要表】：输出分类的小结表。
- 【留一分类】：输出对每一个观测量进行分类的结果，所依据的判别函数是由除该观测量以外的其他观测量导出的。

(4) 【图】选项组：选择输出统计图。

- 【合并组】：生成全部类的散点图。该图是根据前两个判别函数值作的散点图。如果只有一个判别函数，就输出直方图。
- 【分组】：对每一类生成一张散点图。如果只有一个判别函数，就输出直方图。
- 【面积图】：生成根据判别函数值将观测量分到各类去的边界图。每一类占据一个区域。各类均值在各区中用星号标出。如果仅有一个判别函数，则不作此图。

(5) 缺失值处理方式。

- 【使用平均值替换缺失值】：用该变量的平均值代替缺失值。

step 08 结果保存设置。

单击【保存】按钮，在弹出的对话框中可以设置判别分析的结果输出，图 9.27 所示具体选项含义如下。

- 【预测组成员】：建立新变量(系统默认变量名是 dis_1)保存预测观测量所属类的值。
- 【判别分数】：建立新变量保持判别分数。
- 【组成员概率】：建立新变量保存各个观测量属于各类的概率值。有 m 类，对一个观测量就会给出 m 个概率值，因此建立 m 个新变量。

图 9.27

step 09 相关统计量的 Bootstrap 估计。

单击 Bootstrap 按钮，在弹出的对话框中可以进行以下统计量的 Bootstrap 估计。

- 标准化典型判别函数系数表支持标准化系数的 Bootstrap 估计。
- 典型判别函数系数表支持非标准化系数的 Bootstrap 估计。
- 分类函数系数表支持系数的 Bootstrap 估计。

step 10 单击【确定】按钮，结束操作，SPSS 软件自动输出结果。

9.3.3 课堂练习：判别分析过去和潜在客户的财务以及人口统计信息

1. 实例内容

如图 9.28 所示，数据文件记录了 850 位过去和潜在客户的财务以及人口统计信息。前 700 个个案是以前曾获得贷款的客户，剩下 150 个案是潜在客户，获贷款的客户被分为履约和违约两类，本试验将使用判别分析方法来分析客户的贷款风险。

变量分别为"年龄""教育""工龄""地址""收入""负债率""信用卡负债""其他负债"和"违约"，分别用来表示客户年龄、受教育程度、工龄、现地址居住时间、收入、负债率、信用卡负债、其他负债和是否曾违约。其中，"受教育程度"变量中使用数值"1、2、3、4、5"分别表示"未完成高中""高中""大专""大学"和"研究生"，"违约"变量用"1、0"分别表示"曾违约"和"未曾违约"。

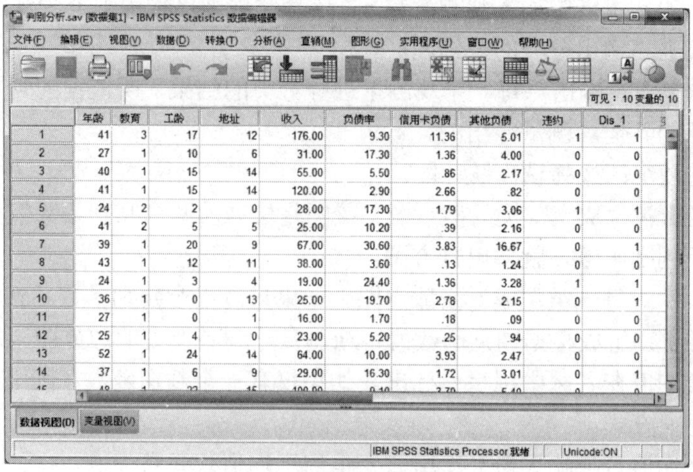

图 9.28

2. 实例操作

step 01 打开对话框。

选择菜单栏中的【分析】|【分类】|【判别】命令,弹出如图 9.29 所示的对话框。

step 02 选择自变量。

在【判别分析】对话框左侧的候选变量列表框中选择"年龄""教育""工龄""地址""收入""负债率""信用卡负债"和"其他负债"变量,将其添加至【自变量】列表框中,选中【违约】将其添加至【分组变量】列表框中,如图 9.30 所示。

图 9.29 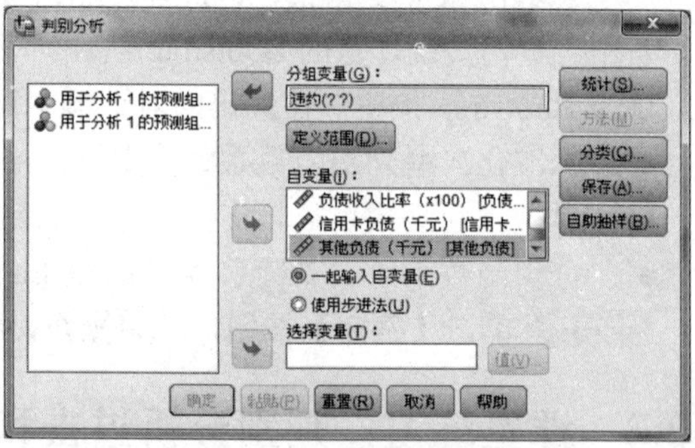   图 9.30

step 03 单击【定义范围】按钮,弹出【判别分析:定义范围】对话框,如图 9.31 所示,输入最小值、最大值,单击【继续】按钮。

step 04 单击【统计】按钮,弹出【判别分析:统计】对话框,如图 9.32 所示,选中【平均值】复选框,单击【继续】按钮。

step 05 单击【分类】按钮,弹出【判别分析:分类】对话框,如图 9.33 所示,选中【面积图】复选框,单击【继续】按钮。

第9章 SPSS的多元统计分析

图9.31

图9.32

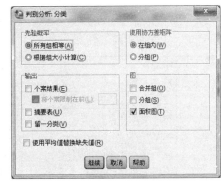
图9.33

step 06 单击【保存】按钮，弹出【判别分析：保存】对话框，选中【预测组成员】复选框，单击【继续】按钮。

step 07 单击【确定】按钮，结束操作，SPSS软件自动输出结果。

3. 实例结果及分析

表9.11给出了样本数量、有效值和剔除值的相关信息。

表9.11 分析个案处理摘要

未加权的个案		个案数	百分比
有效		700	82.4
排除	缺失或超出范围组代码	150	17.6
	至少一个缺失判别变量	0	0.0
	既包括缺失或超出范围组代码，也包括至少一个缺失判别变量	0	0.0
	总计	150	17.6
总计		850	100.0

表9.12给出了各组和所有观测的平均值、标准差和加权与未加权的有效值。

表9.13给出了Wilks的Lambda检验结果。从检验结果可以看出，引入的变量对提高分类精度是有作用的。

表9.12 组统计

是否曾经违约		平均值	标准偏差	有效 N(成列)	
				未加权	加权
否	年龄	35.5145	7.70774	517	517.000
	教育水平	1.6596	0.90443	517	517.000
	当前雇方工作年限	9.5087	6.66374	517	517.000
	当前地址居住年限	8.9458	7.00062	517	517.000
	家庭收入(千元)	47.1547	34.22015	517	517.000
	负债收入比率(×100)	8.6793	5.61520	517	517.000
	信用卡负债(千元)	1.2455	1.42231	517	517.000
	其他负债(千元)	2.7734	2.81394	517	517.000

续表

是否曾经违约		平均值	标准偏差	有效 N(成列)	
				未加权	加权
是	年龄	33.0109	8.51759	183	183.000
	教育水平	1.9016	0.97279	183	183.000
	当前雇方工作年限	5.2240	5.54295	183	183.000
	当前地址居住年限	6.3934	5.92521	183	183.000
	家庭收入(千元)	41.2131	43.11553	183	183.000
	负债收入比率(×100)	14.7279	7.90280	183	183.000
	信用卡负债(千元)	2.4239	3.23252	183	183.000
	其他负债(千元)	3.8628	4.26368	183	183.000
总计	年龄	34.8600	7.99734	700	700.000
	教育水平	1.7229	0.92821	700	700.000
	当前雇方工作年限	8.3886	6.65804	700	700.000
	当前地址居住年限	8.2786	6.82488	700	700.000
	家庭收入(千元)	45.6014	36.81423	700	700.000
	负债收入比率(×100)	10.2606	6.82723	700	700.000
	信用卡负债(千元)	1.5536	2.11720	700	700.000
	其他负债(千元)	3.0582	3.28755	700	700.000

表 9.13 Wilks' Lambda

函数检验	Wilks' Lambda	卡方	自由度	显著性
1	0.712	236.117	8	0.000

表 9.14 给出了判别函数的系数与结构矩阵,从中可以看出,所有变量均在判别分析中使用。

表 9.14 特征值

函数	特征值	方差百分比	累积百分比	典型相关性
1	0.405[a]	100.0	100.0	0.537

a. 在分析中使用了前 1 个典则判别函数。

9.4 思考与练习

1. 填空题

(1) 聚类分析又称为_____或_____等分析,是一种重要的分类方法。它是根据事物自身的特征,通过已建立的统计模型对事物进行_____分析方法的一种统计分析。

(2) 判别分析是判别_____所属类别的一种统计分析方法,其基本原理是按照判别准则,先建立_____,确定_____中的系数并及时判别指标,然后根据_____确定样本的所属类别。

(3) 在进行判别分析时,其样本数量的大小也会受到其分析方法的限制。一般情况下,为了保证计算函数的稳定性,须保证样本数量是自变量数量的_____倍以上。

(4) 在 SPSS 中，聚类准则又分为_____和_____准则。

(5) 一般情况下，决策树模型可用于数据分类、数据降维、数据预测、_____、_____等方面。

2．选择题

(1) 聚类分析中的距离一般用来测验样本之间的相似性，当分析数据的类型为连续性数据时，下列选项中不适合使用的距离方式为(   )。

  A．明氏   B．马氏   C．兰氏   D．夹角余弦

(2) 在进行聚类分析时，一般需要使用 R^2 统计量、半偏 R^2 统计量、(   )和伪 T^2 统计量等统计量计算方法。

  A．F 统计量   B．伪 T 统计量   C．伪 F 统计量   D．T 统计量

(3) 判别分析是判别变量所属类别的一种统计分析方法，下列描述中，错误的一项为(   )。

  A．判别分析的方法根据不同的划分方式，可以分为两组判别和多组判别、有线性判别和非线性判别，以及逐步判别和序贯判别等方法

  B．在使用判别方法进行分析时，其自变量服从多元正态分布，而且自变量之间不存在多重共线性

  C．判别分析是根据组成员身份构建基于可提供组间最佳判别的预测变量的线性组合模型

  D．在进行判别分析时，其自变量和因变量之间的关系无须符合线性假设

(4) 聚类分析中的距离计算是进行聚类分析的关键步骤，对于欧氏距离的表现公式，下列选项组相符的一项为(   )。

  A．$D_{ij}(q=1) = \sum_{k=1}^{p} |x_{ik} - x_{jk}|^{\frac{1}{q}}$ B．$D_{ij}(q=2) = \sqrt{\sum_{k=1}^{p} |x_{ik} - x_{jk}|^2}$

  C．$D_{ij}(q=\infty) = \text{Max} |x_{ik} - x_{jk}|$ D．$D_{ij}(q) = \left(\sum_{k=1}^{p} |x_{ik} - x_{jk}|^q \right)^{\frac{1}{q}}$

(5) 在进行聚类分析时，还会使用一些统计量公式参与计算分析，其 R^2 统计量的表现公式为(   )。

  A．$R^2 = \dfrac{D_{jk}}{w}$ B．$R^2 = 1 - \dfrac{p_j}{w}$

  C．$R^2 = \dfrac{D_{jk}}{(w_K + w_L)/(N_K + N_L - 2)}$ D．$R^2 = \dfrac{p_j}{w}$

3．问答题

(1) 聚类分析中的距离类别包括哪些？

(2) 如何使用二阶聚类分析方法来分析相关数据？

(3) 如何生成决策树图形？

(4) 如何使用判别分析方法来判别样本的所属类别？

(5) 简述层次聚类分析的操作方法。

第 10 章　时间序列预测

时间序列分析(Time Series Analyze)是概率统计学科中应用性较强的一个分支,在金融经济、气象水文、信号处理、机械振动等众多领域都有应用,时间序列分析分为时域分析和谱分析两大类。

10.1　时间序列的预处理

SPSS 无法自动识别时间序列数据并且时间序列数据在处理的过程中必须明确考虑时间序列的非平稳性,因此在进行时间序列分析前,必须对时间序列进行预处理。

10.1.1　预处理的基本原理

1. 使用目的

通过预处理,一方面能够使序列随"时间"变化的、"动态"的特征体现得更加明显,利于模型的选择;另一方面也使得数据满足模型的要求。

2. 基本原理

(1) 数据采样。

采样的方法通常有直接采样、累计采样等。

(2) 直观分析。

时间序列的直观分析通常包括离群点的检验和处理、缺损值的补足、指标计算范围是否统一等一些可以采用比较简单手段处理的分析。

(3) 特征分析。

特征分析就是在对数据序列进行建模之前,通过从时间序列中计算出一些有代表性的特征参数,用以浓缩、简化数据信息,以利数据的深入处理,或通过概率直方图和正态性检验分析数据的统计特性。通常使用的特征参数有样本均值、样本方差、标准偏度系数、标准峰度系数等。

(4) 相关分析。

相关分析就是测定时间序列数据内部的相关程度,给出相应的定量度量,并分析其特征及变化规律。理论上,自相关系数序列与时间序列具有相同的变化周期。所以,根据样本自相关系数序列随增长而衰减的特点或其周期变化的特点判断序列是否具有平稳性,识别序列的模型,从而建立相应的模型。

3. 其他注意事项

进行时间序列预处理时,常常需要对数据进行一些变换,如取对数、作一阶差分、作季节差分等。

第 10 章 时间序列预测

10.1.2 时间序列预处理的操作详解

step 01 数据准备。

选择菜单栏中的【数据】|【定义日期】命令，弹出【定义日期】对话框，如图 10.1 所示。

如果选择月度数据或季度数据，将会出现【更高级别的周期性】选项组。在其下方将显示数据的最大周期长度，月度数据默认周期长度为 12，季度数据默认周期长度为 4，如图 10.2 所示。

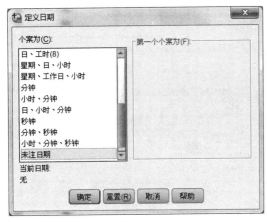
图 10.1

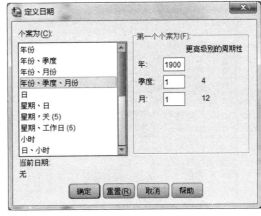
图 10.2

单击【确定】按钮，此时完成时间的定义，SPSS 将在当前数据编辑窗口中自动生成标志时间的变量，如图 10.3 所示。

step 02 数据采样。

选择菜单栏中的【数据】|【选择个案】命令，弹出【选择个案】对话框，如图 10.4 所示。

图 10.3

图 10.4

step 03 直观分析。

当数据准备好，为认识数据的变化规律，判断数据是否存在离群点和缺损值，最直接的观察方法是绘制序列的图像。选择菜单栏中的【分析】|【预测】|【序列图】命令，弹出如图 10.5 所示的【序列图】对话框。

step 04 特征分析。

选择菜单栏中的【图形】|【图表构建器】命令,弹出【图表构建器】对话框,如图10.6所示。在【库】选项卡中选择【直方图】,并将直方图形拖入【图表预览使用示例数据】下的白色区域,然后将所需要画直方图的变量拖入 X 轴,单击【确定】按钮就画出直方图了,图中将显示该变量的平均值、方差、样本容量。

图 10.5

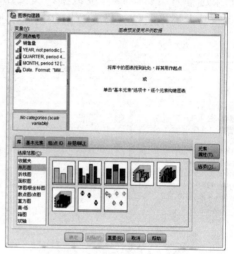

图 10.6

step 05 相关分析。

选择菜单栏中的【分析】|【预测】|【自相关】命令,弹出【自相关】对话框,如图10.7所示。

在左侧的候选变量列表框中选择一个变量,将其移入【变量】列表框中。单击【选项】按钮,弹出【自相关:选项】对话框,如图10.8所示。

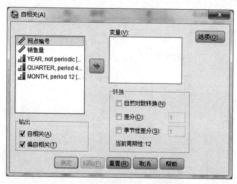

图 10.7

图 10.8

10.1.3 课堂练习:某国国库券利率与基金利率差额数据的预处理

1. 实例内容

图 10.9 给出了 1960—2008 年某国的工业生产值数据、某国 10 年期国库券利率与该国联邦

基金利率差额。试据此对该组数据进行时间序列的预处理操作。

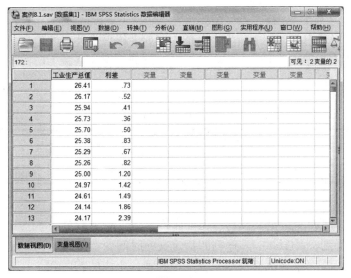

图 10.9

2. 实例操作

step 01 打开对话框。

选择菜单栏中的【数据】|【定义日期】命令，弹出图 10.10 所示对话框。

step 02 选择自变量。

在【个案为】列表框中选择"年份、季度"，然后在【第一个个案为】框中输入数据开始的具体年份 1960 和季度 1，再单击【确定】按钮完成时间变量的定义。

step 03 在菜单栏中选择【转换】|【创建时间序列】命令，打开图 10.11 所示的【创建时间序列】对话框，将【工业生产总值】变量选入【变量->新名称】列表框中，在【函数】下拉列表框中选择【季节性差分】，单击【确定】按钮。

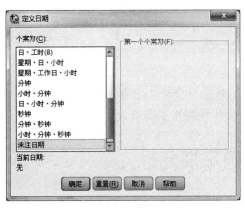

图 10.10

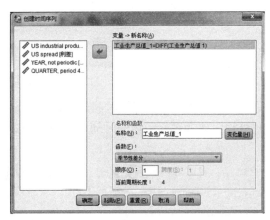

图 10.11

step 04 设置完毕，单击【确定】按钮，等待输出结果。

3. 实例结果及分析

(1) SPSS 创建序列信息表。

从表 10.1 中可以看出，对"工业生产总值"序列进行平稳处理的信息。从该表可以知道平稳处理后的新序列名称为"工业生产总值_1"，该序列含有 3 个缺失值，有效个案为 587 个，平稳处理的方法是 DIFF，即季节差分方法。

表 10.1 创建序列

	序列名	非缺失值的个案数		有效个案数	创建函数
		第一个	最后一个		
1	工业生产总值_1	2	588	587	DIFF(工业生产总值,1)

(2) 时间序列预处理结果图。

图 10.12 给出了时间变量定义和对"工业生产总值"季节差分在 SPSS 数据视图中的处理结果。从该图可以看到，"DATE_"序列即新定义的时间变量序列，"工业生产总值_1"序列就是对"工业生产总值"序列进行季节差分平稳处理后生成的新序列。

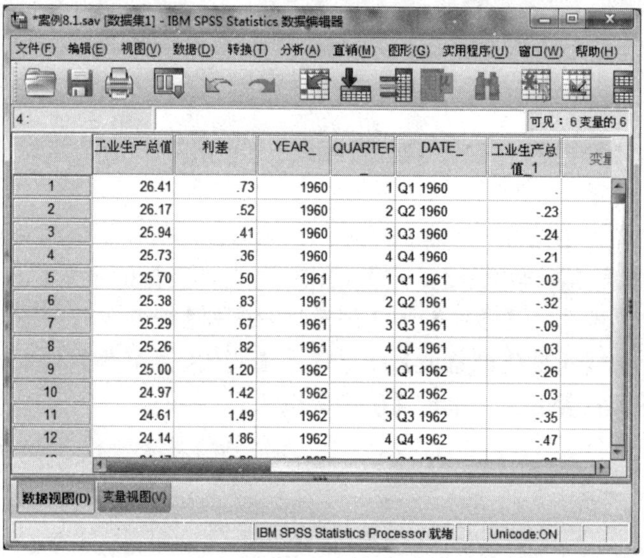

图 10.12

通过分析，成功地对案例时间序列进行了定义，另外结果分析(1)显示，对时间序列进行了平稳化处理，这为进行后续的时间序列模型的建模拟合和预测作了准备。

10.2 时间序列的确定性分析

通过确定性时间序列分析，一方面能够使序列的长期趋势变动特征、季节效应、周期变动体现得更加明显；另一方面能确立模型，从而成功捕捉数据随"时间"变化的、"动态"的、"整体"的统计规律。因此，对时间序列进行确定分析从而建立模型是非常必要的。

10.2.1 确定性分析的基本原理

1. 使用目的

传统时间序列分析认为长期趋势变动、季节性变动、周期变动是依一定的规则而变化的，不规则变动因素在综合中可以消除。基于这种认识，形成了确定性时间序列分析。

2. 基本原理

(1) 指数平滑法。

指数平滑法，又称指数加权平均法，实际是加权的移动平均法，它是选取各时期权重数值为递减指数数列的均值方法。指数平滑法有助于预测存在趋势和(或)季节的序列。指数平滑法分为两步来建模，第一步确定模型类型，确定模型是否需要包含趋势、季节性，创建最适当的指数平滑模型，第二步选择最适合选定模型的参数。

指数平滑法一般分为无季节性模型、季节性模型。无季节性模型包括简单指数平滑法、布朗单参数线性指数平滑法等，季节性模型包括温特线性和季节性指数平滑法。

(2) 季节分解法。

季节分解的一般步骤如下。

第一步，确定季节分解的模型。

第二步，计算每一周期点(每季度、每月等)的季节指数(乘法模型)或季节变差(加法模型)。

第三步，用时间序列的每一个观测值除以适当的季节指数(或减去季节变差)，消除季节影响。

第四步，对消除了季节影响的时间序列进行适当的趋势性分析。

第五步，剔除趋势项，计算周期变动。

第六步，剔除周期变动，得到不规则变动因素。

第七步，用预测值乘以季节指数(或加上季节变差)，乘以周期变动，计算出最终的带季节影响的预测值。

10.2.2 指数平滑法的 SPSS 操作详解

step 01 打开【时间序列建模器】对话框。

当时间序列的数据已经准备好以后，选择菜单栏中的【分析】|【预测】|【创建模型】命令，弹出【时间序列建模器】对话框，如图 10.13 所示。

step 02 指数平滑模型选择。

在该对话框左侧的【变量】列表框中选择一个变量，将其移入【因变量】列表框中。在【方法】下拉列表框中选择【指数平滑】选项，【模型类型】显示为【简单非季节性】选项，单击【条件】按钮，弹出【时间序列建模器：指数平滑条件】对话框，如图 10.14 所示。

step 03 统计量的选择。

单击【继续】按钮，返回到【时间序列模型器】对话框中，单击【统计】选项卡，进入【统计】选项面板中，如图 10.15 所示。

图 10.13

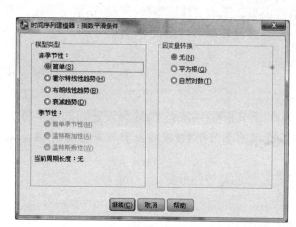

图 10.14

图 10.15

step 04 图表的选择。

【图】选项卡分成两部分,如图 10.16 所示。

- 【用于比较模型的图】选项组:该选项组用于设定输出所有模型的拟合统计和自相关函数的 图,每个选项分别生成单独的图。可输出图表的统计量有【平稳 R 方】、【R 方】、【均方根误差】、【平均绝对误差百分比】、【平均绝对误差】、【最大绝对误差百分比】、【最大绝对误差】、【正态化 BIC】、【残差自相关函数】以及【残差偏自相关函数】。

- 【单个模型的图】选项组:该选项组用于设定输出单个模型的拟合统计量和自相关函数的图。只有选中【序列】复选框方可获取每个模型的预测值的图,图所显示的内容包括实测值、预测值、拟合值、预测值的置信区间以及拟合值的置信区间。

step 05 输出的选择。

【输出过滤】选项卡中包括两部分,如图 10.17 所示。

(1) 选中【在输出中包括所有模型】单选按钮,表示输出结果中包含所有设定的模型。

(2) 选中【根据拟合优度过滤模型】单选按钮,表示仅输出满足设定的拟合优度条件的模型。只有选中该项的情况下,【显示】选项组才会被激活。

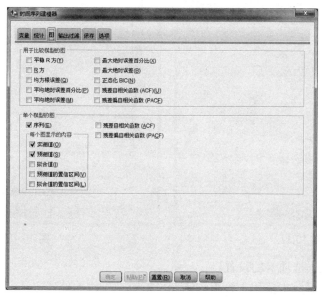

图 10.16

【显示】选项组:用于设定输出模型所满足的拟合优度条件。其中选项含义如下。

- 【最佳拟合模型】:选中该复选框表示输出拟合优度最好的模型,可以设定满足条件的模型的数量或百分比。

选中【模型的固定数目】单选按钮,表示输出固定数量的拟合优度最好的模型,在【数量】文本框中输入模型的数目。

选中【占模型总数的百分比】单选按钮,表示输出一定比例于总数的拟合优度最好的模型,在【百分比】文本框中指定输出的百分比。

- 【最差拟合模型】:选中该复选框表示输出拟合优度最差的模型,可以设定满足条件的模型的数量或百分比。

选中【模型的固定数目】单选按钮,表示输出固定数量的拟合优度最差的模型,同样在【数值】文本框中指定模型的数目。

选中【占模型总数的百分比】单选按钮,表示输出一定比例于总数的拟合优度最差的模型,并在【百分比】文本框中指定输出的百分比。

(3)【拟合优度测量】:该下拉列表框用于指定衡量模型拟合优度的具体统计量,含有平稳的 R 方、R 方、均方根误差、平均绝对误差百分比、平均绝对误差、最大绝对误差百分比、最大绝对误差以及标准化的 BIC 统计量。

step 06 保存变量的选择。

在【保存】选项卡中包括两部分,如图 10.18 所示。

① 保存变量。

② 选择是否导出模型文件保存变量,将模型文件保存在指定的目录中。

图 10.17

图 10.18

step 07 【选项】选项卡的设置。

【选项】选项卡部分主要用于设置预测期、指定缺失值的处理方法、设置置信区间宽度、指定模型标识前缀以及设置为自相关显示的延迟最大阶数，如图 10.19 所示。

① 【预测期】选项组：该选项组主要用于设定预测期间，预测范围共有两种。

- 【评估期结束后的第一个个案到活动数据集中的最后一个个案】：选中该单选按钮表示预测范围从模型估计期所用的最后一个数据开始到活动数据集中的最后一个个案为止。一般当估计模型所用的数据并非全部数据时选择此项，以便将模型预测值与实际值进行比较，进而评估模型的拟合情况。

- 【评估期结束后的第一个个案到指定日期之间的个案】：选中该单选按钮表示预测范围从模型估计期所用的最后一个数据开始到用户指定的预测期为止，常用来预测超过当前数据集的时间范围的个案。在【日期】列表中指定预测范围的最终日期。如果已经定义了时间变量，【日期】列表框中就会显示定义的日期格式；如果没有定义时间变量，【日期】列表框中仅会显示"观测值"输入框，只需要在输入框中输入相应的记录号即可。

② 【用户缺失值】选项组：该选项组用于指定缺失值的处理方法。

- 【视为无效】：选中该单选按钮表示把缺失值当作系统缺失值处理，视为无效数据。
- 【视为有效】：选中该单选按钮表示把缺失值视为有效数据。

③ 【置信区间宽度】文本框：该文本框用于指定模型预测值和残差自相关的置信区间，输入范围为 0~99 的任何正数，系统默认 95% 的置信区间。

④ 【输出中的模型标识前缀】文本框：该文本框用于指定模型标识前缀。【变量】选项卡中指定的每个因变量都可带来一个单独的估计模型，且模型都用唯一名称区别，名称由可定制的前缀和整数后缀组成。

⑤ 【ACF 和 PACF 输出中显示的最大延迟数】文本框：该文本框用于指定自相关函数和偏相关函数的最大延迟阶数。

第 10 章 时间序列预测

图 10.19

10.2.3 课堂练习：进出口贸易总额的指数平滑建模

1. 实例内容

因为时间序列的分析是需要建立在预处理的基础上，因此本小节沿用上一小节的案例，对数据文件不再复述。本小节利用指数平滑模型对联邦基金利率差额进行拟合，以消除非正常波动得到联邦基金利率差额的 48 年中稳定长期的走势。

2. 实例操作

step 01 打开【时间序列建模器】对话框。当时间序列的数据已经准备好以后，选择菜单栏中的【分析】|【预测】|【创建模型】命令，弹出【时间序列建模器】对话框，如图 10.20 所示。

step 02 指数平滑模型选择。

在该对话框左侧的列表框中选择【利差】，将其移入【因变量】列表框。在【方法】下拉列表框中选择【指数平滑法】选项。

step 03 设定指数平滑模型的类型。

单击【条件】按钮，弹出【时间序列建模器：指数平滑条件】对话框，如图 10.21 所示。选中【简单季节性】单选按钮，单击【继续】按钮，保存设置。

图 10.20

step 04 统计量的选择。

在【时间序列建模器】对话框中，选择【统计】选项卡，切换到【统计】选项面板，如图 10.22 所示。选中【参数估计】复选框，然后单击【继续】按钮，保存设置。

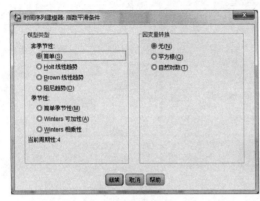
图 10.21

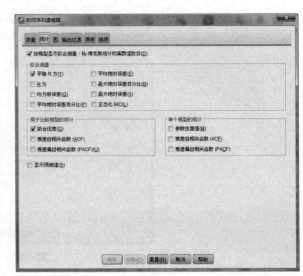
图 10.22

step 05 其他设置使用系统默认设置。

step 06 单击【确定】按钮，结束操作，SPSS 软件自动输出结果。

3. 实例结果及分析

(1) 模型拟合结果表。

从表 10.2 中可以看出模型的 8 个拟合优度指标，包括这些指标的平均值、最小值、最大值及百分位数。其中，平稳的 R^2 为 0.571，而 R^2 为 0.897，这是由于因变量数据为季节性数据，因此平稳的 R^2 更具有代表性。从两个 R^2 来看，该指数平滑模型的拟合情况良好。

表 10.2 模型拟合度

拟合统计量	平均值	标准误差	最小值	最大值	百分位数						
					5	10	25	50	75	90	95
平稳的 R^2	0.571	0.000	0.571	0.571	0.571	0.571	0.571	0.571	0.571	0.571	0.571
R^2	0.897	0.000	0.897	0.897	0.897	0.897	0.897	0.897	0.897	0.897	0.897
RMSE	0.542	0.000	0.542	0.542	0.542	0.542	0.542	0.542	0.542	0.542	0.542
MAPE	65.212	0.000	65.212	65.212	65.212	65.212	65.212	65.212	65.212	65.212	65.212
MaxAPE	3881.586	0.000	3881.586	3881.586	3881.586	3881.586	3881.586	3881.586	3881.586	3881.586	3881.586
MAE	0.316	0.000	0.316	0.316	0.316	0.316	0.316	0.316	0.316	0.316	0.316
MaxAE	5.309	0.000	5.309	5.309	5.309	5.309	5.309	5.309	5.309	5.309	5.309
正态化的BIC	−1.204	0.000	−1.204	−1.204	−1.204	−1.204	−1.204	−1.204	−1.204	−1.204	−1.204

(2) 模型统计量结果表。

表 10.3 给出了模型的拟合统计量和 Ljung-BoxQ 统计量。平稳的 R^2 为 0.571，与模型拟合图中的平稳的 R^2 一致。Ljung-BoxQ 统计量值为 121.541，显著性水平为 0.000，因此拒绝残差序列为独立序列的原假设，说明模型拟合后的残差序列是存在自相关的，因此建议采用 ARIMA 模型继续拟合。

第 10 章 时间序列预测

表 10.3 模型统计量

模型	预测变量数	模型拟合度统计	杨-博克斯 Q(18)			离群值数
		平稳的 R^2	统计量	DF	显著性	
US spread-模型_1	0	0.571	121.541	16	0.000	0

(3) 指数平滑法模型参数表。

表 10.4 给出了指数平滑法模型参数估计值列表。本试验拟合的指数平滑模型的水平 Alpha 值为 0.999，P 值为 0.000，不仅作用很大且非常显著。SPREAD 尽管为季节性数据，但该序列几乎没有任何季节性特征。

表 10.4 指数平滑法模型参数

模型			估算	标准误差	t	显著性
US spread-模型_1	无转换	Alpha(水平)	0.999	0.041	24.091	0.000
		Delta(季节)	0.000	6.970	5.900E-5	1.000

(4) 指数平滑模型拟合图。

图 10.23 给出了"利差"的指数平滑模型的拟合图和观测值。"利差"序列整体上呈波动状态，拟合值和观测值曲线在整个区间中几乎重合，因此可以说明指数平滑模型对"利差"的拟合情况非常好。通过指数平滑模型的拟合图可以发现，联邦基金利率差额在 48 年中出现过两次剧烈波动下行，并且总体上前 20 年的波动较为剧烈，而最近 20 年波动相对平缓。

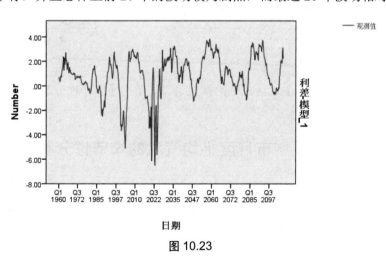

图 10.23

通过指数平滑模型分析可以发现：

(1) 由结果分析(1)可知，从拟合的 R^2 来看，该指数平滑模型的拟合情况良好。

(2) 由结果分析(2)可知，模型拟合后的残差序列是存在自相关的，因此建议采用 ARIMA 模型继续拟合。

(3) 由结果分析(3)可知，"利差"序列整体上呈波动状态，拟合值和观测值曲线在整个区间中几乎重合，因此可以说明指数平滑模型对"利差"的拟合情况非常好。

10.2.4　季节分解的 SPSS 操作详解

step 01　选择菜单栏中的【分析】|【预测】|【周期性分解】命令，弹出【周期性分解】对话框，如图 10.24 所示。

step 02　季节分解模型的选择。

在【周期性分解】对话框左侧的候选变量列表框中选择一个变量，将其移入【变量】列表框中。在【模型类型】选项组中选择模型类型；单击【保存】按钮，弹出【周期：保存】对话框，如图 10.25 所示。

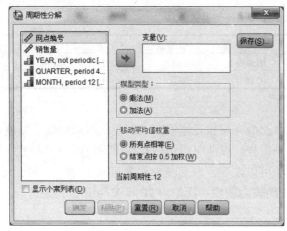

图 10.24

图 10.25

step 03　完成操作。

如果不改变【周期：保存】对话框中的默认选项，单击【周期性分解】对话框中的【确定】按钮，将进行季节分解。

10.2.5　课堂练习：某城市月度平均气温的季节性分解分析

1. 实例内容

图 10.26 所示数据文件记录了 1995—1999 年中国某城市的月度平均气温。本试验将利用季节性分解对该城市气温进行分析，利用季节分析气温除去季节因素影响外的内在规律。

2. 实例操作

step 01　打开对话框。

打开数据文件，进入 SPSS 数据编辑器窗口，选择菜单栏中的【数据】|【定义日期】命令，弹出图 10.27 所示的【定义日期】对话框，在【个案为】列表框中选择【年份、月份】选项，然后在【第一个个案为】选项组中的【年】和【月】文本框中输入数据开始的具体年份 1995 和月份 1，然后单击【确定】按钮，完成时间

图 10.26

变量的定义。

step 02 设置分析变量。

在菜单栏中选择【分析】|【预测】|【周期性分解】命令,打开【周期性分解】对话框,如图 10.28 所示。将【气温】变量选入【变量】列表框中,选中【加法】和【结束点按 0.5 加权】单选按钮。

图 10.27

图 10.28

step 03 其他设置使用系统默认设置。

step 04 单击【确定】按钮,结束操作,SPSS 软件自动输出结果。

3. 实例结果及分析

表 10.5 给出了模型的基本描述。从该表可以看出,模型的名称为 MOD_1,模型的类型为"加法",另外,还可看到移动平均数的计算方法。

表 10.6 给出了"气温"序列进行季节性分解的季节性因素。因为季节性因素的存在使得气温在不同的月份呈现出相似的性质,因此该季节性因素相当于周期内季节性影响的相对数。

表 10.5 模型描述

模型名称		MOD_1
模型类型		加法
序列名称	1	气温
季节周期长度		12
移动平均值的计算方法		跨度等于周期长度加 1,且端点按 0.5 加权

正在应用来自 MOD_2 的模型指定项。

表 10.6 季节因子

序列名称:气温

周期	季节因子
1	−15.86007
2	−11.63507
3	−6.20694
4	1.51389
5	7.24826
6	11.76910

续表

周期	季节因子
7	13.50556
8	12.23889
9	7.14306
10	1.07639
11	−7.61736
12	−13.17569

图10.29给出了"气温"序列进行季节性分解后的数据文件的变量视图。从该图可以看到数据文件中增加了4个序列，即ERRJ、SAS_1、SAF_1和STC_1。其中，ERR-1表示"气温"序列进行季节性分解后的不规则或随机波动序列，SAS_1表示"气温"序列进行季节性分解除去季节性因素后的序列，SAF_1表示"气温"序列进行季节性分解产生的季节性因素序列，STC-1表示"气温"序列进行季节性分解出来的序列趋势和循环成分。

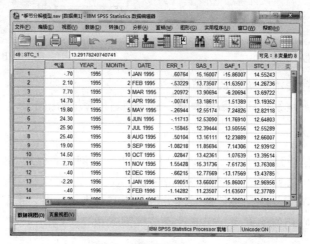

图 10.29

10.3 时间序列的随机性分析

虽然长期趋势的分析、季节变动的分析和循环波动的分析控制着时间序列变动的基本样式，但毕竟不是时间序列变动的全貌，而且用随机过程理论和统计理论来考察长期趋势、季节性变动等许多因素的共同作用的时间序列更具有合理性和优越性。根据随机过程理论和统计理论，对时间序列进行分析，从而形成了时间序列的随机分析。

10.3.1 随机性分析的原理

1. 使用目的

通过随机性时间序列分析，一方面，能够建立比较精确地反映序列中所包含的动态依存关系的数学模型，并借以对系统的未来进行预报；另一方面，能够比较精确地揭示系统动态结构和规律的统计方法。随机性时间序列分析大大丰富和发展了时间序列分析的理论和方法，成为时间序列分析的主流。

2. 基本原理

时间序列的随机分析通常利用 Box-Jenkins 建模方法。利用 Box-Jenkins 方法建模的步骤如下。

(1) 计算观测序列的样本相关系数和样本偏相关系数。

(2) 模式识别。检验序列是否为平稳非白噪声序列。如果序列是白噪声序列，建模结束；如果序列为非平稳序列，采用非平稳时间序列的建模方法，建立 ARIMA 模型或 SARIMA 模型；如果序列为平稳序列，建立 ARMA 模型。

(3) 初步定阶和参数估计。模型识别后，框定所属模型的最高阶数；然后在已识别的类型中，从低阶到高阶对模型进行拟合及检验。

(4) 拟合优度检验。利用定阶方法对不同的模型进行比较，以确定最适宜的模型。

(5) 适应性检验。对选出的模型进行适应性检验和参数检验，进一步从选出的模型出发确定最适宜的模型。

(6) 预测。利用所建立的模型进行预测。

10.3.2 ARIMA 模型的 SPSS 操作详解

step 01 打开【时间序列建模器】对话框。

当时间序列的数据已经准备好以后，选择菜单栏中的【分析】|【预测】|【创建模型】命令，弹出【时间序列建模器】对话框。在该对话框左侧的【变量】列表框中选择一个变量，将其移入【因变量】列表框。在【方法】下拉列表框中选择 ARIMA，并单击【条件】按钮，弹出【时间序列建模器：ARIMA 条件】对话框，如图 10.30 所示。

step 02 ARIMA 模型选择。

对话框中的第一部分为【ARIMA 阶数】选项组，第二部分为【转换】选项组，如图 10.31 所示。

图 10.30

图 10.31

step 03 离群值的处理。

在【时间序列建模器：ARIMA 条件】对话框中单击【界外值】选项卡，如图 10.32 所示，这样可以选择对离群点的处理方式。

图 10.32

step 04 完成操作。

单击【时间序列建模器】对话框中的【确定】按钮，将进行 ARIMA 模型建模。

10.3.3 课堂练习：工业生产值和国库券利率与基金利率差额 ARIMA 模型分析

1. 实例内容

图 10.33 给出了 1960—2008 年某国的工业生产值数据、某国 10 年期国库券利率与该国联邦基金利率差额。

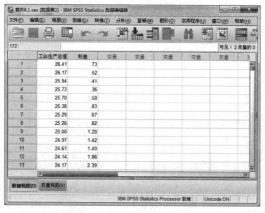

图 10.33

2. 实例操作

具体操作步骤如下。

step 01 打开数据文件。

第 10 章 时间序列预测

进入 SPSS 数据编辑器窗口，选择菜单栏中的【数据】|【定义日期】命令，弹出图 10.34 所示对话框。在【定义日期】对话框的【个案为】列表框中选择【年份、月份】，然后在【第一个个案为】选项组中的【年】和【月】文本框中输入数据开始的具体年份 1960 和月份 1，再单击【确定】按钮，完成时间变量的定义。

step 02 输入变量。

在菜单栏中选择【分析】|【预测】|【创建模型】命令，打开【时间序列建模器】对话框，如图 10.35 所示。将 spread 变量选入【因变量】列表框中，在【方法】下拉列表框中选择 ARIMA。

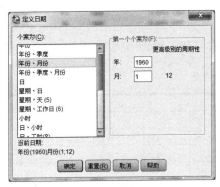

图 10.34

图 10.35

step 03 设置条件。

单击【条件】按钮，打开【时间序列建模器：ARIMA 条件】对话框，如图 10.36 所示。单击【模型】选项卡，在【自回归】的【季节性】列中输入 4、【差分】的【季节性】列中输入 1、【移动平均值】的【季节性】列中输入 2，单击【继续】按钮，保存设置。

step 04 设置统计量。

切换到【统计】选项卡，选中【参数估计】和【显示预测值】复选框，如图 10.37 所示。然后单击【继续】按钮，保存设置。

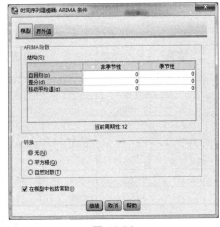

图 10.36

图 10.37

step 05 单击【确定】按钮，便可以得到 ARIMA 模型建模的结果。

3. 试验结果及分析

表 10.7 给出了模型的基本描述。从该表可以看出，所建立的 ARIMA 模型的因变量标签是 US spread，模型名称为"模型_1"，模型的类型为 ARIMA (3,1,2)。

表 10.7 模型描述

模型标识			模型类型
	US spread	模型_1	ARIMA(0,0,0)(3,1,2)

表 10.8 给出了模型的 8 个拟合优度指标的平均值、最小值、最大值及百分位数。从两个 R^2 来看，ARIMA (3,1,2)的拟合情况良好。其中，平稳的 R^2 为 0.346，而 R^2 值为 0.196，这是由于因变量数据为季节性数据，因此平稳的 R 更具有代表性。

表 10.8 模型拟合度

拟合统计信息	平均值	标准误差	最小值(M)	最大值(X)	百分位数(T)						
					5	10	25	50	75	90	95
平稳的 R^2	0.376	0.000	0.376	0.376	0.376	0.376	0.376	0.376	0.376	0.376	0.376
R^2	0.233	0.000	0.233	0.233	0.233	0.233	0.233	0.233	0.233	0.233	0.233
RMSE	1.498	0.000	1.498	1.498	1.498	1.498	1.498	1.498	1.498	1.498	1.498
MAPE	220.270	0.000	220.270	220.270	220.270	220.270	220.270	220.270	220.270	220.270	220.270
MaxAPE	15003.736	0.000	15003.736	15003.736	15003.736	15003.736	15003.736	15003.736	15003.736	15003.736	15003.736
MAE	1.127	0.000	1.127	1.127	1.127	1.127	1.127	1.127	1.127	1.127	1.127
MaxAE	6.178	0.000	6.178	6.178	6.178	6.178	6.178	6.178	6.178	6.178	6.178
标准化的BIC(L)	0.886	0.000	0.886	0.886	0.886	0.886	0.886	0.886	0.886	0.886	0.886

表 10.9 给出了 ARIMA (3,1,2)模型参数估计值。ARIMA (3,1,2)中有两部分，即 AR 和 MA。其中 AR 自回归部分的 3 项显著性水平分别为 0.000、0.000 和 0.074，而 MA 移动平均部分的两项显著性水平为 0.000 和 0.000。除了 AR(3)不是十分显著外，其他项都非常显著。因此，ARIMA (3,1,2)比较合适。

表 10.9 ARIMA 模型参数

					估算	标准误差	T	显著性
US spread-模型_1	US spread	不转换	常量		0.031	0.005	6.770	0.000
			AR，季节性	延迟 1	-0.368	0.118	-3.126	0.002
				延迟 2	0.122	0.068	1.783	0.075
				延迟 3	-0.291	0.051	-5.725	0.000
				延迟 4	-0.271	0.044	-6.207	0.000
			季节性差异		1			
			MA，季节性	延迟 1	0.238	0.868	0.274	0.784
				延迟 2	0.759	0.693	1.096	0.274

图 10.38 给出了 SPREAD 的 ARIMA (3,1,2)模型的拟合图和观测值。SPREAD 序列整体上呈波动状态，拟合值和观测值曲线在整个区间整体上拟合情况良好，但是明显可以看出拟合值

的波动性要小于实际观察值。因此，可以说明 ARIMA (3,1,2)模型对 SPREAD 的拟合情况一般，需要进一步探索其他的 ARIMA 模型。

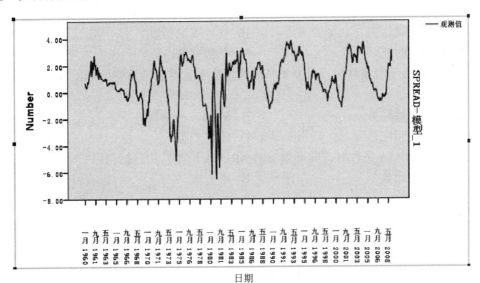

图 10.38

10.4 思考与练习

1. 填空题

(1) 时间序列又称为_____或_____，主要反映了不同时间内的社会经济现象的统计指标值，并将这些统计指标值按照先后顺序加以排列后形成分析数列。

(2) 指数平滑法是使用特定范围内记录的_____作为预测的一种分析方法，属于_____的一种特殊情况。

(3) 总量指标时间序列反映了社会经济现象的绝对水平情况。根据社会经济现象性质而定，总量指标又分为_____和_____时间序列。

(4) ARIMA 模型又称为_____模型或_____模型，可以分析含有_____成分的时间序列数据。

(5) 在分析过程中，可以根据时间序列 4 种因素的影响方式的不同，来设定_____和_____模型。

2. 选择题

(1) 时间序列分析主要是通过预测目标本身的时间序列数据，来预测目标本身的未来发展方向。下列选项中，不属于时间序列特点的一项为(　　)。

　　A. 趋势性　　　B. 随机性　　　C. 周期性　　　D. 线性

(2) 在实际序列分析中，各时期的发展水平会受到长期趋势、(　　)、循环变动、不规则变动等因素的影响。

A. 时间变动　　　B. 季节变动　　　C. 随机变动　　　D. 周期变动

(3) 指数平滑法是统计预测中广泛使用的一种方法，可以直接用于预测，也可以用于（　　）。

A. 分析时间序列　　　　　　B. 估计模型参数
C. 估计观测值　　　　　　　D. 估算残差

(4) 在设置指数平滑条件时，其非季节的模型类型主要包括简单、Holt 线性趋势、Brown 线性趋势和(　　)。

A. 自然对数趋势　　　　　　B. Winters 相乘性
C. Winters 可加性　　　　　D. 阻尼趋势

(5) 在设置 ARIMA 条件时，其非季节的 ARIMA 阶数结构包括自回归、差分和(　　)。

A. 移动平均数　　　　　　　B. 平方根
C. 自然对数　　　　　　　　D. 加权平均

3. 问答题

(1) 简述时间序列的分类。
(2) 如何对时间序列数据进行缺失值替换？
(3) 如何定义日期变量？
(4) 时间序列分析具有哪些特点？
(5) 如何制作分析序列图？

第 11 章　问卷缺失值、信度处理与多重响应分析

在日常工作及科学研究中，当处理样本较大的群体调查时，由于多种原因可能会导致所收集的数据不完整，这时的初始数据中就含有缺失值。缺失值带来许多负面影响。比如：含缺失值的观测可以看作是正常观测的系统误差，就会导致计算结果不准确；获得的信息比预期要少，这导致计算统计量的精度低；许多统计过程的假设是基于完整数据的，数据不完整将导致计算过程无法进行。

在 SPSS 中可以采用多种方式对缺失值进行灵活处理。比如，在各个统计析过程里加入处理缺失值的选项，或者在分析通过缺失值替换过程前先处理缺失值。本章将介绍专门的缺失值分析过程。

11.1　调查问卷缺失值处理方法

缺失值是统计人员和数据采集人员所不愿见到的，但也是无法避免的。在大型的数据采集任务中，即使有着非常严格的质量控制，含有缺项、漏项的记录也可能很容易地达到10%。进行敏感问题的调查时，缺失值问题就更加突出了，比如问卷中涉及了家庭收入、婚外性伴侣问题时，许多受访者都会以漏填来避免尴尬。

有些统计分析方法采取将含缺失值的观测记录直接删除的做法，当缺失值较少时，这有太大问题；但当缺失值数量较多时，这样做会直接丢失大量的信息，并有可能会导致错误结论，故而进行更为系统的缺失值分析是非常有必要的。

11.1.1　缺失值的类型与处理方法

数据的缺失是有一定规律的，其缺失方式大致可以分为以下 3 种：完全随机缺失(Missing Completely At Random，MCAR)、随机缺失(Missing At Random，MAR)和非随机缺失(Missing At Non-Random，MANR)。

1. 完全随机缺失

完全随机缺失的含义就是指缺失现象完全是随机发生的，和自身或其他量的取值无关。这是缺失值问题中处理起来比较简单的一种，可以直接将缺失值删除，无须单计偏差，这样做唯一的缺点是会丧失一些信息；也可以采用均值替换等方法处理缺失值，以充分利用样本信息。要评估 MCAR 假设是否成立，可以通过比较回答者和未回答者的分布情况进行验证，也可以使用单变量 t 检验或 Little's MCAR 检验进行更精确的推断。事实上，MCAR 的情况非常少见，而且上述的检验方法都只能证明 MCAR 假设不成立，而不能证明其成立，因此在对缺失情况作评价时一定要相当谨慎，切不可妄下结论。

2. 随机缺失

这种情况要严重些，但也更加常见，它的含义是指有缺失值的变量缺失情况的发生与数据集中其他无缺失变量的取值有关。此时，缺失值不仅会引起信息损失，还可能导致分析结果的不可信。比如调查人群的血压时发现数据有缺失，但缺失情况是以高龄组为主，这是由于高龄组的受访者因行动不便，不能到场接受深度访谈和检查所致；此时将缺失值直接删除就不一定合适，而应利用已知变量对缺失的数据进行估计，这样才能对总体有一个综合的评价。

3. 非随机缺失

这是最坏的一种情形，数据的缺失不仅和其他变量的取值有关，也和其自身有关，比如在调查收入时，收入高的人出于各种原因不愿意提供其家庭年收入值。这种情形下，缺失值分析模型基本上是无能为力的，而只能作粗略的估计。

SPSS 的缺失值分析模块，主要是对 MCAR 和 MAR 的情况进行研究，尤其是后者。研究者应该在进行调查之前，就考虑哪些重要变量可能会有缺失值出现，以及由此引发问题的严重程度；然后在设计问卷时就包括一些与之相关的变量，以便用这些变量来估算缺失值。

11.1.2 替换缺失值的 SPSS 操作详解

step 01 打开【替换缺失值】对话框。

选择菜单栏中的【转换】│【替换缺失值】命令，弹出【替换缺失值】对话框，如图 11.1 所示。

step 02 选择检验变量。

在该对话框左侧的候选变量列表框中选择一个或几个变量，将其移入【新变量】列表框中，这时系统自动产生用于替代缺失值的新变量，用户也可在【名称】文本框处自己定义替代缺失值的新变量名。

step 03 选择替换缺失值的方法。

在【方法】下拉列表框中选择缺失值的替代方式，如图 11.2 所示。

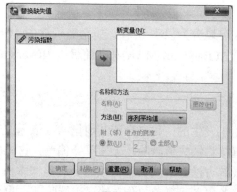

图 11.1

图 11.2

- 【序列平均值】：用该变量的所有非缺失值的均数作替代。
- 【邻近点的平均值】：用缺失值相邻点的非缺失值的均数作替代，取多少个相邻点可任意定义。
- 【邻近点的中位数】：用缺失值相邻点的非缺失值的中位数作替代，取多少个相邻点可任意定义。
- 【线性插值】：线性插值法填补缺失值。用该列数据缺失值前一个数据和后一个数据建立插值直线，然后用缺失点在线性插值函数的函数值填充该缺失值。
- 【邻近点的线性趋势】：缺失点处的线性趋势法。应用缺失值所在的整个序列建立线性回归方程，然后用该回归方程在缺失点的预测值填充缺失值。

step 04 其他选项设置。

当选择的替换缺失值的方法为【临近点的平均值】或【临近点的中位数】时，选项【临近点的跨度】处于激活状态，可以选取相邻点的跨度。

step 05 单击【确定】按钮，结束操作，SPSS 软件自动输出结果。

如果分析中没有用到含缺失值的变量，可以不用关心缺失值问题。在 SPSS 相关的分析过程中，选择【按对排除个案(P)】，这时如果没有用到含缺失值的变量，缺失值对分析没有影响；如果选择【按列表排除个案(L)】，含有缺失值的个案将不会用于分析，可能会造成信息损失。

11.1.3 缺失值分析的 SPSS 操作详解

step 01 打开【缺失值分析】对话框。

选择菜单栏中的【分析】|【缺失值分析】命令，弹出【缺失值分析】对话框，如图 11.3 所示。

step 02 选择检验变量。

在该对话框左侧的候选变量列表框中选择一个或几个变量，将其移【定量变量】或【分类变量】列表框中。定量变量是选择进入缺失值分析的变量。

step 03 选择缺失值估计的方法。

在【估计】选项组中选择缺失值的处理，从而对参数进行设置。

- 按列表：分析时按列表排除个案，将缺失值排除在外，从而对变量进行分析。
- 两两比较：按配对的方式对缺失值进行分析。
- EM：用 Expectationt Maxiumum 方法对缺失值进行修补。
- 回归：用线性回归的方法对缺失值进行修补。

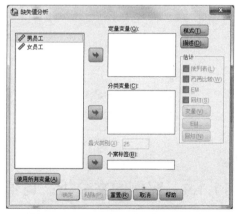

图 11.3

step 04 其他选项设置。

【缺失值分析：模式】对话框包含输出的模式、变量缺失的模式等 5 个部分，如图 11.4 所示。

(1) 输出部分。
- 按照缺失值模式分组的表格个案。
- 按照缺失值模式排序的带有缺失值个案。

- 按照选定变量指定顺序排序的所有个案。

(2) 变量。

缺失模式。

(3) 附加信息。

(4) 排序依据。

(5) 排列顺序。

- 升序。
- 降序。

【缺失值分析：描述统计】对话框主要包括单变量统计、指示符变量统计、忽略缺失值占总个案数的比例小于三部分，如图 11.5 所示。

(1) 单变量统计。

(2) 指示符变量统计。

- 百分比不匹配。
- 使用由指示符变量形成的分组进行的 t 检验。
- 为分类变量和指示符变量生成交叉表格。

(3) 忽略缺失值占总个案数的比例小于的变量。

step 05 单击【确定】按钮，结束操作，SPSS 软件自动输出结果。

图 11.4

图 11.5

11.1.4 实例图文分析：电信公司客户数据缺失值的分析

1. 实例内容

某电信公司在减少客户群中的客户流失方面的举措，每个个案对应一个单独的客户，并记录各类人口统计和服务用途信息。下面将结合本数据文件详细说明如何得到数据文件的缺失值，是否为随机缺失及其他统计量输出结果，从而认识 SPSS 的缺失值分析过程。其数据如图 11.6 所示。

第 11 章 问卷缺失值、信度处理与多重响应分析

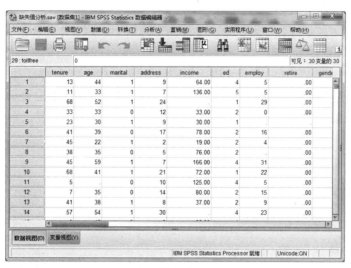

图 11.6

2. 实例操作

step 01 打开【缺失值分析】对话框。

打开数据文件，进入 SPSS 数据编辑器窗。选择菜单栏中的【分析】|【缺失值分析】命令，弹出图 11.7 所示对话框。

step 02 选择自变量。

选择【婚姻状况[marital]】、【受教育水平[ed]】、【退休[retire]】及【性别[gender]】4 个变量进入【分类变量】列表框中；选择【服务月数[tenure]】、【年龄[age]】、【在现住址居住年数[address]】、【家庭收入(千)[income]】、【现职位工作年数[employ]】及【家庭人数[reside]】6 个变量进入【定量变量】列表框中，如图 11.8 所示。

图 11.7　　　　　　　　　　　　　　图 11.8

step 03 进行【模式】设置。

在【缺失值分析】对话框中单击【模式】按钮，弹出【缺失值分析：模式】对话框，选中【输出】选项组中的【按照缺失值模式分组的表格个案】复选框，从【缺失模式】列表框中选

中 income、ed、gender 和 reside 这 4 个变量进入【附加信息】列表框中。其他采用默认设置，设置结果如图 11.9 所示。设置完毕，单击【继续】按钮，返回到【缺失值分析】对话框。

step 04 进行【描述】分析。

单击【缺失值分析】对话框中的【描述】按钮，弹出【缺失值分析：描述统计】对话框。选中【单变量统计】复选框及【指示符变量统计】选项组中的【使用由指示符变量形成的分组进行的 t 检验】复选框和【为分类变量和指示符变量生成交叉表格】复选框，其他采用默认设置，设置结果如图 11.10 所示。

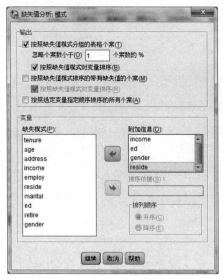

图 11.9

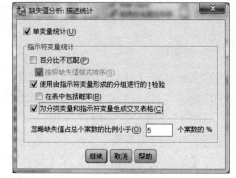

图 11.10

step 05 进行【缺失值分析：EM】设置。

【缺失值分析：EM】中的参数选用默认设置即可。

3. 实例结果及分析

表 11.1 所示的单变量统计表给出了所有分析变量未缺失数据的频数、平均值和标准差，同时给出了缺失值的个数和百分比以及极值的统计信息。通过这些信息，可以初步了解数据的概貌特征，以 employ 一行为例，employ 变量的有效数据有 904 个，它们的平均值为 11，标准差为 10.113，缺失数据有 96 个，占数据总数的比例为 9.6%，有 15 个极大值。

表 11.1 单变量统计

变量	个案数	平均值	标准偏差	缺失		极值数目 [a]	
				计数	百分比	低	高
tenure	968	35.56	21.268	32	3.2	0	0
age	975	41.75	12.573	25	2.5	0	0
address	850	11.47	9.965	150	15.0	0	9
income	821	71.1462	83.14624	179	17.9	0	71
employ	904	11.00	10.113	96	9.6	0	15
reside	966	2.32	1.431	34	3.4	0	33

续表

变量	个案数	平均值	标准偏差	缺失		极值数目[a]
				计数	百分比	
marital	885			115	11.5	
ed	965			35	3.5	
retire	916			84	8.4	
gender	958			42	4.2	

a. 超出范围(Q1-1.5*IQR，Q3+1.5*IQR)的个案数。

表 11.2 和表 11.3 所列为使用 EM 法进行缺失值的估计和替换后，总体数据的平均值和标准差的变化情况，其中"所有值"行为原始数据的统计特征，EM 行为使用 EM 法后总体数据的统计特征。

表 11.2　估算的平均值摘要

变量	tenure	age	address	income	employ	reside
所有值	35.56	41.75	11.47	71.1462	11.00	2.32
EM	36.12	41.91	11.58	77.3941	11.22	2.29

表 11.3　估算的标准偏差摘要

变量	tenure	age	address	income	employ	reside
所有值	21.268	12.573	9.965	83.14424	10.113	1.431
EM	21.468	12.699	10.265	87.54860	10.165	1.416

表 11.4 给出了单个方差 T 检验结果，通过此表用户可以找出影响其他定量变量的变量的缺失值模式，即通过单个方差 T 统计量结果检验缺失值是否为完全随机缺失。由表 11.4 可以看出，年龄大的人倾向于不报告收入水平，当收入值缺失时，age 的平均值是 49.73；当收入值完整时，age 的平均值为 40.01。通过 income 一栏的 T 统计量可以看出，income 的缺失将明显影响其他定量变量，这就说明 income 的缺失不是完全随机缺失。

表 11.4　独立方差 T 测试[a]

	变量	tenure	age	address	income	employ	reside
address	t	0.4	0.3	0.0	3.5	1.4	1.0
	df	202.2	192.5	0.0	313.6	191.1	199.5
	# 存在	819	832	850	693	766	824
	# 缺失	149	143	0	128	138	142
	平均值(存在)	35.68	41.79	11.47	74.0779	11.20	2.34
	平均值(缺失)	34.91	41.49	0.0	55.2734	9.86	2.21
income	t	-5.0	-8.3	-3.9	0.0	-5.9	3.6
	df	249.5	222.8	191.1	0.0	203.3	315.2
	# 存在	793	801	693	821	741	792
	# 缺失	175	174	157	0	163	174
	平均值(存在)	33.93	40.01	10.67	71.1462	9.91	2.39
	平均值(缺失)	42.97	49.73	14.97	0.0	15.93	2.02

续表

变量		tenure	age	address	income	employ	reside
employ	t	−1.0	−0.4	−0.7	0.5	0.0	−0.3
	df	110.5	110.2	97.6	114.9	0.0	110.9
	# 存在	877	881	766	741	904	874
	# 缺失	91	94	84	80	0	92
	平均值(存在)	35.34	41.69	11.37	71.4953	11.00	2.31
	平均值(缺失)	37.70	42.27	12.32	67.9125	0.0	2.37
marital	t	0.0	1.8	1.2	−0.8	0.9	−2.2
	df	148.1	149.5	138.8	121.2	128.3	134.2
	# 存在	856	862	748	728	805	857
	# 缺失	112	113	102	93	99	109
	平均值(存在)	35.56	42.00	11.61	70.3887	11.10	2.28
	平均值(缺失)	35.57	39.85	10.43	77.0753	10.17	2.61
retire	t	−0.6	−0.4	−0.4	0.3	0.0	0.2
	df	95.4	94.4	84.0	93.2	0.0	99.0
	# 存在	888	893	777	751	904	885
	# 缺失	80	82	73	70	0	81
	平均值(存在)	35.44	41.70	11.42	71.3356	11.00	2.32
	平均值(缺失)	36.89	42.29	11.96	69.1143		2.30

注：对于每个定量变量，将由指示符变量构成组对(存在，缺失)。
a. 不会显示缺失率低于 5% 的指示变量。

表 11.5 以 marital 为例给出了分类变量与其他定量变量间的交叉表。该表给出了在不同婚姻情况下，各分类变量非缺失的个数和百分比，以及各种缺失值的个数和百分比，表中标识了系统缺失值的取值及在不同婚姻情况中的人的分布情况。

表 11.5 marital

变量			总计	未婚	已婚	缺失 系统缺失值
address	现在	计数	850	390	358	102
		百分比	85.0	85.5	83.4	88.7
	缺失	系统缺失值百分比	15.0	14.5	16.6	11.3
income	现在	计数	821	380	348	93
		百分比	82.1	83.3	81.1	80.9
	缺失	系统缺失值百分比	17.9	16.7	18.9	19.1
employ	现在	计数	904	418	387	99
		百分比	90.4	91.7	90.2	86.1
	缺失	系统缺失值百分比	9.6	8.3	9.8	13.9
retire	现在	计数	916	423	392	101
		百分比	91.6	92.8	91.4	87.8
	缺失	系统缺失值百分比	8.4	7.2	8.6	12.2

注：不会显示缺失百分比低于 5% 的指示符变量。

表 11.6 给出了指标模式输出表格，就是缺失值样式表，它给出了缺失值分布的详细信息，表中用"×"标识了使用该模式下缺失的变量。由表可以看出，所有显示的 950 个个案中，9 个

变量值都完整的个案数有 475 个，缺失 income 值的个案有 109 个，同时缺失 address 和 income 值的个案有 16 个，表格其他数据的解释类似。

表 11.6 表格模式

个案数	缺失模式[a]								完成条件[b]	income[c]	ed[d]					retire[d]		gender[d]	
	age	reside	tenure	ed	gender	retire	employ	marital	address	income			未完成中学学历	中学学历	社区学院	大学学位	研究生学位	是	否	男	女
475											475	76.5853	99	157	87	101	31	463	12	201	274
109										×	584	0.000	27	35	19	17	11	95	14	47	62
16									×	×	687	0.000	5	9	0	1	1	12	4	12	4
87										×	562	54.4368	21	27	9	24	6	85	2	66	21
13		×									488	56.0000	4	3	2	3	1	13	0	4	9
60								×			535	77.2167	1	2	27	24	6	59	1	35	25
16			×								491	47.8125	0	0	0	0	0	16	0	6	10
17		×									492	76.2353	2	7	3	4	1	17	0	7	10
18				×							493	54.1111	3	7	4	4	0	17	1	0	0
16									×	×	660	0.000	0	0	7	8	1	14	2	6	10
37				×	×						520	59.4595	9	14	5	8	1	0	0	15	22

注：将不会显示个案百分比低于 1%(10 个或更少)的模式。

a. 变量按缺失模式进行排序。

b. 不使用模式(以 "×" 标记)中的缺失变量时的完整个案数。

c. 每个唯一模式的平均值。

d. 每个唯一模式的频率分布。

表 11.7 至表 11.9 给出了 EM 算法的相关统计量，包括 EM 平均值、协方差和相关性。从 EM 平均值表中可知，age 变量的平均值为 41.91，从 EM 协方差输出表可知 age 和 tenure 间的协方差值为 135.326，从 EM 相关性输出表可知，age 与 tenure 的相关系数为 0.496。另外，从 3 个表格下方的 Little 的 MCAR 检验可知，卡方检验的显著性值明显小于 0.05，因此，拒绝了缺失值为完全随机缺失(MCAR)的假设，这也验证了由表 11.4 所得到的结论。

表 11.7 EM 平均值[a]

tenure	age	address	income	employ	reside
36.12	41.91	11.58	77.3941	11.22	2.29

a. 利特尔 MCAR 检验：卡方=179.836，自由度=107，重要性 =0.000。

表 11.8 EM 协方差[a]

变量	tenure	age	address	income	employ	reside
tenure	460.893					
age	135.326	161.261				

续表

变量	tenure	age	address	income	employ	reside
address	111.341	85.440	105.372			
income	547.182	451.109	300.533	7664.75710		
employ	113.359	86.871	48.051	525.81159	103.326	
reside	−1.107	−4.538	−3.098	−14.60886	−1.916	2.006

a. 利特尔 MCAR 检验：卡方=179.836，自由度=107，重要性=0.000。

表 11.9　EM 相关性 [a]

变量	tenure	age	address	income	employ	reside
tenure	1					
age	0.496	1				
address	0.505	0.655	1			
income	0.291	0.406	0.334	1		
employ	0.519	0.673	0.461	0.591	1	
reside	−0.036	−0.252	−0.213	−0.118	−0.133	1

a. 利特尔 MCAR 检验：卡方=179.836，自由度=107，重要性=0.000。

11.2　调查问卷的信度分析

在作调查问卷时，最看重的是调查问卷的科学性和有效性，如果一份问卷设计出来无法有效地考察问卷中所涉及的各个因素，那么为调查问卷所作的抽样、调查、分析、结论等一系列的工作也就白做了。那么，如何检验设计好的调查问卷有效与否，信度分析是评价调查问卷是否具有稳定性和可靠性的有效分析方法。

11.2.1　信度分析概述

1. 使用目的

为了保证问卷具有较高的可靠性和有效性，在形成正式问卷之前，应当对问卷进行试测，并对试测结果进行信度和效度分析，根据分析结果筛选问卷题项，调整问卷结构，从而提高问卷的信度和效度。信度分析是评价调查问卷是否具有稳定性和可靠性的有效分析方法。

2. 基本原理

重测信度法是用同样的问卷对同一组被调查者间隔一定时间重复施测，计算两次施测结果的相关系数，适用于事实式问卷，如性别、出生年月等在两次施测中不应有任何差异。重测信度法属于稳定系数。副本信度法是让同一组被调查者一次填答两份问卷副本，计算两个副本的相关系数。副本信度属于等值系数。折半信度法是将调查项目分为两半，计算两半得分的相关系数，进而估计整个量表的信度。折半信度属于内在一致性系数，测量的是两半题项得分间的一致性。这种方法一般适用于态度、意见式问卷的信度分析。

克朗巴哈信度系数法是评价的量表中各题得分之间一致性的，属于内在一致性系数。这种方法适用于态度、意见式问卷的信度分析，是目前最常用的信度系数，其公式为

第 11 章 问卷缺失值、信度处理与多重响应分析

$$\alpha = \frac{k\bar{r}}{1+(k-1)\bar{r}}$$

式中：k 为调查问卷中题项的总数；$\bar{r}$ 为各项目相关系数的平均值。

11.2.2 信度分析的 SPSS 操作详解

step 01 打开【可靠性分析】对话框。

选择菜单栏中的【分析】|【度量】|【可靠性分析】命令，弹出【可靠性分析】对话框，如图 11.11 所示。

step 02 选择信度分析变量。

在该对话框左侧的候选变量列表框中选择一个或几个变量，将其移入【项目】列表框中，选择进入信度分析的变量。【刻度标签】主要对信度分析的信度系数做一个标签。

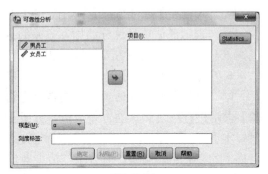

图 11.11

step 03 选择信度分析的方法。

在【模型】下拉列表框中选择信度分析的信度系数，从而对变量进行信度分析，如图 11.12 所示。

- α：克朗巴哈(Cronbach)信度系数法。
- 【半分】：折半信度系数。
- Guttmann：Guttman 最低下限真实信度法。
- 【平行】：各题目变异数同质时的最大概率(maximum-likelihood)信度。
- 【严格平行】：各题目平均数与变异数均同质时的最大概率信度。

step 04 其他选项设置。

【可靠性分析：统计】对话框包含 Hotelling 的检验、Friedman 等级变异数分析、Tukey 的可加性检验等统计分析，如图 11.13 所示。

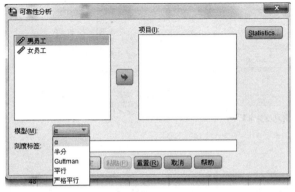

图 11.12

图 11.13

- 【描述性】选项组：【项】表示输出各评估项目的基本描述性统计；【度量】表示输出各评估项目的总分的基本描述性统计；【如果项已删除则进行度量】表示输出剔除某评估项目后的平均值、方差、协方差等基本统计量，从而对评估项目进行逐个评估。
- 【项之间】选项组：【相关性】、【协方差】分别表示输出各评估项目的协方差系数矩阵和相关系数矩阵。
- 【摘要】选项组：【平均值】输出评估项目总分的平均分的基本描述性统计；【方差】表示评估项目总分的样本方差的描述性统计；【协方差】、【相关性】分别输出评估项目总和的协方差矩阵、相关系数矩阵的描述性统计。
- 【ANOVA 表】选项组：提供了多种方法进行检验。

同一评估对象在评估项目上的得分是否具有一致性。【无】表示什么检验都不做；【F 检验】表示进行反复测试的方差分析，只适合于定距型的正态分布数据；【Friedman 卡方】对配对样本进行 Friedman 检验，适合于非正态分布或定序型数据；【Cochran 卡方】表示进行多配对样本的 Cochran 检验，适合于二值型数据。

step 05　单击【确定】按钮，结束操作，SPSS 软件自动输出结果。

11.2.3　实例图文分析：调查问卷的信度

1. 实例内容

图 11.14 给出了某调查问卷的测量数据。该调查问卷共有 10 道题目，均为 10 分量表，高分代表同意题目的观点，共测量了 102 人。试考察此问卷的信度。

图 11.14

2. 实例操作

step 01　打开【可靠性分析】对话框。

选择菜单栏中的【分析】|【度量】|【可靠性分析】命令，弹出【可靠性分析】对话框，如图 11.15 所示。

第 11 章 问卷缺失值、信度处理与多重响应分析

step 02 选择信度分析变量。

在该对话框左侧的候选变量列表框中依次选择题目 1~10 并单击 按钮使之进入【项目】列表框中。

step 03 设置相关统计量输出。

单击【可靠性分析】对话框右上角的【统计】按钮，弹出图 11.16 所示的对话框。

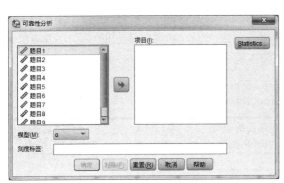

图 11.15

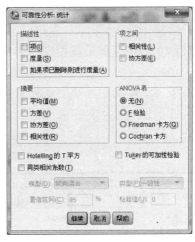

图 11.16

选择【描述性】和【摘要】两个选项组的全部复选框，单击【继续】按钮，返回【可靠性分析】对话框。

step 04 其他设置使用系统默认设置。

step 05 单击【确定】按钮，结束操作，SPSS 软件自动输出结果。

3. 实例结果及分析

（1）信度系数。

Alpha 系数是衡量信度的一种指标，越大表示信度越高。一般而言，信度系数如果在 0.9 以上，则说明信度非常好；如果在 0.8 以上，则说明可以接受；在 0.7 以上，则说明该量表需进行重大修订但不失价值；在 0.7 以下，则说明应该放弃。如表 11.10 所示，本例中 Alpha 系数是 0.881，说明信度还是比较不错的。

表 11.10　可靠性统计量

克隆巴赫 Alpha	基于标准化项的克隆巴赫 Alpha	项数
0.881	0.920	10

（2）项统计量摘要。

表 11.11 给出了问卷中各题目的平均数、极小值、极大值、方差等统计量。容易发现各道题之间的得分差距还是比较大的。例如，项的均值"极小值"为 1.196，极大值为 6.304，跨度很大；项方差范围为 2.557，大于 2，差异也很大。

表 11.11 摘要项统计量

变量	平均值	极小值	极大值	范围	极大值/极小值	协方差	项数
项的均值	5.624	1.196	6.304	5.108	5.270	2.531	10
项方差	1.263	0.377	2.934	2.557	7.782	0.704	10
项之间的协方差	0.539	−0.289	2.551	2.840	−8.838	0.279	10
项之间的相关性	0.534	−0.286	1.000	1.286	−3.492	0.209	10

(3) 项总计统计量。

表 11.12 给出了如果将相应的变量(题目)删除，则试卷总的信度如何改变的统计量。依次为总分的平均值改变、方差改变、该题与总分的相关系数和 Alpha 系数的改变情况(多相关的平方一栏不予考虑)。其中重要的是后两项，如果相关系数太低，则说明该题的应答分值与总分的高低相关性不强，可考虑删除或改进该题。比如本例中的题目 1、2、6，删除之后 Alpha 系数还会上升，信度提高。

表 11.12 项总计统计量

	删除项后的标度平均值	删除项后的标度方差	修正后的项与总计相关性	平方多重相关性	删除项后的克隆巴赫 Alpha
题目 1	50.84	50.609	0.311	0.000	0.909
题目 2	55.04	59.226	0.162	0.000	0.892
题目 3	49.94	48.214	0.888	0.000	0.852
题目 4	49.93	48.520	0.871	0.000	0.854
题目 5	49.94	48.214	0.888	0.000	0.852
题目 6	50.63	54.117	0.179	0.000	0.918
题目 7	49.94	48.214	0.888	0.000	0.852
题目 8	49.94	48.214	0.888	0.000	0.852
题目 9	49.94	48.214	0.888	0.000	0.852
题目 10	49.97	48.148	0.869	0.000	0.853

通过分析可以知道：

① 由结果分析(1)可知，本例中 Alpha 系数是 0.881，说明信度比较好。

② 由结果分析(2)可知，各道题目之间的得分差距比较大。

③ 由结果分析(3)可知，题目 1、2、6 应答分值与总分的高低相关性不强，如果将之删除，试卷总的信度会提高。

11.3 调查问卷的多重响应分析

多重应答又称多选题，即针对同一个问题被访者可能回答出多个有效的答案，它是市场调查研究中十分常见的数据形式。多重响应分析，也称为多重应答分析或多响应变量分析。常使用 SPSS 中的 Multiple Response 命令进行频数分析和交叉分析。

多重应答资料因其特殊性，不方便应用传统的多元统计分析方法进行研究，利用多重二分法和多重分类法两种数据转换方式可以极大地丰富对其建模的方法。多重响应分析通过定义变量集的方式，能够对多选题选项进行频数分析和交叉分析。此外，还可以对其进行回归分析、因子分析等操作。

11.3.1 多重响应分析概述

1. 使用目的

多重响应(Multiple Response)是指对同一个问题被调查者可能有多个答案,它是调查研究中十分常见的数据形式。

2. 基本原理

多重响应资料因其特殊性,不方便应用传统的多元统计分析方法进行研究,利用多重二分法和多重分类法两种数据转换方式可以极大地丰富对其建模的方法。多重二分法的分类编码为0和1,即将每一个选项拆分为一个独立变量,如果选中的则录入1,没有选中的则录入为0。有多少个选项则拆分出多少个变量,因此选项异常多的情况下此种方法有点麻烦。

11.3.2 多重响应分析的 SPSS 操作详解

step 01 打开【定义多响应集】对话框。

选择菜单栏中的【分析】|【多重响应】|【定义多重响应集】命令,弹出【定义多重响应集】对话框,如图 11.17 所示。

step 02 选择多重响应分析变量。

在【设置定义】列表框列出所有的需要设置的变量,其中包括多选题的变量,将候选变量中选择一个或几个变量,将其移入【集合中的变量】列表框中,选择进入多重响应分析的变量。

step 03 设置多重响应集。

在下方的【将变量编码为】选项组中选择编码的方法【二分法】,为多重二分法,【计数值】输入需要统计的变量值,如计数值输入 1,意思是统计变量值为 1 的频率。

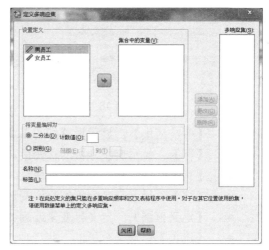

图 11.17

【类别】为多重分类法,【范围】表示多重分类法的起点值,【到】表示多重分类法的终值。

【名称】为输入该多选题的题目名称。

在【名称】文本框中输入该多选题的题目名称,在【标签】文本框中输入分类法的值标签的定义之后,单击【添加】按钮加到【多响应集】列表框中,单击【关闭】按钮,就设置好多重响应集。

【标签】为多重二分法或多重分类法的值标签的定义。

step 04 设置多重响应分析方法。

单击【关闭】按钮,设置好多重响应集,再选择菜单栏中的【分析】|【多元响应】命令,可以看到多出两个菜单选项。

选择菜单栏中的【分析】|【多元响应】|【频率】命令,弹出【多响应频率】对话框,如图 11.18 所示。

- 【多响应集】:显示设置好的多重响应集的名称。
- 【表格】:表示对选入的多重响应集进行列表分析。
- 【缺失值】:表示对缺失值的处理方法。【在二分集内按照列表顺序排除个案】表示对多重二分法的变量进行缺失值的处理。【在类别内按照列表顺序排除个案】表示对多重分类法的变量进行缺失值的处理。缺失值处理方法都是将缺失值排除在样本外进行频率分析。

选择菜单栏中的【分析】|【多元响应)】|【交叉表】命令,进入【多响应交叉表格】对话框,如图 11.19 所示。

图 11.18

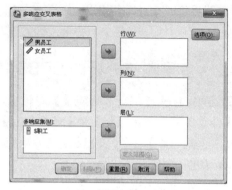

图 11.19

- 【多响应集】:显示设置好的多重响应集的名称。
- 【行】:显示交叉分析的行变量。
- 【列】:显示交叉分析的列变量。
- 【层】:显示交叉分析的分层变量。
- 【定义范围】:定义行变量或列变量或层变量的取值范围。
- 【选项】:交叉分析的一些选项,包括单元百分比(行的、列的、总的)、基于哪种百分比(基于个案的、基于响应的)、缺失值处理(基于多重二分法的变量的、基于多重分类法的变量的),如图 11.20 所示。

图 11.20

11.3.3 实例图文分析:消费者使用的手机品牌调查

1. 实例内容

在一次调查活动中,记录了某消费者使用的手机品牌调查结果。问卷列举了用户可能使用的手机品牌,包括"苹果""三星""小米""联想""HTC""诺基亚""TCL""海尔""其他"。以这些品牌名称为变量名,用 1 代表是,0 代表否,如图 11.21 所示。本例将介绍如何利用"定义变量集"命令,首先定义多重响应变量集 brand,将这些品牌包含进去。

第 11 章　问卷缺失值、信度处理与多重响应分析

2. 实例操作

step 01 打开【定义多响应集】对话框。

选择菜单栏中的【分析】|【多重响应】|【定义变量集】命令,弹出【定义多响应集】对话框,如图 11.22 所示。

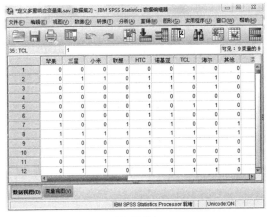

图 11.21

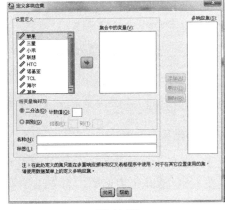

图 11.22

step 02 选择、设置多重响应分析变量。

在【设置定义】列表框选中所有变量,将其移入【集合中的变量】列表框中。选中【二分法】单选按钮,并在【计数值】文本框中输入 1,然后在【名称】和【标签】文本框中分别输入 brand 和【品牌】。单击【添加】按钮,将已定义好的多重响应变量集选入【多响应集】列表框中。最终设置结果如图 11.23 所示。

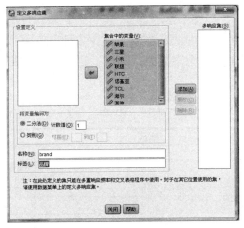

图 11.23

step 03 设置多重响应分析方法。

单击【关闭】按钮,设置好多重响应集。选择菜单栏中的【分析】|【多元响应】|【频率】命令,弹出【多响应频率】对话框,如图 11.24 所示。

step 04 从【多响应集】列表框中选中$brand,然后单击 按钮使之进入【表格】列表框中。其他采用默认设置,设置结果如图 11.25 所示。

图 11.24

图 11.25

step 05 设置完毕后,单击【确定】按钮,输出结果。

3. 实例结果及分析

表 11.13 所示个案摘要表给出了多重响应变量集 brand 中有效数据和缺失数据的基本统计信息。在本例 1000 个案例中,有 111 个数据被认为是缺失的,即有 111 个客户没有对问卷进行回答,数据有效率为 88.9%。

表 11.13 个案摘要

变量	个案					
	有效		缺失		总计	
	个案数	百分比	个案数	百分比	个案数	百分比
$brand[a]	889	88.9%	111	11.1%	1000	100.0%

a. 使用了值 1 对二分组进行制表。

如表 11.14 所示,多重响应分析的频数表,其中"个案数"表示使用对应品牌洗发水的客户数目。响应百分比表示使用该品牌洗发水的消费者数目占使用总频数的百分比,这在对单个变量的频数分布表中是没有的;"个案数的百分比"是指使用该种品牌洗发水的客户数占总客户数的百分比。

表 11.14 $brand 频率

品牌[a]	响应		个案数的百分比/%
	个案数	百分比/%	
苹果	475	12.7	53.4
三星	304	8.1	34.2
小米	261	7.0	29.4
联想	368	9.8	41.4
HTC	481	12.9	54.1
诺基亚	485	13.0	54.6
TCL	493	13.2	55.5
海尔	502	13.4	56.5
其他	371	9.9	41.7
总计	3740	100.0	420.7

a. 使用了值 1 对二分组进行制表。

第11章 问卷缺失值、信度处理与多重响应分析

11.4 思考与练习

1. 填空题

(1) 信度分析多以_____来表示测验信度的高低,其两次或两个测验的结果一致性越高,则误差_____,所得的信度也就_____。

(2) 重测信度用于反映检测_____的稳定性和一致性,而副本信度用于反映_____的等值性。

(3) 内部一致性信度又称为内部一致性系数,用来测量同一个概念的_____的一致性程度,主要反映了测验_____的信度关系。

(4) 半分信度用于测验项目内部的_____,它将测验项目分为_____,计算_____得分的相关系数,并根据相关系数评估整个量表的信度。

(5) 因评分人不同,所使用的评分信度的估算方法也不相同。一般的信度中相关系数的计算可以用_____和_____相关方法。

2. 选择题

(1) 信度分析中的误差一般不会受到系统误差的影响,而会受到(　　)的影响,其值越大,则表明信度就越低。

　　A. 标准误　　　　B. 随机变量　　　C. 随机误差　　　D. 标准差

(2) 效度是与信度相关的一个概念,其信度是效度的前提条件。下列选项中,对信度分析特点描述错误的一项为(　　)。

　　A. 信度是指测验变量或量表本身的一致性或稳定性
　　B. 信度值是在某一特定类型下的一致性,而非指广泛的且一般的一致性
　　C. 信度系数会因测试因素或测试条件的不同而出现不同的结果
　　D. 信度检验是依赖于统计方法进行的一种分析检验方法

(3) 一般情况下,信度是以信度系数为指标进行分析的,大致可分为稳定系数(跨时间的一致性)、(　　)(跨形式的一致性)、内在一致性系数(跨项目的一致性)3类系数。

　　A. 等同信度　　　　　　　　　B. 等级信度
　　C. 等差信度　　　　　　　　　D. 等值信度

(4) 库尔德-理查逊公式是应用于二分法计分的题目,它分为K-R20和K-R21两种形式,其中,K-R21形式的表现公式为(　　)。

　　A. $R_{21} = \dfrac{k}{k-1}\left(1 - \dfrac{\sum P_i(1-P_i)}{S_x^2}\right)$　　　　B. $R_{21} = \dfrac{kS_x^2 - \overline{X}(K-\overline{X})}{k-1}$

　　C. $R_{21} = 1 - \dfrac{S_e^2}{S_x^2}$　　　　D. $R_{21} = \dfrac{k}{k-1}\left(1 - \dfrac{\sum_{i=1}^{k} S_i^2}{S_x^2}\right)$

(5) 在实际分析中，经常用到的信度系数为 Cronbach a 系数，下列描述中错误的一项为（ ）。

  A. Cronbach a<0.1 时，表示勉强可信 B. 0.5≤Cronbach a<0.6 时，表示可信
  C. 0.6≤Cronbach a<0.7 时，表示很可信 D. 0.7≤Cronbach a<0.8 时，表示信度非常高

3. 问答题

(1) 什么是信度系数？
(2) 如何对分析数据进行重测信度分析？
(3) 如何使用相关性执行分半信度分析？
(4) 什么是评分信度？
(5) 简述多维尺度分析的操作过程。

第 12 章 统 计 图 形

统计图是用几何图形或具体形象来描述统计资料的一种重要形式，与表相比，图形具有表达更加直观、生动等优势。因此，包括统计软件在内的数据处理软件越来越重视软件的图形输出功能。

SPSS 除了提供很多的统计分析功能外，还提供了强大的绘图功能。SPSS 可以生成 20 种以上的图形，并且可以对输出图形进行多种形式的编辑和修改。SPSS 中专门用于统计绘图的是图形 Graph 菜单。在常用的统计图中，除了生存曲线(被完全整合到 Survival 模块中)、P-P 图概率和 Q-Q 概率图(被整合到 Descriptive Statistics 模块中)外，其他统计绘图均可由【图形】菜单的各子菜单来完成。

SPSS 具有友好的交互功能和图形处理功能，用户可以在短时间内绘制出高质量的统计图形。在 SPSS 的图形菜单中可以绘制的统计图形包括条形图、2.D 条形图、线图、面积图、饼图、高低图、箱图、误差条形图、人口金字塔、散点/点状图及直方图。

12.1 SPSS 图形的基本功能

SPSS 输出图形的方式有很多种，可以由统计软件分析过程生成，也可以直接从图形菜单中包含的一系列图形选项中直接产生。在 SPSS 中具有友好的交互功能和图形处理功能，用户可以在短时间内绘制出高质量的统计图形，并且可以对生成的图形进行编辑和修改，以保证图形的质量和适用性。

本节主要介绍图形菜单下各子菜单的基本功能和主要选项。

12.1.1 图形生成器

SPSS 的图形生成器(Chart Builder)是由早期版本中图形菜单下的 Gallery 过程发展形成的，是 SPSS 14.0 及其以后版本中添加的绘制图表界面。

Chart Builder 是一种简易的绘制图形工具。利用 Chart Builder 对话框可以直接将图形元素以拖动的方式放入图表对话框中的画布区域。例如，可以预先设置横轴的变量以及条形图的样式等，其特点是可以产生所见即所得的样式。此外，还可以利用已创建的图形，通过设定快捷方式来创建新的图形。

利用 Chart Builder 方式创建图形是初级用户的一个较好的选择，可以提高创建图形的效率，减少一些不可预见的错误。

12.1.2 用传统模式创建图形

利用传统模式创建图形(Legacy Chart)是直接生成 SPSS 图形的主要方式。传统图形的生成模式是以对话框设置的方式创建的，这一点和前面的统计分析功能的框操作类似。操作时需要在各级对话框中选择图形的变量，设置变量产生的图形类型和参数以及其他的选项，如对缺失值的处理等。

传统图形模式可以生成更多类型的图形，同时还可以利用 SPSS 的语句命令进行创建。与交互模式相比，传统图形模式缺少灵活性和直观性，这一点可以通过对生成图形的进一步编辑得到改进。

在旧对话框菜单中可以创建以下类型的传统模式图形。

- 条形图，该选项生成条形图。
- 2.D 条形图，该选项生成三维条形图。
- 线图，该选项生成线图。
- 面积图，该选项生成面积图。
- 饼图，该选项生成饼图。
- 高低图，该选项生成高低图。
- 箱图，该选项生成箱图。
- 误差条形图，该选项生成误差条形图。
- 人口金字塔，该选项生成金字塔图。
- 散点/点状图，该选项生成散点图。
- 直方图，该选项生成直方图。

具体的图形生成方法将在本章后面的内容中详细讲解，此处不再赘述。

12.2 条 形 图

条形图(Bar Chart)是用条带的长短或高低来表示数据指标大小的图形，用于性质相似的间断资料的比较。SPSS 提供了 9 种组合绘制不同数据类型及不同种类的条形图。

12.2.1 条形图的类型和 SPSS 操作详解

条形图是用条带的长短或高低来表现参与比较的指标大小的图形，具有简洁、明快的特点，用于性质相似的间断性资料的比较。可分为 3 种类型，包括简单条形图(简单箱图、条形图)或称单式条形图，表示单个指标的大小；集群条形图(条形图、地图)或称复式条形图，表示两个或多个指标的大小；分段条形图(折叠条形图、地图)或称堆积条形图，表示每个指标条形图中某个因素各水平的构成情况。

图 12.1

SPSS 提供了 9 种组合绘制不同数据类型及不同种类的条形图。

下面介绍绘制条形图的 SPSS 操作详解。

step 01 打开主对话框。

建立或打开数据文件后，从数据编辑窗口中的菜单栏选择【图形】|【旧对话框】|【条形图】命令，打开图 12.1 所示的对话框。

该对话框提供了条形图的一些选项，其中包括条形图类型和统计量描述方式。

step 02 选择条形图类型。

在【条形图】对话框中给出了 3 种条形图模式，即简单箱图、集群条形图和堆积面积图。在该对话框的上方给出了图例，单击图例，即可选择相应的条形图类型。

- 【简单】箱图，为系统默认选项。选择该图例，则会作出简单条形图，该条形图使用单个条形来对每一个类别、观测量或变量作出对比。这种图形用间隔的等宽条带表示各类统计数据的大小，可以很明显地显示基于某种分类的各类数据间的对比情况，该图形的形成由两个统计量决定。
- 【集群条形图】，选择此项，则会作出集群条形图(或复合条形图)，适用于对两个变量交叉分类的描述。该条形图使用一组条带形来作出对比，每一类的条形图都能表现出一群观测、分类的变量或单个观测量。每个组的位置是其中一个变量的取值，在该位置上紧密排列的若干条带是以不同颜色标记的另一个变量的取值，条带的长度是要描述的统计量的值。这种图形相当于根据其他变量对简单条形图中的每个条带对应的数据作进一步的分类，图形的形成由 3 个变量决定。
- 【堆积】面积图，选择此项，则会作出分段条形图，该图形实际上也是对简单条形图的一种集群。该图形适用于两个变量交叉分类的描述，每个条带的位置是其中一个变量的取值，条带的长度是要描述的统计量的值，但是按另一个变量各类别所占的比例将原条带划分为多个段，并用不同的颜色或阴影填充方式来表示这种分段。这样形成的图形在形式上就像堆垒条形积木一样，因此称为堆积条形图。又由于该图具有明显的分段特征，因此又称为分段条形图。

step 03 选择统计量的描述方式。

从该对话框下方的【图表中的数据为】选项组中，可以选择条形图中统计量的描述方式，系统提供了 3 种模式。

- 【个案组摘要】：该选项为系统默认选项，表示个案分组模式。选择此项，将根据分组变量对所有个案进行分组，然后根据分组后的个案数据创建条形图。
- 【各个变量的摘要】：该选项表示变量分组模式。选择此项，则能描述多个变量。简单类型的条形图能描述文件中的每一个变量(涵括所有观测量)。复杂类型的条形图能使用另一个分类变量来描述一个变量。
- 【个案值】：该选项表示个案模式。选择此项，将为分组变量中每个观测值生成一个条形图，条带的长度表示观测值的大小。当数据文件中包含大量个案时，显然不适合用个案模式简单条形图来描述，但适用于对原始数据进行一定的整理后形成的概括性的数据文件，如利用数据的分类汇总功能等整理后的数据文件。

step 04 设置【定义】变量。

设置结束后，单击【定义】按钮，进入具体条形图对话框，可对相关图形作进一步的设置。在后续的各节中将对条形图的几种类型及模式进行详细讲解。

12.2.2 简单条形图 SPSS 操作详解

下面分别说明在个案分组、变量分组、个案 3 种模式下绘制简单条形图的方法与 SPSS 操作详解。

1. 个案分组模式 SPSS 操作详解与实例

1) SPSS 操作详解

step 01 打开【条形图】对话框。

打开数据文件后，从数据编辑窗口中的菜单栏中选择【图形】|【旧对话框】|【条形图】命令，打开图 12.1 所示的【条形图】对话框。

step 02 选择【简单】箱图与【图表中的数据为】。

在【条形图】对话框中，单击选择【简单】箱图图标，并从【图表中的数据为】选项组中选中【个案组摘要】单选按钮。

step 03 进行【定义】设置。

单击【定义】按钮，打开【定义简单条形图：个案组摘要】对话框，如图 12.2 所示。

在该对话框中可以定义生成条形图的统计量、应用图形模板等。

【类别轴】文本框用于从左边的源变量列表框中选择变量，被选入的变量作为分类变量。分类变量的不同值对应条形图带中条的数目，分类变量可以是字符型变量或数值型变量。

【条的表征】选项组中的选项用于定义条形图中条带的长度的统计量，各选项的含义如下。

- 【个案数】选项。为系统默认选项，选择此项，则条形图的长度为分类变量值的观测数。条形图中条带的长度表示频数，可以视为频数分布表的图形表示。

- 【个案数的%】选项。选择此项，则条形图的长度为分类变量的观测数在总观测量中所占的百分比，即以频率作为统计量，条形图中的长度表示频率。

- 【累计数量】选项。选择此项，则条形图的长度为分类变量中到某一个值的累积频数，即分类变量的当前值对应的个案数与以前各值对应的总个案数。

- 【累计%】选项。选择此项，则条形图的长度为分类变量中到某一个值的累积百分比，即条带的长度表示累计频率。

- 【其他统计】选项。选择此项，则【变量】文本框被激活，选择变量后，单击向右箭头按钮将其移入该文本框，系统按照默认设置对该变量的数据取平均值，并作为条形图中条带的长度。

如果不希望对变量取平均值，则需要改变变量的统计量函数。单击【更改统计】按钮，打开图 12.3 所示的【统计】对话框。

在该对话框中，可以选择总体特征的描述统计量、单侧区间数据的特征描述统计量和双侧区间数据的特征描述统计量。

在【选定变量的统计】选项组中，可以选择描述数据总体特征的统计量。各选项的含义如下。

- 【值的平均值】。选择此项，则以变量 a 的平均值为条形的长度，该选项为系统默认选项。

- 【值的中位数】。选择此项，则以变量 a 的中位数为条形的长度。

- 【值的众数】。选择此项，则以变量 a 的众数为条形的长度。

- 【个案数】。选择此项，则以变量 a 的观测数为条形的长度。

- 【值的和】。选择此项，则以变量 a 的值的和为条形的长度。

- 【标准差】。选择此项，则以变量 a 的标准差为条形的长度。

图 12.2

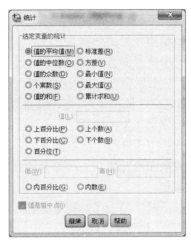
图 12.3

- 【方差】。选择此项，则以变量 a 的方差为条形的长度。
- 【最小值】。选择此项，则以变量 a 的最小值为条形的长度。
- 【最大值】。选择此项，则以变量 a 的最大值为条形的长度。
- 【累计求和】。选择此项，则以变量 a 的值的累计和为条形的长度。

该对话框的中间给出了单侧区间数据特征的描述统计量，当选择该部分中的选项时，上方的【值】文本框被激活，在【值】文本框中输入数值，表示单侧区间的固定界限(称为内界)。按照原有数据与内界的大小关系，可见所有数据划分为两个区间，即大于该值的区间和小于该值的区间，各选项的含义如下。

- 【上百分比】。选择此项，则以变量 a 的值大于阈值(在值栏内设定)的比例作为条形的长度。
- 【下百分比】。选择此项，则以变量 a 的值小于阈值(在值栏内设定)的比例作为条形的长度。
- 【百分位】。选择此项，则以变量 a 的值的百分位数作为条带的长度。
- 【上个数】。选择此项，则以变量 a 的值大于阈值(在值栏内设定)的数目作为纵轴。
- 【下个数】。选择此项，则以变量 a 的值小于阈值(在值栏内设定)的数目作为纵轴。

该对话框下方为描述双侧区间数据特征的统计量。当选择该方框中的选项后，该方框上方【低】和【高】文本框被激活。在【低】(下限)文本框中输入区间下限，在【高】(上限)文本框中输入区间上限。各选项的含义如下。

- 【内百分比】选项。选择此项，则以变量 a 的值在指定区间(在下限和上限栏内设定)的比例为纵轴。
- 【内数】选项。选择此项，则以变量 a 的值在指定区间(在下限和上限栏内设定)的数目为纵轴。

【值是组中点】复选框，选择此项，则值由中点分类。

设置结束后,单击【继续】按钮确认并返回主对话框。

在【条的表征】选项组下方有【面板依据】选项组,用于建立子图网。

在很多图形中都可以选择一个或多个分组变量来建立图形面板,图形面板由相关的子图构成。子图的类型都相同,并且共享同一个横轴,只是每个图代表不同的组,这样可以直观地比较不同组中相同变量的数据。

如果一个变量的含义依赖于另一个变量,如城市(city)和国家(State)两个变量,【城市】就是【国家】的下属集合。如果在变量列表中存在这样的变量,则必须选中【嵌套变量(无空行)】复选框;当建立从属关系时,确保【面板依据】选项组中父变量(如国家)在子变量(如城市)之前;否则就会导致从属关系的颠倒。

若没有选中【嵌套变量】复选框,则在子图网中输出各个变量的分组组合。如果变量应该建立从属关系而没有建立,可能会输出空白的图形。

(1) 标题。

在主对话框中单击【标题】按钮,打开图 12.4 所示的【标题】对话框。

在该对话框中可以设定图形的标题,各选项的含义如下。

- 【标题】选项组的两个文本框用于输入标题,用户可以选择其中的任何一个文本框输入图形的标题。如果用户需要输入的标题太长,可以分成两行分别在两个文本框中输入。
- 【子标题】文本框用于输入副标题。
- 【脚注】选项组用于输入脚注,该栏也有两个文本框,用户可以选择其中的任何一个文本框输入图形的注释。如果用户需要输入的注释太长,可以分成两行分别在两个文本框中输入。

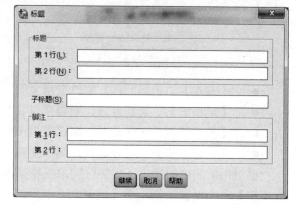

图 12.4

设置结束后,单击【继续】按钮确认并返回主对话框。

(2) 选项。

在主对话框中单击【选项】按钮,打开图 12.5 所示的对话框。

在该对话框中可以选择缺失值的处理方式和误差条图的显示方式。

【缺失值】选项组只有在【条的表征】选项组中有变量时才会被激活。缺失值的处理方式和前面章节中所讲的一样,此处不再赘述。

如果需要将缺失值作为单独的条带显示在条形图中,可以选中【显示由缺失值定义的组】复选框;如果需要在图中显示个案的标签值,可以选中【使用个案标签显示图表】复选框。

【误差条形图的表征】选项组用于选择定义误差条形图中条带长度的统计量。可以定义【误差条形图的表征】值,系统默认为 95.0;也可以定义【标准误差】的水平,系统默认为 2.0;还可以定义【标准差】的水平,系统默认水平为 2.0。

step 04 输出结果。

选择完毕后,单击【继续】按钮确认并返回主对话框。单击【确定】按钮,执行操作,在结果输出窗口中输出所需要显示的图形。

2) 实例图文分析：学历与薪酬收入

(1) 实例内容。

图 12.6 所示是某公司各工种人员受教育水平与薪酬的统计情况。

图 12.5　　　　　　　　　　　　图 12.6

(2) 实例操作。

step 01 打开【条形图】对话框。

打开数据文件【职工信息.sav】后，从数据编辑窗口中的菜单栏选择【图形】|【旧对话框】|【条形图】命令，打开图 12.7 所示的【条形图】对话框。

step 02 选择【简单】箱图与【图表中的数据为】。

在【条形图】对话框中，单击选择【简单】箱图图标，并从【图表中的数据为】选项组中选中【个案组摘要】单选按钮。

step 03 进行【定义】设置。

单击【定义】按钮，打开【定义简单条形图：个案分组模式】对话框，将【学历】选入【类别轴】文本框作为分组变量，从【条的表征】选项组中选中【其他统计】单选按钮，并且选入变量【当前工资】，然后单击【更改统计】按钮，在【统计】对话框中选中【累计求和】单选按钮，单击【继续】按钮确认并返回主对话框。

step 04 选择完毕后，单击【继续】按钮确认并返回主对话框。单击【确定】按钮，执行操作，在结果输出窗口中输出图形。

(3) 实例结果及分析。

输出结果如图 12.8 所示，图中各条带长度表示各工种人员中具备某一受教育水平的个案数与其前面各受教育水平个案数的累加值，因此各条带从左到右呈现逐渐递增的趋势，并在最后达到总个案数。

图 12.7

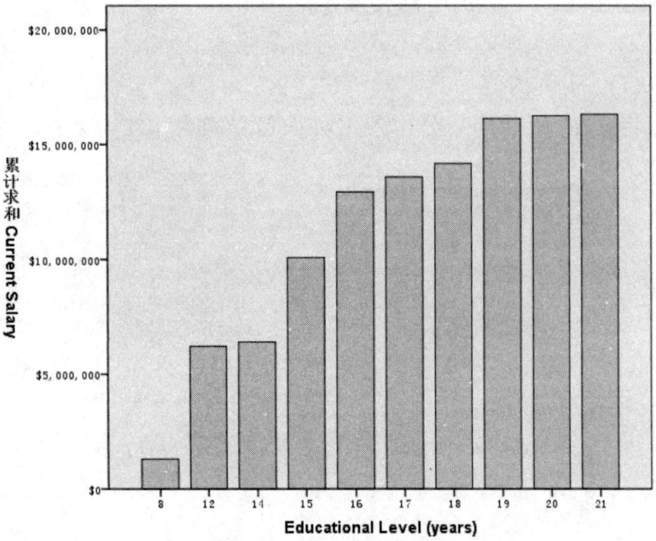

图 12.8

2. 变量分组模式 SPSS 操作详解与实例

1) SPSS 操作详解

step 01 打开【条形图】对话框。

打开数据文件后,从数据编辑窗口中的菜单栏选择【图形】|【旧对话框】|【条形图】命令,打开图 12.1 所示的【条形图】对话框。

step 02 选择【简单】箱图与【图表中的数据为】。

在【条形图】对话框中,单击选择【简单】箱图图标,并从【图表中的数据为】选项组中选中【各个变量的摘要】单选按钮。

step 03 进行【定义】设置。

单击【定义】按钮,打开【定义简单条形图:各个变量的摘要】对话框,如图 12.9 所示。

在该对话框中可以定义生成条形图的统计量、条形图分组变量等选项。

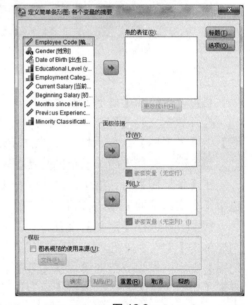

图 12.9

【条的表征】列表框用于从左边的源变量列表框中选择需要描述的变量,最少选入两个变量,并且选入的变量必须为数值型变量。选入变量后,列表框中默认对所有变量求平均值,显示为 MEAN(变量)。与个案分组模式一样,选入变量后,单击【更改统计】按钮,打开【统计】对话框,改变统计量。该对话框中的选项和个案分组模式中一样,此处不再赘述,读者可以参照上文学习。

在【条的表征】列表框下方有【面板依据】选项组,与个案分组模式中的用法相同,读者可参照上文学习。

如果选中【图表规范的使用来源】复选框，则需要单击【文件】按钮，然后在打开的对话框中选定图形模板格式(在下面的多个对话框中将出现此选项，将不再另作讲解)。

此模式中的【标题】和【选项】按钮的功能和操作与个案分组模式中一样，此处不再赘述，读者可参照上文学习。

step 04 输出结果。

选择完毕后，单击【继续】按钮确认并返回主对话框。单击【确定】按钮，执行操作，在结果输出窗口中输出所需要显示的图形。

2) 实例图文分析

(1) 实例内容。

图 12.10 所示为某次考试中一个班级 32 名同学的各科成绩，包括语文、数学、物理、化学、生物 5 个科目。

	编号	语文	数学	物理	化学	生物
1	1	80.00	95.00	74.00	77.00	72.00
2	2	70.00	69.00	71.00	82.00	40.00
3	3	66.00	85.00	79.00	88.00	61.00
4	4	68.00	72.00	75.00	62.00	60.00
5	5	84.00	96.00	96.00	89.00	81.00
6	6	84.00	85.00	88.00	88.00	66.00
7	7	69.00	76.00	89.00	78.00	73.00
8	8	82.00	69.00	80.00	82.00	35.00
9	9	80.00	76.00	51.00	68.00	34.00
10	10	68.00	91.00	78.00	74.00	62.00
11	11	75.00	87.00	80.00	77.00	87.00
12	12	55.00	85.00	65.00	63.00	35.00
13	13	73.00	66.00	65.00	82.00	77.00
14	14	66.00	82.00	81.00	83.00	36.00
15	15	89.00	75.00	85.00	77.00	60.00
16	16	82.00	88.00	77.00	84.00	80.00
17	17	60.00	81.00	76.00	87.00	81.00
18	18	94.00	72.00	77.00	79.00	81.00
19	19	80.00	87.00	70.00	82.00	60.00
20	21	69.00	72.00	54.00	89.00	36.00
21	22	57.00	60.00	69.00	60.00	50.00
22	23	73.00	86.00	72.00	75.00	60.00

图 12.10

(2) 实例操作。

step 01 打开【条形图】对话框。

打开数据文件【学生成绩】后，从数据编辑窗口中的菜单栏选择【图形】|【旧对话框】|【条形图】命令，打开图 12.11 所示的【条形图】对话框。

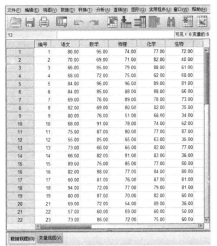

step 02 选择【简单】箱图与【图表中的数据为】。

在【条形图】对话框中，单击选中【简单】箱图图标，并从【图表中的数据为】选项组中选中【各个变量的摘要】单选按钮。

step 03 进行【定义】设置。

单击【定义】按钮，打开【定义简单条形图：各个变量的摘要】对话框，将语文、数学、物理、化学、生物 5 个变量选入【条的表征】列表框，其他采用默认设置，如图 12.12 所示。

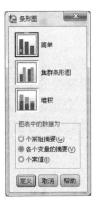

图 12.11

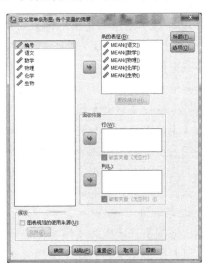

图 12.12

step 04 输出结果。

选择完毕后，单击【继续】按钮确认并返回主对话框。单击【确定】按钮，执行操作，在结果输出窗口中输出所需要显示的图形。

(3) 实例结果及分析。

图 12.13 中条带的长度代表各科考试成绩的平均值。可以看出，数学的平均成绩最高，化学次之，而生物的平均成绩最低。

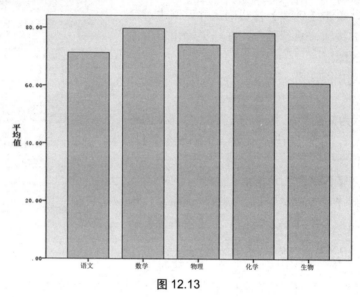

图 12.13

3. 个案模式 SPSS 操作详解与实例

1) SPSS 操作详解

step 01 打开【条形图】对话框。

打开数据文件后，从数据编辑窗口中的菜单栏选择【图形】|【旧对话框】|【条形图】命令，打开图 12.1 所示的【条形图】对话框。

step 02 选择【简单】箱图与【图表中的数据为】。

在【条形图】对话框中，单击选中【简单】箱图图标，并从【图表中的数据为】选项组中选中【个案值】单选按钮。

step 03 进行【定义】设置。

单击【定义】按钮，打开【定义简单条形图：个案值】对话框，如图 12.14 所示。

【条的表征】文本框用于从左边的源变量列表框中选入需要描绘的变量。

从【类别标签】选项组中选择分类轴标签，包括两个选项：【个案号】选项为系统默认选择此项，则横轴标签为观测序号；【变量】选项，选择此项则横轴标签还需要在下面的文本框设定。

【面板依据】选项组和【模板】选项组的功能及操作方法与前面所讲的一样，此处不再赘述，读者可参照前文学习。在个案模式对话框中没有【选项】按钮，【标题】按钮的功能和操作如前所述，此处不再赘述。

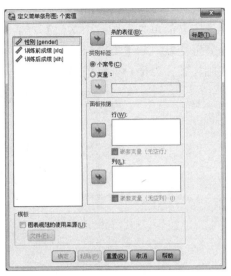

图 12.14

step 04 输出结果。

选择完毕后，单击【继续】按钮确认并返回主对话框。单击【确定】按钮，执行操作，在结果输出窗口中输出所需要显示的图形。

2) 实例图文分析

(1) 实例内容。

图 12.15 所示为某体育运动队男女运动员经过训练前后的成绩。

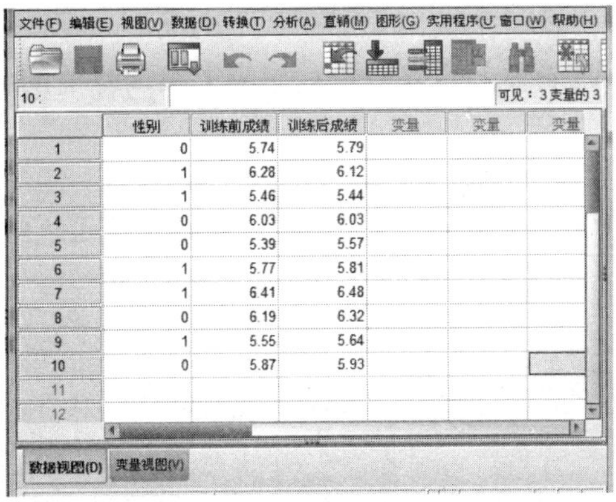

	性别	训练前成绩	训练后成绩	变量	变量	变量
1	0	5.74	5.79			
2	1	6.28	6.12			
3	1	5.46	5.44			
4	0	6.03	6.03			
5	0	5.39	5.57			
6	1	5.77	5.81			
7	1	6.41	6.48			
8	0	6.19	6.32			
9	1	5.55	5.64			
10	0	5.87	5.93			
11						
12						

图 12.15

(2) 实例操作。

step 01 打开【条形图】对话框。

打开数据文件【训练成绩】后，从数据编辑窗口中的菜单栏选择【图形】|【旧对话框】|【条形图】命令，打开图 12.16 所示的【条形图】对话框。

step 02 选择【简单】箱图与【图表中的数据为】。

在【条形图】对话框中，单击选中【简单】箱图图标，并从【图表中的数据为】选项组中选中【个案值】单选按钮。

step 03 进行【定义】设置。

单击【定义】按钮，打开【定义简单条形图：个案值】对话框，选择变量【训练后成绩】进入【条的表征】文本框作为分析变量，从【类别标签】选项组中选中【变量】单选按钮，并将变量【训练前成绩】作为横轴标签，以便对训练前后的成绩进行比较，如图 12.17 所示。

图 12.16

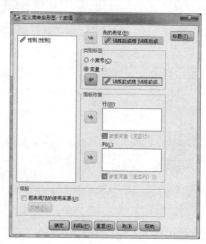

图 12.17

step 04 输出结果。

选择完毕后，单击【继续】按钮确认并返回主对话框。单击【确定】按钮，执行操作，在结果输出窗口中输出所需要显示的图形。

(3) 实例结果及分析。

执行操作后，在结果输出窗口中输出个案模式下的简单条形图，如图 12.18 所示。图中条带长度表示训练后的成绩，而横轴上的数字表示相应个案训练前的成绩，从图中可以直观地看出训练前后成绩的差异。

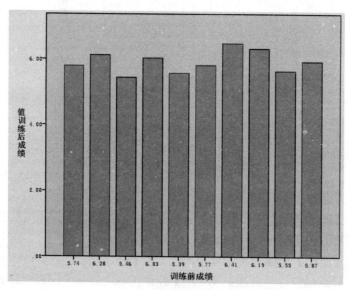

图 12.18

12.2.3 集群条形图

集群条形图(或称分组条形图)适用于对两个变量交叉分类的描述，图中的条带以组的形式进行分类，每个组的位置是其中一个变量的取值。在 SPSS 中同样可以生成 3 种模式下的集群条形图。下面分别对 3 种模式进行讲解。

1. 个案分组模式 SPSS 操作详解与实例

1) 个案分组模式 SPSS 操作详解

step 01 打开【条形图】对话框。

打开数据文件后，从数据编辑窗口中的菜单栏选择【图形】|【旧对话框】|【条形图】命令，打开图 12.1 所示的【条形图】对话框。

step 02 选择【简单】箱图与【图表中的数据为】。

在【条形图】对话框中，单击选中【集群条形图】图标，并从【图表中的数据为】选项组中选中【个案组摘要】单选按钮。

step 03 进行【定义】设置。

单击【定义】按钮，打开【定义集群条形图：个案组摘要】对话框，如图 12.19 所示。

在该对话框中可以定义生成条形图的统计量、条形图分组变量等，该对话框及其子对话框与简单条形图个案分组模式的对话框基本一致。

【类别轴】文本框用于从左边的源变量列表框中选择分类变量。

【定义聚类】文本框用于从左边的源变量列表框中选择集群分类变量。与简单条形图个案分组模式对话框比较可以看出，这是在集群条形图中新增的选项，用于对前面的各个分类作进一步分类。

该对话框中的其他选项和按钮与简单条形图个案分组模式对话框一样，此处不再赘述，读者可参照前文进行学习。

图 12.19

step 04 输出图形。

设置结束后，单击【确定】按钮，即可绘制集群条形图。

2) 实例图文分析

(1) 实例内容。

图 12.20 所示为某公司男女职工学历统计情况。

(2) 实例操作。

step 01 打开【条形图】对话框。

打开数据文件【职工数据】后，从数据编辑窗口中的菜单栏选择【图形】|【旧对话框】|【条形图】命令，打开图 12.21 所示的【条形图】对话框。

step 02 选择【集群条形图】箱图与【图表中的数据为】。

在【条形图】对话框中，单击选中【集群条形图】图标，并从【图表中的数据为】选项组中选中【个案组摘要】单选按钮。

step 03 进行【定义】设置。

单击【定义】按钮，在弹出的对话框中选择变量【性别】作为集群分类变量进入【定义聚类】文本框，选择【文化程度】作为分类变量进入【类别轴】文本框，如图 12.22 所示。

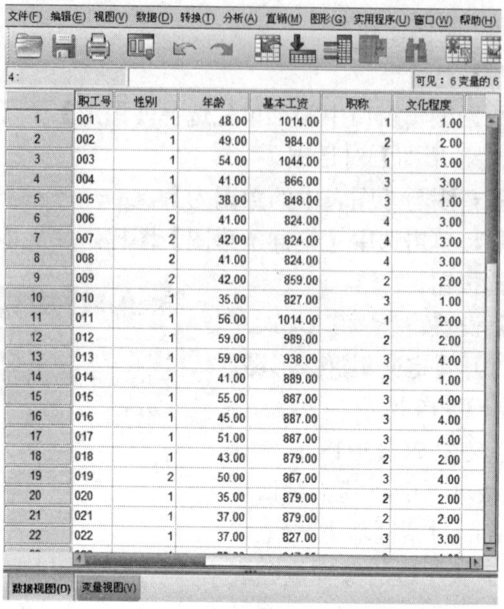

图 12.20

图 12.21

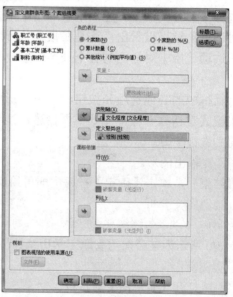

图 12.22

step 04 输出结果。

选择完毕后，单击【继续】按钮确认并返回主对话框。单击【确定】按钮，执行操作，在结果输出窗口中输出所需要显示的图形。

(3) 实例结果及分析。

从图 12.23 中可以直观地看出，男性的文化程度(学历)普遍高于女性，女性中没有本科学历的个案。

2. 变量分组模式 SPSS 操作详解与实例

1) SPSS 操作详解

在图 12.1 所示的【条形图】对话框中，单击选中【集群条形图】图标，并从【图表中的数据为】选项组中选中【各个变量的摘要】单选按钮。单击【定义】按钮，打开【定义集群条形图：各个变量的摘要】对话框，如图 12.24 所示。

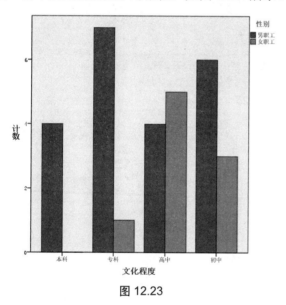

图 12.23

图 12.24

该对话框中的选项及其功能与简单条形图变量分组模式一样，此处不再介绍，读者可参照上文进行学习。

2) 实例图文分析

(1) 实例内容。

图 12.25 所示为某班级语文、数学、英语考试成绩分数。

(2) 实例操作。

step 01 打开【条形图】对话框。

打开数据文件【考试成绩】后，从数据编辑窗口中的菜单栏选择【图形】|【旧对话框】|【条形图】命令，打开图 12.26 所示的【条形图】对话框。

step 02 选择【简单】箱图与【图表中的数据为】。

在【条形图】对话框中，单击【简单】图标，并从【图表中的数据为】选项组中选中【单独变量的摘要】单选按钮。

step 03 进行【定义】设置。

单击【定义】按钮选择变量 chinese、math、english 作为分析变量进入【条形表示】列表框；选择 gender 作为分类变量进入【列】文本框，如图 12.27 所示。

	gender	id	chinese	math	english
1	男	1	78.00	86.00	89.00
2	男	2	77.00	58.00	77.00
3	女	3	85.00	82.00	90.00
4	男	4	76.00	71.00	67.00
5	女	5	88.00	94.00	91.00
6	女	6	89.00	76.00	86.00
7	男	7	90.00	90.00	84.00
8	女	8	76.00	62.00	78.00
9	男	9	82.00	66.00	79.00
10	女	10	79.00	57.00	93.00
11					
12					

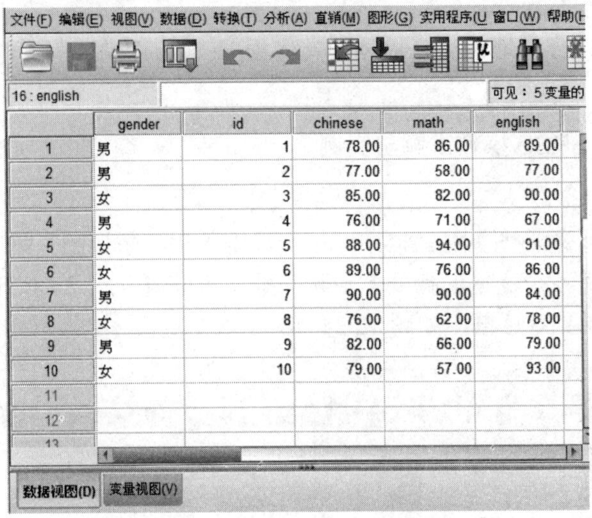

图 12.25

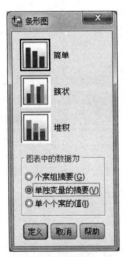

图 12.26

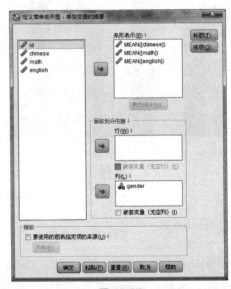

图 12.27

step 04 输出结果。

选择完毕后，单击【继续】按钮确认并返回主对话框。单击【确定】按钮，执行操作，在结果输出窗口中输出所需要显示的图形。

(3) 实例结果及分析。

从图 12.28 中可以直观地看出，男生的语文、英语平均成绩比女生低，数学平均成绩与女生相当。

3. 单个个案模式 SPSS 操作详解与实例

1) SPSS 操作详解

在图 12.1 所示的【条形图】对话框中，单击选中【集群条形图】图标，并从【图表中的数据为】选项组中选中【个案值】单选按钮。单击【定义】按钮，打开【定义集群条形图：个案值】对话框，如图 12.29 所示。

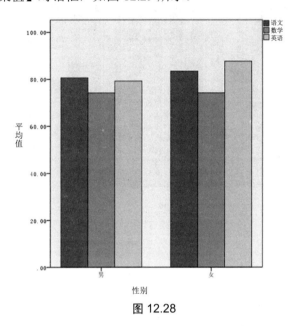

图 12.28

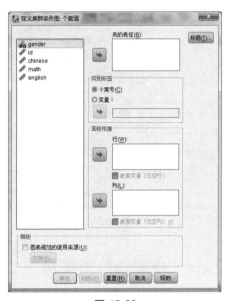

图 12.29

该对话框中的选项及其功能与简单条形图变量分组模式一样，此处不再介绍，读者可参照上文进行学习。

2) 实例图文分析

(1) 实例内容。

图 12.25 所示为某班级语文、数学、英语考试成绩分数。

(2) 实例操作。

step 01 打开【条形图】对话框。

打开数据文件【考试成绩】后，从数据编辑窗口中的菜单栏选择【图形】|【旧对话框】|【条形图】命令，打开图 12.26 所示的【条形图】对话框。

step 02 选择【简单】箱图与【图表中的数据为】。

在【条形图】对话框中，单击【简单】图标，并从【图表中的数据为】选项组中选中【个案值】单选按钮。

step 03 进行【定义】设置。

单击【定义】按钮，在弹出的对话框中选择变量 chinese、math、english 作为分析变量进入【条的表征】列表框，选择 id 作为分类变量进入【变量】文本框，如图 12.30 所示。

step 04 输出结果。

选择完毕后，单击【继续】按钮确认并返回主对话框。单击【确定】按钮，执行操作，在结果输出窗口中输出所需要显示的图形。

(3) 实例结果及分析。

从图 12.31 中可以直观地看出每一个学号的各科成绩。

图 12.30

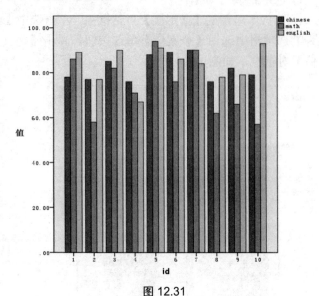

图 12.31

12.2.4 堆积条形图实例

堆积条形图实际上是对简单条形图的一种复合，适用于两个变量交叉分类的描述。在堆积条形图中，可以直观地看出在个案中各变量所占的比例。

打开数据文件后，从数据编辑窗口中的菜单栏选择【图形】|【旧对话框】|【条形图】命令，打开图 12.1 所示的【条形图】对话框。与简单条形图和集群条形图一样，根据统计量综述方式的不同，可以生成 3 种不同的堆积条形图。

1. 个案分组模式 SPSS 操作详解与实例

1) SPSS 操作详解

在图 12.1 所示的【条形图】对话框中，单击选中【堆积条形图】图标，然后从【图表中的数据为】选项组中选中【个案组摘要】单选按钮，单击【定义】按钮，打开【定义堆积条形图：个案组摘要】对话框，如图 12.32 所示。

该对话框与集群条形图个案分组模式对话框基本一致，唯一不同的是在集群条形图中的【定义聚类】换成了【定义堆积】文本框。在【定义堆积】文本框中输入变量，将根据该变量的不同值对基于分组变量(【类别轴】文本框中的变量)的分类作进一步的划分。

2) 实例图文分析

(1) 实例内容。

图 12.20 所示为某公司男女职工学历统计情况。

(2) 实例操作。

 打开【条形图】对话框。

打开数据文件【员工信息】后，从数据编辑窗口中的菜单栏选择【图形】|【旧对话框】|

【条形图】命令，打开图 12.21 所示的【条形图】对话框。

step 02 选择【堆积】条形图与【图表中的数据为】。

在【条形图】对话框中，单击选中【堆积】条形图图标，并从【图表中的数据为】选项组中选中【个案组摘要】单选按钮。

step 03 进行【定义】设置。

从【条的表征】选项组中选中【其他统计】单选按钮，并选择变量【当前工资】进入【变量】文本框。选择变量【职业类别】进入【类别轴】文本框作为分类变量，选择变量【性别】进入【定义堆积】文本框作为堆积变量，如图 12.33 所示。

图 12.32

图 12.33

step 04 单击【确定】按钮，结束操作，SPSS 软件自动输出结果。

(3) 实例结果及分析。

从图 12.34 中可以直观地看出不同职业的平均工资。

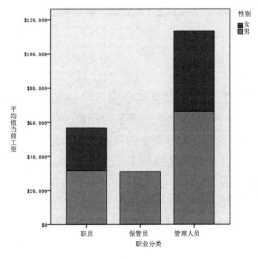

图 12.34

2. 变量分组模式 SPSS 操作详解与实例

1) SPSS 操作详解

在图 12.1 所示的【条形图】对话框中,单击选择【堆积】面积图图标,然后从【图表中的数据为】选项组中选中【各个变量的摘要】单选按钮,单击【定义】按钮,打开【定义堆积条形图:单个变量摘要】对话框,如图 12.35 所示。

该对话框与变量分组模式集群条形图对话框中的选项和功能基本一致,此处不再详写,读者可参照上文进行学习。

2) 实例图文分析

(1) 实例内容。

图 12.36 所示为某公司职工各种收入情况。

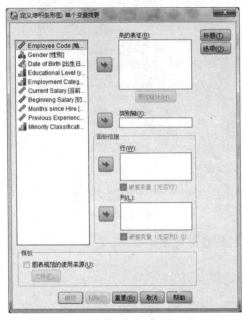

图 12.35　　　　　　　　　　　　图 12.36

(2) 实例操作。

step 01 打开【条形图】对话框。

打开数据文件【收入支出】后,从数据编辑窗口中的菜单栏选择【图形】|【旧对话框】|【条形图】命令,打开图 12.21 所示的【条形图】对话框。

step 02 选择【堆积】条形图与【图表中的数据为】。

在【条形图】对话框中,单击选中【堆积】条形图图标,并从【图表中的数据为】选项组中选中【各个变量的摘要】单选按钮。

step 03 进行【定义】设置。

选择变量 Pay、Bonus 和 Other 进入【条的表征】列表框作为分析变量,Month 作为分类变量进入【类别轴】文本框,如图 12.37 所示。

step 04 单击【确定】按钮,结束操作,SPSS 软件自动输出结果。

(3) 实例结果及分析。

从图 12.38 中可以直观地看出，在每个月工资、福利和其他收入所占的比例。

图 12.37

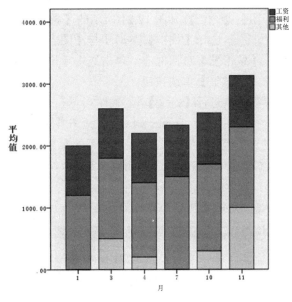

图 12.38

3. 个案值模式 SPSS 操作详解与实例

1) SPSS 操作详解

在图 12.1 所示的【条形图】对话框中，单击选中【堆积】面积图图标，然后从【图表中的数据为】选项组中选中【个案值】单选按钮，单击【定义】按钮，打开【定义堆积条形图：个案的值】对话框，如图 12.39 所示。

该对话框与个案模式集群条形图对话框完全一致。

【条的表征】列表框用于从左边的源变量列表框中选入需要描绘的变量。

从【类别标签】选项组中选择分类轴标签，包括两个选项：【个案号】选项为系统默认选项，选中此项，则横轴标签为观测序号；【变量】选项，选中此项则横轴标签还需要在下面的文本框中设定。

2) 实例图文分析

(1) 实例内容。

图 12.36 所示为某公司职工各种收入情况。

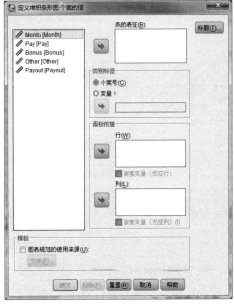

图 12.39

(2) 实例操作。

step 01 打开【条形图】对话框。

打开数据文件【收入支出】后，从数据编辑窗口中的菜单栏选择【图形】|【旧对话框】|【条形图】命令，打开图 12.21 所示的【条形图】对话框。

step 02 选择【堆积】条形图与【图表中的数据为】。

在【条形图】对话框中，单击选中【堆积】条形图图标，并从【图表中的数据为】选项组中选中【个案值】单选按钮。

step 03 进行【定义】设置。

选择变量 Pay、Bonus 和 Other 进入【条的表征】列表框作为分析变量，Month 作为分类变量进入【类别标签】选项组下【变量】文本框，如图 12.40 所示。

step 04 单击【确定】按钮，结束操作，SPSS 软件自动输出结果。

(3) 实例结果及分析。

从图 12.41 中可以直观地看出，在每个月工资、福利和其他收入的值。

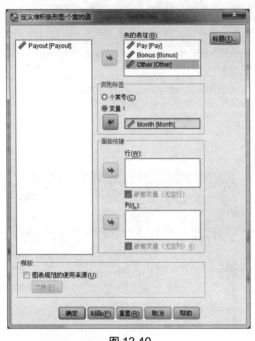

图 12.40

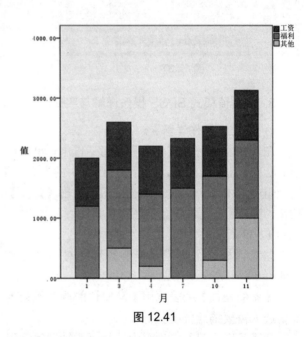

图 12.41

12.3 折 线 图

折线图(Liner Chart)可以是直线图，也可以是折线图，适用于连续性资料。折线图是在直角坐标系中用线段表示某一事物的发展趋势的图形，能够直观地表示出事物的发展过程及趋势，应用非常广泛。

12.3.1 折线图的类型和 SPSS 操作

折线图是在直角坐标系中用线段的升降表示某一事物量的变化趋势或某事物的量随时间变化过程的图形。折线图通常用来表示两个因素之间的关系，反映当一个因素变化时，另一个因素对应的变化情况。

折线图分为 3 种类型：简单线图，用一条折线表示某个现象的变化趋势；多线线图，用多条折线表示各种现象的变化趋势；垂直线图或称下降线图，反映某些现象在同一时期内的差距。和条形图一样，在 SPSS 中可以组合绘制 9 种不同的线图。

下面介绍绘制线图的基本操作。

1. 打开主对话框

建立或打开数据文件后，从数据编辑窗口中的主菜单栏选择【图形】|【旧对话框】|【线图】，打开图 12.42 所示的【折线图】主对话框。

该对话框提供了折线图的有关选项，其中包括折线图类型和统计量描述方式。

2. 选择线图类型

在【折线图】对话框中给出了 3 种折线图图式：简单折线图(Simple)、多线折线图(Multiple)和垂直折线图(Drop-Line)。在该对话框的上方给出了例图图标，单击图标，即可选择相应的图类型。

- 【简单】，选择此项，将绘制曲线来表示类别、观测或变量的变动趋势。
- 【多线线图】，选择此项，将会绘制一组曲线。每一条曲线都能表示一组观测值、单个变量或单个观测值。
- 【垂直线图】，选择此项，将用垂线连接每一类以反映它们之间的差距。

图 12.42

3. 选择统计量的描述方式

在【折线图】对话框下方的【图表中的数据为】选项组中，可以选择线图中统计量的描述方式，系统提供了 3 种模式。这 3 种模式的含义和条形图中模式的含义相同，读者可参照上一节学习，此处不再详述。

设置结束后，单击【定义】按钮，可以进入具体线图对话框，对相关图形作进一步的设置。在后续的各节中将就线图的几种类型及模式进行详细讲解。

12.3.2 简单线图实例

从数据编辑窗口中的菜单栏选择【图形】|【旧对话框】|【折线图】命令，打开图 12.42 所示的【折线图】对话框。

1. 个案分组模式

在【线图】对话框中，单击选中【简单】图标，然后从【图表中的数据为】选项组中选中【个案组摘要】单选按钮，单击【定义】按钮，打开【定义简单折线图：个案组摘要】对话框，如图 12.43 所示。

该对话框和图 12.1 所示的简单条形图个案分组模式对话框的功能和操作一样，读者可参照上文学习，此处不再详述。

下面以数据文件【儿童身高.sav】为例，将变量 cs 选入【类别轴】文本框作为分类变量，在【折线表示】选项组中选中【其他统计】单选按钮，并且选择变量 sg 进入【变量】文本框，然后单击【确定】按钮，绘制简单折线图。在结果输出窗口中输出折线图，如图 12.44 所示。

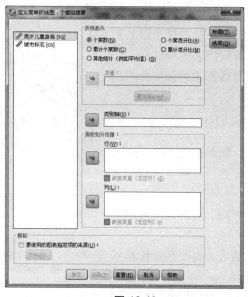

图 12.43

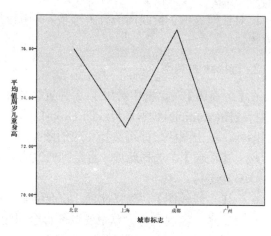

图 12.44

从图 12.44 中可以比较直观地看出 4 个城市周岁儿童平均身高的区别。

2. 变量分组模式

在【折线图】对话框中，单击【简单】图标，然后从【图表中的数据为】选项组中选中【各个变量的摘要】单选按钮。单击【定义】按钮，打开【定义简单折线图：单独变量的摘要】对话框，如图 12.45 所示。

该对话框的选项及功能与简单条形图变量分组模式对话框的选项及功能一致，此处不再赘述，读者可参照上文学习。

下面以数据文件 test.sav 为例，将变量 chinese、math、physics、chemist 和 biology 选入【折线表示】列表框作为分析变量。单击【标题】按钮，打开图 12.4 所示的【标题】对话框，在【标题】选项组下的文本框中输入生成表的标题【各科平均成绩线图】。单击【选项】按钮，打开图 12.5 所示的【选项】对话框，选中【显示误差条形图】复选框。最后，单击【确定】按钮，执行操作。

执行上述操作后，在结果输出窗口中，输出绘制的简单折线图，如图 12.46 所示。

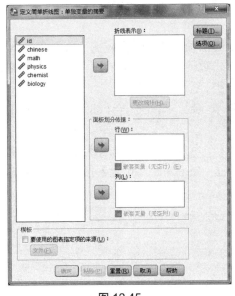

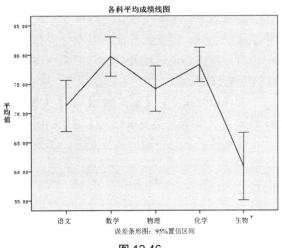

图 12.45　　　　　　　　　　　图 12.46

在图 12.46 中，折线的端点代表的是该科目的平均成绩。可以看出，生物的平均成绩是最低的，而数学的平均成绩是最高的。误差条形图是以置信区间绘制的，所以误差条的两端分别代表置信区间的上下限。

简单线图个案模式与简单条形图个案模式的对话框及其功能基本一致，本小节不再进行详细讲解，读者可参照前文进行学习。

12.3.3　多线线图实例

多线线图用多条折线或多条曲线表示多个现象的变化趋势。

从数据编辑窗口中的菜单栏选择【图形】|【旧对话框】|【线图】命令，打开图 12.42 所示的【折线图】对话框。

在 SPSS 中多线线图同样有个案分组模式、变量分组模式和个案模式 3 种可供选择的模式。但是各模式对话框中的选项及其功能与集群条形图中的功能基本一致，此处只就个案分组模式进行详细讲解，个案模式和变量分组模式读者可参照前文进行学习。

从【折线图】对话框中选中【多线线图】图标，然后从【图表中的数据为】选项组中选中【个案组摘要】单选按钮。单击【定义】按钮，打开【定义多线线图：个案组摘要】对话框，如图 12.47 所示。

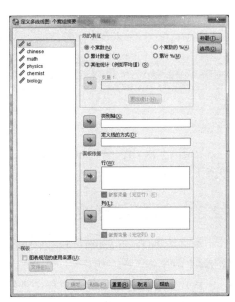

图 12.47

该对话框中的选项和前面的个案分组模式下的图形绘制对话框基本一致，在该对话框中部上方为【线的表征】选项组，用于选择计算折线长度的折线表示。前面已经讲过各选项的含义，此处不再详述。

【类别轴】文本框用于选入分类变量作为输出图形的横轴。在【定义线的方式】文本框中选入变量作为集群分类变量，与简单条形图个案分组模式对话框比较可以看出，这是在多线线图中新增的选项，用于对前面的各个分类作进一步的分类。

该对话框中其他选项及功能与前面所讲的对话框基本一致，此处不再详细阐述，读者可参照上文进行学习。

下面仍以数据文件【职工数据.sav】为例，将变量 xl 作为分类变量选入【类别轴】文本框，将变量 zc 作为集群分类变量选入【定义线的方式】文本框，然后单击【确定】按钮，执行操作。

在结果输出窗口中输出多线线图，如图 12.48 所示。

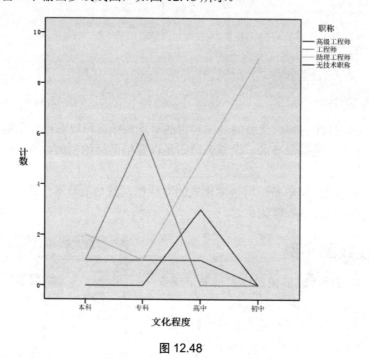

图 12.48

在图 12.48 中，分别以 4 条线表示出 4 种职称的受教育程度，可以比较直观地看出不同职业的人的受教育程度的区别。图形的横轴为文化程度，纵轴为系统默认的个案数。

12.3.4 垂直线图实例

垂直线图(Drop-Line)可以反映某些现象在同一时期的差距或各种数据在各分类中所占的比例。

从数据编辑窗口中的菜单栏中选择【图形】|【旧对话框】|【折线图】命令，打开图 12.42 所示的【折线图】对话框。

在 SPSS 中垂直线图同样有个案分组模式、变量分组模式和个案模式 3 种可供选择的模式，但是各模式对话框中的选项及其功能与集群条形图中的功能基本一致，此处只就个案分组模式进行详细讲解，个案分组模式和变量分组模式读者可参照前文进行学习。

从【折线图】对话框中选中【垂直线图】图标，然后从【图表中的数据为】选项组中选中【个案组摘要】单选按钮，单击【定义】按钮，打开【定义垂直线图：个案组摘要】对话框，如图 12.49 所示。

在垂直线图个案分组模式对话框中的各选项及其功能与前面所讲的基本一致，所不同的是在该对话框中部的【点定义依据】文本框，该列表框用于定义折线端点的分类变量。此外，垂直线图变量分组模式对话框中的其他选项及其功能与前面所讲的一致，此处不再详细介绍。

下面仍然以数据文件【职工数据.sav】为例，从【点表示】选项组选中【其他统计】选项，并且将变量 sr 选入【变量】文本框。在【类别轴】文本框中选入变量 xl，并且在【点定义依据】文本框中选入变量 xb，以计算不同性别工资的平均值。单击【确定】按钮，绘制垂直线图。

在结果输出窗口输出所绘制的垂直线图，如图 12.50 所示。

图 12.49

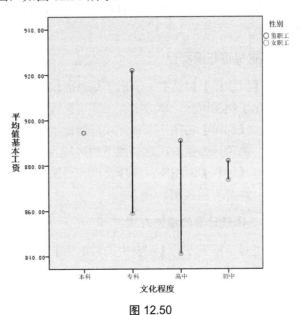
图 12.50

从图 12.50 中可以直观地看出在不同文化水平上不同性别的职工平均工资水平的差别情况。

12.4 面 积 图

面积图(Area Chart)又称为区域图，是指用线段下的阴影面积来强调现象变化的一种统计图形，在 SPSS 中提供了简单箱图和堆积面积图两种类型。面积图更厚实，给人印象更深刻，所以在很多领域被广泛应用。

12.4.1 面积图的类型和 SPSS 操作

简单箱图(Simple Area Chart)用区域(或面积)的变化表示某一现象变动的趋势。堆积面积图

(Slacked Area Chart)用不同的面积表示多种现象变化的趋势。

同样，SPSS 提供了 3 种模式，【个案组摘要】选项表示个案分组模式即根据分组变量对所有个案进行分组，然后根据分组后的个案数据创建图形；【各个变量的摘要】选项即变量分组模式，能够描述多个变量，再根据变量类型建立图形；【个案值】选项即个案模式，选中此项，将以分组变量中观测值为单位生成图形。因此，在 SPSS 中可以组合生成 6 种类型的面积图。

下面介绍绘制面积图的基本操作。

1. 打开主对话框

建立或打开数据文件后，从数据编辑窗口中的菜单栏选择【图形】|【旧对话框】|【面积图】命令，打开图 12.51 所示的【面积图】对话框。

该对话框提供了面积图的有关选项，其中包括面积图类型和统计量描述方式。

图 12.51

2. 选择面积图类型

在【面积图】对话框中给出了两种面积图图式，即简单箱图、堆积面积图。在该对话框的上方给出了例图图标，单击图标，即可选择相应的面积图类型。

- 【简单】箱图，选择此项，则使用一条线来连接一系列点，每个点对应一个类别、观测值或变量。在这条线下的区域为阴影状。
- 【堆积】面积图，选择此项，则使用两条或更多的线来连接一系列点，每条线下的阴影都有所区别。

3. 选择统计量的描述方式

从主对话框下方的【图表中的数据为】选项组中可以选择面积图中统计量的描述方式，系统提供了 3 种模式。

- 【个案组摘要】：为系统默认选项，表示个案分组模式。选择此项，将根据分组变量对所有个案进行分组，然后根据分组后的个案数据创建面积图。
- 【各个变量的摘要】：表示变量分组模式。选择此项，则能描述多个变量。简单类型的面积图能描述文件中的每一个变量(包括所有观测值)。复杂类型的面积图能够使用另一个分类变量来描述一个变量。
- 【个案值】：表示个案模式，选择此项，将为分组变量中每个观测值生成一个面积图，条带的长度表示观测值的大小。当数据文件中包含大量个案时，显然不适合用个案模式简单箱图来描述，但其适用于对原始数据进行一定的整理后形成的概括性的数据文件，如利用数据的分类汇总功能等整理后的数据文件。

设置结束后，单击【定义】按钮，进入具体面积图对话框，对相关图形作进一步的设置。在后续的各小节中将就面积图的几种类型及模式进行详细讲解。

12.4.2 简单面积图实例

简单箱图是用区域(或面积)的变化表示某一现象变动趋势的一种统计图形。

从数据编辑窗口中的菜单栏选择【图形】|【旧对话框】|【面积图】命令,打开图12.51所示的【面积图】对话框。

在 SPSS 中提供了个案分组模式、变量分组模式和个案模式 3 种模式,本节中只提供个案分组模式简单箱图的创建方法,其他模式的创建方法与前面所讲的基本一致,读者可以参照前文进行学习。

在【面积图】对话框中,选中【简单】箱图选项要求绘制简单箱图,然后从【图表中数据为】选项组中选中【个案组摘要】单选按钮。单击【定义】按钮,打开【定义简单面积图:个案组摘要】对话框,如图 12.52 所示。

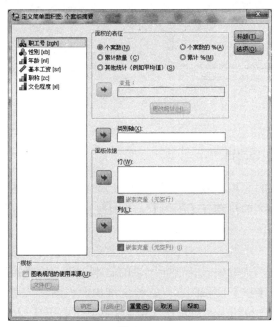

图 12.52

在该对话框中,中部上方为【面积的表征】选项组,用于选择计算面积高度的统计量,其中的选项及其含义与前面所讲的定义个案分组模式简单图形对话框基本一致,选中【其他统计】单选按钮并选入变量后,单击【更改统计】按钮,修改统计量的计算方式,系统默认为【值的中均值】选项。

该对话框中的其他选项及其功能与前面所讲的基本一致,读者可以参照前文学习。

下面以 SPSS 自带数据文件 Cars.sav 为例,讲解个案分组模式简单箱图的绘制方式。对于不同的面积图类型,将选择不同的变量进行绘制,然后讲解图形所蕴含的意义。

本例将以汽车的原产地分组,以发明汽车模型的数量为纵轴来观察哪些国家在汽车生产上占有较高的比例。

在本例中选用变量 origin 为分类变量,分析的面积图如图 12.53 所示。

从图 12.53 中可以看出，欧洲和日本所生产的汽车品种数量相差不大，而美洲所生产的汽车品种数量则远远高于欧洲和日本。以面积图来表示这个现象非常直观。

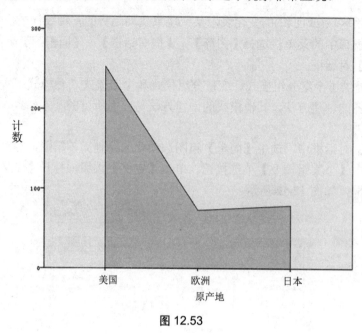

图 12.53

12.4.3 堆积面积图实例

堆积面积图是用不同的面积表示多种现象变化趋势的一种统计图形。

从数据编辑窗口中的菜单栏选择【图形】|【旧对话框】|【面积图】命令，打开图 12.51 所示的【面积图】对话框。

同样，根据图形模式的不同，在 SPSS 中可以定义 3 种不同类型的堆积面积图。本小节只对个案分组模式进行讲解，其他模式与前面所讲的基本一致，读者可以参照前文进行学习。

在主对话框中选中【堆积】面积图图标，绘制堆积面积图。从【图表中的数据为】选项组中选中【个案组摘要】单选按钮，然后单击【定义】按钮，打开【定义堆积面积：个案组摘要】对话框，如图 12.54 所示。

在该对话框中部的上方为【面积的表征】选项组，用于选择计算面积高度的统计量，其选项与前面所讲的基本一致，唯一不同的是选中【其他统计】单选按钮并选入变量后，单击【更改统计】按钮，在打开的【统计】对话框中系统默认的不再是【值的平均值】(平均值)单选按钮，而是【值的和】(求和)单选按钮。

下面仍然以数据文件"职工数据.sav"为例，在图 12.54 所示的【定义堆积面积：个案分组摘要】对话框中，将变量 nl 选入【类别轴】文本框，作为分类变量；将变量 xb 选入【定义面积】文本框，作为复合分类变量。从【面积的表征】选项组中选中【其他统计】单选按钮，并选入变量 sr，然后单击【更改统计】按钮，打开图 12.55 所示的【统计】对话框。选中【值的平均值】单选按钮，计算工资的平均值。单击【确定】按钮，绘制个案分组模式堆积面积图。

在结果输出窗口中输出所绘制的堆积面积图，如图 12.56 所示。

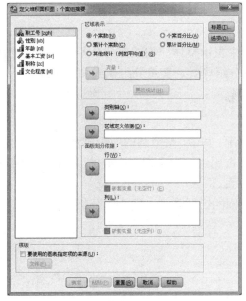

图 12.54

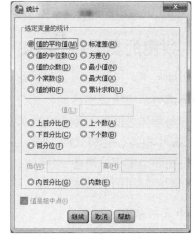

图 12.55

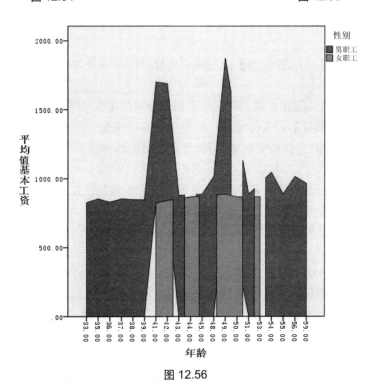

图 12.56

从图 12.56 中可以看出，男职工的平均工资明显高于女职工。

12.5 饼 图

饼图(Pie Chart)又称圆形图或饼形图,通常用来表示整体的构成部分及各部分之间的比例关系。在 SPSS 中为饼图提供了 3 种模式,即个案分组模式、变量分组模式和个案模式。

12.5.1 饼图的类型和 SPSS 操作

饼图用同一个二维圆形表示不同部分的比例情况。其中,整个圆的面积表示分析对象整体,其中的扇形部分是按构成整体的各部分在整体中所占比例的大小切割而成的。饼图可以直观地反映各部分与整体之间的关系以及各部分之间的关系。

在 SPSS 中根据创建模式的不同,提供 3 种不同的饼图类型,即个案分组模式饼图、变量分组模式饼图和个案模式饼图。

下面介绍绘制饼图的基本操作。

1. 打开主对话框

建立或打开数据文件后,从数据编辑窗口中的菜单栏选择【图形】|【旧对话框】|【饼图】命令,打开图 12.57 所示的【饼图】对话框,该对话框提供了绘制饼图的 3 种模式。

2. 选择饼图的模式

从主对话框中【图表中的数据为】选项组中选择饼图中统计量的描述方式,系统提供了 3 种模式。

- 【个案组摘要】:选择此项,则以一个分类变量所定义的子群将变量用饼图表示出来。
- 【各个变量的摘要】:选择此项,则能描述多个变量。简单类型的饼图能够描述文件中的每一个变量(包括所有观测值)。复杂类型的饼图能够使用另一个分类变量来描述一个变量。
- 【个案值】:选择此项,则对一个或多个变量的观测值生成饼图。

设置结束后,单击【定义】按钮,进入具体绘制饼图对话框,对相关图形作进一步的设置。下面以绘制个案分组模式饼图为例,在图 12.57 所示的【饼图】对话框中选中【个案组摘要】单选按钮,然后单击【定义】按钮,打开【定义饼图:个案组摘要】对话框,如图 12.58 所示。

在该对话框的中部上方为【分区的表征】选项组,用于选择计算分片大小的表示方式,与前面所讲的内容个案分组模式对话框有所不同的是,在饼图个案模式对话框的【分区的表征】选项组有 3 个选项:【个案数】表示个案观测数,【个案数的%】表示个案百分比,【变量和】表示对变量求和。

下方的【定义分区】文本框可选择变量作为分类变量,用于定义分片。

【面板依据】选项组、【标题】按钮和【选项】按钮的功能及操作方法与前面所讲的基本一致,此处不再赘述,读者可参照前文学习。

所有设置结束后,单击【确定】按钮,绘制饼图。

第 12 章 统计图形

图 12.57

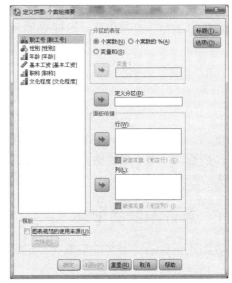

图 12.58

12.5.2 饼图实例

在 SPSS 中可以绘制 3 种饼图，下面仅以个案分组模式为例简单讲解饼图的绘制。

本节以 SPSS 自带数据文件 Employee data.sav 为例，打开图 12.58 所示的【定义饼图：个案组摘要】对话框。选择变量 educ 进入【定义分区】文本框，用作定义分片的变量。从【分区的表征】选项组选中【个案数的%】单选按钮，以百分比作为计算分片的统计量。

设置结束后，单击【确定】按钮，绘制饼图。在结果输出窗口中输出所定义的饼图，如图 12.59 所示。

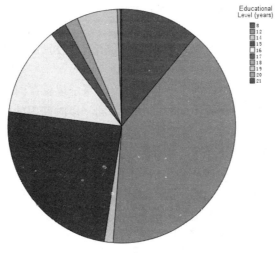

图 12.59

在结果输出窗口中,双击所生成的饼图,即可对该图进行编辑和修饰,在分片上加上标签,然后再将所有的分片全部脱离,这样更加直观地反映各分片在整体中所占比例及分片之间的比例关系。

12.6 高 低 图

高低图(Hight-Low Chart)是一种利用直线、条带或阴影来描述数据在一段时间内的变化幅度的统计图形,适用于反映数据在一定时间段内的波动情况。高低图在股票、商品价格变动等领域都有广泛的应用。

12.6.1 高低图的类型和 SPSS 操作

高低图是一种能说明某种现象在一定时间段内的变化情况的统计图形,它利用直线、条带或阴影来描述数据的变化。高低图适合于描述每小时、每天、每周等时间段内不断波动的资料,可以说明某些现象在短时间内的变化,也可以说明它们的长期变化趋势,如股票、商品价格、外汇变动等信息。

建立或打开数据文件后,从数据编辑窗口中的菜单栏选择【图形】|【旧对话框】|【高低图】命令,打开图 12.60 所示的【高-低图】对话框。

SPSS 提供了 5 种类型高低图,即简单高低收盘图、分组高低收盘图、差异区域图、简单极差图和复合极差图。

图 12.60

- 【简单高低关闭】:选择此项,则会给出简单高低收盘图。该图利用小方框表示某段时间内的最终数值,用小方框上下的触须表示该短时间内取值的最大值和最小值。这种方法频繁用于股票或期货的每天最高价、最低价和收盘价的图形绘制。
- 【聚类高低关闭】:选择此项,则会分类给出高低收盘图。利用不同的简单高低收盘图表示分类变量的不同取值时对应的情况。
- 【差别面积】:选择此项,则会绘制一个反映两个现象在同一时间内相互变化对比关系的统计图。这种图形利用不同的曲线表示同一段时间内的两种不同情况,并且用阴影填充曲线之间的区域。
- 【简单范围条形】:选择此项,则会给出简单条形图。这种图形利用简单条形图来表示简单高低极差图中最大值和最小值之间的长度。
- 【复式范围条形】:选择此项,则会输出复合条形图。该种图形用不同的简单高低极差图表示分类变量的不同取值时对应的情况。

从图 12.60 中可以看出,SPSS 在【图表中的数据为】选项组中提供了 3 种模式。

- 【个案组摘要】:选择此项,则以一个分类变量所定义的子群将变量用高低图表示出来。
- 【各个变量的摘要】:选择此项,则能描述多个变量。简单类型的高低图能分析文件中的每一个变量(包括所有观测值),复杂类型的高低图能使用另一个分类变量来描述当前变量。

- 【个案值】:选择此项,则对一个或多个变量的观测值生成高低图。

在 SPSS 中根据类型和统计量计算方式的不同,提供了 15 种组合绘制高低图的方法。

选择相应的高低图类型后,单击【定义】按钮,进入具体的高低图图形对话框,可以对具体图形作进一步的设置。

12.6.2 简单高低图实例

打开主对话框,从数据编辑窗口中的菜单栏选择【图形】|【旧对话框】|【高低图】命令,打开图 12.60 所示的【高-低图】对话框。

在该对话框中选择【简单高低关闭】图标,绘制简单高低图。从【图表中的数据为】选项组中选择定义高低图的模式,然后单击【定义】按钮,打开图 12.61 所示的【定义高-低-闭合:各个变量的摘要】对话框。

本小节只介绍变量分组模式简单高低图的创建方法,其他模式的创建方法与此类似,读者可以参照学习。

在图 12.61 所示的对话框中,【条的表征】选项组中的文本框用于选择计算条带高度的变量,其中【高】表示最大值,【低】表示最小值,【闭合】表示最后的收盘值,此时系统自动计算各变量的平均值。单击【更改统计】按钮,打开图 12.62 所示的【统计】对话框,在该对话框中可以改变统计量的有关参数。

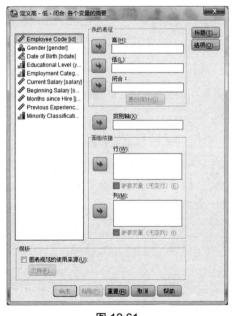

图 12.61

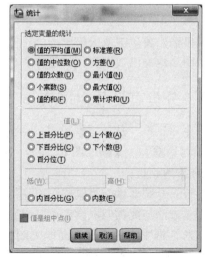

图 12.62

【类别轴】文本框用于选择分类变量作为分类轴。

该对话框中其他选项及功能与前面所讲的基本一致,不再详细介绍,读者可参照前文学习。下面以数据文件"股票.sav"为例,该数据文件中的数据为某股票 20 天的行情,变量包括

time(期数)、open(开盘价)、close(收盘价)、上限(最高价)和下限(最低价)。

在图 12.61 所示的【定义高-低-闭合：各个变量的摘要】对话框中，将变量上限选入【高】文本框，变量下限选入【低】文本框，变量 close 选入【闭合】文本框。在【类别轴】文本框中选入变量 time 作为分类变量。单击【确定】按钮，绘制简单高低收盘图。

在结果输出窗口中输出所定义的简单高低收盘图，如图 12.63 所示。图中显示了 20 天内每天股票的最高价、最低价和收盘价格，可以发现，在 20 天内，该股票的收盘价有下降的趋势，可以得出结论：股票价格处在持续下跌状态，在第 10 天达到一个低谷。这种高低图可以帮助判断是否购买某只股票。

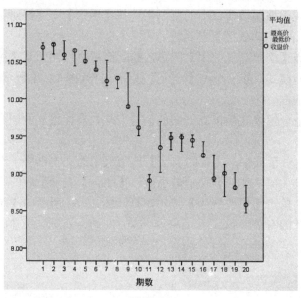

图 12.63

在结果输出窗口中双击该图形，打开图形编辑窗口。在图形上加入 Interpolation 线图之后，可以更加明显地看出数据变化的趋势。

12.6.3 分类高低收盘图实例

打开主对话框，从数据编辑窗口中的主菜单栏选择【图形】|【旧对话框】|【高低图】命令，打开图 12.60 所示的【高-低图】对话框。

本小节只介绍变量分组模式简单高低图的创建方法，其他模式的创建方法与此类似，读者可以参照学习。

在该对话框中选择【聚类高低关闭】图标，绘制分类高低图。从【图表中的数据为】选项组中选择定义高低图的模式，然后单击【定义】按钮，打开图 12.64 所示的【定义复式高-低-闭合图：各个变量的摘要】对话框。

在该对话框中，【1 的变量集 1】栏用于选择最大值(上限)、

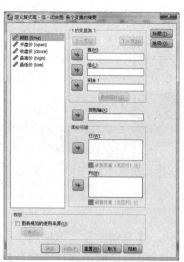

图 12.64

最小值(下限)和收盘值(闭合)。单击【更改统计】按钮改变统计量,系统默认为【值的平均值】(平均值)。输入一组数据结束后,【下一张】按钮和【上一张】按钮被激活,单击【下一张】按钮即可输入下一组数据,单击【上一张】按钮可以查看上一组数据。通过单击向左箭头,可以移除和修改已经选入的分析变量。

【类别轴】文本框用于选择分类变量,输入变量名或变量标签,则将其对应的变量作为分类轴的轴变量。

该对话框其他选项及其功能与前面所讲的基本一致,读者可以参照前文进行学习。

下面以数据文件 stock .sav 为例,该数据文件中的数据为 3 种股票某期的最大值、最小值和收盘值。将变量 Hz_highest 选入【高】文本框,变量 Hz_lowest 选入【低】文本框,变量 Hz_close 选入【闭合】文本框,此时【下一张】按钮被激活,单击该按钮,继续选入下一组变量 Sz 和 Sc。之后,将变量 week 作为分组变量选入【类别轴】文本框,作为分组变量。单击【确定】按钮,在结果输出窗口中输出复合高低收盘图,如图 12.65 所示。

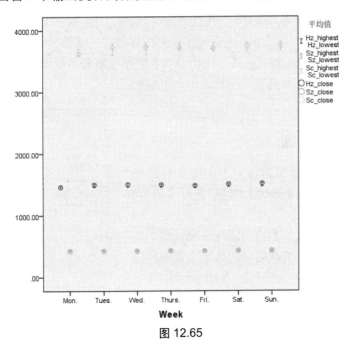

图 12.65

图 12.65 是在输出图形的基础上编辑过的图形,在结果输出窗口中双击即可输出。

可打开图形编辑窗口,修改标记的形状、颜色等,以及对图形的其他方面进行编辑,用户可以根据自身需要编辑所输出的图形。

高低图还有很多类型,此处不再一一介绍,读者可以自行学习。

12.7 箱　　图

箱图(Box Plot)又称为箱线图,它是一种用来描述数据分布的统计图形,可以用来表现观测数据的中位数、四分位数和极值等描述性统计量。箱图包括简单箱形图和集群条箱图两种类型。

12.7.1 箱图的类型和 SPSS 操作

箱图又称箱线图，利用箱图可以直观地反映观测数据的中位数、四分位数和极值等描述性统计量，从视觉的角度观测变量值的分布情况。

在 SPSS 中，简单箱形图用于描述某个变量的数据分布；集群条形图或称复合箱图，用于描述某个变量关于另一个变量的数据分布。

根据不同的模式，SPSS 提供了四种组合绘制的箱图类型。

在箱图中，SPSS 提供了【个案组摘要】(个案分组)和【各个变量的摘要】(变量分组)两种模式。

建立或打开数据文件后，从数据编辑窗口中的菜单栏选择【图形】|【旧对话框】|【箱图】命令，打开【箱图】对话框，如图 12.66 所示。

选择所需要的箱图类型图标：【简单】箱图选项，选择此项绘制简单箱图；【集群条形图】选项，选择此项则绘制分层箱图。

在【图表中的数据为】选项组内选定统计量的描述模式：【各个变量的摘要】选项表示分量分组模式，【个案组摘要】表示个案分组模式。

图 12.66

单击【定义】按钮，进入具体箱图对话框，可以对图形作进一步的设置。

12.7.2 简单箱图实例

打开主对话框，从数据编辑窗口中的菜单栏选择【图形】|【旧对话框】|【箱图】命令，打开【箱图】对话框，如图 12.66 所示。

在主对话框中选择【简单】箱图图标，绘制简单箱图，从【图表中的数据为】选项组中选择定义箱图的模式，然后单击【定义】按钮，打开图 12.67 所示的【定义简单箱图：个案组摘要】对话框。

其中，【变量】文本框用于选入需要分析的变量，【类别轴】文本框用于选入分类变量，该变量作为分类横轴。

图 12.67

在该对话框中减少了【标题】按钮，此外，该对话框中其他选项及其功能与前面所讲的基本一致，此处不再赘述，读者可以参照前文学习。

本节只以个案分组模式为例进行讲解，其他模式的创建方法基本类似，读者可以参照学习。

下面以数据文件"考试成绩.sav"为例，选择变量 chinese 作为分析变量，选择 gender 作为分类轴，即以性别为类别分析学生语文成绩的差异。单击【确定】按钮，绘制箱图。

在结果输出窗口中，输出个案摘要表和箱图，表 12.1 所示为个案处理摘要表，包括有效值(Valid)、缺失值(Missing)和总个案数(Total)各自的数目及百分比。图 12.68 所示为所绘制的箱图。

表 12.1 个案处理摘要

性别		个案					
		有效		缺失		总计	
		个案数	百分比	个案数	百分比	个案数	百分比
语文	男	5	100.0%	0	0.0%	5	100.0%
	女	5	100.0%	0	0.0%	5	100.0%

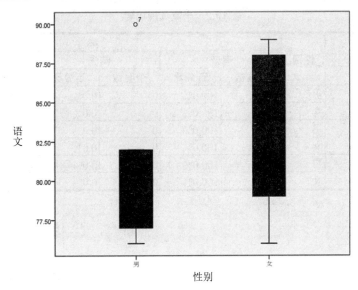

图 12.68

图 12.68 中的小圆代表离群值。中间的黑线为中位数,灰色的箱体为四分位(箱体下端为 25% 分位数、上端为 75% 分位数),两头伸出的线条表现极值(下面为最小值、上面为最大值)。可以看出,女生的整体成绩比男生好。

12.7.3 复合箱图实例

打开主对话框,从数据编辑窗口中的菜单栏选择【图形】|【旧对话框】|【箱图】命令,打开【箱图】对话框,如图 12.66 所示。

在主对话框中选中【集群条形图】图标,绘制复合箱图,从【图表中的数据为】选项组中选择定义高低图的模式,然后单击【定义】按钮,打开图 12.69 所示的【定义复式箱图:个案组摘要】对话框。

在【定义复式箱图:个案组摘要】对话框中,所不同的是有一个【定义聚类】文本框,该文本框用于选择复合分类变量,用于对数据作进一步的分类。

该对话框中其他选项及含义与简单箱图一样,不

图 12.69

再详述，读者可参照上文学习。

下面以数据文件 children.sav 为例，选择变量 x5 作为分析变量进入【变量】文本框，选择 age 作为分类轴，选择变量 x2 作为复合分类变量，即以年龄为类别在性别的基础上分析儿童身高的差异。单击【确定】按钮，绘制箱图。

在结果输出窗口中输出个案摘要表和复合箱图。表 12.2 所示为个案处理摘要表，包括有效值、缺失值的个数及百分比。图 12.70 所示为所绘制的个案分组模式复合箱图。

表 12.2　个案处理摘要

			个案					
	年龄	性别	有效		缺失		总计	
			个案数	百分比	个案数	百分比	个案数	百分比
身高,cm	5(周岁)	男	10	100.0%	0	0.0%	10	100.0%
		女	6	100.0%	0	0.0%	6	100.0%
	6(周岁)	男	14	100.0%	0	0.0%	14	100.0%
		女	12	100.0%	0	0.0%	12	100.0%
	7(周岁)	男	3	100.0%	0	0.0%	3	100.0%
		女	5	100.0%	0	0.0%	5	100.0%

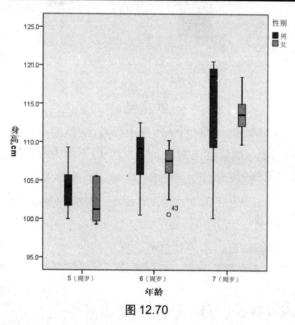

图 12.70

从图 12.70 可以直观地看出不同年龄男孩和女孩的身高差异。其中的小圆代表离群值，即非正常值。

12.8　误差条形图

误差条形图(Error Bar)是一种描述数据总体离散情况分布的统计图形，可以反映数据的离差情况，并且描绘正态分布资料的描述性指标(如均值、标准差)，并由此求得参数值的范围、总体均值的置信区间等。

12.8.1 误差条形图的类型和 SPSS 操作

利用误差条形图可以观测样本的离散情况，在误差条图中，小方框表示平均数，图形的两端为置信区间和标准误差。

误差条形图包括简单误差条形图和集群误差条形图两种。和前面的箱图一样，SPSS 提供了两种误差条形图的模式，因此可以组合绘制 4 种误差条形图。

建立或打开数据文件后，从数据编辑窗口中的菜单栏选择【图形】|【旧对话框】|【误差条形图】命令，打开【误差条形图】对话框，如图 12.71 所示。

图 12.71

选择所需的误差条形图类型：【简单】条形图选项，选择此项绘制简单误差条形图；【集群条形图】选项，选择此项则绘制集群误差条形图。

在【图表中的数据为】选项组内选定统计量的描述模式，【各个变量的摘要】选项表示变量分组模式，【个案组摘要】表示个案分组模式。

单击【定义】按钮，进入具体误差条形图对话框，可以对图形作进一步的设置。

12.8.2 简单误差条形图实例

打开主对话框，从数据编辑窗口中的主菜单栏选择【图形】|【旧对话框】|【误差条形图】命令，打开【误差条形图】对话框，如图 12.71 所示。

本小节只介绍个案分组模式的简单条形图创建方法，变量分组模式的创建方法与之类似，读者可参照学习。

在主对话框中选中【简单】条形图图标，绘制简单误差条形图，从【图表中的数据为】选项组中选择定义误差条形图的模式，然后单击【定义】按钮，打开图 12.72 所示的【定义简单误差条形图：个案组摘要】对话框。

其中，【条的表征】选项组用于选择误差条形图中条带的含义，在下拉列表框中有三个选项。

图 12.72

- 【平均值的置信区间】：该选项为系统默认选项，表示以平均值的置信区间表示条带的含义。选择此项，则可以在下方的【度】文本框中设置置信区间，系统默认为 95%。
- 【平均值的标准误差】：表示以平均值的标准误差作为条带的含义。
- 【标准差】：表示以标准差作为条带的含义。

该对话框中其他选项及其功能与前面的箱图对话框基本一致，此处不再赘述，读者可参照前文进行学习。

下面仍以数据文件 children.sav 为例，选择变量 x5 作为分析变量进入【变量】文本框。选择 age 作为分类轴，其他设置采用系统默认设置。单击【确定】按钮，绘制误差条形图。

在结果输出窗口中输出的误差条形图如图 12.73 所示。

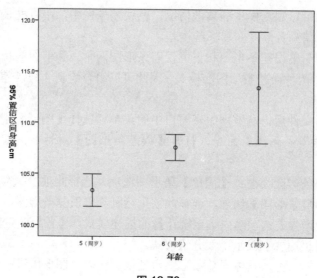

图 12.73

从图 12.73 中可以观察到不同年龄的儿童在置信度为 95%的身高置信区间的误差条形图，图中的小圆表示平均数，上、下两条横线表示置信区间的上下限和标准误差。

12.8.3 集群误差条形图实例

打开主对话框，从数据编辑窗口中的菜单栏选择【图形】|【旧对话框】|【误差条形图】命令，打开【误差条形图】对话框。

本节只介绍个案分组模式的简单条形图创建方法，变量分组模式的创建方法与之类似，读者可参照学习。

在主对话框中选中【集群条形图】图标，绘制复合误差条形图，从【图表中的数据为】选项组中选择定义误差条形图的模式，然后单击【定义】按钮，打开图 12.74 所示的【定义复式误差条形图：个案组摘要】对话框。

其中，【条的表征】选项组用于选择误差条形图中条带的含义，在下拉列表框中也有三个选项。

- 【平均值的置信区间】：该选项为系统默认选项，表示以平均值的置信区间表示条带的含义。

选择此项，则可以在下方的【度】文本框中设置置信区间，系统默认为 95%。

- 【平均值的标准误差】：表示以平均值的标准误差作为条带的含义。
- 【标准差】：表示以标准差作为条带的含义。

该对话框中其他选项及其功能与前面所讲的对话框基本一致，此处不再赘述，读者可参照前文进行学习。

下面以数据文件"职工数据.sav"为例，选择变量 sr 进入【变量】文本框作为分析变量，选择变量 x1 作为分类变量，sc 作为复合分类变量。单击【确定】按钮，绘制个案分组模式集群误差条形图，在结果输出窗口中输出图形，如图 12.75 所示。

图 12.74　　　　　　　　　　　　　　　图 12.75

从图 12.75 中可以直观地观察到不同学历程度的职工按职称分布的工资置信区间的误差条形图。

12.9　散　点　图

散点图(Scatter Diagram)是以点的分布情况反映变量之间相关关系的一种统计图形，可以通过点的位置判断观测值的高低、大小、变动趋势或变化范围。SPSS 提供了 5 种类型的散点图。

12.9.1　散点图的作图步骤

散点图根据图中各点的分布走向和密集程度，可以判断变量之间的关系和变化趋势。

SPSS 提供了 5 种类型的散点图，包括简单分布、重叠分布、矩阵分布、3-D 分布和简单点样图。

与其他几种图形不同的是，在散点图中没有提供图形模式。

建立或打开数据文件后，从数据编辑窗口中的菜单栏选择【图形】|【旧对话框】|【散点图/点图】命令，打开【散点图/点图】对话框，如图 12.76 所示。

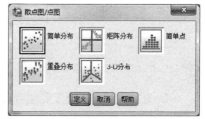

图 12.76

从该对话框中选择相应模式，单击【定义】按钮，进入相应类型【散点图/点图】的相关参数设置对话框。

12.9.2 简单分布实例

打开主对话框,从数据编辑窗口中的菜单栏选择【图形】|【旧对话框】|【散点/点状】命令,打开【散点图/点图】对话框,如图 12.76 所示。

单击选中【简单分布】图标,然后单击【定义】按钮,打开【简单散点图】对话框,如图 12.77 所示。

【X 轴】文本框用于选入 X 轴变量,【Y 轴】文本框用于选入 Y 轴变量。【设置标记】文本框用于设置标记,用对应的颜色区分对应变量不同取值所对应的标记。【标注个案】文本框用于选入变量,作为标签变量。

该对话框的【面板依据】选项组、【标题】和【选项】按钮与前面所讲的基本一致,此处不再赘述。

下面以数据文件"职工数据.sav"为例,将变量 sr 作为横轴变量,nl 作为纵轴变量,xb 作为标记变量选入【设置标记】文本框,然后单击【确定】按钮,绘制简单分布绘图。在结果输出窗口中输出所定义的简单分布散点图,如图 12.78 所示。

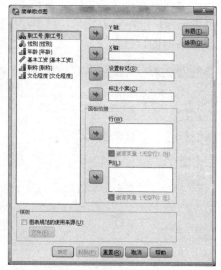

图 12.77

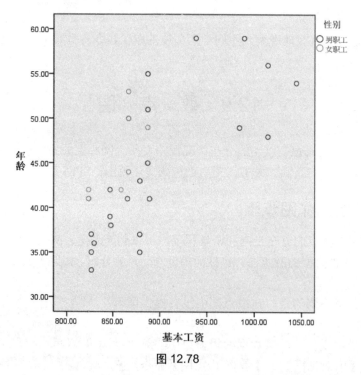

图 12.78

从图 12.78 中可以直观地看出男女职工的年龄和基本工资的分布情况。

12.9.3 重叠分布实例

打开主对话框,以数据编辑窗口中的菜单栏选择【图形】|【旧对话框】|【散点/点状】命令,打开【散点图/点图】对话框,如图 12.76 所示。

单击选中【重叠分布】图标,然后单击【定义】按钮,打开【重叠散点图】对话框,如图 12.79 所示。

该对话框的上方为【Y-X 对】表格,用于选择两个变量作为重叠分布的配对变量。从左侧的源变量列表框中选择一个变量,按住 Ctrl 键,再选择另一个变量,然后单击向右箭头按钮,将两个变量配对选入【Y-X 对】表格中。

【标注个案】文本框、【面板依据】选项组、【标题】和【选项】按钮的功能及其操作方法均与前面所讲的一致,读者可以参照前文学习,此处不再详细阐述。

下面仍然沿用上小节中的数据文件"职工数据.sav"为例,将变量 sr 与 xl 作为配对变量选入【Y-X 对】表格中,再将变量 sr 与 zc 作为配对变量选入【Y-X 对】表格中,然后单击【确定】按钮,即可绘制重叠散点图。

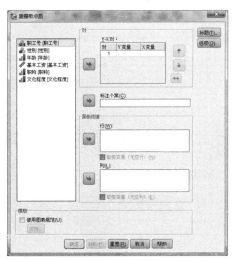

图 12.79

12.9.4 3D 分布

打开主对话框,从数据编辑窗口中的菜单栏选择【图形】|【旧对话框】|【散点/点状】命令,打开【散点图/点图】对话框,如图 12.76 所示。

单击选中【3-D 分布】图标,然后单击【定义】按钮,打开【3-D 散点图】对话框,如图 12.80 所示。

该对话框与简单分布对话框基本一致,只是增加了【Z 轴】文本框,用于选择 Z 轴变量以形成三维图形。其他选项及其功能均与简单分布对话框一样,读者可参照前文学习。

数据文件 hemoglo.sav 是根据 29 例儿童的血红蛋白、钙、镁等含量的数据建立的,现根据该数据文件绘制 3-D 散点图。

将变量 Fe 选入【Y 轴】文本框作为 Y 轴变量,将变量 Hemoglo 选入【X 轴】文本框作 X 轴变量,将变量 Cu 选入【Z 轴】文本框作为 Z 轴变量。

单击【确定】按钮,绘制三者的 3D 散点图。在结果输出窗口中输出结果,如图 12.81 所示。

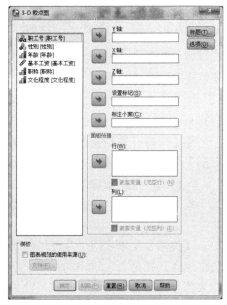

图 12.80

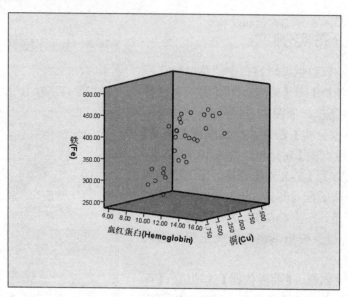

图 12.81

从图 12.81 中可以直观地看出每一个观测个案的具体分布情况。

12.10 直 方 图

直方图(Histogram)是用条形的长短来表示连续性变量的绝对数(或称频数)资料的多少,其意义与本章前面所介绍的面积图相似,但面积图能够进行多组资料的比较(如堆积式区域图),而直方图则不能。

12.10.1 直方图的类型和 SPSS 操作

直方图中,各矩形的面积表示各组段的频数,各矩形面积的总和为总频数,适用于表示连续性资料的频数分布。

绘制正态曲线的直方图与条形图十分相似,它们的区别在于,直方图的条带的长度与宽度都有具体含义,而条形图则没有。

建立或打开数据文件后,从数据编辑窗口中的菜单栏选择【图形】|【旧对话框】|【直方图】命令,打开【直方图】对话框,如图 12.82 所示。

在前面的很多模块的统计分析过程中,都会有【图】对话框,在该对话框中已经多次提到关于直方图的内容,直方图也是读者比较常用和熟悉的图形。在各行业具体实践中直方图应用非常广泛。

【变量】文本框用于从左边的源变量列表框中选入分析变量,下方的【显示正态曲线】复选框用于选择是否在输出的图形上绘制正态曲线。该对话框的其他选项及其功能都与前面所讲的大部分图形设置对话框一致,此处不再详细介绍,读者可参照前文学习。

设置结束后,单击【确定】按钮,即可绘制直方图统计图形。

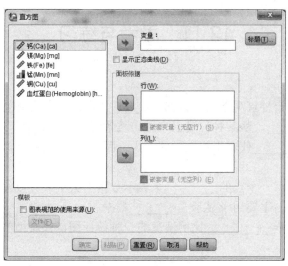

图 12.82

12.10.2 直方图实例

本例中所使用的数据文件为 SPSS 系统自带的数据文件 cars.sav,分析步骤如下。

(1) 从数据编辑窗口中的菜单栏选择【图形】|【旧对话框】|【直方图】命令,打开【直方图】对话框,如图 12.82 所示。

(2) 从左边的源变量列表框中将变量 accel 选入【变量】文本框中。

(3) 选中【显示正态曲线】复选框,要求在结果中显示正态曲线。

(4) 单击【确定】按钮,绘制所定义的直方图,如图 12.83 所示。

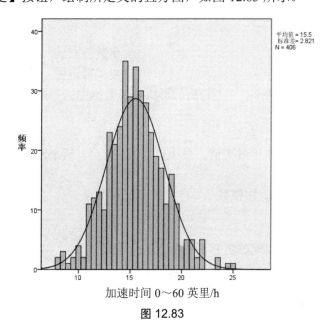

图 12.83

从图 12.83 中可以看出,加速时间恰好为正态分布。

12.11 思考与练习

1. 填空题

(1) 误差条形图是一种直观地表现数据_____的图形,它采用平均数和标准差或标准误来计算出总体值的_____,从某种程度上来说误差条形图类似于_____。

(2) 条形图的_____代表事物数量的多少,而_____是分类轴代表变量、个案或变量的取值。

(3) 线图是用线上每一个点的_____来表示数据的大小,并以线条连接各个_____,以反映事物之间的关系,主要用于显示_____数据。

(4) 饼图是一种显示_____比例情况的一种统计图,该类型的统计图使用_____的形式表示数值。

(5) 散点图是使用_____来显示数据分布情况的统计图,主要用于表现变量之间的_____,适合于观测变量的变化趋势。

2. 选择题

(1) 条形图又称为带形图和柱形图,是利用相同宽度的条形的长度表示数据变化的一种统计图形,主要分为简单条形图、复式条形图、3-D 条形图和(　　)等类型。

　　A. 堆积条形图　　B. 面积条形图　　C. 柱形条形图　　D. 百分百条形图

(2) 面积图是线图的另一种表现形式,一般用于强调某期间内事物的变化趋势。而饼图又称为圆形图,一般用于(　　)数据。

　　A. 连续型　　B. 离散型　　C. 对称型　　D. 分散型

(3) 在 SPSS 中,主要包括简单分布散点图、矩阵散点图、(　　)和 3-D 散点图 4 种图表类型。

　　A. 堆积散点图　　　　　　B. 离散散点图
　　C. 重叠散点图　　　　　　D. 复式散点图

(4) 高低图是以集中趋势和(　　)趋势的形式表示数据中的不同区域,主要用于说明变量在一定时间内的变化情况。

　　A. 分散　　B. 离散　　C. 连续　　D. 对称

(5) 箱图是一种使用数据中最大值、最小值以及(　　)、两个四分位数来表达数据分布情况的一种统计图形。

　　A. 均值　　B. 中位数　　C. 标准差　　D. 标准误

3. 问答题

(1) 如何编辑统计图的填充颜色和图案样式?

(2) 如何设置统计图中坐标轴的刻度格式?

(3) 高低图包括哪几种图表类型?

(4) 如何使用图表构建程序自定义统计图表?

(5) 如何使用图形画板模板自定义统计图表?

第13章 酸奶饮料新产品口味测试研究案例

为了争夺奶制品市场,某企业研制了两种新口味的酸奶饮料,希望能够扩大自身的市场份额。为了验证新产品是否比市场上的现有产品受消费者欢迎,需要在全国不同城市请不同的消费者对新产品进行品尝,进行打分记录,并进行相关分析,以便确定新产品是否可以批量生产。

13.1 案例背景

该企业委托某市场研究公司在全国范围内选取4个城市,在每个城市采用街访的方式对消费者进行调查,随机品尝10种样品中的一种,并给出口味的评价(9分制)。

13.1.1 研究项目概况

具体研究概况如下。
- 访谈城市:上海、北京、广州和成都。
- 样品品牌:世*、伊*、子*、卡*、三*、中*、海*、香*、试制品1和试制品2。

分析目的:
- 在这10种样品中更受消费者欢迎的是哪几种?
- 消费者的口味倾向在这4个城市之间有无差异?

预期目标:
- 这两种试制品的口味评分应当不低于另外8种已面市的产品。
- 如果能够从中筛选出最优的一种则最为理想。

由于本研究受一些其他研究目的的限制,研究时无法采用每位受访者品尝多种样品的配对或配伍设计,只能采用每位受访者品尝一种样品的评分方式。根据上述分析目的,研究员最终按照城市 X 品牌的方式进行样本分配,并进行性别、年龄的配额控制,每种品牌在每个城市中收集 30~60 例样本,总样本量为 1751 例,数据见文件 city&brand.sav。

13.1.2 分析思路与商业理解

在有针对性的研究设计框架之下,本项目的数据分析任务很明确。
- 本研究所关心的结果变量为口味评分,取值为1~9,由于范围较宽,因此可以按照连续性变量加以分析(最好列出频数表以确认实际取值范围)。
- 由于该评分是从每一位受访者询问而来,因此研究中的基本观察单位就是人,除评分外,还记录了他们所品尝的品牌,8个竞争品牌和两种试制品,构成了多组比较的结构。分析目的就是考察这10组受访者的平均口味评分有无差异。
- 如果按照均数比较的方式考虑,则基本上应当考虑方差分析,因为这里是 10 组均数的比较,两两比较需要进行 45 次,因此不宜采用两两 T 检验;否则得到的结论可能不准确(因放大一类错误而得到假阳性的比较结果)。
- 除主要影响因素外，本例中还需要考虑城市因素的影响。在进行品牌之间均数的比较时，还应当去除城市的影响：如果城市和品牌之间不存在交互作用，则直接在模型中控制城市的影响即可；反之，如果两者之间存在交互作用，则可能需要分城市进行品牌的比较。

下面就按此思路进行分析。

13.2 数据理解

首先应当了解分析所用的数据是否和试验设计框架一致，这可以用交叉表过程来完成。

13.2.1 数据与设计框架一致性检查

step 01 选择菜单栏中的【分析】|【描述统计】|【交叉表】|【卡方】命令，弹出如图 13.1 所示的对话框。

step 02 将【城市】选入【行】列表框，【样品品牌】选入【列】列表框。

step 03 单击【确定】按钮，输出结果，如表 13.1 所示。

图 13.1

表 13.1 城市*样品品牌交叉表

计数

		样品品牌										总计
		世*	伊*	子*	卡*	三*	中*	试制品1	海*	香*	试制品2	
城市	上海	40	40	37	45	37	51	48	48	43	46	435
	北京	44	41	42	44	36	47	42	46	53	52	447
	广州	33	43	46	51	57	36	48	38	36	37	425
	成都	45	38	44	38	43	48	44	44	55	45	444
总计		162	162	169	178	173	182	182	176	187	180	1751

从表 13.1 中可以清楚地看到，每个城市 x 品牌单元格内都有 30~60 例样本，不存在空单元格，因此整个研究设计是平衡的，符合普通方差分析模型的要求。

13.2.2 平均值的列表描述

下面考虑对各因素不同水平的口味测试评分平均值进行考察，由于是分组描述，可以有两种实现方式：一种是首先按照各因素的不同水平进行样本拆分，然后对拆分后的样本进行描述；另一种则是直接采用平均值过程来完成此任务，此处采用后一种方式进行分析，如图 13.2 所示。

step 01　选择菜单栏中的【分析】|【比较均值】|【均值】命令，弹出【平均值】对话框。
step 02　将口感评分选入【因变量列表】列表框。
step 03　将样品品牌选入【自变量列表】列表框。
step 04　单击【确定】按钮输出结果。

图 13.2

由于城市、样品品牌是并列选入自变量列表的同一层而不是不同层，因此平均值将分别按照城市和品牌进行计算，结果如表 13.2 所示。

表 13.2　口感评分 * 城市

口感评分

城市	平均值	个案数	标准差
上海	6.22	435	1.902
北京	6.17	447	2.242
广州	5.92	425	1.947
成都	6.31	444	1.907
总计	6.16	1751	2.009

平均而言，上海、成都的人群对所有样品的口感评分偏高，而广州人群的评分偏低。这种差异有可能反映的是不同城市人群对酸奶的接受程度，这在本研究中不是核心问题。此外，可以发现北京人群的评分标准差要略高于其余三个城市，从行业理解的角度讲，作为全国的首都，北京人群本身就是南北人群汇聚之地，口味差异于其余城市也是可以理解的。

表 13.3 显示了用于对比的竞争品牌表现有好有坏，消费者对子*、海*、香*的评价较高，均超过 6 分，试制品的表现也不错，其中试制品 1 的平均值为 6.75 分，在 10 组里面最高，但是否具有统计学差异不是现在的平均值描述所能够回答的。

表 13.3 口感评分 * 样品品牌

口感评分

样品品牌	平均值	个案数	标准差
世*	5.85	162	1.725
伊*	5.60	162	2.050
子*	6.69	169	2.024
卡*	5.68	178	1.993
三*	5.90	173	1.890
中*	5.74	182	2.013
试制品 1	6.75	182	1.890
海*	6.41	176	1.989
香*	6.39	187	2.156
试制品 2	6.49	180	1.925
总计	6.16	1751	2.009

13.2.3 平均值的图形描述

对于各组的平均数，一般可以使用箱图、条形图等图形工具来考察。通常情况下箱图是首选工具，但由于口味评分为 9 分制，取值类别太少，采用箱图的呈现效果不佳，因此这里改用带误差线的条形图来呈现，如图 13.3 所示。

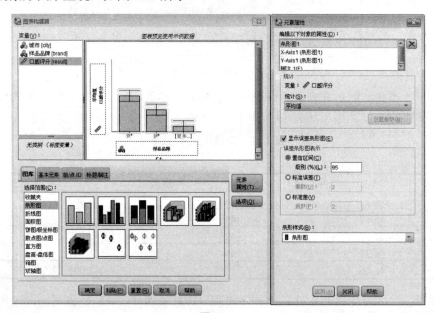

图 13.3

step 01 选择【图形】|【图表构建器】命令。

step 02 切换到【图库】选项卡：选择条形图组，将简单条形图拖放至画布中。

step 03 将样品品牌选入【X 轴】列表框。

step 04 将口感评分选入【Y 轴】列表框。

step 05 【元素属性】对话框：选中【显示误差条形图】复选框，单击【应用】按钮。

step 06 单击【确定】按钮,输出结果。

图 13.4 所反映的信息和表 13.3 接近,但是更为直观,可见子*和制品 1 的口味评分位列前茅,且各组的离散程度相差不大。

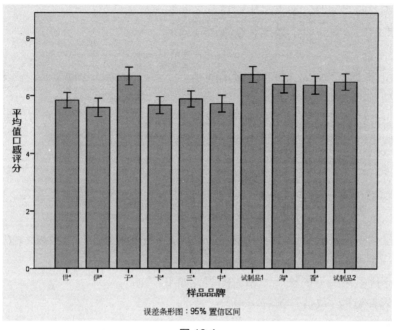

图 13.4

13.3 不同品牌的评分差异分析

首先考察一下不同品牌之间的评分是否存在差异,该问题可归纳为一般线性模型框架下的方差分析。

在进行分析时,为了避免城市这一因素对结果造成影响,考虑对每个城市的样本数据分别进行分析,相应数据的拆分既可以通过选择个案来实现,也可以通过拆分文件来实现,这里采用效率更高的后者,如图 13.5 所示。

step 01 选择【数据】|【拆分文件】命令。
step 02 选中【按组来组织输出】单选按钮。
step 03 将城市选入【分组依据】列表框。
step 04 单击【确定】按钮,输出结果。

图 13.5

13.3.1 单因素方差分析模型简介

1. 模型结构

以本数据的背景为例,每一位受访者的口味测试评分 Y_{ij} 可以表达为

$$Y_{ij} = \mu_i + \xi_{ij}$$

式中：Y_{ij} 为第 i 个品牌组中第 j 位受访者的评分；μ_i 为某个品牌组的平均评分，j 的取值范围为 1~10，分别代表图中 10 种品牌；ξ_{ij} 为第 i 组的第 j 位受访者的随机误差，反映的是因各种原因导致的该受访者的实际评分和该组平均评分之间的差异。

为了统计推断的需要，以上模型往往被改写成

$$Y_{ij} = \mu + \alpha_i + \xi_{ij}$$

式中：μ 为总体的平均水平；α_i 为影响因素在 i 水平下对应变量的附加效应，并假设所有 α_i 之和应当为 0；ξ_{ij} 为一个服从正态分布 $N(0,\sigma^2)$ 的随机变量，代表随机误差。

一般情况下，作假设检验实际上就是检验各个 α_i 是否均为 0，若均为 0，即各组总体均数都相等，当此假设成立时，Y_{ij} 就会成为服从正态分布 $N(\mu, \sigma^2)$ 的一个变量。

2. 模型检验

方差分析模型中的检验可以分为总模型检验和各因素检验。对于总模型，所检验的假设如下。

- H_0：模型中涉及因素的实际影响均为 0，即除常数项外，任何参数 α_i、β_j、…均等于 0。
- H_1：模型参数中至少有一个参数不等于 0。

对于每一个因素所进行的检验，相应的假设如下。

- H_0：对任意的 i 取值，都有 $\alpha_i=0$。
- H_1：至少有一个 α_i 不等于 0。

对于单因素方差分析模型，显然上述两种检验是完全等价的。

在具体的检验实现方法上，方差分析的基本思想是变异分解，即将样本的总变异分解为若干部分，除一部分代表随机误差的作用外，其余每个部分的变异分别代表某个影响因素的作用(或交互作用)。通过比较可能由某因素所致的变异与随机误差的大小，再借助 F 分布作出推断，即可了解该因素对结果变量的影响是否存在。

3. 单因素方差分析模型的应用条件

统计学中也许有成千上万的方法，但没有哪种方法是放之四海皆准的，自然这里方差分析也不例外。一般而言，要应用方差分析，数据应当满足以下几个条件，或者说以下的假设应当成立。

- 观察对象来自所研究因素的各个水平之下的独立随机抽样。
- 每个水平下的因变量应当服从正态分布。
- 各水平下的总体具有相同的方差。

上述 3 点一般会被简单地概括为独立性、正态性和方差齐性，而在具体考察适用条件时，应当以模型残差来进行考察。

13.3.2 品牌作用的总体检验

在 SPSS 中，实现单因素方差分析的方法很多，常用的是【比较均值】单因素 ANOVA 过

程。但本案例中,样品品牌为字符串变量,无法在单因素 ANOVA 对话框(见图 13.6)中使用。为了能够和模型架构的介绍内容相对照,使用功能更为强大的【一般线性模型】|【单变量】过程,这和后面的多因素方差分析中的分析过程一致,以便大家学习。

step 01 选择菜单栏中的【分析】|【一般线性模型】|【单变量】命令,打开【单变量】对话框。

step 02 因变量:在此列表框中选入【口感评分】。

step 03 固定因子:在此列表框中选入【样品品牌】。

step 04 单击【确定】按钮,输出结果。

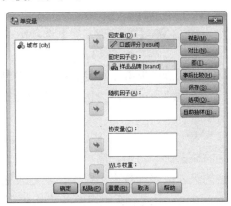

图 13.6

输出结果会按照四个不同的城市分别给出单因素方差分析结果,这里只给出北京的分析结果,如表 13.4 所示。这就是结果中最重要的方差分析表。可见,在本例中共进行了三个检验。依次解释如下。

- 第一行的校正模型是对所用方差分析模型的检验,其原假设为模型中所有的影响因素均无作用,即品牌间均无差异。该检验的 P 值远小于 0.05,因此所用的模型有统计学意义。纳入模型的影响因素中至少有一个是有作用的,由于模型中只有品牌这个影响因素,因此等价于品牌有影响。

- 第二行是对模型中常数项是否等于 0 进行的检验,显然它在本例中没有实际意义,忽略即可。

- 第三行专门针对品牌的作用进行了检验,其原假设为所有体均等于 0。由于本例中只有品牌这一个影响因素,因此这里的分析结果应当完全等价于前面对总模型的检验,可见品牌有统计学意义,即不同品牌的平均口味测试得分是不同的。

表 13.4 主体间效应检验[a]

因变量:口感评分

源	III类平方和	自由度	均方	F	显著性
修正模型	180.942[b]	9	20.105	4.263	0.000
截距	16740.456	1	16740.456	3549.861	0.000
brand	180.942	9	20.105	4.263	0.000
误差	2060.807	437	4.716		
总计	19234.000	447			
修正后总计	2241.749	446			

a. 城市=北京。
b. R^2=0.081(调整后 R^2=0.062)。

13.3.3 组间两两比较

1. 具体操作

上面的结果表明品牌间是有差异的,但究竟是哪些品牌之间有差异呢?为了进一步回答此问题,在方差分析后需要使用两两比较方法作进一步分析。这里采用比较常见的 SNK 法进行两两比较,操作步骤如下。

step 01 打开【单变量：实测平均值的事后多重比较】对话框。

step 02 在【下列各项的事后检验】列表框中选入 brand。

step 03 【假定等方差】选项组：选中 S-N-K 复选框，如图 13.7 所示。

图 13.7

step 04 单击【确定】按钮，输出结果。

仍以北京的样本为例，相应的分析结果如表 13.5 所示。

表 13.5 是用 S-N-K 法进行两两比较的结果，该方法的输出比较特别。简单地说，首先它会将各组在表格的纵向按照均数大小排序，然后表格的横向被分成若干个亚组(Subset)，不同亚组间的 P 值小于 0.05，而同一亚组内的各组均数则两两无差别，比较的 P 值均大于 0.05。从表 13.3 中可见，10 种品牌被分在两个不同的亚组中，第一亚组包括除"子*"外的其余 9 个品牌，在该列的最下方可见本亚组的检验 P 值为 0.064，显然处于界值附近；第二亚组则由两个试制品，再加上"香*"和"子*"组成，组内检验 P 值为 0.102。如果两个品牌被分在完全不同的亚组中，则它们的均数有统计学差异，如"伊*"和"子*"或者"卡*"和"子*"均如此。

表 13.5 口感评分 [a]

S-N-K [b,c,d]

样品品牌	个案数	子集	
		1	2
伊*	41	5.32	
卡*	44	5.39	
中*	47	5.60	
世*	44	5.84	
海*	46	6.00	
三*	36	6.14	
试制品 2	52	6.44	6.44
试制品 1	42	6.62	6.62
香*	53	6.72	6.72
子*	42		7.50
显著性		0.064	0.102

注：将显示齐性子集中各个组的平均值。

　　基于实测平均值。

　　误差项是均方(误差)= 4.716。

a. 城市 = 北京。

b. 使用调和平均值样本大小 = 44.178。

c. 组大小不相等。使用了组大小的调和平均值。无法保证 I 类误差级别。

d. Alpha = 0.05。

在本次的两两比较中，品牌组之间的区别效果显然不是太好，这是两两比较中常见的问题。由于仍然属于预分析范畴，暂时不对此进行深入探讨，现阶段分析师的任务是注意记录分析中所发现的一些数据信息，为最终建模做准备，而不是急于下分析结论。

2. 常见两两比较方法的特点

在本例的分析中，使用的两两比较方法是常用的 S-N-K 法，实际上在 SPSS 中提供的两两比较方法有 20 余种。为方便使用，下面介绍几种重要的方法。

- LSD：实际是两两 T 检验的改进，在变异和自由度的计算上利用了整个样本信息，而不仅仅是比较两组的信息。它的敏感度最高，在比较时仍然存在放大 α 水准(一类错误)的问题，换言之就是总的 II 类错误非常小，要是 LSD 法都没检验出差别，恐怕真的没差别。
- Bonferroni：由 LSD 法修正而来，通过调整每个检验的 α 水准来控制总的 α 水准，最终保证总的 α 水准为 0.05，该方法的敏感度介于 LSD 法和 Scheffe 法之间。
- TUKEY：即 Tukey's honestly significant difference 法(Tukey's HSD)，同样采用 Student-Range 统计量进行所有组间均值的两两比较。但与 S-N-K 法不同的是，它控制的是所有比较组中最大的一类错误概率值不超过 α 水准。
- Scheffe：当各组人数不相等，或者想进行复杂的比较时，用此法较为稳妥。它检验的是各个均数的线性组合，而不是只检验某一对均数间的差异，并控制整体 α 水准等于 0.05。正因如此，它相对比较保守，有时方差分析 F 值有显著性，用该法作两两比较却找不出差异来。
- S-N-K：即 Student Newman Keuls 法，是运用最广泛的一种两两比较方法。它采用 Student-Range 分布进行所有组均值间的配对比较。该方法保证在 H_0 真正成立时总的 α 水准等于实际设定值，即控制了 I 类错误。

3. 如何选择两两比较方法

如何在如此之多的两两比较方法中选出合适的方法是一个令人头痛的问题。由于 S-N-K 法的结果阅读非常方便，以前国内外都以 S-N-K 法最为常用，但根据近年来的研究发现，当两两比较的次数极多时，该方法的假阳性非常高，因此当比较次数较多时(如本例中对 10 组作两两比较则比较次数会有 45 次)，对用 S-N-K 法得到的有统计学意义的结论要谨慎一些。

根据相关研究的检索结果，除了参照所研究领域的惯例外，一般可以参照的标准为：如果存在明确的对照组，要进行验证性研究，即计划好的某两个或几个组间(和对照组)的比较，宜用 Bonferroni(LSD)法；若需要进行多个均数间的两两比较(探索性研究)，且各组人数相等，适宜用 Tukey 法；其他情况宜用 Scheffe 法。

13.3.4 方差齐性检验

前面曾经提到过，方差分析模型也有独立性、正态性、方差齐性等要求。对于独立性，一般从研究设计或者数据背景就可以进行大致评估；正态性可以在选项中要求绘制残差图来考察，不过对单因素方差分析模型而言，残差分析的实际价值不大；真正比较重要的是方差齐性的要求，在单变量 GLM 过程的选项中，可以要求进行方差齐性检验(也称 Levene 检验)，从而用检验结果来考察模型是否满足方差齐性的要求，如图 13.3 所示。

step 01 打开【选项】对话框。

step 02 选择【方差齐性检验】。

表 13.6 所示为误差方差等同性的莱文检验。

表 13.6 误差方差的莱文等同性检验 [a,b]

因变量：口感评分

F	自由度 1	自由度 2	显著性
0.906	9	437	0.520

注：检验 "各个组中的因变量误差方差相等" 这一原假设。
a. 城市=北京。
b. 设计：截距+brand。

以上输出的是北京数据的方差齐性检验分析结果，此处的无效假设为各组方差齐性。可见 P 值为 0.520，大于 0.05，因此尚不能拒绝该无效假设，即可以认为方差齐性。

实际上，方差分析模型对适用条件的轻微违反有一定的耐受性：对正态性而言，只要不是严重的偏态，在样本量较大的时候结果都很稳定；对方差齐性问题，只要所有组中的最大、最小方差之比小于 3，那么检验结果也是非常稳定的。

13.4 两因素方差分析模型

上面分 4 个城市分别考察了品牌的影响，可以发现在每个城市中品牌之间的差异并不完全一致，那么就整体而言品牌之间有无差异呢？对同一个项目而言，将所有信息整合起来得到一个综合的结果是非常必要的，虽然最简单的做法是忽略城市区别，将样本直接综合起来进行单因素方差分析，但这样做显然过于粗糙。下面将进一步研究同时考虑城市和品牌两个因素的方差分析模型。

13.4.1 两因素方差分析模型简介

1. 多因素方差分析模型的结构

前面已经介绍了单因素方差分析模型的基本结构，在多因素方差分析模型中，其原理没有任何变化，只是模型中考虑的因素更多而已。下面以两因素方差分析模型为例进行介绍，其公式为

$$Y_{ijk} = \mu + \alpha_i + \beta_j + \xi_{ijk}$$

式中：α_i、β_j 分别为 A 因素 i 水平和 B 因素 j 水平的附加效应；ξ_{ijk} 为随机误差变量。

更复杂的是考虑交互作用的情形，模型为

$$Y_{ijk} = \mu + \alpha_i + \beta_j + \alpha_i\beta_j + \xi_{ijk}$$

式中：α_i、β_j 分别为 A 因素 i 水平和 B 因素 j 水平的附加效应；$\alpha_i\beta_j$ 为两者的交互效应。

2. 方差分析模型的检验

方差分析模型中的检验可分为总模型的检验和各因素的检验。对于总模型，所检验的假设如下：

- H_0：模型中所涉及因素的实际影响均为 0，即除常数项外，对于任何参数 α_i、β_j、…均

等于 0。
- H_0：模型参数中至少有一个参数不等 0。

而对每个因素所进行的检验，相应的假设如下。
- H_0：对任意的 i 取值，都有 $\alpha_i=0$。
- H_1：至少有一个 α_i 不等于 0。

在具体检验方法上，方差分析的基本思想是变异分解，即将样本的总变异分解为若干部分，除一部分代表随机误差的作用外，其余每个部分的变异分别代表某个影响因素的作用(或交互作用)，通过比较可能由某因素所致的变异与随机误差的大小，再借助 F 分布作出推断，即可了解该因素对结果变量的影响是否存在。

3. 方差分析模型的常用术语

了解了方差分析模型的基本结构后，现在来学习方差分析中的常用术语。

(1) 因素(Factor)与水平(Level)。因素也称因子，就是指可能对因变量有影响的分类变量，而分类变量的不同取值等级(类别)称为水平。显然，一个进入分析的因素会有不止一个水平，如性别有男、女两个水平，而分析目的就是考察或比较各个水平量的影响是否相同。在方差分析中，因素的取值范围不能无限，只能有若干个水平。需要注意的是，有时候水平是人为划分的，如身高被分为高、中、低三个水平。

(2) 单元(Cell)。也称水平组合或者单元格，指因素各个水平的组合。例如，在研究性别(二水平)、血型(四水平)对成年人身高的影响时，最多可以有 2×4=8 个单元。在一些特殊的试验设计中，有的单元在样本中并不会出现，如拉丁方设计。

(3) 元素(Element)。指用于测量因变量值的最小单位，比如在本案例中，元素就是每一位受访者。在配伍设计等重复测量问题中，元素可能是受试者每一次具体的测量值。根据具体的试验设计，一个单元格内可以有多个元素，也可以只有一个，甚至没有元素。

(4) 均衡(Balance)。如果在试验设计中任一因素各水平在所有单元格中出现的次数相同，且每个单元格内的元素数均相同，则该试验是均衡的；否则就是不均衡的。不均衡的实验设计在分析时较为复杂，需要对方差分析模型作特别设置才能得到正确的分析结果。

(5) 协变量(Covariates)。指对因变量可能有影响，需要在分析时对其作用加以控制的连续性变量。实际上，可以简单地把因素和协变量分别理解为分类自变量和连续性自变量。当模型中存在协变量时，一般是通过构建它与因变量的回归关系来控制其影响。

(6) 交互作用(Interaction)。如果一个因素的效应大小在另一个因素不同水平下明显不同，则称为两因素间存在交互作用。当存在交互作用时，单纯研究某个因素的作用是没有意义的，必须分别在另一个因素的不同水平下研究该因素的作用大小。

如果所有单元格内都至多有一个元素，则交互作用无法进行分析，只能不予考虑，最典型的例子就是配伍设计的方差分析。

13.4.2 拟合包括交互项的饱和模型

下面使用单因素过程来建立本案例的两因素方差分析模型，其操作如下。

step 01 选择【数据】|【拆分文件】命令。

step 02 在弹出的对话框中选中【分析所有个案，不创建组】单选按钮。
step 03 单击【确定】按钮，输出结果。
step 04 依次单击【分析】|【一般线性模型】|【单变量】命令。
step 05 【因变量】：在此列表框中选入【口感评分】。
step 06 【固定因子】：在此列表框中选入【样品品牌和城市】。
step 07 单击【确定】按钮，输出结果。

表 13.7 就是结果中最为重要的方差分析表。可见，在其中进行了多个检验，依次解释如下。

- 第一行的校正模型，是对所用方差分析模型的检验，其原假设为模型中所有的影响因素均无作用，即城市间、品牌间均无差异，两者的交互作用均不存在。该检验的 P 值远小于 0.05，因此所用的模型有统计学意义，以上所提到的影响因素中至少有一个是有差异的，具体是谁有差异则需要阅读后面的分析结果。
- 第二行是对模型中常数项是否等于 0 进行的检验，显然它在本次分析中没有实际意义，忽略即可。
- 第三、四行分别是对城市间、品牌间差异进行的检验，可见两者均有统计学意义。
- 第五行是对城市和品牌的交互作用进行检验，可见 P 值为 0.263，无统计学意义。

表 13.7 主体间效应检验

因变量：口感评分

源	III类平方和	自由度	均方	F	显著性
修正模型	457.309[a]	39	11.726	3.037	0.000
截距	65059.647	1	65059.647	16848.025	0.000
brand	296.340	9	32.927	8.527	0.000
city	32.495	3	10.832	2.805	0.038
brand * city	120.667	27	4.469	1.157	0.263
误差	6607.128	1711	3.862		
总计	73419.000	1751			
修正后总计	7064.436	1750			

a. R^2=0.065(调整后 R^2=0.043)。

13.4.3 拟合只包含主效应的模型

由于在本次分析中发现两个因素的交互作用无统计学意义，为了使模型更为简洁，需要在模型中将其删除，具体操作在模型子对话框中实现，如图 13.8 所示。

step 01 单击【模型】按钮，弹出【单变量：模型】对话框。
step 02 在【指定模型】选项组中选中【定制】单选按钮。
step 03 在【构建项-类型】下拉列表框中选择【主效应】选项。
step 04 在【模型】列表框中选入 brand 和 city。

新的分析结果如表 13.8 所示。

图 13.8

表 13.8 主体间效应检验

因变量：口感评分

源	III类平方和	自由度	均方	F	显著性
修正模型	336.642[a]	12	28.053	7.247	0.000
截距	65985.313	1	65985.313	17046.073	0.000
brand	300.948	9	33.439	8.638	0.000
city	32.674	3	10.891	2.814	0.038
误差	6727.794	1738	3.871		
总计	73419.000	1751			
修正后总计	7064.436	1750			

a. R^2=0.048(调整后 R^2=0.041)。

表 13.8 的阅读方式和前面相同，可见对模型、城市、品牌的检验结论也相同，即不同城市对同一种样品的平均评分不同，并且在同一个城市中，受访者对不同品牌样品组的平均评分也不同(读者可借此深入体会多因素分析中"控制了其他因素作用"的含义)。

13.4.4 组间两两比较

现在通过分析，已经得知城市间、品牌间的评分是有差异的，为了能够回答究竟是哪些城市、品牌间有所不同，下面用 SNK 法进行两两比较。

step 01 进入【单变量：实测平均值的事后多重比较】对话框。

step 02 在【下列各项的事后检验】列表框中选入 city 和 brand。

step 03 在【假定等方差】选项组中选中 S-N-K 复选框。

相应的分析结果如表 13.9 所示。

表 13.9 显示了 4 个城市被分为两个亚组，但是北京、上海同时跨了两组，按照严格的统计解释，结论应当为：广州和成都的平均评分有差异，其余两两无差异。这是多组两两比较中经常出现的结果，但是在应用上会带来混乱，为此需要在统计结论的基础上结合实际问题再前进

一步。考察两个亚组内部检验的 P 值，第一亚组内部检验 P 值为 0.059，非常接近 0.05；第二亚组的 P 值则为 0.54。再观察 4 个城市的评分均数，显然京、沪的均数更加接近，从应用的角度出发，最终结论为：广州的评分低于另外 3 个城市，另外三者则两两无差别，如表 13.9 所示。

表 13.9 口感评分

S-N-K[a,b,c]

城市	个案数	子集	
		1	2
广州	425	5.92	
北京	447	6.17	6.17
上海	435	6.22	6.22
成都	444		6.31
显著性		0.059	0.540

注：将显示齐性子集中各个组的平均值。
　　基于实测平均值。
　　误差项是均方(误差)= 3.871。
a. 使用调和平均值样本大小=437.580。
b. 组大小不相等。使用了组大小的调和平均值。无法保证 I 类误差级别。
c. Alpha=0.05。

表 13.10 显示了 10 种品牌可以被分为两个亚组，第一亚组由"伊*""卡*""中*""世*"和"三*"这 5 种品牌组成，组内检验的 P 值为 0.62，远大于界值 0.05；第二亚组由"香*""海*"和"子*"几种试制品组成，组间检验的 P 值同样远大于 0.05。

表 13.10 口感评分

S-N-K[a,b,c]

样品品牌	个案数	子集	
		1	2
伊*	162	5.60	
卡*	178	5.68	
中*	182	5.74	
世*	162	5.85	
三*	173	5.90	
香*	187		6.39
海*	176		6.41
试制品 2	180		6.49
子*	169		6.69
试制品 1	182		6.75
显著性		0.620	0.421

注：将显示齐性子集中各个组的平均值。
　　基于实测平均值。
　　误差项是均方(误差)= 3.871。
a. 使用调和平均值样本大小=174.718。
b. 组大小不相等。使用了组大小的调和平均值。无法保证 I 类误差级别。
c. Alpha=0.05。

13.4.5 随机因素分析

至此,对本例的分析似乎已告一段落,但必须指出的是:在本例中,将品牌和城市均设定为固定因素,对品牌而言,研究者只希望比较 10 种样品中哪个更受欢迎,没有任何问题。但是对城市而言,如果研究者只希望分析 4 个城市间的口味评分有无差异,则以上分析结果是正确的;但是如果实际目的是通过这 4 个城市来推断全国所有同类城市的口味评分有无差异,则这里涉及将结果外推到未出现在样本中的其他城市的问题,它就应当是一个随机因素。换言之,这里的分析结果只能说在这 4 个城市间是有效的,但不能代表全国其他城市的情况。

1. 固定因素与随机因素

两者都是因素的不同种类,固定因素指的是该因素在样本中所有可能的水平都出现了。换言之,该因素的所有可能水平仅此几种,针对该因素而言,从样本的分析结果可以得知,所有水平的状况无须进行外推。比如要研究 3 种促销手段的效果有无差别,所有样本只会是 3 种促销方式之一,不存在第 4 种促销手段的问题,此时该因素就被认为是固定因素。

和固定因素相对应的是随机因素,它是指该因素所有可能的取值在样本中并没有全部出现,或不可能全部出现。换言之,目前在样本中的这些水平是从总体中随机抽样而来,如果重复本研究,则可能得到的因素水平会和现在完全不同!研究者显然希望得到的是一个能够"泛化",即对所有可能出现的水平均适用的结果。例如,研究广告类型和投放的城市对产品销量是否有影响,在设计中随机抽取 20 个城市进行研究,显然研究者希望分析结果能够外推到全国的所有大中型城市,此时就涉及将结果外推到抽样未包括的城市中的问题,在这种情况下,城市就应当是一个随机因素。又如,研究什么温度下催化剂的效果最好,因经费有限,样本中只取了 30℃、40℃和 50℃这 3 个水平,但是希望研究整个有效温度范围内哪个温度的效果最好,即在分析结果中能同时外推 35℃、45℃等水平的情况,此时温度也应当是随机因素。

一般来说,固定因素和随机因素在分析时应分别指定,如果将随机因素按固定因素来分析,则可能得出错误的分析结果。许多时候,判断一个因素究竟是固定因素还是随机因素并不是件容易的事情。在这里需要提醒读者的是:区别两者的并不是该因素本身的特性,而是分析目的。假如将其看成固定因素,则结论就不应当外推到未出现的其他水平中去;否则就应当考虑按照随机因素来分析。

2. 具体分析操作

下面考虑将城市指定为随机因素进行分析(参见表 13.11),操作如下。

step 01 选择【分析】|【一般线性模型】|【单变量】命令。
step 02 在【因变量】列表框中选入【口感评分】。
step 03 在【固定因子】列表框中选入【样品品牌】。
step 04 在【随机因子】列表框中选入【城市】。
step 05 进入【模型】对话框。
step 06 在【指定模型】选项组中选中【设定】单选按钮。
step 07 在【构建项-类型】下拉列表框中选择【主效应】选项。
step 08 在右侧【模型】列表框中选入 city 和 brand。

step 09 单击【确定】按钮。

表 13.11 主体间效应检验

因变量：口感评分

源		III类平方和	自由度	均方	F	显著性
截距	假设	65985.313	1	65985.313	6050.326	0.000
	误差	32.670	2.996	10.906[a]		
brand	假设	300.948	9	33.439	8.638	0.000
	误差	6727.794	1738	3.871[b]		
city	假设	32.674	3	10.891	2.814	0.038
	误差	6727.794	1738	3.871[b]		

a. 1.002 MS(city)−0.002 MS(误差)。
b. MS(误差)。

在本例中，最终分析结果和前面的纯粹固定因素模型一致，但并非所有的设计都会出现此类情形，因此研究者应当根据具体的研究设计，以及希望获得的结论覆盖范围进行选择。一个简单的判断方法是考虑检验结论希望能够外推的范围：固定因素模型的结论只能代表样本中涉及的因素水平，而随机因素模型的结论理论上可以外推至样本数据中未出现的那些因素水平。如果本例的分析重点就是放在4个抽样城市，则将城市作为固定因素分析是合理的，结论只是在相应的4个城市中有效；否则就应当将城市作为随机因素进行分析。如果将城市错误地指定为固定因素，则分析结果并不能外推到其他城市，有时还会得到错误的结论。

13.5 分析结论与讨论

由于本研究中所涉及的一些其他研究目的的限制，在研究中无法采用每一位受访者品尝多种样品的配对或配伍设计方式，只能采用每位受访者只品尝一种样品进行评分的方式。其次，实际上在本研究设计中并未明确加入基准样品，也就是该企业希望有新品替换的老产品并未在设计中出现，这样做的原因在于该企业认为目前研制的新产品其各项指标都有改进，研究者有充分的信心认为任何一种新配方的效果至少不会低于现有产品，因此不需要进行这种比较。虽然不使用 BetKhmark 是不太常见的做法，但在本研究中应当是可行的。也就是说，真正在统计分析和统计设计中，对相应的统计原则要加以灵活使用，切不可照本宣科、脱离实际。

13.5.1 分析结论

综上分析，本研究的基本结论如下。
- 在 10 种样品中，大致可分为两个评价层次，口味评分较高的是"香*""海*""子*"和两种试制品，它们之间无差异。两种试制品的人群测试效果应当令人满意，可以考虑投入生产，推向市场。
- 在研究涉及的 4 个城市中，受访者对相同样品的评分有所差异，广州的平均评分低于北京、上海和成都。
- 本次研究中未发现品牌和城市间存在交互作用，即品牌口味评分间的差异在不同城市间是相同的，尚未发现特殊的地域偏好。

13.5.2 Benchmark：用还是不用

在新品上市研究或者满意度研究中方差分析是常用的统计模型。一般而言，当新产品在研制出来后，客户总是希望它能够超越目前市场上的大部分同类产品(无论这种同类产品是本公司还是竞争对手的产品)。因此，为了保证分析结果能够贴近实际销售市场，在研究设计中会考虑将市场上现有的主流产品加入，将其作为比较基准(Benchmark)，这个被加入的产品可以是希望替换的本公司产品，也可以是希望打败主要竞争对手的产品。这样新品效果测试中常见的研究组合可能有以下类型。

- 所有待研究的新品+希望替换的现有产品。
- 所有待研究的新品+竞争对手主打产品。
- 所有待研究的新品+希望替换的现有产品+竞争对手的主打产品。

根据统计学理论，配对或配伍研究设计的效率远远高于普通的成组设计，因此最佳的设计方案是让每一位受访者对所有的样品均给出评价。但是，在测试样品较多时，这实际上是不现实的，因为过于冗长的反复测试只能得到高度失真的劣质数据。此时可能需要采用更精巧的不完全设计，比如每位受访者只试用其中的两种或者三种样品，在研究设计正确时，使用方差分析模型仍然可以将全部数据连接起来，最终给出正确的检验结论。

在经费充足的情况下，为了保证和 Benchmark 样品比较结果的精确性，还可以对以上设计方法作进一步的优化。例如，要求每位受访者都评价 Benchmark 和一种新样品，这样所有新样品和 Benchmark 都有直接比较的结果，因而更为精确。虽然从统计效能的角度讲，这样做并不合算，但是由于客户较易接受这种简单明了的设计，且确实能达到提高和 Benchmark 比较精度的目的，因此当经费充足时也可以考虑此种方式。

第14章 某汽车企业汽车年销量的预测

某汽车企业希望利用本企业过去一段时期的汽车销量历史数据来预测未来一段时期的汽车销量。在分析过程中，在数据描述之后，删除了相隔时间较远且波动规律并不相同的部分数据，利用时间较近的数据建立了曲线预测模型。利用曲线拟合过程从几个候选曲线模型中挑选出比较合适的一个用于预测，最后尝试使用非线性回归方法建立了分段回归模型加以比较。

14.1 案例背景

现有某汽车企业 1988—2001 年的汽车销售量数据，想通过对数据的处理与分析得出预测值。

14.1.1 研究项目概况

现有某汽车企业 1988—2001 年的汽车销售量数据，如表 14.1 所示。为了制订企业的长期市场发展计划，管理者希望能够预测出至 2011 年的汽车销量。

表 14.1 汽车销售量数据

年份	2001	2002	2003	2004	2005	2006	2007	2008	2009	2010	2011	2012	2013	2014
销量/万辆	65	59	51	71	106	130	135	145	146	157	160	183	208	236

14.1.2 分析思路和商业理解

在本案例中，需要在进行具体的分析操作之前慎重考虑一个问题：管理者希望能够预测出 2015—2024 年的汽车销量，这一目标能否实现？笔者认为，这个理想受到以下两个方面因素的制约。

(1) 可用信息量太少。14 个年度销量的数据用于预测，显然这不是非常充裕的样本量，意味着所获得的预测模型的准确度可能不会太高，反映在建模结果上，就是预测值的区间估计值非常之宽，并且该宽度会随着预测年代的增加而迅速扩大。很可能在预测到未来 5 年以上时，该预测区间就会扩大到类似于 ±∞ 这种失去实际意义的范围。

(2) 未来趋势的变化。即使有上百个数据，中国飞速发展的汽车工业也在提醒研究者，市场瞬息万变，再精确的模型也无法预计市场或政策的大环境改变所带来的巨大影响。如果是工业生产线，或者严格控制条件下的实验室所产生的数据，预测这样大的时间跨度下序列的变化趋势是有可能的，但是在涉及经济、社会领域时这几乎是不可能完成的任务。

基于以上两点原因，笔者认为预测两三年内的汽车销量应当是本案例更为合理的研究目标。

在对基本研究目标进行修正之后，随后的分析工作思路是非常清晰的，首先进行数据序列趋势的观察，然后按照相应的趋势进行分析建模，并给出预测结果。

14.2 数据理解

由于本数据比较简单，因此数据理解的重点可以放在两变量间数量关联趋势的了解上，因此首先应当使用散点图对数据的变化规律进行观察，如图14.1所示。

step 01 选择菜单栏中的【图形】|【图表构建器】命令。

step 02 将简单散点图图标拖入画布。

step 03 将year拖入【X轴】列表框，sales拖入【Y轴】列表框。

step 04 单击【确定】按钮。

简要地说，散点图在用于回归分析前的预分析时，可提供以下三类关键信息。

- 变量之间是否存在数量关联趋势。
- 如果存在共关联趋势，那么是线性的还是曲线的。
- 数据中是否存在明显偏离散点图主体较远的散点，它们是否可能在建模时成为强影响点。

图14.1中清楚地显示，随着年代的推移，该企业的汽车销量明显不呈线性。不仅如此，散点图反映出销量的变化似乎并非遵循同一个曲线变动。2001—2003年间销量呈反常的下降趋势，在2003—2006年间则呈现出恢复性的快速增长。考虑到2002年以后该企业管理者出了一些问题，直到2005年后对管理者进行调整才恢复正常经营，可以认为这几年间的销量是处于不正常时期，不能正确反映企业销量发展的规律。因此，在随后建模时考虑将2001—2005年的数据删除，不再进入后续分析，而只采用2006—2014年的数据进行建模。从统计模型角度讲，只采用这几年的数据显然太少了，但对本案例而言，这可能是最合适的选择。

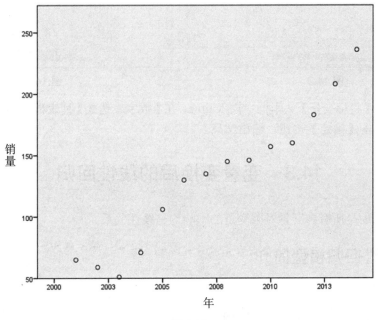

图 14.1

一方面，观察 2006—2014 年的销量变化，可以看到呈现出加速上升的曲线趋势，所有可以反映该趋势的曲线模型均在考虑之列。因此，这里可以考虑拟合三种曲线模型。

- 二次方曲线：$Y = b_0 + b_1 X + b_2 X^2$。
- 三次方曲线：$Y = b_0 + b_1 X + b_2 X^2 + b_3 X^3$。
- 指数曲线：$Y = b_0 e^{b_1 X}$。

其中拟合优度较高的模型将用于随后的预测。

另一方面，由于相应模型中存在自变量的高次项或指数项，直接使用年代作为自变量纳入模型将产生数值很大的平方、立方项，这虽然不影响模型精度，但会严重影响方程的可读性。因此将为年代产生一个新的序列变量，并将它作为自变量纳入模型。

筛除 2006 年以前的数据，以及产生新变量的操作均可使用对话框完成，操作步骤如下。

step 01 选择菜单栏中的【转换】|【计算变量】命令，弹出图 14.2 所示对话框。

step 02 单击【计算变量】对话框左下角的【如果】按钮，弹出图 14.3 所示对话框，输入 year>=2006，单击【继续】按钮。

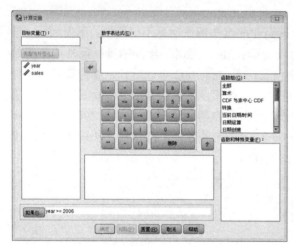
图 14.2

图 14.3

step 03 在【目标变量】文本框中输入 time，在【数字表达式】列表框中输入$CASENUM。

step 04 单击【确定】按钮，输出结果。

14.3 变量变换后的线性回归

线性回归指的是所有自变量对因变量的影响均呈线性关系。

14.3.1 线性回归模型简介

1. 模型的基本结构

设希望预测因变量 y 的取值，影响因素为自变量 x_1、x_2、…、x_m，则自变量和因变量间存在以下关系，即

$$\hat{y} = a + b_1x_1 + b_2x_2 + \cdots + b_mx_m$$

式中：$\hat{y}$ 为 y 的估计值或预测值(Prediced Value)，表示给定各自变量的值时，因变量 y 的估计值；a 为截距(Intercept)，在回归方程中又标为常数项(Constant)，表示各自变量均为 0 时 y 的估计值；b_i 为偏回归系数(Pratial Regression Coefficient)，简称回归系数，表示其他自变量不变；x_i 为每改变一个单位时，所预测的 y 的平均变化量。比如方程中最终求得 b_1=0.52，则表示当 x_1 每上升一个单位时，因变量 y 平均上升 0.52 个单位。

上式中表述了 y 的估计值，如果希望能够用公式精确地表示每一个体的测量值，则假设在相应的自变量取值组合下，相应的个体因变量实测值围绕平均水平 $\hat{y}$ 上下波动，即 y_i 可表示为

$$y_i = \hat{y} + e_i = a + b_1x_{1i} + b_2x_{2i} + \cdots + b_mx_{mi} + e_i$$

式中：e_i 为随机误差，被假定为服从均数为 0 的正态分布。即对每一个体而言，在知道了所有自变量取值时，能确定的只是因变量的平均取值，个体的具体取值落在其附近的一个范围内。具体取值和平均取值间的差异(即 e_i)称为残差，这部分变异是模型中自变量所不能控制的。

既然模型中有无法消除的残差存在，采用两点确定一条直线的方法是无法求得方程中具体参数值的。由于方程应当和大多数点尽量靠近，为此人们一般采用最小二乘法来拟合模型，即保证各实测点至回归直线纵向距离的平方和为最小。

2. 模型中的一些常用指标

回归模型中常常使用一些专用的指标，常见的是以下 3 个。

(1) 偏回归系数。即模型中的 b_i，它反映当某个自变量上升一个单位时，因变量取值的变动情况，即自变量对因变量的影响程度。

(2) 标化偏回归系数。用 β 表示，由于自变量间的变异程度和均数有时相差非常大，直接用偏回归系数是无法比较各自变量的影响程度大小的，为此人们将各自变量进行标准正态变换后再进行分析，此时得到的就是标化偏回归系数，它的大小可以直接用来比较各自变量对因变量的影响程度。

(3) 决定系数。即相应的相关系数的平方，用 R^2 表示，它反映因变量 y 的全部变异中能够通过回归关系被自变量解释的比例。如果 R^2 为 0.8，则说明回归关系可以解释因变量 80%的变异。换言之，如果能够成功地控制自变量的取值，则因变量的变异程度会减少 80%。

3. 回归模型的适用条件

如果使用正确，回归模型可以很好地解决许多实际问题，得到非常漂亮的结果。但是必须明确，回归模型有自身的适用条件，如果相应的适用条件被违反，则模型的分析结果并不一定会代表真实情况。根据不同的分析目的，线性回归模型的适用条件会有所不同，这里给出一些基本的适用条件。

(1) 线性趋势。自变量与因变量化关系是线性的，如果不是则不能采用线性回归来分析。可以通过散点图来判断。

(2) 独立性。可表述为因变量 y 的取值相互独立，之间没有联系。反映到模型中，实际上就是要求残差间相互独立，不存在自相关；否则应当采用自回归模型来分析。这可以用 D-W 统计量来考察，另外一种常用的工具为前面介绍过的自相关和偏相关图，它们比 D-W 统计量

更为直观和敏感。

（3）正态性。就自变量的任何一个线性组合，因变量 y 均服从正态分布，反映到模型中就是要求 e_i 服从正态分布。

（4）方差齐性。就自变量的任何一个线性组合，因变量 y 的方差均相同，实质就是要求残差的方差齐性。

在以上适用条件中，独立性需要专门强调一下，由于这里使用回归模型对序列数据进行分析，数据的顺序代表了时间变化的方向，相邻数据间非常容易出现相关性。因此在用回归模型分析本案例时，残差有无自相关是必须加以考察的。如果模型的决定系数非常高，自相关趋势非常弱，则该问题影响不太；否则应当考虑使用自回归模型来分析。

如果回归模型违反了以上任何一个条件，则模型的分析和预测结果将变得可疑。反之，如果所建立的模型很好地符合以上要求，则研究者将非常有信心将这一模型应用于因变量序列的预测。

14.3.2 变量变换后拟合线性回归模型

本例需要拟合曲线回归模型，但是统计学上发展最早、最成熟的是线性回归模型，有无办法将其方法体系利用到曲线回归方面去呢？答案非常简单，只要可能通过变量变换，将曲线方程变换为直线方程的形式，即可利用变换后的变量来进行"线性"模型的拟合。对本例而言，二次方、三次方和指数曲线都可以通过这种方式来拟合，这里以二次方为例来演示一下其操作，首先进行的是二次的计算。

step 01 选择菜单栏中的【转换】|【计算变量】命令。

step 02 在【目标变量】文本框中输入 time2，在【数字表达式】列表框中输入 time*time，如图 14.4 所示。

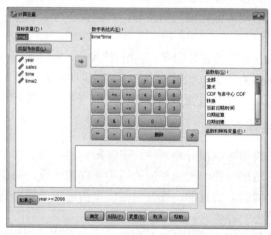

图 14.4

step 03 单击【确定】按钮输出结果。

这里采用比较简单的曲线直线化拟合操作，即直接拟合 $Y = b_0 + b_1 X + b_2 X^2$ 形式的方程，随后的操作是将 time、time2 两个变量同时纳入方程，直接进行模型的参数估计，具体操作如下。

step 01 选择菜单栏中的【分析】|【回归】|【线性】命令,弹出图14.5所示对话框。
step 02 将sales选入【因变量】列表框中,将time、time2选入【自变量】列表框中。
step 03 单击【统计】按钮,弹出【线性回归:统计】对话框,选中【估计值】、【模型拟合】复选框,如图14.6所示。

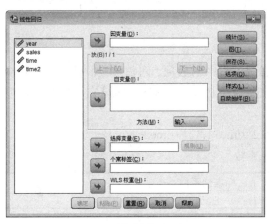

图 14.5

图 14.6

step 04 单击【确定】按钮,输出结果。

分析结果较为复杂,会出现4张表格,如表14.2至表14.5所示。

首先对模型中各个自变量纳入模型情况进行汇总,可以看到进入模型的有两个变量,变量选择的方法为强行进入法,也就是将所有自变量都放入模型中。筛选自变量的方法有很多种,不同的情况可以选择不词的筛选方法,在后续章节中还会涉及此问题。

表 14.2 输入/除去的变量 [a]

模型	输入的变量	除去的变量	方法
1	time2, time[b]	0.000	输入

a. 因变量:sales
b. 已输入所请求的所有变量。

表 14.3 模型摘要

模型	R	R^2	调整后 R^2	标准估算的误差
1	0.991[a]	0.982	0.975	5.588

a. 预测变量:(常量),time2,time。

上面的结果是对模型简单汇总,其实就是对回归方程拟合情况的描述,通过这张图可以知道相关系数(绝对值)的取值(R),相关系数的平方即决定系数(R Square)调整后的决定系数和回归系数的标准误。决定系数的取值在 0~1 之间,它的含义就是自变量所能解释的差在总方差中所占的百分比,取值越大说明模型的效果越好。通俗地讲,就是决定系数越大,该因素所起的作用越大。可见,本案例中拟合的模型决定系数高达98.2%,拟合效果应当是非常不错的。

表 14.4 即为对模型进行方差分析的结果,可以看到方差分析的结果 F 的值为 159.744,P 值小于 0.05,所以该模型是有统计意义的,或者说用于预测因变量是有价值的。

表 14.4 ANOVA[a]

模型		平方和	自由度	均方	F	显著性
1	回归	9976.638	2	4988.319	159.744	0.000[b]
	残差	187.362	6	31.227		
	总计	10164.000	8			

a. 因变量：sales。
b. 预测变量：(常量), time2, time。

表 14.5 为最后一张结果表格，其中给出了回归方程中常数项、回归系数的估计值和检验结果。可见，常数项为 138.976，两个回归系数分别为-5.998 和 1.821，通过它可以写出回归方程为

$$销量=214.5-24.212\times time+1.821\times time2$$

表 14.5 系数[a]

模型		未标准化系数		标准化系数	T	显著性
		B	标准误差	Beta		
1	(常量)	214.500	30.638		7.001	0.000
	time	-24.212	6.409	-1.860	-3.778	0.009
	time2	1.821	0.318	2.817	5.720	0.001

a. 因变量：sales。

由上述回归方程可知以下信息。

- time=0，即时间为 2006-1=2005 年时，销量的模型估计值为 214.5，显然这个数值和实际情况差得有点远，因为 2006 年之前的数据趋势并不服从现在拟合的模型，所以这个估计值是没有实际意义的。
- 销量和时间的一次项负相关，和时间的二次项正相关。

表格中还使用 T 检验对各参数进行了检验。需要指出的是，由于没有对时间变量进行标准化，只是进行了简单的模型拟合，因此对各系数的检验结果不用关心，只需要明确模型总体是有统计学意义的即可，随后的工作重点应当是比较几个候选模型中哪一个的预测价值更大。

14.3.3 模型拟合效果的判断

预测模型建立后，模型的预测精度究竟如何是非常关心的问题，除了使用回归模型中的一些诊断指标外，也可以使用针对时间序列预测的一些专门指标加以判断。

1. 残差的独立性检验

虽然前面已经得到了所需的回归方程，并进行了相应的假设检验，但分析工作不应当就此停止，因为数据是否满足回归模型的适用条件这一问题还未得到回答。在上面的工作中，只是完成了线性趋势的考察，而独立性、正态性和方差齐性方面均未涉及。下面就来完成这些工作，首先是残差的独立性检验，这可以使用统计量子对话框中的德宾-沃森检验复选框来进行。

在【统计】子对话框中，选中【德宾-沃森】统计量复选框，相应的结果输出如表 14.6 所示。

第14章 某汽车企业汽车年销量的预测

表 14.6 模型摘要[b]

模型	R	R^2	调整后 R^2	标准估算的误差	德宾-沃森
1	0.991[a]	0.982	0.975	5.588	1.518

a. 预测变量：(常量)，time2，time。
b. 因变量：sales。

可见，在模型汇总表格的右侧增加了德宾-沃森统计量的输出，该统计量的取值在 0～4 之间。具体应用可查相应统计用表，若大于界值上界，则说明残差间相互独立；低于下界，说明残差间存在自相关。一般来说，若自变量数少于 4 个，统计量大于 2，基本上可以肯定残差间相互独立，本例的计算结果为 1.518，独立性应当没有大的问题。

2. 残差分布的图形观察

下面利用图形进行残差的独立性检验，具体操作在【图】子对话框中完成。

在【图】子对话框中，选中【直方图】和【正态概率图】复选框。

结果如图 14.7 所示，从输出的残差直方图和 P-P 图可以看出，模型的残差较好地服从正态分布，没有明显偏离正态性假设。当然，由于本案例的样本量很少，上述两个图形工具的实际考察价值不大。

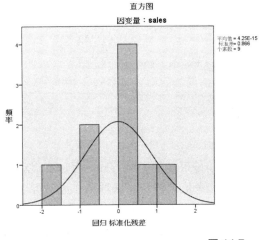
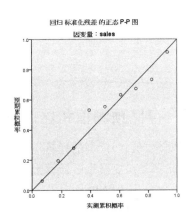

图 14.7

3. 绘制残差序列图

除上述观察方式外，分析者还可以进一步绘制残差序列图，观察残差随时间变化而变化的情况，如果模型的拟合效果好，则残差序列在整个时间范围内应当落在 0 附近，对于近期的残差波动尤其应当如此。同时，残差序列图也是很好的检验残差方差齐性的工具，拟合良好的模型其残差方差应当在整个时间范围内保持恒定，如果残差方差不恒定，则模型的稳健性可疑。其中，如果随着时间的推移残差变异变得越来越大，则说明模型对后期数据的预测效果不如早期数据，该模型将没有太大的使用价值。

在本例中，首先使用【保存】子对话框中的相应功能，将残差存储为新变量，随后绘制序列图，具体操作如下。

step 01　选择菜单栏中的【保存】|【标准化残差】命令。
step 02　依次选择【分析】|【时间序列预测】|【序列图】命令。
step 03　【变量框】：选入 ZRE_1。
step 04　【时间轴标签框】：选入 year。
step 05　单击【确定】按钮，输出结果。

从图 14.8 中可见，在整个时间段中，标化残差均在 0 上下波动，且波动范围没有超出±2，没有发现明显方差不齐或者强影响点的线索。

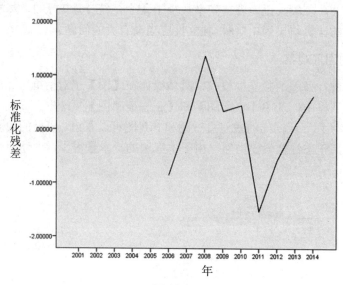

图 14.8

14.3.4　存储预测值和区间估计值

本案例建立回归模型的任务不是寻找年代对销量可能的影响方式，而是希望对因变量进行预测，因此需要在数据集中计算出预测值、个体参考值范围等。这项工作虽然可以利用所拟合的方程进行计算，但 SPSS 提供了更为便捷的功能。在【保存】子对话框中，预测值、残差、预测区间等都可以作为新变量存储在数据集中。本例需要预测区间和预测值，相应的操作如下。

step 01　在数据集中新增 3 条记录，变量 id 分别等于 10、11 和 12。
step 02　重复执行【回归】对话框。
step 03　在打开的【保存】子对话框中选中【未标化预测值】、【单值预测区间】复选框。

这样在建模完成后，原数据集就会增加 PRE_1、LICI_1 和 UICI_1 这 3 个新变量，分别代表每条案例的模型预测值、个体预测值 95%参考值区间的下界和上界。

由于本例还需要从几种曲线模型中间进行优选，从中选取最为合适的一个用于预测，因此利用曲线直线化方法进行分析的操作不再继续详述，有兴趣的读者可以自行操作，本书将过渡到更为便捷的曲线拟合操作步骤来完成相应的分析工作。

14.4 曲线拟合

在 14.3 节中使用的先进行变量变换，将曲线关联变换为线性关联，然后拟合线性回归模型来求得模型估计值的方法是最为基本和标准的分析方法，但是整个过程稍微烦琐，特别是当可以考虑的曲线回归模型较多时，需要分别进行相应的变量变换和拟合操作。实际上，对于一些常见的曲线方程，完全可以使用曲线估计过程一次拟合完毕，这里就来进行相应的操作。

14.4.1 用曲线估计过程同时拟合多个曲线模型

本案例中考虑的三个曲线模型可以调用一次对话框同时加以拟合，如图 14.9 所示。

step 01 选择菜单栏中的【分析】|【回归】|【曲线估算】命令，弹出图 14.9 所示对话框。

图 14.9

step 02 在【因变量】列表框选入 sales。
step 03 在【自变量】列表框选入 time。
step 04 在【模型】选项组中选中【二次】、【三次】和【指数】复选框。
step 05 选中【显示 ANOVA 表】复选框。
step 06 单击【确定】按钮，输出结果。

分析结果中的主要部分如表 14.7 至表 14.14 所示。

首先输出的是二次方曲线模型的分析结果，可见模型的确定系数为 0.982，从表 14.8 中可见，time 的一次方和二次方回归系数分别为-24.212 和 1.821，显然和上一节手工进行变量变换的分析结果完全相同。

表 14.7 模型摘要

R	R^2	调整后 R^2	估算标准误差
0.991	0.982	0.975	5.588

注：自变量为 time。

表 14.8　系数

量	未标准化系数		标准化系数	T	显著性
	B	标准误差	Beta		
time	-24.212	6.409	-1.860	-3.778	.009
time ** 2	1.821	0.318	2.817	5.720	.001
(常量)	214.500	30.638		7.001	.000

表 14.9　模型摘要

R	R^2	调整后 R^2	估算标准误差
0.994	0.988	0.984	4.561

注：自变量为 time。

表 14.10　ANOVA

量	平方和	自由度	均方	F	显著性
回归	10039.180	2	5019.590	241.288	0.000
残差	124.820	6	20.803		
总计	10164.000	8			

注：自变量为 time。

表 14.11　系数

量	未标准化系数		标准化系数	T	显著性
	B	标准误差	Beta		
time ** 2	-0.773	0.285	-1.196	-2.716	0.035
time ** 3	0.089	0.018	2.175	4.943	0.003
(常量)	142.672	9.329		15.294	0.000

表 14.12　模型摘要

R	R^2	调整后 R^2	估算标准误差
0.962	0.925	0.914	0.059

注：自变量为 time。

表 14.13　ANOVA

	平方和	自由度	均方	F	显著性
回归	0.299	1	0.299	85.722	0.000
残差	0.024	7	0.003		
总计	0.324	8			

注：自变量为 time。

表 14.14　系数

	未标准化系数		标准化系数	T	显著性
	B	标准误差	Beta		
time	0.071	0.008	0.962	9.259	0.000
(常量)	80.702	6.360		12.689	0.000

注：因变量为 ln(sales)。

有的读者可能会疑惑和二次项方程相比,各回归系数以及常数项出现的大幅变化。实际上,由于 time 的一次、二次及三次项之间具有明确的数学关系,将它们同时纳入方程就造成了非常典型的自变量共线性问题,因此方程中得到的系数估计值完全可能出现大幅波动。当然,好消息是目前不需要关心这些系数的具体数值,因为它们根本不重要。

第二部分输出的是 3 次方曲线的分析结果,可见在增加了一个 3 次项之后,模型的决定系数从 98.2%上升到了 99.4%。调整决定系数也有所上升,这说明新的 3 次项的增加有助于预测效果上升。可以写出方程模型为

$$\text{sales}= 142.672-0.773\text{time}^2+ 0.089\text{time}^3$$

第三部分为指数曲线模型的数据结果,其决定系数为 0.925,显然低于前两个模型。相应的模型表达式为

$$\text{sales}=80.702\times e^{0.071\times \text{time}}$$

分析结果中最后输出的是实测值和模型预测值的曲线图,从图 14.10 中可以很明显地看到,指数模型的拟合效果明显差于二次方和三次方模型。后两者的预测值均和实测值非常接近,相比之下,二次方曲线在 2006 年前后的拟合效果稍差一些。

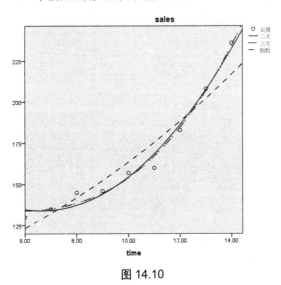

图 14.10

14.4.2 模型拟合效果的判断

1. 存储残差值

通过对曲线图以及决定系数的观察,基本上可以排除指数模型,但是在剩下的两个模型中何者为优?下面考虑使用更加专业的指标对此进行判断,以便从中挑选出最优模型用于随后的预测工作。为此先将模型的残差存为新变量供分析中使用,新增操作如下:

step 01 进入【保存】子对话框。
step 02 在【保存变量】选项组中选中【残差】选项。
step 03 单击【继续】按钮。

再次运行曲线拟合过程,此时会生成 ERR_1、ERR_2、ERR_3 共 3 个新变量,分别代表二

次、三次和指数模型的误差项。为便于观察,将它们的变量名标签分别改为二次方程、三次方程和指数方程。

2. 观察模型误差的序列图

首先绘制 3 个模型误差项的序列图(见图 14.11),以观察随着年代的变化相应预测误差的变动趋势,操作步骤如下。

step 01 依次选择【分析】|【时间序列预测】|【序列图】命令。
step 02 在【变量】列表框选入 ERR_1、ERR_2、ERR_3。
step 03 在【时间轴标签】列表框中选入 year。
step 04 单击【确定】按钮。

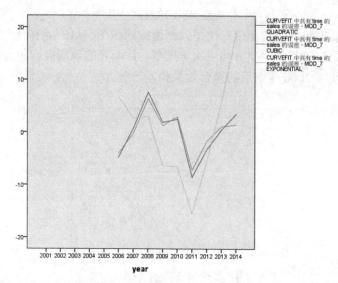

图 14.11

从图 14.11 中可见,指数方程的预测误差一直较大,特别是 2011—2014 年,预测误差由负急剧转正,表明此时模型曲线和实际数据的变动趋势完全不一致。显然,该模型不适合于预测。二次方和三次方模型的误差序列始终较为紧密地纠缠在一起,很难区分何者更优。但是从近几年的数据来看,二次方曲线的误差在从 2011 年以后也出现了一定的变动趋势,而三次方曲线则较紧密地围绕零点上下波动,由于这些数据点处于序列末端,其预测的准确性更为重要,因此更倾向于使用三次方模型。

除考察残差的波动状况外,曲线反映出来的未来变动趋势也很重要,如果仔细考察曲线图,可以看到二次方曲线未来的上升趋势会比三次方曲线更为明显。考虑到加入世界贸易组织以后汽车市场可能出现爆炸性增长,选择三次方模型进行预测显然更为稳妥。综上所述,三次方模型将用来进行随后的预测工作。

除以上分析方法外,还可以检验残差的正态性、检验残差的自相关性等,这些不再详述。需要注意的是,以上检验方法有可能得到不一致的结果,此时需要经验和反复尝试。

14.4.3 模型的预测

根据上面的讨论已经确定应当使用三次方模型进行预测，并且预测的长度在 3 年以内比较恰当。为此采取和线性回归中相同的操作：在数据集中新增 3 条记录，变量 id 分别等于 10、11 和 12，然后在曲线拟合过程中进行操作。

- step 01　选择菜单栏中的【分析】|【回归】|【曲线估计】命令。
- step 02　在【因变量】列表框中选入 sales。
- step 03　在【自变量】列表框中选入 time。
- step 04　在【模型】选项组中选中【立方】复选框。
- step 05　打开【保存】子对话框。
- step 06　在【保存变量】中选中【预测值】和【预测区间】复选框。
- step 07　单击【确定】按钮。

由于上一次操作中同时拟合了 3 个曲线模型，为了避免生成太多输出曲线，上面操作中将另两个不使用的模型去除了，最终分析结果的输出和前面三次项方程部分没有任何区别，但数据集中会新增 FIT_4、LCL_4 和 UCL_4 这 3 个变量，分别代表预测值和预测值可信区间的上下界，可以使用序列图将它们和实测值绘制在同一图中，如图 14.12 所示。

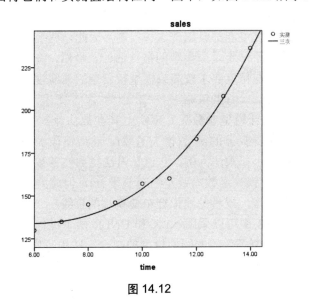

图 14.12

14.5　利用非线性回归进行拟合

前面采用曲线直线化的策略对案例进行了分析，但从方法学的角度来看，曲线直线化方法有其自身的缺陷。

- 变量变换可以解决曲线拟合的问题，但是直线回归采用的是最小二乘法，它能保证变换后的残差平方和最小，如果变换回原始数值，则不一定是最优方程。

- 当曲线关系极为复杂，甚至不存在显示表达式时，往往不可能通过变量变换转换为直线方程，此时线性回归将爱莫能助。

显然，如果希望克服上述问题，就需要寻求更为强有力的分析方法。非线性回归就是针对以上复杂问题而提出的一个通用的模型框架，它采用迭代方法对用户设置的各种复杂曲线模型进行拟合，同时将残差的定义从最小二乘法向外扩展，为用户提供了极为强大的分析能力。

14.5.1 模型简介

非线性回归模型一般可以表示为

$$y_i = \hat{y} + e_i = f(x, \theta) + e_i$$

式中：$f(x,\theta)$为期望函数，该模型的结构和线性回归模型非常相似，不同的是期望函数$f(x, \theta)$可能为任意形式，在有的情况下甚至可以没有显式表达式。

许多较为简单的非线性模型可以通过变量变换转化为线性模型，它们又称为可变换为线性的模型。在非线性回归中，可变换为线性的模型有许多优点，如易于求得某些参数的初始值等。如果采用将它们变换为线性模型，然后进行估计的策略，就是前面已经学习过的曲线回归。但必须指出，数据的变换会导致随机误差项分布的改变，认清这一点非常重要，因为这将影响最小二乘法所求得的解的含义以及模型的适用条件。如果假定变换前模型的误差项服从正态分布，则对变换后的数据来说，其相应的误差项很可能不再服从这一假定；反之亦然。不仅是正态性，包括方差齐性、独立性可能都会出现这种问题。因此，变换后的线性模型采用最小二乘法求得的最佳参数估计值并不一定是原模型的最佳估计。显然，在较为复杂的非线性模型中，这一影响有可能非常严重。在精度要求较高或模型较复杂的非线性回归问题中，采用曲线直线化来估计非线性方程并不是一个好的策略。

那么非线性模型如何估计模型参数呢？事实上其参数估计的基本思想非常类似于线性模型，也是先给出一个表示估计误差的函数(损失函数)，然后使该函数取值最小化，并求得此时的参数估计值。以常用的最小二乘法为例，它也是设法找到使各数据点离模型回归线纵向距离的平方和达到最小的估计值(损失函数为残差绝对值平方)，但此处的模型回归线就是相应的曲线，而不是线性回归中的直线，或者曲线拟合中变换后的直线。

非线性回归模型在 SPSS 中可以采用 NLR 和 CNLR 两个过程来拟合，前者用于一般的非线性模型，后者可用于带约束条件的非线性模型的拟合，适用范围更广，算法也不相同。但在对话框级别中，它们都由【回归】菜单中的【非线性】命令调用，读者不用过于注意二者的差异。

14.5.2 构建分段回归模型

在 14.2 节中曾经提到过可以尝试进一步考虑分段模型，也就是 2006—2008 年基本呈线性趋势，然后在 2008—2011 年呈现另一种线性趋势的模型，如果用公式表达，则相应的模型如下：

- sales=b_{01}+b_{02}*time   2006=<year<2011
- sales=b_{11}+b_{12}*time   year>=2011

非线性回归模型中可以直接对该分段模型进行拟合，唯一的难点是模型表达式只能写在一

个公式中，这里需要利用逻辑表达式来实现，具体为

$$sale=(year<2011)*(b_{01}+b_{02}*time)+(year>=2011)*(b_{11}+b_{12}*time)$$

逻辑表达式根据 year 值是否符合要求得出逻辑结果为 0 或 1，从而实现了分段模型的要求。SPSS 中的操作如下，图 14.13 所示为【非线性回归】过程设置对话框，表 14.15 至表 14.18 所列为分析输出结果。

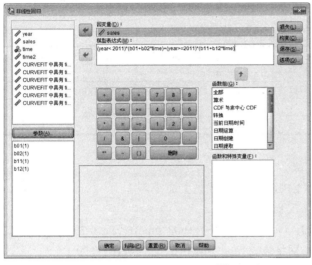

图 14.13

表 14.15 迭代历史记录[b]

迭代编号[a]	残差平方和	参数			
		b01	b02	b11	b12
1.0	226847.000	1.000	1.000	1.000	1.000
1.1	25.000	90.600	6.500	-119.500	25.300
2.0	25.000	90.600	6.500	-119.500	25.300

注：将通过数字计算来确定导数。
a. 主迭代号在小数点左侧显示，次迭代号在小数点右侧显示。
b. 由于连续参数估算值之间的相对减小量最多为 PCON=1.000E-8，因此运行在 3 次模型评估和 2 次导数评估后停止。

表 14.16 参数估算值

参数	估算	标准误差	95%置信区间	
			下限	上限
b01	90.600	5.745	75.833	105.367
b02	6.500	0.707	4.682	8.318
b11	-119.500	12.550	-151.761	-87.239
b12	25.300	1.000	22.729	27.871

表 14.17　参数估算值相关性

	b01	b02	b11	b12
b01	1.000	-0.985	0.000	0.000
b02	-0.985	1.000	0.000	0.000
b11	0.000	0.000	1.000	-0.996
b12	0.000	0.000	-0.996	1.000

表 14.18　ANOVA[a]

源	平方和	自由度	均方
回归	260139.000	4	65034.750
残差	25.000	5	5.000
修正前总计	260164.000	9	
修正后总计	10164.000	8	

因变量：sales

a. R^2=1-(残差平方和)/(修正平方和)=0.998。

step 01 依次选择【分析】|【回归】|【非线性】命令。

step 02 在【因变量】列表框选入 sales。

step 03 在【自变量】列表框中输入(year<2011)*(b01+b02*time)+(year>=2011)*(b11+b12*time)。

step 04 参数：在子对话框中分别将 b_{01}、b_{02}、b_{11} 和 b_{12} 的初始值设为 1。

step 05 单击【确定】按钮。

如表 14.15 所示，输出为迭代过程记录，观察残差 SS 的变化，可见随着迭代的进行，残差 SS 变得越来越小，也就是说，模型无法解释的变异部分越来越少。但这一过程不是无限进行下去，当进行了两步迭代后，残差 SS 以及各参数的估计值均稳定下来，模型达到收敛标准。

表 14.16 给出的是模型中未知参数的点估计和区间估计值，注意参数估计值的标准误差为近似标准误差，所以相应的可信区间仅供参考。当可信区间的界值离 0 较近时，下结论应慎重。正是由于此原因，上面的输出并不能给出基于 μ 检验的检验结果。由以上结果可以得出模型方程为

$$\text{sales}=90.6+6.5*\text{time} \quad 2006=<\text{year}<2011$$
$$\text{sales}=-119.5+25.3*\text{time} \quad \text{year}>=2011$$

表 14.17 所列为各参数的相关系数矩阵，对于较复杂的模型，参数间的相关系数可用来辅助进行模型的改进，本例中无太多价值。

表 14.18 所列为对模型进行近似方差分析的结果，相应的原假设为：所拟合的模型对因变量的预测无贡献。由于这里进行的是非线性回归，方差分析的 F 值和 P 值只有参考意义，因此结果中没有给出计算结果，用户可以手工计算。显然，最终的 P 值远小于 0.05，拒绝原假设，可以认为模型对因变量的预测是有作用的。

最下方计算出了模型的决定系数为 0.998，与上文三次项曲线拟合模型的 0.994 相比，模型的拟合效果似乎又有了改进，但需要指出的是，曲线拟合中计算出来的决定系数实际上是曲线直线化后直线方程的参考系数，不一定代表变换前的变异解释程度，即两个模型的决定系数有可能不具有可比性。

14.5.3 不同模型效果的比较

前面用非线性回归的方法得到了模型表达式的估计值,也给出了销量的预测值。那么究竟是分段模型的效果更好,还是三次方模型的预测效果更好呢?为了直观地对两个模型进行比较,这里存储了相应模型的预测值,并且绘制相应的序列图(见图 14.14),操作步骤如下。

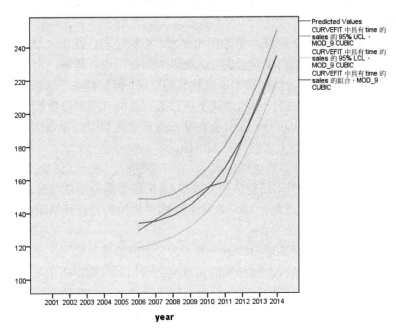

图 14.14

step 01 打开【保存】子对话框。
step 02 选择【预测值】命令。
step 03 单击【确定】按钮。
step 04 依次选择【分析】|【时间序列预测】|【序列图】命令。
step 05 在【变量】列表框中选入三次方曲线的预测值 FIT_1、LCL_1、UCL_1 以及非线性模型的预测值 PRED_。
step 06 在【时间轴标签】列表框中选入 year。
step 07 单击【确定】按钮。

如果将三次方曲线的预测结果和分段回归模型的预测结果相比,可以发现三次方曲线的预测值上升更快速,明显地和分段模型的预测结果拉开了距离。

14.6 分析结论

在本案例中,基于所有可用的历史销售数据,对未来一定时期内的汽车年销量进行了预测。分析结果显示,过去几年间销量呈加速上升的曲线趋势,通过对二次曲线、三次曲线和指数曲线的拟合，发现三次曲线对历史数据的拟合效果最好。另外，基于 2013 年之后宏观经济走势可能会进入一个新的上升周期的判断，认为汽车销量应当倾向于比较乐观，因此也倾向于使用上升速度更快的结果。基于上述分析，按照三次曲线的趋势进行了未来 3 年的销量预测，并给出了相应的销量预测区间。

本案例的数据看上去非常简单，而且从分析需求来说也非常明确：利用一个自变量预测因变量。但这并没有妨碍笔者将其设定为单独案例，因为该案例恰恰反映了许多实际分析工作中可能遇到的困境。

- 任何一个统计模型都会有样本量方面的要求。根据经验，在建立回归模型时，案例数应当在希望加入模型的自变量数的 20 倍以上为宜。也就是说，本案例至少应当包括 20 对历史数据才能达到模型样本量经验值的要求。但问题在于分析的是真实数据，总共只有 14 年的历史数据，虽然理论上可以通过获取月度销量数据来丰富数据信息，但这不仅在时间上不大可行，而且会在建模方面引入更多的复杂性和不确定性，更何况不会拉长可以预测的未来时间范围，因此不是最佳选择。
- 在样本量不足的情况下，数据明确显示，在不同的时间段上，销量的变动规律不一致。这意味着要么建立一个比较复杂的分段模型(正如前面利用非线性回归模型所进行的尝试)，要么只能截取近期的部分数据进行建模和预测，最终采用的是后一种策略的分析结果。

实际上，上述两点也可以简单地归结为一个矛盾：数据的信息量无法满足建模需求，因此必须在数据信息量、模型的复杂程度和结果的精确度之间加以权衡。所谓巧妇难为无米之炊，统计师只能充分利用信息，不可能凭空制造信息，因此比较客观的做法应当是放弃过于复杂的模型，采用相对简单、参数较少的模型得到更为稳妥的分析结果。因为简单的模型需要估计的参数相对较少，可以保证模型估计时有较多的冗余信息可资利用，使得各参数的估计值更为稳健，不至于因个别案例的增删而导致模型出现明显变化。

另外，在具体的案例分析中，分析师应当充分利用专业知识和相关背景信息，而有针对性地进行建模。在本案例中，基于宏观经济方面的分析，采用了更为乐观的预测结果，而不是中性或者偏悲观的结果。可能有的统计初学者会觉得这样似乎是在引入主观臆断，会影响分析结果的客观性。实际上，外部信息是一把双刃剑，对其善加利用可以有效地改进分析效果，更好地达到分析目的。那种认为一切都应当以数据分析的结果为准，拒绝任何外部信息的参考价值的想法是不可取的。

第 15 章　中国消费者信心指数影响因素分析

消费者信心是指消费者根据国家或地区的经济发展形势，对就业、收入、物价、利率等问题综合判断后得出的一种看法和预期，消费者信心指数则是对消费者整体所表现出来的信心程度及其变动的一种测度。

15.1　案　例　背　景

消费者信心指数的概念和方法最早由美国密歇根大学调查研究中心的乔治·卡通纳在 20 世纪 40 年代后期提出，随后在美联储的委托之下开展了相应调研直至今日。60 余年的历史已经证明了这一指标体系在预测未来宏观经济走向方面具有不可替代的价值，目前已成为各市场经济国家非常重要的经济风向标之一。

15.1.1　项目背景

联恒市场研究公司看到了这一指标体系潜在的市场价值，于 2007 年启动了中国消费者信心调研(CCSS)，这一项目由联恒的张文彤博士与美国密歇根大学社会研究所消费者信心调查课题组负责人 Richard Curtin 博士共同设计开发完成，整个方法体系与密歇根大学的消费者信心调查基本相同，同时根据中国的具体国情进行了补充和完善，使之更贴近中国的实际情况。

15.1.2　项目问卷

项目问卷是标准化的，每月固定执行。由于问卷内容较多，这里选择了其中的部分题目作为教学案例，具体如下(为了便于讲解，下列题目顺序和内容均进行过调整，并非原始状况)。

中国消费者信心指数研究问卷(节选)

S0 受访者所在城市：
1. 北京　　2. 上海　　3. 广州

S1 请问您贵姓是？＿＿＿＿＿

S2 记录被访者性别：
1. 男性　　2. 女性

S3 请问您的实际年龄是？＿＿＿＿＿

S4 请问您的学历是？＿＿＿＿＿
1. 初中/技校或以下　　2. 高中/中专　　3. 大专　　4. 本科　　5. 硕士或以上

S5 请问您的职业是？＿＿＿＿＿
1. 企事业管理人员　　2. 工人/体力工作者(蓝领)　　3. 公司普通职员(白领)

4. 国家公务员　　5. 个体经营者　　　　　　6. 教师
7. 学生　　8. 专业人士(医生、律师等)　9. 无/待/失业、家庭主妇　　10. 退休　　11. 其他职业

S7 请问您的婚姻状况是？_____
1.已婚　　2.未婚　　3.离异/分居/丧偶

S9 请问您的家庭月收入(包括工资、奖金和各种外快收入)大约在什么范围？_____
1. 999 元或以下　　　　2. 1000～1499 元　　　　3. 1500～1999 元
4. 2000～2999 元　　　5. 3000～3999 元　　　　6. 4000～4999 元
7. 5000～5999 元　　　8. 6000～7999 元　　　　9. 8000～9999 元
10. 10000～14999 元　　11. 15000～19999 元　　12. 20000～29999 元
13. 30000 以上　　　　14. 无收入　　　　　　　15. 拒答

C0 请问您的家庭目前有下列还贷支出吗？_____
C0_1 房贷　　1. 有　2. 无　3. 拒答
C0_2 车贷　　1. 有　2. 无　3. 拒答
C0_3 其他一般消费还贷　　1. 有　2. 无　3. 拒答

O1 请问您有家用轿车吗？_____
1. 有　　2. 无

A3 请问与 1 年前相比，您的家庭现在的经济状况怎么样，变好，基本不变，还是变差？_____
1. 明显好转　　2. 略有好转　　3. 基本不变
4. 略有变差　　5. 明显变差　　6. 说不清/拒答

A3a 为什么您这样说呢？(最多限选两项)_____
1. 中性原因　　不知道/拒答
2. 改善：收入相关　　　　　　3. 恶化：收入相关
4. 改善：就业状况相关　　　　5. 恶化：就业状况相关
6. 改善：投资相关　　　　　　7. 恶化：投资相关
8. 改善：家庭开支相关　　　　9. 恶化：家庭开支相关
10. 改善：政策/宏观经济　　　11. 恶化：政策/宏观经济相关

A4 与现在相比，您觉得 1 年以后您的家庭经济状况将会如何变化？_____
1. 明显好转　2. 略有好转　3. 基本不变　4. 略有变差　5. 明显变差　6. 说不清/拒答

A8 与现在相比，您认为 1 年以后本地区的经济发展状况将会如何？_____
1. 非常好　2. 比较好　3. 保持现状　4. 比较差　5. 非常差　6. 说不清/拒答

A9 您认为 1 年之后本地区的就业状况将会如何变化？_____
1. 明显改善　　2. 略有改善　　3. 保持现状
4. 略有变差　　5. 明显变差　　6. 说不清/拒答

A10 与现在相比，您认为 5 年之后，本地区的经济将会出现怎样的变化？_____
1. 明显繁荣　　2. 略有改善　　3. 保持现状
4. 略有衰退　　5. 明显衰退　　6. 说不清/拒答

A16 对于大宗耐用消费品的购买，如家用电器、电脑以及高档家具之类，您认为当前是购买的好时机吗？_____
1. 很好的时机　　2. 较好时机　　　　3. 很难说，看具体情况而定
4. 较差时机　　　5. 很差的时机　　　6. 说不清/拒答

1. 信心指数的计算方法

CCSS 问卷中的大多数主干题目均为五级得分，类似于非常好(VF)、比较好(F)、一般、比

较差(U)、非常差(VU)以及不知道/拒答。此类题目都需要转换为相应的题目得分，以反映消费者的乐观或悲观程度。具体方式为针对每一道题目，计算每个选项被选中的百分比(包括不知道/拒答)，随后使用以下公式计算其相对得分，即

$$题目得分 = 100\% + 1.0 \times VF\% + 0.5 \times F\% - 0.5 \times U\% - 1.0 \times VU\%$$

这一数值反映的是答案偏向乐观的人群和偏向悲观人群的比例之差，当人群中两者的比例基本平衡时，得分接近于 100(100%)；如果乐观人群比例偏高，则得分大于 100；反之则小于 100。

总消费者信心指数的计算是基于下面 5 道问题的回答进行的。

A3：请问与 1 年前相比，您的家庭现在的经济状况怎么样？
A4：与现在相比，1 年以后您的家庭经济状况将会如何变化？
A8：与现在相比，您认为 1 年以后本地区的经济发展状况将会如何？
A10：与现在相比，您认为 5 年之后本地区的经济将会出现怎样的变化？
A16：对于大宗耐用消费品的购买，如家用电器、电脑以及高档家具之类，您认为当前是购买的好时机吗？

首先计算出上述 5 题的得分，然后将其直接相加，再除以【基线】调查时的这一数值，即为当期的信心指数值。因此，计算出来的指数代表当期数值相对于【基线】调查数值的变动比例。如果乐观人群的比例高于基线，则指数大于 100；反之则小于 100。目前作为基线水平的是 2007 年 4 月的数值。

上述指数算法和美国密歇根大学消费者信心指数计算方法的基本原理完全相同。

2. 研究目的

在本章的分析中，希望能够对受访者的背景资料以及对消费者信心指数的影响加以研究，具体研究问题的总目标：不同人口特征及背景资料的受访者(家庭)在消费者信心上具有怎样的差异，或者说不同人群之间是否存在信心指数的差异。

为达成这一总目标，可进一步衍生出以下分目标。

分目标 1：上述指标对信心指数的作用是否存在地域差异。

分目标 2：上述指标对信心指数的作用能否细分至 5 个分项指标。也就是说，进一步考察其内部的详细作用方式。

在本研究中所涉及的背景资料变量为性别、年龄、学历、职业、婚姻状况及家庭月收入。

CCSS 的调查始于 2007 年 4 月，每月在东部与中西部 30 个具有代表性的中国城市中抽取 1000 个左右的家庭，通过计算机辅助电话访问(CATI)取得，目前已累计了 4 年多的历史数据。为化繁为简，这里只截取北京、上海和广州 3 个城市在 2007 年 4 月、2007 年 12 月、2008 年 12 月和 2009 年 12 月共 1147 个样本用于随后的讲解，具体数据参见文件 15.1.sav。

15.1.3 分析思路和商业理解

本研究的数据要点如下。

- 就基本研究框架而言，本案例可以考虑建立一个标准的一般线性模型。由于候选影响因素中分类变量较多，因此拟合方差分析模型是比较常见的做法。

- 由于信心指数会随着时间而发生变化，因此在分析背景资料对信心指数影响的时候，需要考虑调整时间影响，即将 time(月份)变量纳入模型。另外，分目标中也希望考察影响因素的作用在地域上是否存在差异，因此城市变量也需要考虑纳入分析。
- 信心指数的研究比较特殊，一般而言，在对多道题目进行信息汇总时，最佳的方式是进行主成分提取，但信心指数的计算方法是固定的相加算式，必然会和提取主成分的结果有所差异，或者说总指标的影响因素分析结果在逻辑上存在和分项指标有所差异的可能，这一点在进行分目标研究的时候尤为重要。
- 分目标中需要考虑各影响因素的作用能否细分至 5 个分项指标，可以考虑首先利用总信心指数的模型筛选出影响因素，然后将各题目分值分别作为因变量，建立相应的分析模型。虽然的确可能存在某些变量只对个别题目分值有作用，汇总之后信心指数无统计学意义的情形，但由于本研究的重点放在信心指数的影响因素上，因此对此类情况本研究中不再考虑。

综合上述考虑，最终本案例决定按照下述思路进行分析。

- 首先拟合标准的方差分析模型，进行候选影响因素的筛选。
- 接着利用最优尺度回归方法，对影响因素的作用作进一步的确认，并考虑各因素的内在作用方式。
- 尝试按照多水平模型框架，分析各影响因素是否存在深层次的变异构成。
- 最后拟合多因变量的方差分析模型，进一步探索影响因素对各分项指标的作用方式。

15.2 数 据 理 解

首先来考察一下总信心指数的分布状况是否基本遵循正态分布，但是在多次使用了直方图工具之后，希望这次能够走得更远一点：直接在直方图中考察城市之间的信心指数水平是否存在差异。

15.2.1 考察时间、地域对信心指数的影响

具体操作如下。

step 01 选择【图形】|【图表构建程序】命令。

step 02 从图库中选择直方图组，将右侧出现的简单直方图图标拖入画布。

step 03 在【变量】列表中找到 index1，将其拖入画布的横轴框中。

step 04 在元素属性对话框中选中【显示正态曲线】复选框，注意随后一定要单击下方的【应用】按钮；否则相应的操作不会生效。

step 05 切换至【组/点 ID】选项卡：选中【行面板变量】复选框。

step 06 将 S0 城市选入画布上新增的嵌板框中。

step 07 单击【选项】按钮，在选项对话框中确认未选中下方的【面板回绕】复选框。

step 08 单击【确定】按钮。

最终生成的图形如图 15.1 所示，可见 index1 的分布非常接近正态曲线，只是左侧稍有拖尾，也就是有几个偏低的极端值存在。同时在图中也可以看出三地的信心指数均数差异相对并

不明显(这只是初步观察,并不意味着后续分析无统计学意义)。

下面对时间的影响进行考察,由于月份为有序分类变量,因此线图最为合适。其次这里也可以考虑分城市进行观察,因此需要在图形中绘制多条折线,即使用多重线图以分别呈现不同城市的数据变化规律。另外,为了使图形显示更为清晰,还会稍作编辑,具体操作如下。

step 01 选择【图形】|【图表构建程序】命令。

step 02 从图库中选择折线图,将右侧出现的多重线图图标拖入画布。

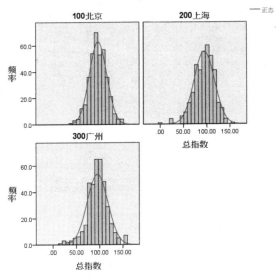

图 15.1

step 03 将月份 time 拖入横轴框中。

step 04 将总指数 index1 拖入纵轴框中。

step 05 将城市 S0 拖入分组(设置颜色)框中,然后双击该框,在弹出的【分组区域】子对话框中将分组依据由【颜色】改为【图案】。

step 06 单击【确定】按钮绘制出图形,然后双击图形进入编辑状态,将平均值连续轴刻度范围修改为 85~105,小数位数更改为 0。拖放调整图例位置和绘图区大小至合适比例。

最终绘制的线图如图 15.2 所示,从图中可以观察到以下数据特征。

- 在 2008 年年底之前,3 个城市的信心指数都是持续下跌的,随后在经济刺激计划的作用下开始上升,在 2009 年年底超过初值。
- 3 个地区的信心指数变化规律不一,广州相对而言变化较平缓,上海则涨跌幅度最大。
- 从平均水平来看,北京消费者的信心指数最高,其次为广州,上海消费者的信心指数最低。
- 在 2008 年之前,三地区消费者的信心指数存在较大差异,但 2009 年年末的指数差异则大为缩小,这意味着城市和月份这两个变量之间可能会存在交互作用,需要在后续建模分析中加以注意。

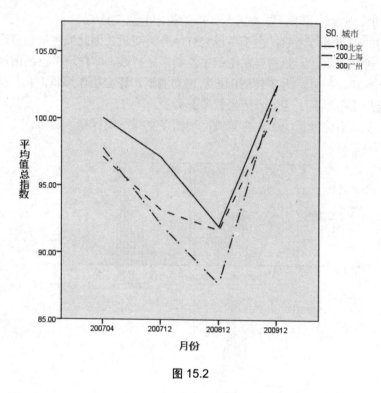

图 15.2

15.2.2 考察性别、职业、婚姻状况等对信心指数的影响

下面考察性别、职业、婚姻状况等对总信心指数平均水平的影响情况，这里可以考虑使用条图来进行展示，首先以职业 S5 为例来加以说明。显然，直条类别需要用职业 S5 来定义，但直条的长度则需要用 index1 的均数来定义，同时为了使图形的展示更为清晰，可以在绘图完成后再对直条进行排序，本例的具体操作如下。

step 01 选择【图形】|【图表构建程序】命令。
step 02 从图库中选择条形图，将下侧出现的简单条形图图标拖入画布。
step 03 将职业 S5 拖入横轴框中。
step 04 将 index1 拖入纵轴框中。
step 05 单击【确定】按钮。
step 06 双击图形进入编辑状态，选中类别分类轴，在属性对话框的【类别】选项卡中，将【排序依据】改为【统计】，【方向】改为【降序】，单击【应用】按钮。

最终所绘图形如图 15.3 至图 15.6 所示，可见由于对未来充满希望，平均而言学生的信心值最高，紧随其后的是经济地位相对不错的私营业主，而衣食无忧的公务员信心值排在第三，其排名甚至还高于医生、律师及企业管理者。至于蓝领工作者、退休人员以及失业人员的信心值则分列最后 3 位，显然上述统计结果是非常符合逻辑的。

第 15 章 中国消费者信心指数影响因素分析

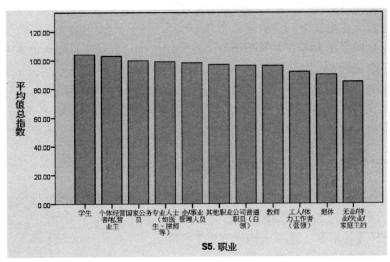

图 15.3

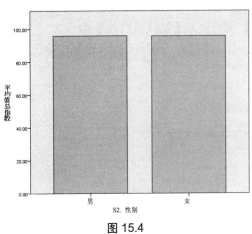

图 15.4

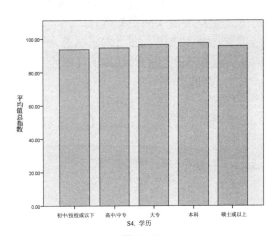

图 15.5

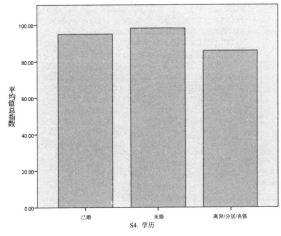

图 15.6

对性别、学历、婚姻状况、家庭收入等的分析结果如图 15.3 所示，简单总结如下。
- 信心指数值在男女之间没有明显差异。
- 信心指数似乎在大专、大学学历范围时平均水平达到最高，学历更高或更低时信心指数似乎均偏低。
- 未婚人群信心指数平均水平更高，而离婚、丧偶人群则最低。
- 家庭月收入在 2000 元以下时，信心指数随收入的上升而上升，但此后似乎保持稳定，并没有特别明显的上升或下降趋势。

15.2.3 考察年龄对信心指数的影响

最后使用散点图来考察年龄对信心指数的影响趋势，显然对两个连续性变量间数量关联趋势的考察，散点图是最佳工具，操作如下。

step 01 选择【图形】|【图表构建程序】命令。
step 02 将简单散点图图标拖入画布。
step 03 将年龄 S3 拖入【X 轴】框，总指数 index1 拖入【Y 轴】框。
step 04 单击【确定】按钮。
step 05 双击进入图形编辑状态，依次单击【元素】|【总计拟合线】命令。
step 06 在打开的对话框的【拟合线】选项卡中，将拟合方法更改为 Loess，单击【应用】按钮。
step 07 关闭图形并退出。

最终所绘制的散点图如图 15.7 所示，从中可以观察到以下数据特征。

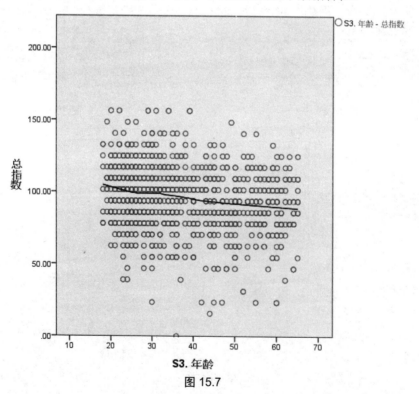

图 15.7

- 随着年龄的上升，消费者信心指数的平均水平有缓慢的下降趋势，且两者间关联基本上呈线性趋势，绘制出的 Loess 样条曲线也透露出同样的信息，从图 15.4 中可以清楚地看出样条曲线和回归直线的趋势非常近似。也就是说，年龄和总指数之间的数量关联如果存在，那么应当基本服从线性趋势。
- 消费者信心指数在不同年龄段上的离散程度相差不明显。
- 消费者信心指数存在若干偏小的数值，其中在 30~40 岁间的一位消费者其信心指数居然为 0，这较小的数值有可能在建模分析中成为强影响点。

15.3 标准框架下的建模分析

下面使用标准的方差分析模型来对数据进行分析，由于已经有了前面数章的分析经验，这里直接略去对变量筛选过程的详细叙述，直接建立包括全部变量的方差分析模型。

15.3.1 建立总模型

具体操作如下。

step 01 选择【分析】|【一般线性模型】|【单变量】命令。
step 02 将总指数 index1 选入【因变量】列表框。
step 03 将月份 time、城市 S0、性别 S2、学历 S4、职业 S3、婚姻状况 S7 及家庭月收入 S9 选入【固定因子】列表框。
step 04 将年龄 S3 选入【协变量】列表框。
step 05 进入【模型】子对话框，将各因素的主效应选入【模型】列表框。
step 06 进入【保存】子对话框，选择保存【未标准化预测值】和【标准化残差】选项。
step 07 进入【选项】子对话框，选择【失拟】选项。
step 08 单击【确定】按钮。
step 09 选择【图形】|【图表构建程序】菜单命令。
step 10 将简单散点图图标拖入画布。
step 11 将未标准化预测值拖入【X 轴】框，将标准化残差拖入【Y 轴】框。
step 12 单击【确定】按钮。
step 13 双击进入图形编辑状态，在图形中添加 $Y=0$ 的横线。

在上述模型中，由于候选变量较多，因此操作中主要依靠残差图来考察模型适用条件是否满足，没有输出方差齐性检验的结果。另外，S9 属于有序多分类变量，可以使用各组段的中位数将其转化为连续性变量，但本模型中仍然将其按照分类自变量纳入，在完成影响大小的初步考察之后再进一步考虑如何转化的问题。选项中的缺乏拟合优度检验用于考察模型中是否还有其他交互项需要引入，这是一种比较简捷的交互作用探查方式。

模型方差分析总表(见表 15.1)显示，模型整体而言是有统计学意义的，但是并非每一项因素都有作用，比如 S2 性别 P 值为 0.744，显然对信心指数不具影响，此外 S4 学历、S7 婚姻状况 P 值也明显高于 0.05 的检验水准，也应当对结果无影响。对于性别无影响，可以理解为信心指数虽然访谈的对象是个人，但是问题的出发点都是以家庭为准，因此性别的影响可能的确较小，而学历、婚姻状况无作用则可能是因为其作用被其余因素替代所致，比如婚姻状况虽然在单变量分析中有统计学意义，但很可能反映的是年龄的影响，而在现在的模型中则由于将年龄纳入模型而变得没有统计学意义了。

表 15.1 主体间效应检验

因变量：总指数

源	III类平方和	自由度	均方	F	显著性
修正模型	63189.263[a]	35	1805.408	4.381	0.000
截距	318752.034	1	318752.034	773.409	0.000
time	12367.489	3	4122.496	10.003	0.000
S0	3038.421	2	1519.210	3.686	0.025
S2	43.880	1	43.880	0.106	0.744
S4	2735.803	4	683.951	1.660	0.157
S5	12218.394	10	1221.839	2.965	0.001
S7	349.496	2	174.748	0.424	0.655
S9	7971.810	12	664.318	1.612	0.083
S3	7505.610	1	7505.610	18.211	0.000
误差	394004.692	956	412.139		
总计	9652701.329	992			
修正后总计	457193.955	991			

a. R^2=0.138(调整后 R^2=0.107)。

表 15.2 检验的是当前模型用于拟合样本数据是否具有足够的拟合优度，或者说与纳入全部主效应和交互效应的模型(全模型)相比，当前模型对样本信息的解释程度是否充分，两者间的差异是否有统计学意义。如果当前模型和全模型的解释程度无统计学差异，则表明模型已经包含了数据的主要信息，不需要另行纳入更多交互项；反之则意味着还有交互项需要纳入，以改善模型对数据的解释。

表 15.2 失拟检验

因变量：总指数

源	平方和	自由度	均方	F	显著性
失拟	386622.899	948	407.830	0.442	0.979
纯误差	7381.793	8	922.724		

从表 15.2 中的输出可知，当前模型和全模型相比的 P 值为 0.979，远高于 0.05 的水准，因此目前这个只包含所有主效应的模型已经和全效应模型对样本数据的解释程度相同，模型中没有交互项需要考虑纳入。该分析结果实际上已经回答了分目标 2 的问题，各影响因素的作用方式在不同城市间无差异。

图 15.8 实际上就是模型的残差图，如果模型拟合效果很好，标化残差应当随着预测值的上升随机地在 0 上下分布，且不应当出现绝对值较大的残差。

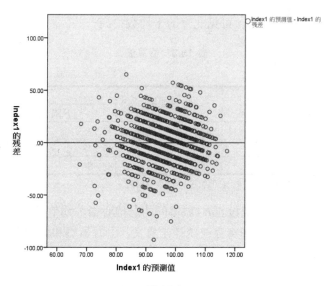

图 15.8

从图 15.8 中可见,残差的平均水平的确没有出现随着预测值变化的趋势(由于信心指数并未绝对连续取值,因此残差图看上去似乎存在斜向下的趋势,这是一种视觉上的错觉,残差的平均分布水平基本上没有明显变化)。另外,发现在负值方向上存在若干绝对值较大的残差散点,绝对值最大的一个超过-4。如果直接回到数据集进行检索,可以发现这是 2007 年 12 月 10 日 97 位受访者记录,该上海男性受访者 36 岁,收入较高,但从问卷数据可知,其收入、开支等状况均明显恶化。

5 道指数题目分值均为 0,总指数也为 0。实际上,如果仔细考察几个绝对值较大的负残差,会发现绝大部分都是 2007 年 12 月的受访者。考虑当年股市导致许多消费者被深度套牢,因此这样的数据也是合理的,分析者可以对此表示情绪稳定。但是必须考虑上述记录可能对模型的影响强弱,可以通过将上述记录删除,重新拟合模型以考察分析结果是否发生变化,对此本书不再详述。

15.3.2 两两比较的结果

下面需要进一步考虑同一因子各水平之间两两比较的问题,由于模型中引入了协变量年龄,因此不能采用两两比较子对话框中的相应方法,需要采用选项中估计边际均数的功能来完成比较,新增的操作如下。

step 01 打开【选项】子对话框。

step 02 将 time、S0、S4 等需要计算边际均数的因子全部选入右侧的【显示均值】列表框中。

step 03 选中下方的【比较主效应】复选框。

step 04 在置信区间调节选择【邦弗伦尼】。

step 05 单击【继续】按钮。

因各变量的输出较多,这里仅以城市的分析结果为例加以说明,具体见表 15.3 至表 15.5。表 15.3 给出的是各水平的边际平均数和标准误差的估计值,下方注解说明是按照年龄为

36.72 岁的情况计算的边际平均数,可见北京的平均数稍高一些。

表 15.3 估算值

因变量:总指数

S0. 城市	平均值	标准误差	95% 置信区间	
			下限	上限
100 北京	97.622[a]	2.470	92.775	102.470
200 上海	94.070[a]	2.460	89.243	98.897
300 广州	93.598[a]	2.503	88.686	98.511

a. 按下列值对模型中出现的协变量进行求值:S3.年龄=36.72。

表 15.4 使用 LSD 法(邦弗伦尼校正)对城市间的总信心指数均值进行了比较,结果显示北京和广州的信心指数平均水平差异确实存在统计学意义,上海虽然和前两者均无统计学差异,但和北京的检验 P 值已经接近临界值。

表 15.4 成对比较

因变量:总指数

(I)S0. 城市	(J)S0. 城市	平均值差值(I-J)	标准误差	显著性[b]	差值的 95% 置信区间	
					下限	上限
100 北京	200 上海	3.552	1.616	0.085	-0.324	7.428
	300 广州	4.024*	1.622	0.040	0.134	7.914
200 上海	100 北京	-3.552	1.616	0.085	-7.428	0.324
	300 广州	0.472	1.617	1.000	-3.407	4.350
300 广州	100 北京	-4.024*	1.622	0.040	-7.914	-0.134
	200 上海	-0.472	1.617	1.000	-4.350	3.407

注:基于估算边际平均值。
*. 平均值差值的显著性水平为 0.05。
b. 多重比较调节:邦弗伦尼法。

表 15.5 所列为基于当前模型对城市因素进行的总体检验,原假设为城市(地域)对信心指数无影响。显然,结论与前相同,其检验实质上等价于模型总方差分析检验表中的相应检验。

表 15.5 单变量检验

因变量:总指数

变量	平方和	自由度	均方	F	显著性
对比	3038.421	2	1519.210	3.686	0.025
误差	394004.692	956	412.139		

注:F 检验 S0. 城市的效应。此检验基于估算边际平均值之间的线性无关成对比较。

15.4 多元方差分析模型的结果

在得到上述总指数的分析结果之后,下面进一步考虑对构成信心指数的 5 个分项指标进行分析。可以通过将分项指标分别作为因变量,拟合 5 个独立的方差分析模型来实现,但是这样操作有点麻烦。另外,研究者还应考虑另一个问题:由于信心指数是直接相加而来,而相应的

5个指标存在关联，如果将5个变量作为因变量进行建模分析，那么相应的变量筛选结果会有差异吗？上述两点需求可以通过拟合多元方差分析模型同时得到满足。

15.4.1 模型简介

1. 问题的提出

在许多研究中，对一个潜在指标的观测指标(因变量)常有多个，各指标间往往相互联系、互相影响。对于这种资料，如果将各个因变量割裂开来分别进行统计分析，则会如同对多组平均数比较直接进行两两T检验一样，不仅使犯一类错误的概率增大，而且当各因变量的分析结果不一致时，难以下一个综合结论。

从统计模型的角度讲，对这一类资料进行分析有两种思路：使用因子分析先对因变量中蕴含的信息进行浓缩，然后对提取的公因子进行后续分析；采用多元方差分析。这里的多元是真正意义上的多元，即反应变量为多个。

多元方差分析的基本思想与前面介绍过的单因变量的方差分析相似，都是将反应变量的变异分解成两部分：一部分为组间变异(组别因素的效应)；另一部分为组内变异(随机误差)。对这两部分变异进行比较，看组间变异是否大于组内变异。从理论上讲，组间变异再小也不可能比组内变异小，因为若组别因素效应为0，则组间变异应该等于组内变异。不同的是，后者是对组间均方与组内均方进行比较，而前者是对组间方差协方差矩阵与组内方差协方差矩阵进行比较。

2. 多元方差分析对资料的要求

各因变量服从多元正态分布。多元方差分析对多元正态分布的要求并不高，实际应用中通常这一条件将弱化为每一个反应变量服从正态分布即可。若各反应变量服从多元正态分布，则每个反应变量的分布(即该多元正态分布的边际分布)必然服从正态分布；反之则未必成立。但可以肯定的是，只要有一个反应变量不服从正态分布，则这几个反应变量的联合分布肯定不服从多元正态分布。

各观察对象之间相互独立，且各组观察对象反应变量的方差协方差矩阵相等。

反应变量间的确存在一定的关系，可以从专业或研究目的予以判断。

需要指出的是，多元方差分析对方差齐性要求较高，分析结果对方差齐性较为敏感，并且对样本含量也有一定要求。不仅总样本量要求较大，各单元格中样本数量也应较大；否则检验效能偏低，容易得到阴性结果，犯二类错误的概率增大。

15.4.2 拟合多元方差分析模型

1. 总的分析结果

SPSS中有两个过程可用于多元方差分析，通过菜单可以实现过程，只能通过编程实现的是MANOVA过程，限于篇幅，本单元不对MANOVA过程展开讨论，直接采用比较易于理解的GLM过程来进行分析，并将上文中P值低于0.1的几个指标用于建模，操作步骤如下。

step 01 在菜单栏中选择【分析】|【一般线性模型】|【多变量】命令，打开【多变量】

对话框。

step 02　将 Qa3、Qa4、Qa8、Qa10、Qa16 选入【因变量】列表框。
step 03　将月份 time、城市 S0、职业 S5、家庭月收入 S9 选入【固定因子】列表框。
step 04　将年龄 S3 选入【协变量】列表框。
step 05　进入【模型】对话框，将各因素的主效应选入【模型】列表框。
step 06　进入【选项】对话框，选择【失拟】选项。
step 07　单击【确定】按钮。

图 15.9 所示为多元方差分析模型过程对话框。

表 15.6 所列为 SPSS 对引入模型的效应项输出多元方差分析的结果，可见每个假设都分别用 4 种方法进行了检验，这里不再详述每种方法的原理和特点。简单地说，主要使用前 3 种检验方法的结果即可，一般这 3 种方法的结果不会有太大差异。从结果中可以看到，时间、职业、收入和年龄均具有统计学意义，而地域 P 值大于 0.05，显然多元方差分析的结论和直接将 5 个变量相加为总信心指数的单因变量方差分析非常接近，但存在一些差异，二者的结论可互相参照，不存在换算关系。

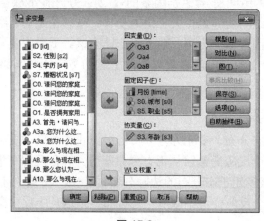

图 15.9

表 15.6　多变量检验 [a]

效应		值	F	假设自由度	误差自由度	显著性
截距	比莱轨迹	0.630	326.623[b]	5.000	959.000	0.000
	威尔克 Lambda	0.370	326.623[b]	5.000	959.000	0.000
	霍特林轨迹	1.703	326.623[b]	5.000	959.000	0.000
	罗伊最大根	1.703	326.623[b]	5.000	959.000	0.000
time	比莱轨迹	0.120	8.005	15.000	2883.000	0.000
	威尔克 Lambda	0.883	8.128	15.000	2647.778	0.000
	霍特林轨迹	0.129	8.226	15.000	2873.000	0.000
	罗伊最大根	0.095	18.250[c]	5.000	961.000	0.000
S0	比莱轨迹	0.017	1.598	10.000	1920.000	0.101
	威尔克 Lambda	0.984	1.598[b]	10.000	1918.000	0.101
	霍特林轨迹	0.017	1.597	10.000	1916.000	0.101
	罗伊最大根	0.012	2.232[c]	5.000	960.000	0.049

续表

效应		值	F	假设自由度	误差自由度	显著性
S5	比莱轨迹	0.071	1.392	50.000	4815.000	0.036
	威尔克 Lambda	0.930	1.394	50.000	4377.077	0.035
	霍特林轨迹	0.073	1.395	50.000	4787.000	0.035
	罗伊最大根	0.034	3.250[c]	10.000	963.000	0.000
S9	比莱轨迹	0.093	1.516	60.000	4815.000	0.006
	威尔克 Lambda	0.910	1.529	60.000	4494.401	0.006
	霍特林轨迹	0.097	1.541	60.000	4787.000	0.005
	罗伊最大根	0.060	4.777[c]	12.000	963.000	0.000
S3	比莱轨迹	0.043	8.720[b]	5.000	959.000	0.000
	威尔克 Lambda	0.957	8.720[b]	5.000	959.000	0.000
	霍特林轨迹	0.045	8.720[b]	5.000	959.000	0.000
	罗伊最大根	0.045	8.720[b]	5.000	959.000	0.000

a. 设计：截距 + time + S0 + S5 + S9 + S3。
b. 精确统计。
c. 此统计是生成显著性水平下限的 F 的上限。

表 15.7 实际是在总的多元方差分析检验后，对每个因变量单独拟合其单因变量的方差分析模型，只是将 5 个模型的结果输出整合在一张表格中以便观察而已。

表 15.7 主体间效应检验

源	因变量	III类平方和	自由度	均方	F	显著性
修正模型	Qa3	403504.778[a]	28	14410.885	6.454	0.000
	Qa4	193908.390[b]	28	6925.300	3.564	0.000
	Qa8	163452.034[c]	28	5837.573	4.097	0.000
	Qa10	98130.770[d]	28	3504.670	1.574	0.030
	Qa16	56188.495[e]	28	2006.732	1.698	0.014
截距	Qa3	1156311.896	1	1156311.896	517.881	0.000
	Qa4	1260816.674	1	1260816.674	648.908	0.000
	Qa8	1075481.147	1	1075481.147	754.819	0.000
	Qa10	1374515.715	1	1374515.715	617.353	0.000
	Qa16	603490.752	1	603490.752	510.761	0.000
time	Qa3	69889.424	3	23296.475	10.434	0.000
	Qa4	26614.190	3	8871.397	4.566	0.003
	Qa8	84636.109	3	28212.036	19.800	0.000
	Qa10	8456.536	3	2818.845	1.266	0.285
	Qa16	26754.538	3	8918.179	7.548	0.000
S0	Qa3	1519.436	2	759.718	0.340	0.712
	Qa4	11108.681	2	5554.341	2.859	0.058
	Qa8	5140.336	2	2570.168	1.804	0.165
	Qa10	14521.396	2	7260.698	3.261	0.039
	Qa16	4961.304	2	2480.652	2.099	0.123
S5	Qa3	55593.935	10	5559.393	2.490	0.006
	Qa4	38255.720	10	3825.572	1.969	0.034
	Qa8	24065.928	10	2406.593	1.689	0.079
	Qa10	22588.751	10	2258.875	1.015	0.429
	Qa16	15968.558	10	1596.856	1.351	0.198

续表

源	因变量	III类平方和	自由度	均方	F	显著性
S9	Qa3	116914.910	12	9742.909	4.364	0.000
	Qa4	14659.745	12	1221.645	0.629	0.819
	Qa8	22000.630	12	1833.386	1.287	0.220
	Qa10	22591.402	12	1882.617	0.846	0.603
	Qa16	8637.662	12	719.805	0.609	0.836
S3	Qa3	45423.859	1	45423.859	20.344	0.000
	Qa4	37214.612	1	37214.612	19.153	0.000
	Qa8	12801.772	1	12801.772	8.985	0.003
	Qa10	14246.609	1	14246.609	6.399	0.012
	Qa16	7138.152	1	7138.152	6.041	0.014
误差	Qa3	2150164.577	963	2232.777		
	Qa4	1871091.610	963	1942.982		
	Qa8	1372102.401	963	1424.821		
	Qa10	2144086.972	963	2226.466		
	Qa16	1137833.682	963	1181.551		
总计	Qa3	16165000.000	992			
	Qa4	17565000.000	992			
	Qa8	16515000.000	992			
	Qa10	22170000.000	992			
	Qa16	13105000.000	992			
修正后总计	Qa3	2553669.355	991			
	Qa4	2065000.000	991			
	Qa8	1535554.435	991			
	Qa10	2242217.742	991			
	Qa16	1194022.177	991			

a. $R^2=0.158$(调整后 $R^2=0.134$)。
b. $R^2=0.094$(调整后 $R^2=0.068$)。
c. $R^2=0.106$(调整后 $R^2=0.080$)。
d. $R^2=0.044$(调整后 $R^2=0.016$)。
e. $R^2=0.047$(调整后 $R^2=0.019$)。

从表 15.7 中可以看出以下信息。

- 消费者对宏观经济的中长期信心值在所比较的时间段中并未发生波动,P 值大于 0.05,但其余 4 项指标均存在时间差异。
- 消费者的未来 1 年家庭经济信心值,以及宏观经济中长期信心值在三地区之间存在差异,但是构成现状指数的两项指标均无差异,且未来 1 年宏观经济信心值也无差异,说明在观察的时间段内,不同地区的消费者对宏观经济的现状感受和未来短期走势预期的判断基本相同。
- 职业主要影响家庭经济现状感受值、未来 1 年家庭经济信心值和未来 1 年宏观经济信心值,但对宏观经济中长期信心值和当前耐用品消费信心值则无影响。
- 家庭收入只会影响家庭经济现状感受值,对其余 4 项指标均无影响。
- 年龄对 5 项指标均有作用。

第15章 中国消费者信心指数影响因素分析

显然，考虑到上述指标的具体含义，这些分析结果大大深化了我们对人口背景资料影响信心指数的理解，无疑有明确的可解释性和专业意义。

2. 两两比较

下面进一步完成各因素各水平的两两比较，但由于模型中纳入了年龄这一协变量，相应的比较不能使用两两比较子对话框实现，而必须在选项中实现，新增的操作如下。

step 01 打开【选项】子对话框。

step 02 将 time、S0、S5 及 S9 选入【显示平均值】列表框。

step 03 选中【比较主效应】复选框，在下方的【置信区间调节】下拉列表框中选择【邦弗伦尼】选项。因输出较多，这里只给出 S0 的分析结果，如表 15.8 所示。

表 15.8 估算值

因变量	月份	平均值	标准误差	95% 置信区间 下限	95% 置信区间 上限
Qa3	200704	126.082[a]	3.438	119.335	132.828
	200712	110.637[a]	3.383	103.998	117.276
	200812	103.624[a]	3.557	96.643	110.605
	200912	120.436[a]	3.909	112.765	128.108
Qa4	200704	128.835[a]	3.207	122.541	135.128
	200712	125.083[a]	3.156	118.890	131.277
	200812	114.829[a]	3.318	108.317	121.341
	200912	126.971[a]	3.647	119.814	134.127
Qa8	200704	132.344[a]	2.746	126.954	137.733
	200712	123.963[a]	2.703	118.659	129.266
	200812	106.585[a]	2.842	101.008	112.161
	200912	126.902[a]	3.123	120.773	133.030
Qa10	200704	140.937[a]	3.433	134.199	147.674
	200712	135.265[a]	3.378	128.635	141.895
	200812	143.067[a]	3.552	136.096	150.038
	200912	138.649[a]	3.904	130.989	146.309
Qa16	200704	108.242[a]	2.501	103.334	113.150
	200712	108.127[a]	2.461	103.298	112.957
	200812	110.942[a]	2.588	105.864	116.021
	200912	122.764[a]	2.844	117.183	128.344

a. 按下列值对模型中出现的协变量进行求值：S3. 年龄=36.72。

表 15.9 给出的是各指标的边际平均数估计值，下方的注解说明相应边际平均数是否是年龄为 36.72 时的估计值。

表 15.9 成对比较

因变量	(I) 月份	(J) 月份	平均值差值 (I−J)	标准误差	显著性[b]	差值的95%置信区间[b] 下限	差值的95%置信区间[b] 上限
Qa3	200704	200712	15.444*	4.143	0.001	4.492	26.397
		200812	22.458*	4.408	0.000	10.804	34.111
		200912	5.645	4.767	1.000	−6.958	18.248

续表

因变量	(I) 月份	(J) 月份	平均值差值 (I-J)	标准误差	显著性[b]	差值的95%置信区间[b]	
						下限	上限
Qa3	200712	200704	-15.444*	4.143	0.001	-26.397	-4.492
		200812	7.014	4.273	0.606	-4.283	18.310
		200912	-9.799	4.674	0.218	-22.155	2.557
	200812	200704	-22.458*	4.408	0.000	-34.111	-10.804
		200712	-7.014	4.273	0.606	-18.310	4.283
		200912	-16.813*	4.709	0.002	-29.261	-4.364
	200912	200704	-5.645	4.767	1.000	-18.248	6.958
		200712	9.799	4.674	0.218	-2.557	22.155
		200812	16.813*	4.709	0.002	4.364	29.261
Qa4	200704	200712	3.751	3.865	1.000	-6.466	13.968
		200812	14.006*	4.112	0.004	3.135	24.877
		200912	1.864	4.447	1.000	-9.893	13.620
	200712	200704	-3.751	3.865	1.000	-13.968	6.466
		200812	10.255	3.986	0.061	-0.283	20.792
		200912	-1.887	4.360	1.000	-13.414	9.639
	200812	200704	-14.006*	4.112	0.004	-24.877	-3.135
		200712	-10.255	3.986	0.061	-20.792	0.283
		200912	-12.142*	4.393	0.035	-23.754	-0.529
	200912	200704	-1.864	4.447	1.000	-13.620	9.893
		200712	1.887	4.360	1.000	-9.639	13.414
		200812	12.142*	4.393	0.035	0.529	23.754
Qa8	200704	200712	8.381	3.309	0.069	-0.368	17.130
		200812	25.759*	3.521	0.000	16.450	35.068
		200912	5.442	3.808	0.920	-4.626	15.510
	200712	200704	-8.381	3.309	0.069	-17.130	0.368
		200812	17.378*	3.413	0.000	8.354	26.402
		200912	-2.939	3.734	1.000	-12.809	6.931
	200812	200704	-25.759*	3.521	0.000	-35.068	-16.450
		200712	-17.378*	3.413	0.000	-26.402	-8.354
		200912	-20.317*	3.761	0.000	-30.261	-10.373
	200912	200704	-5.442	3.808	0.920	-15.510	4.626
		200712	2.939	3.734	1.000	-6.931	12.809
		200812	20.317*	3.761	0.000	10.373	30.261
Qa10	200704	200712	5.672	4.137	1.000	-5.265	16.609
		200812	-2.131	4.402	1.000	-13.768	9.506
		200912	2.288	4.760	1.000	-10.297	14.873
	200712	200704	-5.672	4.137	1.000	-16.609	5.265
		200812	-7.802	4.267	0.407	-19.083	3.478
		200912	-3.384	4.667	1.000	-15.722	8.955
	200812	200704	2.131	4.402	1.000	-9.506	13.768
		200712	7.802	4.267	0.407	-3.478	19.083
		200912	4.419	4.702	1.000	-8.012	16.850
	200912	200704	-2.288	4.760	1.000	-14.873	10.297
		200712	3.384	4.667	1.000	-8.955	15.722
		200812	-4.419	4.702	1.000	-16.850	8.012

续表

因变量	(I) 月份	(J) 月份	平均值差值 (I-J)	标准误差	显著性[b]	差值的95%置信区间[b]	
						下限	上限
Qa16	200704	200712	0.114	3.014	1.000	-7.853	8.082
		200812	-2.701	3.207	1.000	-11.178	5.777
		200912	-14.522*	3.468	0.000	-23.690	-5.354
	200712	200704	-0.114	3.014	1.000	-8.082	7.853
		200812	-2.815	3.108	1.000	-11.032	5.403
		200912	-14.636*	3.400	0.000	-23.625	-5.648
Qa16	200812	200704	2.701	3.207	1.000	-5.777	11.178
		200712	2.815	3.108	1.000	-5.403	11.032
		200912	-11.821*	3.425	0.003	-20.877	-2.766
	200912	200704	14.522*	3.468	0.000	5.354	23.690
		200712	14.636*	3.400	0.000	5.648	23.625
		200812	11.821*	3.425	0.003	2.766	20.877

注：基于估算边际平均值。

*. 平均值差值的显著性水平为 0.05。

b. 多重比较调节：邦弗伦尼法。

随后给出的是两两比较的分析结果，如表 15.10 所示。由于表格很长，这里删除了无统计学意义的分析结果，从中可见：

- 当前家庭经济感受值从 2007 年年初至 2008 年 12 月持续下跌，直至 2009 年 12 月才恢复原有水平附近(和 2007 年年初相比无统计学意义)。2007 年年底至 2008 年年底的感受值无统计学差异，显然这一最低水平和后来次贷危机的出现无关。
- 2008 年 12 月后的未来 1 年家庭经济状况信心值、未来 1 年宏观经济信心值均低于前后各时间段且具有统计学意义，显然在次贷危机爆发的背景下，这一时段的消费者信心短期内正处于恐慌期。
- 2009 年 12 月的当前耐用品消费信心值高于此前所有时段且具有统计学意义，结合当时的家电下乡、废旧家电换购、拉动内需等政策，该时段消费者的确出现了耐用品消费需求上升的情况。

上述分析结果显然进一步清晰阐述了前面检验中所发现的信息。

表 15.10 单变量检验

因变量		平方和	自由度	均方	F	显著性
Qa3	对比	69889.424	3	23296.475	10.434	0.000
	误差	2150164.577	963	2232.777		
Qa4	对比	26614.190	3	8871.397	4.566	0.003
	误差	1871091.610	963	1942.982		
Qa8	对比	84636.109	3	28212.036	19.800	0.000
	误差	1372102.401	963	1424.821		
Qa10	对比	8456.536	3	2818.845	1.266	0.285
	误差	2144086.972	963	2226.466		
Qa16	对比	26754.538	3	8918.179	7.548	0.000
	误差	1137833.682	963	1181.551		

注：F 检验月份的效应。此检验基于估算边际平均值之间的线性无关成对比较。

最后表 15.10 给出的是各组的总体误差分析结果，在数值上等价于前面单因变量方差分析模型的总体检验，故不再重复解释。

对其余影响因素的两两比较结果的阅读和解释请读者自行进行，这里不再赘述。

15.5 最优尺度回归

在方差分析模型中，已经完成了基本的影响因素筛选工作，并且也确认不需要进一步考察变量间的交互作用。但是，如果进一步展开思考，则会发现有以下问题尚需解决。

- 家庭收入等变量较前仍然按照无序分类被引入模型。如果考虑其有序的特征，又当如何对模型加以改善呢？
- 同样是家庭收入这个变量，数据中约有 10%为缺失值，这些案例在方差分析模型中被直接剔除了。如果将其放入模型会有怎样的结果？
- 年龄 S3 目前是以协变量的方式纳入模型，意味着规定了它和因变量之间的作用方式只能是线性的，虽然在预分析的散点图中这一趋势基本上得到确认，但有没有更加灵活的方法，可以判断是否存在其他关联趋势的可能？
- 对于类别较多的分类自变量(如职业)将其进行类别间的合并显然更利于对结果的理解和应用，但随意合并类别有很大的风险，有无方法可以提示研究者怎样进行类别划分比较合适？

为了对上述疑问作进一步的解答，这里考虑使用最优尺度回归过程来深入发掘数据的内在联系。

15.5.1 方法简介

线性回归模型要求因变量为数值型。由于对同一个自变量的回归系数是恒定值，例如 x 从 1 上升到 2 和从 100 上升到 101 均被假设为 y 对少数值的影响为 b，这就限定了自变量的测量方式应当是等距的。但是，现实问题中大量的数据为分类资料，例如收入级别在问卷中被收集为高、中、低、极低四档，如果将其编码为 4、3、2、1，直接作为自变量纳入分析，则是假设这四档间的差距完全相等，或者说它们对因变量的数值影响程度是均匀上升/下降的，这显然是一个过于理想和简单的假设，有可能导致错误的分析结论。

另外，对于无序多分类变量(如民族)，它们之间根本不存在数量上的高低之分，不可能为其给出一个单独的回归系数估计值来表示民族每上升一个单位时因变量数量的变化趋势。对此分类变量，标准的做法是采用哑变量进行拟合，然后根据分析结果考虑对结果进行简化。但是，哑变量分析操作比较麻烦，而且对分析者的统计知识要求较高，当研究问题中绝大多数变量都是分类变量时，这种分析思路实际上很难实现。

那么能否通过某种方法，对分类变量进行变换，为每个类别给予一个适当的量化评分？该评分的高低就反映了各类别间的差距。比如说优为 2 分，良为 1 分，中为 0.5 分，这就说明当等级从良变为优时，对因变量数值的影响大约是从中变为良的 2 倍。同理，对无序自变量也可以用评分的方式表示各类间的差异，评分近似，则表示影响程度相近；否则评分相差越大，影响程度差异也越大。为实现这一设想，统计学家进行了长期的研究，最终得出了令人兴奋的结论：最优尺度变换。

最优尺度变换专门用于解决在统计建模时如何对分类变量进行量化的问题，其基本思路是基于希望拟合的模型框架，分析各级别对因变量影响的强弱情况，在保证变换后各变量间的联系成为线性的前提下，采用一定的非线性变换方法进行反复迭代，从而为原始分类变量的每一个类别找到最佳的量化评分，随后在相应模型中使用量化评分来代替原始变量进行后续分析。这样就可以将各种传统分析方法的适用范围扩展到全部测量尺度，如对无序多分类变量、有序多分类变量和连续性变量同时进行回归分析、因子分析等。

15.5.2 利用最优尺度回归进行分析

本案例相应的操作如下。

step 01 选择【分析】|【回归】|【最优尺度】命令，打开如图 15.10 所示的【分类回归】对话框。

step 02 在该对话框的【因变量】列表框中选入 indexl。单击【定义标度】按钮，在弹出的对话框中将测量尺度改为【数字】。

step 03 将月份 time、城市 S0、性别 S2、年龄 S3、学历 S4、职业 S5、婚姻状况 S7 以及家庭月收入 S9 选入【自变量】列表框，在【定义度量】子对话框中将测量尺度全部修改为【名义】。

step 04 单击【离散化】按钮，在弹出的对话框中选择所有变量，将其离散化方法改为【秩】。

step 05 单击【缺失】按钮，在弹出的对话框中选择所有变量，将其缺失值方案改为【为缺失值规因(附加类别)】。

step 06 单击【图】按钮，在弹出的对话框中选择绘制所有变量的转换图。

step 07 单击【确定】按钮。

在上面的操作中，将全部自变量测量尺度都定义为名义，因为此处的测量尺度定义会影响模型随后可能对该变量采用的变换方式：如果指定为数字，则只会进行线性变换；如果指定为有序，则只会进行单调增或者单调减的变换；只有指定为名义，才可能进行任意方向的变换。因此为了能够充分发掘可能的数值关联，这里放松了对数值测量尺度的限定。此外，由于无法确定对缺失的家庭收入进行何种方式的填充更为合适，因此将其设定为一个新的附加类别来纳入模型，这也是最为稳妥的缺失值案例纳入方法。

在阅读分析结果前，需要回顾一下最优尺度回归的本质：首先对原始变量进行变换，将各变量转换为适当的量化评分，然后使用量化评分代替原变量进行回归分析，因此结果输出基本上是变换后评分的分析结果，如表 15.11 至表 15.14 所示。

表 15.11 模型摘要

	复 R	R^2	调整后 R^2	表观预测误差
标准化数据	0.419	0.176	0.112	0.824

注：因变量：总指数。
预测变量：月份 S0. 城市 S2. 性别 S3. 年龄 S4. 学历 S5. 职业 S7. 婚姻状况 S9. 家庭月收入。

表 15.12 ANOVA

变量	平方和	自由度	均方	F	显著性
回归	201.849	82	2.462	2.771	0.000
残差	945.151	1064	0.888		
总计	1147.000	1146			

注：因变量：总指数。
预测变量：月份 S0. 城市 S2. 性别 S3. 年龄 S4. 学历 S5. 职业 S7. 婚姻状况 S9. 家庭月收入。

表 15.13 系数

变量	相关性			重要性	容差	
	零阶	偏	部分		转换后	转换前
月份	0.170	0.201	0.186	0.180	0.992	0.903
S0. 城市	0.056	0.057	0.052	0.017	0.991	0.979
S2. 性别	-0.004	0.004	0.004	0.000	0.972	0.966
S3. 年龄	0.286	0.293	0.278	0.537	0.710	0.593
S4. 学历	-0.059	0.075	0.068	-0.024	0.866	0.794
S5. 职业	0.190	0.183	0.169	0.189	0.926	0.843
S7. 婚姻状况	-0.064	0.092	0.084	-0.036	0.731	0.738
S9. 家庭月收入	0.163	0.158	0.145	0.138	0.955	0.856

注：因变量：总指数。

表 15.14 相关性和容差

变量	相关性			重要性	容差	
	零阶	偏	部分		转换后	转换前
月份	0.170	0.201	0.186	0.180	0.992	0.903
S0. 城市	0.056	0.057	0.052	0.017	0.991	0.979
S2. 性别	-0.004	0.004	0.004	0.000	0.972	0.966
S3. 年龄	0.286	0.293	0.278	0.537	0.710	0.593
S4. 学历	-0.059	0.075	0.068	-0.024	0.866	0.794
S5. 职业	0.190	0.183	0.169	0.189	0.926	0.843
S7. 婚姻状况	-0.064	0.092	0.084	-0.036	0.731	0.738
S9. 家庭月收入	0.163	0.158	0.145	0.138	0.955	0.856

注：因变量：总指数。

比较变后模型的决定系数和直接采用哑变量拟合模型的决定系数，会发现原方差分析模型 R^2 为 0.138，而现在的模型为 0.179，有所提高，看来该指标提示，由于模型对变量进行了某些变换，似乎使得模型的拟合效果有所改善。

和普通回归分析相同，以上表格进行的是总模型有无意义的检验，可见结论为变换后评分拟合的模型具有统计学意义。

表 15.13 所列为模型中各系数的检验结果，由于在变换中也进行了评分的标准化，因此这里直接给出标准化系数。需要注意的是，此处给出的标准误差估计值为基于 1000 次 Bootstrap 抽样得来，而右侧的 F 检验仍然是传统的方差分解方式得到的检验结果，因此两者之间有可能存在不一致。比如 S7 婚姻状况，F 检验的 P 值远低于 0.05，如果利用 Bootstrap 的标准误差来计

算,则 P 值应当更大一些,显然采纳 Bootstrap 的结果更为稳妥。

在上述分析结果中引人注目的是,原先在方差分析模型中无统计学意义的 S4 学历、S7 婚姻状况在现在的模型中居然全部转变,开始具有统计学意义了!大家无须为此挠头,因为这张表格的输出仅具有参考意义,真正重要的是表 15.13 的结果。

表 15.14 给出了对模型的进一步分析结果。

- 相关分析。给出各自变量对因变量的相关性分析,共给出了 3 种结果,其中偏相关是控制其他变量对应、自变量的影响后的估计,部分相关则只控制其他变量对因变量的影响。
- 影响重要性。根据标化系数计算出自变量在模型中的重要程度百分比,所有变量的重要性加起来等于 100%,数值越大表明该变量对因变量的预测越重要。
- 容差。表示该变量对因变量的影响中不能够被其他自变量所解释的比例,容差越大越好。该指标反映自变量共线性的情况,如果某变量的容忍度太小,则最优尺度回归的分析结果可能不正确。

有一点非常有趣,根据当前模型计算结果,性别的重要性为 0%,而学历和婚姻状况的重要性则干脆为负!该结果充分说明了这 3 个变量毫无纳入模型的必要,因此前述变量筛选结果保持不变,无须增加自变量名额。

注意到总指数的原数值和量化评分之间的转换关系是严格的线性,因为模型中将总指数指定为数值尺度。在这种情况下,模型实际上不对总指数进行任何曲线化变换。需要指出的是,由于模型中将所有变量的离散化方式都设定为秩次,因此图 15.11 及图 15.12 中给出的是秩次,即顺序号,而不是实际的指数取值。

年龄的量化转换图 15.11 表明,随着年龄的上升,年龄的量化值呈现振荡下降的趋势,而且下降速度基本线性,这充分说明原先直接以线性方式纳入年龄的方式是合理的。

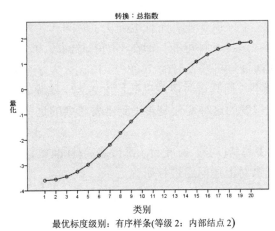

图 15.11

图 15.12 左侧职业类别的转化图显示出蓝领、无业人员的信心最低,而私营业主、专业人士和公务员和学生的信心最高,该结果和预分析中的图形趋势基本一致,但排列顺序有所差异。

家庭月收入的转化图显示出收入在 2000 元以下时的确有收入越高信心值越高的趋势,此外月收入 2 万~3 万元的信心明显偏高,但是复查原始数据,发现该类别只有 23 人时,恐怕对该结果还应慎重一些更为妥当。图形最右侧给出的是缺失值类别的情况,可以看出该人群的信心值偏低,可以推断很可能这些人的收入属于极低或者极高这样两种极端情况(因其信心值水平也偏低)。无论怎样,发现缺失类别的加入并未影响总体模型对影响因素的筛选结果,这应当是非常重要的结果。

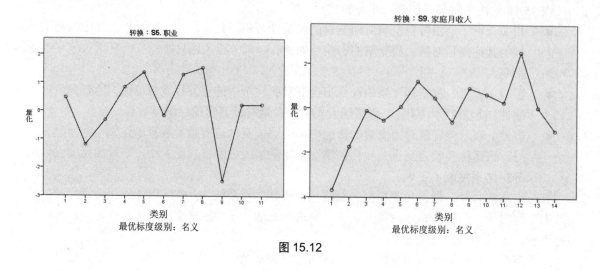

图 15.12

15.6 多水平模型框架下的建模分析

CCSS 案例的分析进展到现在,已经基本上达成了所需的全部分析目标。如果进一步加以思考,就会发现还有以下新的问题需要解答。

- 分析结果显示时间是信心指数的重要影响因素,其作用明显强于模型中的其他变量。虽然在前面的分析中通过将时间纳入模型控制了其影响,而且也确认了时间和各背景资料变量间不存在交互作用。但是是否存在这样一种可能,即在不同的时间段内,消费者的信心值离散程度存在差异,比如在次贷危机爆发时的 2008 年 12 月,大家普遍感到悲观,导致信心值的离散程度明显减小,而其余时段的离散程度更大一些呢?
- 如果真的存在上面所说的情况,那么离散程度的这种变化是否受到准备考察的这些人口背景资料的影响呢?

显然,上述分析需求已经将对数据的剖析从集中趋势(均数)拓展到了离散趋势(标准),这正是多水平模型的应用范畴,本节就利用多水平模型来对上述问题进行研究。

15.6.1 模型简介

真实世界中遇到的许多资料都具有层次结构。例如,在市场研究的抽样调查中,受访者会来自不同的城市,这就形成了一个层次结构,高层为城市,低层为受访者。显然,同一城市内的受访者在各方面的特征应当更加相似。传统模型没有对这些问题进行考虑,都是假设不同个体间的数据完全独立,当数据组内聚集性较强时就可能得出错误的结论。

混合效应模型是 20 世纪 80 年代初针对资料的非独立性问题发展起来的一类模型,由于该模型的理论起源较多，根据所从事的领域、模型用途和师承关系，又可称为多水平模型、广义估计方程等。这种模型充分考虑到数据聚集性的问题，可以在数据存在聚集性的时候对影响因素进行正确的估计和假设检验。不仅如此，它还可以对离散程度的影响因素加以分析，即哪些因素导致了数据间聚集性的出现，哪些又会导致个体间变异的增大。由于该模型成功解决了长期困扰统计学界的数据聚集性问题，20 年来已经得到了飞速发展，也成为 SPSS 等权威统计软件的标准统计分析方法之一。

混合效应模型要比大多数统计模型复杂得多，但基本框架仍然来源于一般线性模型。假设案例数据来源于若干个城市，而影响因素为 x，则传统的一般线性模型框架为

$$y_{ij} = \mu + x_{ij} + \text{city}_j + \varepsilon_{ij}$$

为了能够和混合效应模型的标准表达式相统一，可以将上式改写为回归模型的形式，即

$$y_{ij} = \alpha + \beta_1 x_{ij} + \sum \beta \text{city}_j + e_{ij}$$

式中：β_1 为变量 x 的影响(系数)；βcity_j 为第 j 个城市的作用；e_{ij} 为第 j 个城市 i 个受访者的随机误差，假定为服从均数为 0 的正态分布。

请注意在混合效应模型中，下标的使用顺序和普通模型恰恰相反，即 i 代表最小的观察单位(受访者)，j 代表高一级的观察单位(城市)，如果有更高层次(省或者国家)，则会用 k 来代表，依此类推。

在前面的章节中曾经应用过包括随机因素的方差分析模型。在本例中，如果不只关注这几个城市，而是关注其所代表的更广泛的城市总体，那么需要估计在城市总体中截距的变异有多大，此时实际是将原来的 α 真正当作一个随机变量来看待，令其为 $\alpha = \alpha_0 + \mu_{0j}$。这样，通过检验 μ_{0j} 是否为 0，就可以得知截距的变异在城市总体中是真的存在，还是仅仅因为抽样导致的假象而已，此时拟合的是同时含有随机因素、固定因素的模型，又称为混合效应模型。

$$y_{ij} = (\alpha_0 + \mu_{0j}) + \beta_1 x_{ij} + e_{ij}$$

迄今为止，对混合效应模型的介绍仍未超出前面学过的范畴，下面开始对该模型进行扩展。如果希望进一步考察变量 x 是否对因变量的离散程度大小有影响，则模型将被继续扩展为

$$y_{ij} = (\alpha_0 + \mu_{0j}) + (\beta_1 + \mu_{1j}) x_{ij} + e_{ij}$$

同理，通过检验随机项 μ_{1j} 是否等于 0，可以得知自变量 x 对 y 的离散度是否有影响。显然，固定效应和随机效应的区别就在于其参数是被设定为固定的，还是被设定为一个随机变量。一般来说，模型中的随机项常常被写在一起，即

$$y_{ij} = (\alpha_0 + \beta_1 x_{ij}) + (\mu_{0j} + \mu_{1j} x_{ij} + e_{ij})$$

上式中的两部分分别称为固定部分和随机部分，和普通的线型模型相比，混合线性模型主要是对原先的随机误差进行了更加精细的分解。正因为如此，该模型可以正确估计并分析数据在高水平单位内聚集的问题，同时可以为研究者提供更加丰富的信息。

由于多水平模型在随机效应部分加入了影响因素，因此传统的极大似然法往往无法对各参数进行正确估计，为此统计学家进行了相应的研究，提供了 REML(限制性极大似然估计)、IGLS(迭代广义最小二乘法)、MCMC 等方法来完成模型拟合与参数估计问题。目前在各大统计软件中使用比较多的是迭代速度较快的 REML 方法。

15.6.2 针对时间拟合多水平模型

由于多水平模型比较复杂,一般的做法是先拟合比较简单的一般线性模型,在模型框架大致确立之后再尝试进行多水平模型的拟合。本例也是如此,基于前面已经得到的变量筛选结果,进一步探讨这些影响因素是否对数据的离散程度有影响。

1. 建立基本模型框架

为便于理解,这里首先利用混合效应模型的分析界面建立类似于普通模型的模型框架,操作如下。

step 01 选择【分析】|【混合模型】|【线性】命令。
step 02 将月份选入【主题】列表框,单击【继续】按钮。
step 03 将总指数选入【因变量】列表框。
step 04 将城市 S0、职业 S5 及家庭月收入 S9 选入【因子】列表框。
step 05 将 S3 年龄选入【协变量】列表框。
step 06 单击【固定】按钮,将 S0、S5、S9 及 S3 的主效应选入【模型】列表框,单击【继续】按钮。
step 07 单击【统计】按钮,在弹出的对话框中选中【协方差参数检验】复选框。
step 08 单击【确定】按钮。

这里有必要对上面的操作加以解释,图 15.13 所示为线性混合模型对话框,表 15.15 至表 15.23 所示为拟合检验输出结果。

- 因为要考虑月份是否导致数据的组内聚集性,因此将该变量选入主题框。
- 固定效应中按照前面的分析结果,只纳入了 4 个主效应,因为月份已经被设定为模型中的层次变量,为了便于和后续模型比较,这里没有选入。
- 随机效应未加设定,这样实际拟合是普通的一般线性模型。
- 随机效应默认情况不作检验,为方便起见,这里要求输出检验结果。

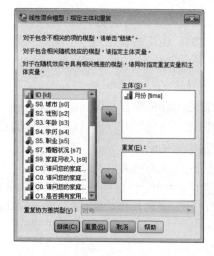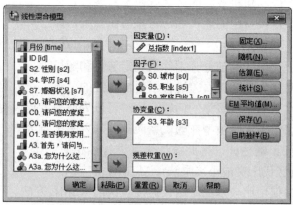

图 15.13

第 15 章 中国消费者信心指数影响因素分析

表 15.15 模型维[a]

变量		级别数	参数数目
固定效应	截距	1	1
	s0	3	2
	s5	11	10
	s9	13	12
	s3	1	1
残差			1
总计		29	27

a. 因变量：总指数。

表 15.16 信息准则[a]

-2 受限对数似然	8701.102
赤池信息准则(AIC)	8703.102
赫维奇-蔡准则(AICC)	8703.106
博兹多甘准则(CAIC)	8708.975
施瓦兹贝叶斯准则(BIC)	8707.975

信息准则在规模方面越小越好。

a. 因变量：总指数。

在分析结果中首先给出的是模型设置情况的汇总表格，可见实际拟合的是包括城市 S0、职业 S5、家庭月收入 S9 及年龄 S3 在内的方差分析模型，同时在残差项处有一个参数，代表模型误差 e_{ij}。

表 15.16 给出的是模型拟合信息，包括-2 倍对数似然值和其他一些信息准则。它们可以用于判断模型中引入的因素是否具有统计学意义，从对模型整体检验的作用而言，其准确度要远大于后面 Wald's 检验的近似结果。

模型总体拟合信息输出完毕，结果窗口中会输出标题【固定效应】，表明随后输出的是对模型效应固定部分的分析结果。

表 15.17 所列为固定效应的方差分析结果，读者可自行将其和普通的方差分析模型作比较，会发现完全等价。

表 15.17 III 类固定效应检验[a]

源	分子自由度	分母自由度	F	显著性
截距	1	966.000	1676.678	0.000
S0	2	966	4.025	0.018
S5	10	966	2.640	0.004
S9	12	966	1.222	0.263
S3	1	966.000	25.248	0.000

a. 因变量：总指数。

其标题为【协方差参数】，表明给出的是对模型随机部分的分析结果。

表 15.18 所列为随机效应的估计值和检验结果，右侧还给出了可信区间。可见，残差项确实大于 0，显然该分析结果和固定效应中的常数项一样没有实际意义。

表 15.18　协方差参数估算值 [a]

参数	估算	标准误差	瓦尔德 Z	显著性	95% 置信区间	
					下限	上限
残差	424.407618	19.311215	21.977	0.000	388.196986	463.995942

a. 因变量：总指数。

2. 在随机效应中加入层次变量的影响

下面将在随机效应项中增加参数，对其进行分解，以探讨是否存在相应的影响因素。首先加入时间、城市两个分层因素的影响，新增操作为：在【随机】子对话框中，选中【包括截距】复选框，并将月份选入【组合】列表框中。

表 15.19 所示为模型设置情况的汇总，可见在随机效应中多出了一个参数，代表层次因素(本例中为时间)对离散程度可能的影响。

表 15.19　模型维 [a]

变量		级别数	协方差结构	参数数目	主体变量
固定效应	截距	1		1	
	S0	3		2	
	S5	11		10	
	S9	13		12	
	S3	1		1	
随机效应	截距 [b]	1	方差成分	1	time
残差				1	
总计		30		28	

a. 因变量：总指数。
b. 从 V11.5 开始，RANDOM 子命令的语法规则已更改。命令语法所产生的结果可能与先前版本中产生的结果不同。如果您使用的是 V11 语法，请参阅当前语法参考指南以获取更多信息。

表 15.20　信息准则 [a]

−2 受限对数似然	8680.844
赤池信息准则(AIC)	8684.844
赫维奇-蔡准则(AICC)	8684.857
博兹多甘准则(CAIC)	8696.590
施瓦兹贝叶斯准则(BIC)	8694.590

注：信息准则在规模方面越小越好。
a. 因变量：总指数。

模型拟合信息表明−2 倍对数似然值为 8680.844，和前面模型的 8701.102 相比，相差 20.26，这就是两模型相比的似然比卡方值，而参数个数差值为 26−25=1，这就是检验的自由度，显然相应的 P 值远小于 0.05，因此上述分析结果说明组间聚集性的确存在。

表 15.21 所列为固定效应的方差分析结果，可见检验结果和前面普通的方差分析模型比较接近，这也可以用来间接判断数据的组内聚集性有多强。一般而言，如果数据的组内聚集性越强，则模型的固定效应分析结果和普通的一般线性模型的结果相差会越大。

表 15.21　Ⅲ类固定效应检验[a]

源	分子自由度	分母自由度	F	显著性
截距	1	16.970	1003.598	0.000
S0	2	963.223	3.920	0.020
S5	10	964.538	2.646	0.003
S9	12	964.023	1.523	0.110
S3	1	957.249	18.953	0.000

a. 因变量：总指数。

表 15.22 所列为随机效应的估计值和检验结果，右侧还给出了可信区间。可见代表组内聚集性的常数项估计值(也就是 μ_{0j} 的方差)为 16.98，但是 P 值为 0.27，大于 0.05 的临界值。显然，该结果和前述似然比卡方的结论相矛盾，此时应当采纳似然比卡方的结果。

根据变量的输出，实际上可以计算出时间组内任意两个受访者信心值的相关系数，公式为 $r = \sigma_{u0}^2 / (\sigma_{e0}^2 + \sigma_{u0}^2)$，本例中为 r=16.98/(16.98+412.62)=0.04，显然相关性比较低。

表 15.22　协方差参数估算值[a]

参数		估算	标准误差	瓦尔德 Z	显著性	95% 置信区间	
						下限	上限
残差		412.616229	18.803887	21.943	0.000	377.359302	451.167234
截距 [主体=time]	方差	16.980487	15.384196	1.104	0.270	2.875861	100.261095

a. 因变量：总指数。

3. 进一步分解随机效应项

下面进一步考察随机因素受哪些指标的影响，分析目的是找到对组内聚集性的合理解释。例如，我们发现股市收益情况在不同时间段内有明显差异，如果因变量的变异程度是受到该指标的影响，则将其纳入模型之后，组内聚集性就应当减少。由于相应的分析比较复杂，这里仅举一个例子说明其具体操作。例如希望考察 S5 职业的作用，新增操作为：在"随机"子对话框中，将 S5 选入【模型】列表框中，结果如表 15.23 所示。

表 15.23　模型维[a]

		级别数	协方差结构	参数数目	主体变量
固定效应	截距	1		1	
	S0	3		2	
	S5	11		10	
	S9	13		12	
	S3	1		1	
随机效应	截距 + S5[b]	12	方差成分	2	time
残差				1	
总计		41		29	

a. 因变量：总指数。
b. 从 V11.5 开始，RANDOM 子命令的语法规则已更改。命令语法所产生的结果可能与先前版本中产生的结果不同。如果使用的是 V11 语法，请参阅当前语法参考指南以获取更多信息。

模型总参数增加至 29 个，可以看出随机效应中增加了对应 S5 的参数。

由表 15.24 所示可知，加入该参数之后的-2 倍对数自然值为 860.770，和原模型相比的差值为 0.074，在自由度为 1 情况下，两模型比较显然无统计学差异。

表 15.24 信息准则 [a]

-2 受限对数似然	8680.770
赤池信息准则(AIC)	8686.770
赫维奇-蔡准则(AICC)	8686.795
博兹多甘准则(CAIC)	8704.390
施瓦兹贝叶斯准则(BIC)	8701.390

信息准则在规模方面越小越好。
a. 因变量：总指数。

表 15.25 给出的是 S5 对随机效应的作用估计，可见结论和上面一致，S5 的确不能解释组内的变异聚集性。

表 15.25 协方差参数估算值 [a]

参数		估算	标准误差	瓦尔德 Z	显著性	95% 置信区间	
						下限	上限
残差		411.975236	18.916696	21.778	0.000	376.518596	450.770817
截距 [主体=time]	方差	16.946423	15.497610	1.093	0.274	2.822597	101.743617
S5 [主体=time]	方差	1.046705	4.134754	0.253	0.800	0.000454	2411.507416

a. 因变量：总指数。

读者还可自行对其余变量的随机效应影响进行分析，这里不再详述。最终分析中没有发现任何人口背景变量能够有效解释时间组内的变异聚集性。

15.7 项目总结与讨论

通过对数据的深入分析，发现在纳入研究范围的人口背景资料变量中，对信心指数指标体系有一定的影响。

15.7.1 分析结论

具体影响方式如下。

- 城市、年龄、职业及家庭收入对总消费者信心指数的水平有影响，性别、学历、婚姻状况等则可能是因为作用被其余因素替代，因此未能检验出统计学意义，比如婚姻状况虽然在单变量分析中有统计学意义，但很可能反映的却是年龄的影响，在最终的模型中则由于将年龄纳入模型而变得没有统计学意义了。
- 随着年龄的增大，消费者的信心指数呈下降趋势，且该趋势在 5 个分项指标中均存在。
- 发现北京消费者的信心明显高于上海和广州，分项比较发现主要是其未来 1 年家庭经济信心值更高。
- 在各职业中蓝领、无业人员的信心最低,而私营业主、专业人士、公务员、学生等的信心较高,该差异在涉及家庭经济的指标中高于涉及宏观经济的指标。
- 低收入家庭的受访者其信心指数明显低于中等收入和高收入家庭,该差异主要涉及对家庭经济状况的感受和预期指标。
- 时间变量对消费者的信心指数有很大的影响,在整个观察期间,指数随时间走出了U形曲线。
- 除平均水平的差异外,还发现信心指数在时间组内存在聚集性,但没有发现任何人口背景变量能够有效解释时间组内的变异聚集性。

15.7.2 运用复杂模型建模的情况

本案例在分析时用到了几个比较复杂的模型,包括多元方差分析模型、最优尺度回归、多水平模型等,这些可能都是统计分析人员在实际工作中较少用到的工具。对初学者而言,可能会出现一个很难把握的问题:究竟什么时候采用简单模型,什么时候采用复杂模型呢?实际上,对一个实际的分析问题而言,上述疑问基本上不存在。因为每种方法都有其优势和劣势,只需要把握住核心的分析需求,就能找到适当的分析方法。例如,在本例分析中,对方法的选择思路是这样的:

- 当对数据状况不清楚时,尽量采用简单的模型,快速、清晰地抓住数据间的主要关联,本例中首先采用方差分析建模就是基于这一想法。
- 如果已知现有模型在方法学上有某些缺陷,从而担心相应的问题可能影响分析结论,可以在已有结果的分析基础上,采用其他方法进行探索分析,以期得到较为稳妥的结论。最优尺度回归在本案例中的使用就是如此。
- 随着分析的深入,可能出现所使用的简单模型无法满足的分析需求,此时可以在现有分析结果的基础上建构较为复杂的模型,本案例中最后采用的多水平模型就是这种情况。

总之,不要被纷繁复杂的模型功能、适用条件等表象所迷惑,只要紧紧围绕实际的分析需求,相应的方法选择就会变得非常容易。

第 16 章　偏态分布的激素水平影响因素分析

在某医院消化内科的科研项目中，研究者希望考察在控制了其他因素的作用之后，激素水平是否的确在对照组和试验组之间存在差异，以根据分析结果继续进行下一步的研究。在统计描述中，研究者发现作为因变量的激素水平呈正偏态分布，因此在数据理解阶段用自助抽样方法及秩和检验方法进行了变量间关联情况的探索，随后分别采用变量变换、秩变换分析和 Cox 回归 3 种方法进行了数据处理，得到了所需的分析结果。

16.1　案　例　背　景

在某医院消化内科的科研项目中，研究者认为某种激素水平可能对胃癌的发生有一定的作用，因此设计了此项研究，将病人按照临床病理诊断结果分为对照组和试验组出现病变并且采集相关指标(为便于讲解省略了一些背景指标)作为分析因素。

16.1.1　研究项目概况

项目概况如下。
- 性别：男、女。
- 年龄：除记录实际年龄外，还要根据临床研究的习惯，按照小于 45 岁、45～59 岁、60 岁及以上分为青年、中年和老年 3 组。

上述指标在两组间有大致的配额控制，但并未完全均衡。

此外，对于试验组，还进行了以下实验室检查。
- 萎缩程度：分为轻度、中度和重度三级。
- 胃黏膜细胞肠化程度：分为无、轻度、中度和重度四级。

研究者希望回答的研究问题是：在控制了其他因素的作用之后，激素水平是否的确在两组间存在差异。

为达成这一目标，进一步衍生出以下分目标。
- 分目标 1：激素水平和年龄、性别等有无关联。
- 分目标 2：在试验组中，激素水平与黏膜萎缩程度、肠化程度等是否有关。原始数据见"激素水平.sav"。

16.1.2　分析思路与商业理解

本例实际上并不复杂，这是一个比较典型要求控制其余影响因素的两组数据比较。从基本思路上应当属于一般线性模型的范畴，在绝大多数情况下，此类问题的分析流程如下。

第 16 章 偏态分布的激素水平影响因素分析

- 在数据理解的基础上，先进行单个因素对因变量的影响大小分析，对可能需要控制的其他影响因素进行预筛选，提前发现可能和因变量存在曲线关联的连续性自变量，以便后续分析中作相应的数据准备和建模变换。
- 根据单因素分析的结果，尝试构建多因素模型，从而在控制其余影响因素的同时，得到分组变量是否对因变量有影响的结论。
- 继续深入分析，依次回答各个分目标。

16.2 数 据 理 解

在数据理解中，发现因变量的分布完全不符合模型要求，因此如何将数据变换为符合模型要求，或者如何找到能够使用该数据的统计模型，就成了本研究所必须解决的问题，随后将依次展开对该案例的讨论。

16.2.1 单变量描述

1. 分类变量的频数分布

数据理解中首先应当完成的工作是对每个变量的分布情况进行描述，常用的方法是描述过程和频率过程。但由于本例样本量很少，因此可以用制表过程来简化输出。

step 01 依次单击【分析】|【定制表】|【定制表】命令，弹出【定制表】对话框。

step 02 将变量 group 拖入行框，同时选中性别、萎缩、肠化及年龄分组，将其拖入列框。

step 03 在【摘要统计】选项组中选中【隐藏】复选框。

step 04 单击【确定】按钮(以上操作过程参见图 16.1)。

图 16.1

从表 16.1 可以看出，性别和年龄分组的分布在两组间大致平衡，但仍然存在一定的波动；萎缩和肠化则只在试验组中有数据分布，在进行试验组与对照组之间的比较时，上述两个指标均无用武之地。

表 16.1 数据表

变量		性别		萎缩			肠化				年龄分组		
		男	女	轻度	中度	重度	无	轻度	中度	重度	青年组	中年组	老年组
组别	试验组	25	12	14	16	7	10	12	13	2	15	12	10
	对照组	20	11	0	0	0	0	0	0	0	10	11	10

2. 连续变量分布的描述

下面用描述过程来进行连续变量的初步描述。

step 01 依次单击【分析】|【描述统计】|【描述】命令。
step 02 选入年龄和激素水平。
step 03 单击【确定】按钮。

在表 16.2 中注意到一个问题：激素水平的标准差远大于均值，极大值也远大于均值。由于激素水平不可能小于 0，这意味着该变量很可能是偏态分布的，对此可以进一步绘制直方图加以确认，如图 16.2 所示。

step 01 选择【图形】|【图表构建程序】命令。
step 02 将简单直方图图标拖入画布。
step 03 将激素水平拖入【X 轴】框。
step 04 单击【确定】按钮。

表 16.2 描述统计

变量	个案数	最小值	最大值	平均值	标准差
年龄	68	17	80	50.10	12.641
激素水平	68	0.05	10.10	0.5565	1.29723
有效个案数(成列)	68				

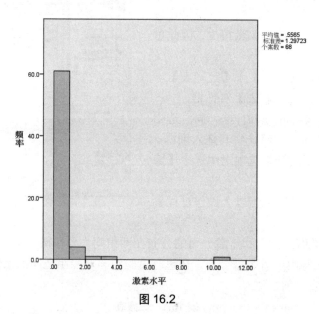

图 16.2

从图 16.2 可见，激素水平呈明显的正偏态分布(也称右偏态分布)，且可能在右侧存在较大极端值。这就给后续的建模分析提供了一个明确的线索：必须考虑所用的假设检验方法对数据的分布要求。

16.2.2 变量关联探索

由于激素水平呈偏态分布，因此变量关联不能简单地套用常规的检验方法。下面考虑引入中位数来进行各组平均水平的描述，而组别间的比较可以采用自由抽取抽样或者秩和检验来回答。

1. 采用自由抽取抽样进行分析

常用的经典统计学的各种分析方法无一例外地需要先对变量的分布进行假定，然后才能进行相应的计算，这无疑限制了其在分布异常的数据中的应用。另外，经典统计学对平均数的参数估计，特别是区间估计发展比较完善，但对其他一些分布参数，如中位数、四分位数、标准差、变异系数等的区间估计则颇为技穷，这无疑是方法体系上的一大缺憾。

自20世纪80年代以来，随着计算机技术的飞速发展，借助日益强大的机器计算能力，计算统计学这一新的统计学分支得到了飞速发展，而自由抽取方法就是发展较早且较为实用的一种计算统计学方法，可以很好地解决经典统计学所无法解决的难题。

1) 基本原理

自由抽取方法由 Efron 于 1979 年提出，是基于大量计算的一种模拟抽样统计推断方法，它的使用主要出于两个目的：一是判断原参数估计值是否准确；二是计算出更准确的可信区间，判断得出的统计学结论是否正确。

自由抽取方法的基本思想为：在原始数据范围内作有放回的重复抽样，样本含量为原始数据中每个观察单位每次被抽到的概率相等，为 $1/n$，所得样本称为自由抽取样本。于是可得到任何一个参数 θ 的一个估计值 $\hat{\theta}^{*(b)}$，分别重复抽取这样的样本若干次，记为 B。例如 $B=1000$，得到该参数的 1000 个估计值，则参数 θ 的标准误差的自由抽取估计为

$$s\hat{e}_B = \left\{ \sum_{b=1}^{B} \left[\hat{\theta}^*(b) - \hat{\theta}^*(.) \right]^2 \Big/ (B-1) \right\}^{1/2}$$

式中：$\hat{\theta}^*(.) = \sum_{b=1}^{B} \hat{\theta}^*(b)/B$，根据其性质可以估计 θ 的一些性质，比如 $\hat{\theta}^{(b)}$ 的分布是否为正态，$\hat{\theta}^{(b)}$ 的均数及标准差(误差)以及 θ 的可信区间等。

2) 参数法和非参数法

自由抽取方法有参数法和非参数法两种，前者需要假定 $\hat{\theta}^{(b)}$ 的分布状况，后者则无任何限制。以可信区间的估计方法为例，其基本原理为：当 $\hat{\theta}^{(b)}$ 的分布近似正态时，可以其均数 $\theta^{(\cdot)}$ 作点估计，用正态原理估计自由抽取可信区间；当 $\hat{\theta}^{(b)}$ 的频数分布为偏态时，以其中位数作点估计，用上、下 2.5%分位数估计 95%可信区间。

和经典统计学中的情况类似，一般情况下参数法的效率高于非参数法。但是，正是因为参数法需要事先假定分布类型，导致当数据违反假定时分析结果可能不准确。另外，如果数据存在明确的层次结构，则采用分层抽样而不是完全随机抽样可以有效地提高分析效率。SPSS 默认为非参数自由抽取方法，并采用完全随机抽样，但也可以根据需求改为分层样方法。

3) 抽样次数的确定

在使用自由抽取方法时需要确定的一个基本参数是计算中的抽样次数 B 应取多大。显然，

B 取值越大，计算结果越准确，但需要花费的计算时间越长。从经验值上讲，一般取 50～200 即可保证参数估计值的相对误差不大于 5%，但采用百分位数法来计算可信区间，则显然样本量太低，最好能放大到 1000 例上下。高于 1000 例多数情况下带来的精度改善非常有限，且过于耗时，因此在多数情况下抽样次数定为 1000 次最为常见。

这里首先考虑采用自由抽取抽样来进行分析，操作如图 16.3 所示。

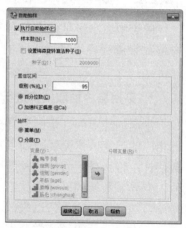

图 16.3

step 01　依次选择【分析】|【比较均值】|【均值】命令。

step 02　将激素水平选入【因变量】列表框。

step 03　将组别、性别和年龄分组选入【自变量】列表框。

step 04　在【选项】子对话框中，将中位数加入【单元格统计量】对话框。

step 05　在【自由抽取】子对话框中，选中【执行自助抽样】复选框。

step 06　单击【确定】按钮。

表 16.3 显示了试验组和对照组的激素水平中位数存在一定差异，而且试验组的中位数 95% 的 CI 为 0.06～0.16，对照组为 0.22～0.67，两者并不重叠，说明确实存在统计学差异。

表 16.3　激素水平 * 组别

激素水平

组别		统计	自助抽样 [a]			
			偏差	标准误差	95% 置信区间	
					下限	上限
试验组	平均值	0.2859	0.0024	0.0703	0.1629	0.4414
	个案数	37	0	4	29	45
	标准差	0.42893	-0.02237	0.10924	0.19683	0.60290
	分组中位数	0.0950	-0.0027	0.0298	0.0600	0.1600
对照组	平均值	0.8794	-0.0103	0.3255	0.4250	1.6106
	个案数	31	0	4	23	39
	标准差	1.82742	-0.26474	0.82838	0.35221	3.04566
	分组中位数	0.3900	0.0168	0.1211	0.2200	0.6500
总计	平均值	0.5565	-0.0039	0.1556	0.3168	0.9154
	个案数	68	0	0	68	68
	标准差	1.29723	-0.14960	0.54233	0.36783	2.10221
	分组中位数	0.1950	0.0064	0.0553	0.1300	0.3550

a. 除非另行说明，否则自助抽样结果基于 1000 个自助抽样样本。

表 16.4 指出男女性别的中位数有一定差异，但男性 95% 的 CI 为 0.09～0.27，和女性 95%CI 的 0.15～0.516 重叠，因此可能不具有统计学意义。

第16章 偏态分布的激素水平影响因素分析

表 16.4 性别描述法

激素水平

性别		统计	自助抽样 [a]			
			偏差	标准误差	95% 置信区间	
					下限	上限
男	平均值	0.6089	−0.0049	0.2317	0.2794	1.1587
	个案数	45	0	4	37	52
	标准差	1.56123	−0.20601	0.69550	0.32889	2.67336
	分组中位数	0.1400	0.0210	0.0576	0.0951	0.3297
女	平均值	0.4539	−0.0008	0.0979	0.2796	0.6628
	个案数	23	0	4	16	31
	标准差	0.48311	−0.03075	0.12667	0.23127	0.70121
	分组中位数	0.2800	0.0279	0.1148	0.1550	0.5600
总计	平均值	0.5565	−0.0039	0.1556	0.3168	0.9154
	个案数	68	0	0	68	68
	标准差	1.29723	−0.14960	0.54233	0.36783	2.10221
	分组中位数	0.1950	0.0064	0.0553	0.1300	0.3550

a. 除非另行说明，否则自助抽样结果基于 1000 个自助抽样样本。

年龄分组，以及萎缩度、肠化分组的表格这里略去，这些表格均显示出随着年龄、萎缩程度、肠化程度的升高，激素水平并未随之持续上升，而是呈现出波动趋势，且可信区间有明显的重叠，可能差异无统计学意义。

2. 采用秩和检验进行分析

上面是通过分别计算各组的可信区间来大致估计有无统计学差异，如果希望得到更为精确的结果，则可以使用秩和检验，目前同时提供新、老两套秩和检验的操作界面，这里分别加以介绍。

step 01 依次单击【分析】|【非参数检验】|【独立样本】命令。

step 02 打开【字段】选项卡，将【组别】选入【组】列表框，【激素水平】选入【检验字段】列表框。

step 03 单击【运行】按钮。

最终结果会以模型的形式呈现，双击进入后会提供详细的秩和分布等信息，如图 16.4 所示，可见激素水平的分布在两组间的确是有差异的。

step 01 依次单击【分析】|【非参数检验】|【旧对话框】|【2 个独立样本】命令。

step 02 将【组别】选入【分组变量】列表框，组编号分别定义为 1 和 2。

step 03 将【激素水平】选入【检验变量列表】列表框，如图 16.5 所示。

step 04 单击【确定】按钮。

最终表格的输出内容和结论与上面其实完全相同，这里不再重复，如表 16.5 和表 16.6 所示。

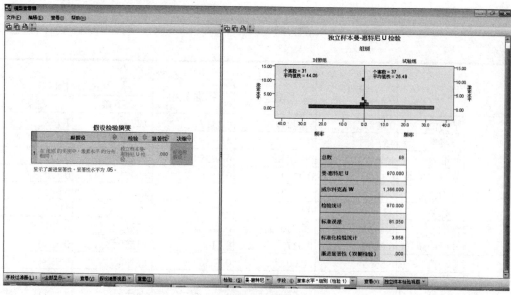

图 16.4

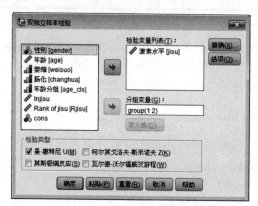

图 16.5

表 16.5 秩

	组别	个案数	秩平均值	秩的总和
激素水平	试验组	37	26.49	980.00
	对照组	31	44.06	1366.00
	总计	68		

表 16.6 检验统计[a]

变量	激素水平
曼-惠特尼 U	277.000
威尔科克森 W	980.000
Z	−3.658
渐近显著性(双尾)	0.000

a. 分组变量：组别。

3. 用散点图探讨年龄与激素水平的关系

最后还需要进一步对年龄与激素水平的关系进行探讨，对于探索两个连续变量的联系，绘制散点图显然是第一选择。

step 01 选择【图形】|【图表构建程序】命令。
step 02 将分组散点图图标拖入画布。
step 03 将【年龄】拖入【X轴】框，【激素水平】拖入【Y轴】框，【组别】拖入【设置颜色】框。
step 04 单击【确定】按钮。

从图 16.6 可以看出，年龄和激素水平之间并未发现有明显的数据关联，且年龄在两组间也没有明显的差异。该散点图清晰地显示出了激素水平的一个极大值，该数据显然会对常规模型造成很大的影响。

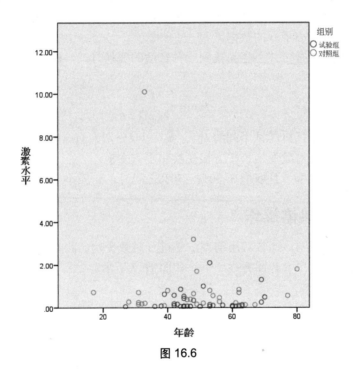

图 16.6

16.3 对因变量变换后的建模分析

由于因变量呈明显正偏态分布，因此不再考虑直接建模后再进行残差分析来评估模型适用性的分析思路，而是考虑更换方法。

16.3.1 常见的变量变换方法

有时原始资料并不能满足方差分析的要求，这时除了可求助非参数检验方法外，也可以考虑变量变换，即通过对原始数据的数学变换，使其满足或者近似满足方差分析的要求。一般认为，通过变量变换若达到方差齐性要求的资料，其正态性问题也会有所改善。常用的变量变换有以下几种。

(1) 对数转换。将原始数据的自然对数值作为分析数据，其常用形式为 $Y=\lg(X+K)$ 或 $Y=\lg(K-X)$。当原始数据有 0 时，可用 $Y=\lg(X+K)$ 进行数据转换，其中 K 为一小值。对数转换可用于：服从对数正态分布的资料；部分正偏态资料、等比资料，特别是各组 S 与 X 的比值相差不大(各组 CV 相近)的资料。

(2) 平方根转换。可用于服从泊松分布的资料、轻度偏态资料、样本的方差与均数呈正相关的资料以及观察变量为率，取值在 0～20% 或 80%～100%的资料。

(3) 平方根反正弦转换。将原始资料的平方根反正弦变换值 $y=\arcsin\sqrt{X}$ 作为分析数据。平方根反正弦函数转换可用于原始数据为率，且取值广泛的资料。

(4) 平方变换。将原始资料的平方作为分析数据，常用于方差与均数成反比或资料成反比或资料呈左偏时。

(5) 倒数变换。将原始资料的倒数作为分析数据。用于方差与均数的平方成正比，并且往往要求资料中没有接近或小于 0 的数据。

(6) Box-Cox 变换。有时并不容易找到一种合适的变换方式，Box 和 Cox 于 1964 年提出一类变换。

$$f(y) = \begin{cases} y^\lambda & \lambda \neq 0 \\ \ln(y) & \lambda = 0 \end{cases}$$

研究者需要根据原始资料尝试不同的 λ 值。实际上 λ 分别为-1、0、0.5、2 时，Box-Cox 变换分别等价于倒数变换、对数变换、平方根变换和平方变换。

此外，当观察指标为率，且取值在 30%～70%之间时，一般不考虑变量变换。

16.3.2 本案例的具体操作

对于正偏态分布的资料，比较常用的方法是进行对数变换，此时有可能使得数据不再明显偏离正态。为此可以先使用 P-P 图考察一下，如图 16.7 所示。

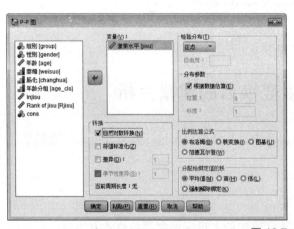

图 16.7

第 16 章 偏态分布的激素水平影响因素分析

step 01 依次选择【分析】|【描述统计】|【P-P 图】命令。
step 02 将【激素水平】选入【变量】列表框。
step 03 转换方式。选中【自然对数转换】复选框。
step 04 单击【确定】按钮。

从图 16.8 中可以看出，经过自然对数变换后，激素水平的分布已经较为接近正态，虽然仍有一些差异，但已经可以考虑进行建模分析了。

下面生成对数变换后的新变量：

```
COMP LNJISU=LN(JISU).
EXEC.
```

随后考虑进行模型的初步拟合，因自变量中有分类变量，这里使用一般线性模型来分析，其结果如表 16.7、表 16.8 所示。

step 01 依次选择【分析】|【一般线性模型】|【单变量】命令。
step 02 将 lnjisu 选入【因变量】列表框。
step 03 将【组别】、【性别】选入【固定因子】列表框，【年龄】选入【协变量】列表框。
step 04 打开【模型】子对话框，将【组别】、【性别】、【年龄】的主效应选入【模型】列表框。
step 05 打开【选项】子对话框，选择【残差图】和【失拟】选项。
step 06 单击【确定】按钮。

表 16.7 所列为总模型的检验结果，可见总模型 P 值为 0.003，说明整个模型对 lnjisu 的预测是有统计学意义的；分项考察结果，则组别的 P 值小于 0.001，具有统计学意义，但性别和年龄的 P 值均远大于 0.05，因此没有继续深入分析的必要。

表 16.7 主体间效应检验

因变量：lnjisu

源	III类平方和	自由度	均方	F	显著性
修正模型	19.861[a]	3	6.620	5.190	0.003
截距	9.133	1	9.133	7.159	0.009
group	18.638	1	18.638	14.610	0.000
gender	0.957	1	0.957	0.750	0.390
age	0.052	1	0.052	0.041	0.840
误差	81.645	64	1.276		
总计	251.397	68			
修正后总计	101.506	67			

a. R^2=0.196(调整后 R^2=0.158)。

读者也可以采用年龄分组代替年龄来进行建模，结论和现在相同，仍然是年龄无统计学意义，此处不再赘述。

表 16.8 给出的是模型的失拟检验结果，给出的是与饱和模型(即包括所有主效应和各阶交互效应的模型)相比，当前模型的预测效果是否存在差异，结果 P 值为 0.713，远大于 0.05，因

此当前模型中不需要再考虑增加任何交互项了。

表 16.8 失拟检验

因变量：lnjisu

源	平方和	自由度	均方	F	显著性
失拟	60.780	50	1.216	0.816	0.713
纯误差	20.865	14	1.490		

16.4 秩变换分析

前面采用对数变换的方法解决了因变量偏态分布的问题，但在实际工作中，分析师往往会遇到变量变换无法解决问题的情形，此时需要寻求更为通用的解决方法，而非参数统计分析方法，特别是秩变换分析方法就是一个很好的工具。

秩变换分析方法，就是先求出原变量的秩次，然后使用求出的秩次代替原变量进行参数分析。当样本含量较大时，该方法的分析结果和相应的非参数方法基本一致，但该方法可以充分利用已知的参数方法，如多组样本的两两比较、多元回归等，从而大大扩展了非参数分析方法的范围。

下面考虑使用秩变换分析来对本案例进行分析，首先要进行因变量的秩变换，如图 16.8 所示。

step 01 选择【转换】|【个案排秩】命令。

step 02 将【激素水平】选入【变量】列表框。

step 03 单击【确定】按钮。

注意此处的秩变换是基于 H_0 假设的前提进行的，因此不应当考虑分组。操作结束后数据集中会生成新变量 Rjisu，其大小就是激素水平的未分组秩次。

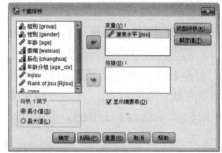

图 16.8

下面使用 Rjisu 作为因变量来建模分析，其检验结果如表 16.9 所示。

step 01 依次选择【分析】|【一般线性模型】|【单变量】命令。

step 02 将 Rjisu 选入【因变量】列表框。

step 03 将【组别】、【性别】选入【固定因子】列表框，【年龄】选入【协变量】列表框。

step 04 打开【模型】子对话框，将【组别】、【性别】、【年龄】的主效应选入【模型】列表框。

step 05 打开【选项】子对话框，选择【残差图】和【缺乏拟合优度检验】选项。

step 06 单击【确定】按钮。

表 16.9 所示为总模型的检验结果，可见总模型 P 值为 0.001，说明整个模型对 Rjisu 的预测是有统计学意义的；分项考察结果，则组别的 P 值小于 0.001，具有统计学意义，但性别和年龄的 P 值均远大于 0.05，因此没有继续深入分析的必要。

表 16.9 主体间效应检验

因变量：Rank of jisu

源	III类平方和	自由度	均方	F	显著性
修正模型	5717.586ª	3	1905.862	5.986	0.001
截距	4498.921	1	4498.921	14.131	0.000
group	5124.417	1	5124.417	16.096	0.000
gender	493.082	1	493.082	1.549	0.218
age	31.055	1	31.055	0.098	0.756
误差	20375.414	64	318.366		
总计	107030.000	68			
修正后总计	26093.000	67			

a. R^2=0.219(调整后 R^2=0.183)。

表 16.10 给出的是当前模型的失拟检验结果，结果 P 值为 0.713，远大于 0.05，因此结论和上一个模型相同，也是当前模型中不需要再考虑增加任何交互项。

表 16.10 失拟检验

因变量：Rank of jisu

源	平方和	自由度	均方	F	显著性
失拟	14102.644	50	282.053	0.630	0.884
纯误差	6272.771	14	448.055		

残差图这里不再列出，因为此处使用的是秩次进行分析，已经属于非参数方法的范畴，此时模型的残差分布情况如何并不重要。

16.5 利用 Cox 模型进行分析

秩变换分析方法可以通过利用秩次的方式来绕开数据非正态分布的问题，但多少会损失一些信息。那么有没有从原理上对数据信息利用更为充分的方法呢？答案是肯定的。除了非参数方法外，还可以利用生存分析中的回归模型来完成此分析任务。

16.5.1 Cox 回归模型的基本原理

1. 生存分析中的几个基本概念

（1）事件。指由研究者规定的生存时间的终点。在生存分析中，事件是一个非常重要的概念，它的定义应尽可能地清楚明了。例如，在医学研究中，事件可以指死亡、疾病的复发；在工业上，事件可以指机器发生故障。

（2）生存时间。生存时间是指从某一起点开始到所关心事件发生的时间。由于生存时间是生存分析的对象，所以对其理解至关重要。

首先，生存时间中的"生存"是一个广义的概念，它不仅仅指医学研究中所关心事件为"病人死亡"时的存活，也可以是指工业上所关心事件为"机器发生故障"时的正常运转，社会学研究中所关心事件为"再上岗"时的待业。关于工业产品质量的研究中，生存时间可能根本不是通常意义上的时间。拿轿车的故障来说，仅将轿车买来后到发生故障的正常使用时间作为生存时间是欠妥当的，更为妥当的是将轿车的行驶公里数作为生存时间。所以，根据研究目的，生存时间可以是多样化的。本案例中也对"生存时间"的概念进行了活用。

(3) 删失。也称为失访，删失是指由于所关心事件的发生未被观测到或无法观测到以致生存时间无法被准确记录下来的情况。

(4) 生存函数与风险函数。用来描述生存时间的分布的两个主要工具。

用一个非负随机变量 t 来表示生存时间，生存函数的定义为随机变量 T 越过时点 t 的概率。当 $t=0$ 时，生存函数的取值为 1，随着时间的推移(t 逐渐增大)，生存函数的取值逐渐减小。因此，生存函数是时间 t 的单调递减函数。生存函数的数学表达式为

$$S(t) = \Pr(T > t)$$

式中：$S(t)$ 为生存函数；T 为随机抽取的研究对象的生存时间。

与生存函数紧密相关的还有风险函数，记为 $h(t)$，定义为 $f(t)/S(t)$，表示随机变量 T 已达时间点 t 的条件下，在接下来的一瞬间所关心事件发生的概率。

2. Cox 模型的基本结构

Cox 回归模型由英国伦敦大学的 Cox 于 1972 年提出，它是一种半参数模型。与基于参数模型的方法不同，该方法可以在不对生存时间的具体分布进行假设的情况下评价因子的效果，从而大大降低了生存分析的烦琐性，促进了对生存分析的研究。鉴于此，Cox 回归模型的提出被誉为生存分析研究历史的里程碑。

Cox 回归模型的基本思想是在风险函数与研究因子之间建立类似于广义线性模型的关联，这样就可以直接考察研究因子对风险函数的影响。模型的基本形式为

$$h(X,t) = h_0(t)\exp(\beta^T X) = h_0(t)\exp(\beta_1 x_1 + \cdots + \beta_p x_p)$$

式中：$h(X,t)$ 为具有因子向量 X 的风险函数，可以理解为某个癌症患者其预后因子的取值为 X 时，在时间点 t 突然死亡的风险。显然，如果 X 为 0 向量，上式即是 $h_0(t)$，可以理解为基准人的风险函数。$\beta=[\beta_1 \beta_2 \cdots \beta_p]^T$ 是需要进行估计的因子向量 X 的系数向量。在其他因子固定的情况下，因子 $x_i(1, 2, \cdots, p)$ 的取值增加一个单位，则 $h(X,t)$ 变为原来的 e^{β_i} 倍，这就是通常所说的相对风险比，它反映了因子 x_i 对风险函数的效果。如果 β_i 为正，则 x_i 具有增加风险的效果，即 x_i 的值越大，风险也越大；相反，如果 β_i 为负，则 x_i 具有降低风险的效果，即 x_i 的值越大，风险反而越小。

16.5.2 本案例的具体操作

在本案例中，既然激素水平不服从正态分布，那么只需活用"生存时间"的概念，将激素水平设定为模型中的"生存时间"即可。当然，由于每个个体都有明确的激素水平测量值，因此所有人的生存结局都应当是出现了失效事件，这只需用一个恒等于 1 的变量来指代即可。

首先生成所需的结局变量，然后按照分析要求进行 Cox 模型的设定，如图 16.9 所示。

```
COMP CONS=1
EXEC.
```

 选择【分析】|【生存分析】|【Cox 回归】命令。

step 02 将【激素水平】选入【时间】列表框。
step 03 将 cons 选入【状态】列表框,定义失效事件数值为 1。
step 04 将【组别】、【性别】、【年龄】选入【协变量】列表框。
step 05 打开【分类】子对话框,将 group 和 gender 选入。
step 06 单击【确定】按钮。

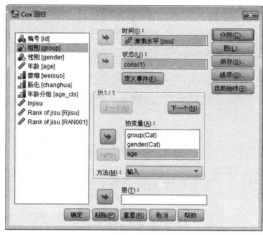
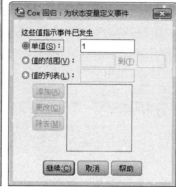

图 16.9

表 16.11 给出了分类变量的哑变量编码情况,表明组别哑变量代表的是试验组和对照相比的情况,性别哑变量则代表男性和女性相比的情况。

表 16.11 分类变量编码 a,c

		频率	(1)
组别 b	1=试验组	37100	1
	2=对照组	30968	0
性别 b	1=男	44980	1
	2=女	23088	0

a. 类别变量:组别(group)。
b. 指示符参数编码。
c. 类别变量:性别(gender)。

表 16.12 给出了总模型的检验结果,P 值为 0.02,说明和无任何自变量的无效模型相比。

表 16.12 模型系数的 Omnibus 检验 a

-2 对数似然	总体(得分)			相对于上一步的更改			相对于上一个块的更改		
	卡方	自由度	显著性	卡方	自由度	显著性	卡方	自由度	显著性
436.934	9.812	3	0.020	9.704	3	0.021	9.704	3	0.021

a. 起始块号为 1,方法=输入。

表 16.13 给出了各自变量的检验结果,结论和前面两个模型的分析结果相同,性别、年龄均无统计学意义,组别 P 值小于 0.05,具有统计学意义,同时 Cox 模型计算出试验组和对照组相比之下的 R^2 值为 2.274,这可以被近似地解释为试验组个体的激素水平平均为对照组个体激

素水平的 2.274 倍。

表 16.13 方程中的变量

	B	标准误差	瓦尔德	自由度	显著性	Exp(B)
组别	0.822	0.269	9.315	1	0.002	2.274
性别	0.380	0.276	1.893	1	0.169	1.462
年龄	-0.003	0.010	0.110	1	0.740	0.997

16.6 项目总结与讨论

在本案例中，由于统计描述时发现因变量呈偏态分布，因此分别采用变量变换、秩变换分析和 Cox 比例风险模型进行了建模分析，结论一致。

16.6.1 分析结论

（1）性别、年龄对激素水平未发现有影响，其中后者无论是原始年龄，还是年龄分组均无统计学意义。

（2）试验组和对照组之间的激素水平存在差异，从平均水平看，试验组的激素水平大致为对照组的 3 倍。

至于分目标 2，由于相应的分析比较简单，这里不再详述，请读者自行完成相关操作并得出结论。

16.6.2 如何正确选择分析模型

本案例有一个很大的特点，就是对同一个统计问题(因变量的偏态分布)，竟然平行地采用了 3 种分析模型加以对比，虽然结论没有区别，但必然导致统计爱好者心中惴惴不安，暗自考虑以下两个问题。

- 究竟这 3 种分析模型中哪一种更合适呢？
- 如果不同方法的分析结论不一致，又当如何是好？

实际上，上述两个问题的答案是相互关联的，首先需要明确，统计世界中永远不存在最"正确"的模型，只有在某个案例的具体背景之下相对更为合适的分析模型。对于第一个问题，实际上是不存在标准答案的。那么，究竟应当如何选择模型呢？笔者认为应当从模型的特点入手。

（1）一方面，变量变换是应用最广泛的分析思想，其结果易于理解，如果找到合适的变换方式，则随后能够使用的分析模型非常丰富。但是在许多实际分析案例中，这种"合适的变换方式"有可能是不存在的。另一方面，变量变换实际上改变了变量间的数量关联趋势，特别是在采用过于复杂的变量变换方法时，有可能严重扭曲了数据原本蕴含的信息，因此笔者不推荐使用过于复杂的变量变换方法，且相应的分析结果在解释时需要谨慎。

（2）秩变换分析实际上并不是什么复杂高深的方法，只是将秩和检验的基本思想作了简单的推广而已，但却可以解决很多实际分析问题，其应用范围也比变量变换方法更广。但是，作为非参数检验方法，秩变换分析也具有非参数方法的通病：检验效能相对较低，而且其分析结果没有变量变换方法那么"定量",毕竟其描述的是影响因素对秩次的作用,而变量变换方法虽然给出的是变换后的作用大小,却仍然是原始数值之间的联系。

(3) Cox 比例风险模型,或者说生存分析方法在此类案例中的使用应当说是一个特例,虽然通过将因变量设定为"生存时间",此类方法成功地绕开了变量分布的问题,从而和秩变换分析方法一样获得了更广泛的应用空间,但这种建模方式也导致其分析结果难以理解(虽然实际上是可以被理解的,但这个弯子实在绕得有些大了)。在笔者看来,这种分析思路可能作为最终建模之前的探索分析过程更为合适一些。

下面来讨论第二个问题,如果不同分析方法的结论不一致,应当如何处理?首先必须明确的是,这里所说的"不同分析方法"指的是方法学体系上的确有差别的方法,而很多方法虽然形式不同,仍其本质上是等价或基本等价的,比如说方差分析模型、线性回归模型都可以被统一在一般线性模型的框架之下,设定正确的时候可以得到完全等价的结果,此时去探讨两者间的结果比较问题纯粹就是一种文字游戏,而笔者的确看到许多硕士毕业论文就是在做此类游戏。

当方法的确不同的时候,这些方法的确可能得到不一致的分析结果,此时首先应当考虑哪一种方法"更合适",或者说按照上文的思路,分析每一种方法的特点,从而判断哪种分析结果更接近真实情况。其次,对于较难判断的情况,也可简单地采用"投票"策略,即以大多数模型的分析结论为准。这种方式看似粗糙,但恰恰符合统计学信息汇总的基本思想,而且也非常切合实际分析的需要。

实际上,投票策略是数据挖掘方法体系中的一个重要理念,在数据挖掘项目中已经得到广泛的应用,仅仅是在经典统计学的应用领域中不常见而已。

思考与练习答案

第 2 章

1. 填空题

(1) 内容　结构　内容　结构

(2) 普通显示方式　科学记数法

(3) 数学运算符　关系运算符　逻辑运算符

(4) VAR00001　VAR00002　VAR00003

(5) 字母　汉字

2. 选择题

(1) A　　　(2) B　　　(3) C　　　(4) D　　　(5) C

3. 问答题

(1) 如何在"变量视图"中插入一个新的变量？

答：选择需要在其上方插入新变量的变量行，执行【编辑】|【插入变量】命令，即可插入一个系统默认的变量。

(2) 如何读取文本格式的数据文件？

答：执行【文件】|【打开文本数据】命令，选择文本格式的文件，单击【打开】按钮，弹出【文本导入向导-第 1 步，共 6 步】对话框，选中【否】选项，并单击【下一步】按钮。

在弹出的【文本导入向导-第 2 步，共 6 步】对话框中，分别选中【分割】与【是】选项，并单击【下一步】按钮。

在弹出的【文本导入向导-第 3 步，共 6 步】对话框中，分别选中【每一行表示一个个案】与【全部个案】选项，并单击【下一步】按钮。

在弹出的【文本导入向导-第 4 步，共 6 步】对话框中，分别启用【制表符】与【空格】复选框，同时选中【无】选项，并单击【下一步】按钮。

在弹出的【文本导入向导-第 5 步，共 6 步】对话框中，在【数据预览中选择的变量规范】列表中，分别设置变量名称与数据格式，并单击【下一步】按钮。

最后，在弹出的【文本导入向导-第 6 步，共 6 步】对话框中，保持现有设置，单击【完成】按钮，即完成整个文本数据格式读取的操作步骤。

(3) 在保存 SPSS 数据文件时，如何保存部分变量？

答：执行【文件】|【另存为】命令，在弹出的【将数据保存为】对话框中，设置保存位置与保存名称。在【将数据保存为】对话框中会显示文件中的保留变量与总变量数量，单击【变量】按钮，在弹出的【数据保存为：变量】对话框中，可以设置需要保存的变量数。

(4) 怎样隐藏视图窗口中的网格线？

答：用户可通过执行【编辑】|【网格线】命令，来隐藏或显示 SPSS【数据编辑器】窗

口中的网格线。

(5) 如何定位个案？

答：用户可以使用 SPSS 中的【转到个案】功能来定位个案，执行【编辑】|【转至个案】命令，在弹出的【转到】对话框中，设置转向的个案数，单击【转向】按钮即可。

第 3 章

1. 填空题

(1) 交叉列联表分析　探索性统计分析

(2) 对应组标志值　越大

(3) 观测个数　中心趋势　变异　离散

(4) 两个　两个

(5) 图形　数据筛选

(6) 定距变量

2. 选择题

(1) D　　　(2) C　　　(3) B　　　(4) A　　　(5) B

3. 问答题

(1) 频数分析中都具有哪些统计量和参数？

答：统计量有：百分位值、集中趋势、离散程度、分布指标。

参数有：频数、百分比、有效百分比、累积百分比。

(2) 描述分析方法中的集中趋势都包括哪些度量？

答：均值、中位数、众数、中列数。

(3) 如何使用 Q-Q 图来分析数据？

答：Q-Q 图是对照一些检验分布的分位数，绘制某个变量分布的分位数图。在 Q-Q 图中可用的检验分布包括卡方、指数、半正态、排列等。另外，使用 Q-Q 图还可以获取转换值的概率图，包括自然对数、标准化值、差方和季节性差分等转换选项。除此之外，用户还可以指定计时期望分布，以及求解"连接"的方法。

(4) 什么是茎叶图与箱图？

答：茎叶图又称为"枝叶图"，是用来描述连续变量次数分布的一种统计方法。

箱图又称为盒须图、盒式图或箱线图，是一种用作显示一组数据分散情况资料的统计图，适用于提供有关数据的位置和分散的参考。

(5) 如何使用交叉分析方法对不同数据层中的数据进行分析？

答：在使用交叉表分析数据时，首先需要根据样本数据制作一个二维或多维交叉列联表。然后，在交叉列联表的基础上，分析变量之间的相关性。其中，交叉列联表是两个或两个以上变量分组后形成的频率分布表。

第 4 章

1. 填空题

(1) 显著性检验　统计推断　样本推断总体
(2) 原假设　备选假设　原假设　备选假设
(3) 拒绝域　接受区域
(4) 正确的判断　弃真错误　取伪错误
(5) 单侧检验　双侧检验

2. 选择题

(1) D　　　(2) D　　　(3) A　　　(4) C　　　(5) C

3. 问答题

(1) 假设检验包括哪两种错误类型？

答：弃真错误和取伪错误。

(2) 什么是单侧检验？什么是双侧检验？

答：当检测统计量取值的小概率区域即绝境区域，位于区域的一侧时称为单侧检验；当位于双侧时，则称为双侧检验。

(3) 独立样本 T 检验过程中可分为哪两种检验方法？

答：未知两样本总体方差相等与未知两样本总体方差不相等。

(4) 什么是大小概率区域？

答：小概率区域是原假设的拒绝区域，其概率不超过显著水平α的区域。大概率区域是原假设的接受区域，其概率为$1-\alpha$的区域。

当样本统计数位于拒绝区域内，则拒绝原假设而接受备选假设；当样本统计数位于接受区域内，则接受原假设。

(5) 在使用 Bootstrap 选项时，应注意哪些问题？

答：Bootstrap 不能用于多重插补数据集。如果在数据集中存在 Imputation_变量，Bootstrap 对话框将被禁用。Bootstrap 使用列表删除来确定个案基础，即在任何分析变量上具有取缺失值的个案将从分析中删除，因此当 Bootstrap 生效时，不管分析过程中是否制订了其他处理缺失值的方法，该列表删除照样处于生效状态。

频率分析结果中的统计表支持均值、标准差、方差、中位数、偏度、峰度和百分位数的 Bootstrap 估计。统计分析结果中的频率表支持百分比的 Bootstrap 估计。

第 5 章

1. 填空题

(1) 变异数分析　显著性检验
(2) 单个因素　大于或等于
(3) 双因素　均值

(4) 一元方差分析

(5) 被试内设计　试验测量　多次测量

2. 选择题

(1) B　　　(2) C　　　(3) A　　　(4) A　　　(5) D

3. 问答题

(1) 在进行协方差分析时，如果检验交互性时 $P<0.05$，还可以进行协方差分析吗？

答：不能。

(2) 如何计算方差分析中的变异量？

答：计算公式为 $SS = \sum_{i=1}^{n} X_i^2 - \dfrac{\left(\sum_{i=1}^{n} X_i\right)^2}{n}$。

(3) 如何对数据进行双因素方差分析？

答：在 SPSS 软件中进行双因素方差分析之前，还需要根据分析要求，先自定义分析变量并根据实际案例录入分析数据。然后，根据分析需求添加分析变量，并设置单变量模型。

(4) 简述多元方差分析的操作方法。

答：选择【分析】|【一般线性模型】|【多变量】命令，在弹出的【多变量】对话框中，将变量添加到【因变量】列表框中，将变量添加到【固定因子】列表框中，在【多变量】对话框中，单击【模型】按钮，弹出【多变量：模型】对话框，用来设置双变量模型类型，在【多变量】对话框中，单击【对比】按钮，在弹出的【多变量：对比】对话框中，设置用来检验因子水平之间差距的相应选项。在【多变量】对话框中，单击【确定】按钮，输出结果。

(5) 什么是协方差分析？

答：协方差分析是建立在方差分析和回归分析基础之上的一种统计分析方法，是将在分析过程中很难控制的因素作为协变量，在排除协变量的情况下要求各组协变量相等时，比较控制变量对观察变量的影响程度。

第 6 章

1. 填空题

(1) 任意分布检验　总体分布　总体分布　样本

(2) 符号　大小顺序

(3) 离散型　两

(4) 检验计数数据　自由度　自由度

(5) 数值　原始数据

2. 选择题

(1) B　　　(2) D　　　(3) D　　　(4) D　　　(5) C

3. 问答题

(1) 什么是卡方检验？

答：卡方检验也称为卡方拟合优度检验，是一种吻合性检验，主要用于比较两个及两个以上样本率以及两个分类变量的关联性分析。

(2) 如何运用 K-S 检验方法分析数据？

答：在 K-S 检验过程中，需要对比样本数的累积频数与理论分布的累积频数，即按绝对值设计两个分布函数之间的差值。当差值小于临界值时，表示可以接受虚无假设，其样本是总体分布服从所指定的理论分布。当差值大于临界值时，表示拒绝虚无假设，样本总体分布不服从所指定的理论分布。

(3) 什么是 K-W 检验？如何运用 K-W 检验方法分析数据？

答：K-W 检验又称为 H 检验法，是利用平均秩进行检验的方法，其实质是两独立样本的曼-惠特尼 U 检验在多个样本下的推广。K-W 检验方法的前提是假设抽样总体必须是连续的、相同的，如果各组秩的均值存在显著差异，则表示其中某些组的数值普遍偏大，而剩余数组的数值则普遍偏小，从而判断多个总体的分布具有显著性差异；反之，当各组秩的均值不存在显著性差异时，则表示多个总体的分布无限制性差异。

(4) 相关非参数样本检验方法中包括哪几种方法？

答：两相关非参数检验与多相关非参数检验。

(5) 如何使用 W-W 游程检验方法分析数据？

答：W-W 游程检验是对两组样本合并后赋秩，主要用来检验两独立样本所来自的总体分布是否存在显著性差异，其游程数依赖于变量的秩，当两组样本各自秩次之和差距较大时，表示两总体样本存在差异。

第 7 章

1. 填空题

(1) 数量　关系

(2) 随机变量　变量

(3) 变量　严格确定

(4) 不会存在　若干

(5) 相关程度　相关形式　相关方向　相关关系

2. 选择题

(1) B　　　(2) B　　　(3) A　　　(4) C　　　(5) D

3. 问答题

(1) 什么是函数关系？函数关系与相关关系存在哪些区别？

答：函数关系是变量之间存在确定的一种依存关系，这种关系中的一个或几个变量在取值时，另一变量会存在相对应的确定值。而且，函数关系可以使用一个数学表达式进行反映。相关关系是变量之间存在的一定的相依关系，而这种关系并非是确定和严格依存的关系。也就是当一个或几个变量在取值时，另一变量并不会存在相对应的确定值，此时另一变量可能会出现若干个数值与之相对应。由于相对应的数值比较多，所以相关关系会出现一定的波动性。

(2) 什么是相关系数？

答：是在线性条件下研究两个变量之间相关系数密切程度的统计指标。

(3) 双变量的相关分析方法有哪几种？

答：Pearson 积差相关、Kendall 的 tau-b 等级相关、Spearman 等级相关。

(4) 如何进行偏相关分析？

答：偏相关分析又称为净相关分析，是指当两个变量同时与第 3 个变量相关时，在排除第 3 个变量影响的情况下，对另外两个变量之间相关程度分析的一种过程。偏相关分析所采用的分析工具为偏相关系数，可以真正反映两个变量。

(5) 距离相关分析的统计测量方法有哪些？

答：不相似性测量和相似性测量。

第 8 章

1. 填空题

(1) 数学公式　变量　密切程度

(2) 两种　两种　定量

(3) 一个　一个　一条近似直线

(4) 两个　两个　线性关系

(5) 不存在　回归函数

2. 选择题

(1) B　　(2) A　　(3) A　　(4) C　　(5) D

3. 问答题

(1) 非线性回归分析的常用模型有哪些？在进行非线性分析时需要注意哪些分析结果的事项？

答：参数初始值：参数初始值的选择会影响收敛。尽量选择合理的初始值，并尽可能选择接近期望的最终解的初始值。计算方法：对于特定的问题，一种算法的性能有时会优于另一种算法。可在【非线性：选项】对话框中，选择其他算算法(如果有)。迭代次数：如果仅仅是因为达到迭代的最大次数而使迭代停止，则"最终"模型可能不是一个好的解。参数约束：要求对大数据值执行幂运算或指数运算的模型可能导致溢出或下溢(数字太大或太小，计算机无法表示)。有时通过选择适当的初始值，或对参数施加约束，可以避免这些问题。

(2) 在什么情况下适用曲线估计分析模型？

答：在使用众多分析方法对数据进行分析之前，往往需要研究者先准确地判断数据中变量之间的关系，以便选择与其相适应的函数模型进行计算。但是，在大多数情况下，研究者无法确定数据变量之间的关系，也无法确定何种函数模型更接近于样本数据，此时可通过使用曲线估计回归分析方法，来解决上述问题。

(3) 简述一元线性分析与多元线性分析的区别。

答：在线性回归分析中，只包含一个自变量和一个因变量，而且自变量和因变量之间的关系可用一条近似直线进行表示的分析方法，称为一元线性回归。多元线性回归是指两个或两个以上自变量的线性回归模型，可以解释因变量与多个自变量之间的线性关系。

(4) 线性分析与非线性分析之间的相同和不同点有哪些？

答：按照自变量和因变量之间的关系类型，可以分为线性回归和非线性回归。线性回归是使用数理统计中的回归分析，对两种或两种以上变量相互依赖性定量关系分析的一种统计分析方法。非线性回归是对不存在线性关系的因变量和自变量的数据进行的一种回归分析方法，而在实际分析过程中回归函数一般是比较复杂的非线性函数。

(5) 在 SPSS 中可以使用哪些模型进行曲线估计回归分析？

答：SPSS 中，系统为用户提供了自动拟合包括一元线性模型、一次函数、二次函数、复合函数、增长函数、对数曲线、三次函数、指数函数、逆函数、幂函数、逻辑函数模型的 11 种曲线模型。

第 9 章

1. 填空题

(1) 群分析　分类分析　多元

(2) 变量　判别函数　判别函数　判别指标

(3) 5

(4) BIC(施瓦兹贝叶斯)　AIC(Akaike 信息)

(5) 变量筛选　类别合并

2. 选择题

(1) D　　　(2) C　　　(3) D　　　(4) B　　　(5) A

3. 问答题

(1) 聚类分析中的距离类别包括哪些？

答：明氏、马氏、兰氏距离，或自定义距离方法。

(2) 如何使用二阶聚类分析方法来分析相关数据？

答：二阶聚类分析是一种探索性分析方法，该分析方法反映了数据集的内部分类。二阶聚类分析是分为预分类和正式聚类两步进行分析的，所以称为二阶聚类。其分析具有能够同时处理分类变量和连续变量、通过判别准则可以自动选择最优的聚类个数，以及可以自行设定计算内存容量和处理大样本数据等优点。

(3) 如何生成决策树图形？

答：在 SPSS 中，除了可以进行聚类和判别分析之外，还可以通过创建决策树模型，来达到快速且准确地显示特定群体，以及显示群体之间相关性的目的。一般情况下，决策树模型可用于数据分类、数据降维、数据预测、变量筛选、类别合并等方面。

(4) 如何使用判别分析方法，来判别样本的所属类别？

答：判别分析的方法根据不同的划分方式，可以分为两组判别和多组判别、有线性判别和非线性判别，以及逐步判别和序贯判别等方法。在使用判别方法进行分析时，其自变量服从多元正态分布，而且自变量之间不存在多重共线性；以及自变量和因变量之间的关系符合线性假设等数据要求。

(5) 简述层次聚类分析的操作方法。

答：层次聚类分析又称为系统聚类或分层聚类分析，它根据选定的特征来识别相对均一的个案(变量)组，使用的算法是从单独聚类中的每个个案(或变量)开始对各聚类进行组合，直至剩下一个类别。该分析方法不同于二阶聚类和 K-均值聚类分析，它既可以对样本进行聚类分析，又可以对变量进行聚类分析。此外，层次聚类分析还可以在输出结果中显示树状谱系关系图，便于用户形象地查看和分析数据。

第 10 章

1. 填空题

(1) 动态数列　时间数列

(2) 加权平均值　加权平均法

(3) 时期指标　时点指标时间序列

(4) Box-Jenkins　带差分的自回归移动平均　季节

(5) 乘法　加法

2. 选择题

(1) D　　　(2) A　　　(3) B　　　(4) D　　　(5) A

3. 问答题

(1) 简述时间序列的分类。

答：时间序列按照其指标的性质，可分为总量指标、相对指标和平均指标。其中，总量指标时间序列又称为绝对数时间序列，而相对指标和平均指标则是在总量指标时间序列上派生出来的。

(2) 如何对时间序列数据进行缺失值替换？

答：首先，在 SPSS 软件中输入分析数据。选择【转换】|【替换缺失值】命令，在弹出的【替换缺失值】对话框中将包含缺失值的变量添加到【新变量】列表框中。然后，选择添加的变量，并设置变量的名称和方法，最后，在【替换缺失值】对话框中，单击【确定】按钮之后，系统将自动在数据文件中更新变量，并替换数据文件中的缺失值。

(3) 如何定义日期变量？

答：选择【数据】|【定义日期】命令，在弹出的【定义日期】对话框中，选择【个案为】

列表框中所需要的选项,并在【第一个个案为】文本框中输入具体的时间要求。

(4) 时间序列分析具有哪些特点？

答：时间序列分析主要是通过预测目标本身的时间序列数据,来预测目标本身的未来发展方向。时间序列主要具有趋势性、周期性、随机性和综合性等变动特点。

趋势性：分析中的变量会随着时间的变化,呈现缓慢而长期的持续上升、下降或停留的同性质的且变动幅度不相等的变动趋势。

周期性：分析中的变量会随着外界或自然季节的影响,而出现一定程度的高峰和低谷的规律,从而呈现的周期性。

随机性：分析中的个别因素会出现随机变动性,但因素的整体仍然呈现统计规律性。

综合性：由于在时间序列分析中,经常会出现一些由多种变动叠加或组合而成的实际变化情况,所以在预测过程中,还需要过滤除去一些不规则的变动,以突出反映趋势性和周期性变动。

(5) 如何制作分析序列图？

答：选择【分析】|【预测】|【序列图】命令,弹出【序列图】对话框。将变量添加到【变量】列表框中,同时将变量添加到【时间轴标签】列表框中,单击【确定】按钮,系统将自动在输出窗口中显示分析序列图。

第 11 章

1. 填空题

(1) 内部一致性　越小　越高

(2) 跨度　检测内容

(3) 多个计量指标　内部变量

(4) 一致性程度　对等的两半　两半

(5) 积差相关　斯皮尔曼等级

2. 选择题

(1) C　　　(2) A　　　(3) D　　　(4) B　　　(5) A

3. 问答题

(1) 什么是信度系数？

答：信度是以信度系数为指标进行分析的,大致可分为稳定系数(跨时间的一致性)、等值系数(跨形式的一致性)、内在一致性系数(跨项目的一致性)3 类系数。

(2) 如何对分析数据进行重测信度分析？

答：在使用重测信度时,需要注意其相关系数高,表示该测验的信度高。另外,在测验时还需要注意两次测验间隔的时间要适当。例如,在对调查问卷进行重测信度分析时,当两次测验时间的间隔太短,受到被试者记忆性的干扰,将会严重影响测试结果；但是当两次测验时间的间隔太长,则又会受到被试者心智的成长干扰,其稳定系数也可能会降低。

(3) 如何使用相关性执行分半信度分析？

答：分半信度用于测验项目内部的一致性程度，它将测验项目分为对等的两半，计算两半得分的相关系数，并根据相关系数评估整个量表的信度。通常情况下，分半信度采用奇偶分组法，将项目内容按照序号或奇偶数分成两半进行计算。

(4) 什么是评分信度？

答：评分信度是指对不同评分者在对同一事物进行评定时的一致性测验的分析方法。在进行评分信度分析时，经常是对某事物的评分内容以及评分者的打分情况进行随机性抽取，并对抽取结果进行相关系数分析，从而获得其评分者的评分信度分布情况。

(5) 简述多维尺度分析的操作过程。

答：在 SPSS 中制作完成分析数据后，选择【分析】|【度量】|【多维尺度 ALSCAL】命令，弹出【多维尺度】对话框。将所有变量添加到【变量】列表框中，同时选中【数据为距离】选项，在【多维尺度】对话框中，单击【模型】按钮，在弹出的【多维尺度：模型】对话框中，设置相应的选项，并单击【继续】按钮，在【多维尺度】对话框中，单击【选项】按钮，在弹出的【多维尺度：选项】对话框中，选中【组图】复选框，并单击【继续】按钮，在【多维尺度】对话框中，单击【确定】按钮，系统将自动在输出窗口中显示分析结果。

第 12 章

1. 填空题

(1) 离散程度　置信区间　箱图
(2) 长度(Y 轴)　X 轴
(3) 高低　高低点　连续型
(4) 各变量占总体　百分比
(5) 原点　相关性

2. 选择题

(1) A　　　(2) A　　　(3) C　　　(4) B　　　(5) B

3. 问答题

(1) 如何编辑统计图的填充颜色和图案样式？

答：在【图表编辑器】窗口中的【属性】对话框中，激活【填充和边框】选项卡，然后选中需要设置的填充颜色的单个数据标签。

(2) 如何设置统计图中坐标轴的刻度格式？

答：在【图表编辑器】窗口中，激活【刻度】选项卡，在【范围】选项组中设置刻度的最小值、最大值、主增量和原点值。

(3) 高低图包括哪几种图表类型？

答：高低图主要分为简单高低关闭图、简单范围栏图、聚集高低关闭图和差别面积图。

(4) 如何使用图表构建程序自定义统计图表？

答：在 SPSS 中，执行【图形】|【图表构建程序】命令，弹出【图表构建程序】对话框。在【库】选项卡中的【选择范围】列表框中，选择【条】选项，并将【简单条形图】选项拖曳到画布中。然后，将【变量】列表框的【专业类型】选项拖曳到画布图表中的"是否为 X 轴？"处。

(5) 如何使用图形画板模板自定义统计图表？

答：在 SPSS 中，选择【图形】|【图形画板模板选择程序】命令，弹出【图形画板模板选择程序】对话框。在【基本】选项卡中，同时选择变量，并在右侧的列表框中选择【线图】选项。在【图形画板模板选择程序】对话框中，单击【选项】按钮，激活【选项】对话框。单击【选择】按钮，在弹出的【选择样式表】对话框中的【表样式】列表框中选择【地图标准】选项，并单击【确定】按钮。